航天科工出版基金资助出版

世界国防领域前沿技术发展及应用概览

张梦湉　赵　飞　姜　源
韩妍娜　邱苏玲　何小盼　著

中国宇航出版社
·北京·

图书在版编目（CIP）数据

世界国防领域前沿技术发展及应用概览 / 张梦湉等著. -- 北京：中国宇航出版社，2023.4

ISBN 978-7-5159-2202-7

Ⅰ.①世… Ⅱ.①张… Ⅲ.①国防科学技术－研究－世界 Ⅳ.①E115

中国国家版本馆 CIP 数据核字(2023)第 018571 号

责任编辑　张丹丹　　　**封面设计**　王晓武

出版发行　中国宇航出版社

社　址　北京市阜成路 8 号　　**邮　编**　100830
(010)68768548

网　址　www.caphbook.com

经　销　新华书店

发行部　(010)68767386　　(010)68371900
(010)68767382　　(010)88100613(传真)

零售店　读者服务部
(010)68371105

承　印　天津画中画印刷有限公司

版　次　2023 年 4 月第 1 版　　2023 年 4 月第 1 次印刷

规　格　880×1230　　**开　本**　1/32

印　张　13.875　　**字　数**　399 千字

书　号　ISBN 978-7-5159-2202-7

定　价　108.00 元

本书如有印装质量问题，可与发行部联系调换

前　言

当今世界，新一轮科技革命与军事变革进入质变阶段，呈现出迭代创新、交叉融合、群体跃进之势。为抢占未来发展的制高点，世界主要军事强国纷纷加速推进国防领域前沿技术的发展及应用，着力打造面向未来的军事能力。

本书基于北京航天情报与信息研究所系列研究成果，围绕空天打击、导弹防御、太空攻防、无人系统、定向能等五大领域，及人工智能技术、量子信息技术、微系统技术、大数据技术、区块链技术、5G技术、增强现实技术、数字孪生技术、4D打印技术、超材料技术等十大方向，对世界国防领域前沿技术发展及应用情况进行了综述，以期为相关研究人员及广大读者提供参考。

在编写本书的过程中参考了同行专家的研究成果，在此表示衷心的感谢。同时，国防领域前沿技术范围很广，本书仅涵盖了部分领域及方向，相关观点和结论仅代表作者意见。由于水平有限，加之时间仓促，不当之处敬请读者批评指正！

目　录

绪　论

领域篇

技术篇

附　录

绪论

世界各国持续推动国防领域前沿技术创新发展

当今世界科技创新浪潮迭起，主要国家着眼抢占新一轮科技革命和军事革命战略制高点，大力推进国防领域前沿技术相关战略规划的制定与实施，以准确把握、及时布局国防领域前沿技术创新的方向和重点，掌握未来竞争和发展的主动权。

通过分析世界9个主要国家及区域组织近期发布的近50份战略规划文件（详见附录A），基于世界主要国家及区域组织前沿科技发展焦点，本书研究提出国外为抢占军事竞争战略制高点着重发展的五大领域，包括空天打击、导弹防御、太空攻防、无人系统、定向能等，上述领域的发展对形成非对称军事优势具有重大意义。

同时，编写组通过分析国外国防领域近期发展重点，梳理出在国防领域具有广阔应用前景的前沿技术方向，包括人工智能技术、量子信息技术、微系统技术、大数据技术、区块链技术、5G技术、增强现实技术、数字孪生技术、4D打印技术、超材料技术等。上述领域的突破将在维护国家安全、促进经济和社会发展、抢占国际竞争制高点等方面起着决定性的作用。

一、国外国防领域科技前沿重点领域发展现状

（一）空天打击

首先，在未来很长一段时期内，战略打击力量仍将是影响未来世界战略平衡的首要因素，是大国间博弈的重要手段和筹码。特别是战略弹道导弹，凭借其所具有的不对称打击和强威慑的特点，成为主要军事国家间相互制衡的强有力武器。

近期，以美俄为代表的世界军事强国大力推进新型战略打击武

器的发展。美国“陆基战略威慑”洲际弹道导弹采用先进的推进系统、新型惯性测量装置与加速度计、改进的指控和通信系统以及高精度分导多弹头技术，具有更好的生存能力、响应速度、射程覆盖、突防能力、打击精度及毁伤效果，能够适应不同的作战场景，可灵活应对各种威胁。

俄罗斯新一代重型液体洲际弹道导弹“萨尔马特”装配了推力更大的发动机，应用现代化制导控制系统和结构优化设计，最多能携带14枚分导弹头，也可安装高超声速滑翔弹头，拥有更强的突防能力，还可以灵活选择多种弹道。以“亚尔斯”导弹改进而来的“边界”“巴尔古津”导弹可以实现机动部署，更具隐蔽性与灵活性。“海燕”核动力导弹采用了高浓缩铀燃料、非均匀堆芯、陶瓷燃料棒等核反应堆技术，可进行超低空超声速巡航飞行，将实现“无限航程”的全球精确打击。“先锋”高超声速弹头采用新型复合材料，能长时间在稠密大气层可控飞行，再入速度最大为马赫数20，具备全球目标快速精确打击能力。

综合来看，世界军事强国战略打击技术发展态势如下：

一是研发新型信息化战略弹道导弹装备。推动战略侦察情报预警、指挥决策、打击实体、综合防护抗击、一体化保障等装备的信息化建设，推动导弹武器与侦察监视、指挥控制和通信传输等信息支持系统的高度融合，着力打造能够实施全球即时精确打击的信息化战略弹道导弹力量，满足“发现即摧毁”的能力任务要求。

二是发展机动性强的新型运载平台。当前的陆基战略弹道导弹主要采用固定井式发射，易被敌军发现并摧毁，机动性能更强的陆基新型运载发射平台机动性强、更易隐蔽，成为新型战略弹道导弹发展的重要方向之一。未来或将出现更多以公路、铁路、高铁，甚至磁悬浮等为平台的新型运载发射系统，显著增强陆基战略弹道导弹的机动性和生存能力。

三是采用高精度制导控制技术。提高战略弹道导弹命中精度的关键在于提高导弹主动段制导系统惯性器件精度，减小制导工具误差。美俄在升级现役战略弹道导弹及发展新型战略弹道导弹时，均采用新型惯性制导系统及先进的制导方法，以减小制导方法误差，并综合考虑应用末制导和复合制导等方法，提高弹头的命中精度。

四是应用新型动力技术。动力技术直接决定了战略弹道导弹的射程。近期，以美俄为代表的世界军事强国将新型固体动力、高超声速、核动力等先进动力技术应用于战略弹道导弹，一方面大幅提升导弹射程，另一方面使导弹可以搭载质量更大的战斗部，显著增强投送能力。

高超声速武器可提供一种有别于战略弹道导弹的新型威慑能力，其兼具战略威慑和战术打击的双重效能，可对敌方战略设施直接实施远程精确打击。通过发展高超声速武器，或将打破大国之间的战略平衡，对国家安全产生重大战略性影响。

目前来看，以美俄为代表的世界军事强国基于高超声速技术发展的武器主要是高超声速导弹，其包括助推滑翔导弹和高超声速巡航导弹两种。美军正加速发展陆基中程、海基中远程及空基防区外三位一体高超声速打击力量，按照“先解决有无、持续迭代改进、系列化发展”的思路，大力推进高超声速助推滑翔导弹与高超声速巡航导弹研制部署。美国高超声速助推滑翔导弹大量借鉴弹道导弹技术，由火箭助推至弹道最高点分离，弹头进行无动力滑翔飞行后再入打击，洲际投送时飞行速度可达马赫数 20 以上，现已发展了空基 AGM－183A“空射快速响应武器”、海基“中程常规快速打击”武器、陆基“远程高超声速武器”等型号。美国高超声速巡航导弹以吸气式超燃冲压为动力形式，多采用助推级＋巡航级设计，助推至冲压发动机点火后，完成级间分离进行巡航飞行。当前技术水平可实现高度 20～30 千米、马赫数为 5～7 的巡航飞行，主要发展了美空军的 X－51A 与“高超声速吸气式武器概念”项目。美军在加快上述型号部署进程的同时，同步开展了一系列高超声速预研项目，持续推动总体设计与气动、超燃冲压发动机、热防护结构与材料、制导导航与控制、引信与战斗部等诸多关键技术的成熟化。

俄罗斯采用吸气式和助推滑翔两种方案并行的发展思路，积极推进高超声速导弹武器的发展。在高超声速巡航导弹方面，俄罗斯正在实施的高超声速导弹武器技术开发项目主要包括“锆石”和“布拉莫斯-2”。“锆石”高超声速导弹长8～10米，飞行速度可达马赫数9，飞行高度为3万～4万米，有效载荷约为300～400千克。可从水面舰艇及潜艇上的通用垂直发射装置或“堡垒”机动式岸基导弹系统发射，现已进入测试的最后阶段。“布拉莫斯-2”高超声速导弹的飞行速度将达到马赫数6左右，设计射程约为300千米，将实现陆海空基发射，计划2024年完成原型研制。在高超声速助推滑翔导弹方面，俄罗斯正在研制的型号主要包括Yu-71与Yu-74。Yu-71隶属于4202项目，旨在发展作为战略射程的弹道导弹的滑翔弹头，该项目的研制成果已应用于“先锋”导弹。Yu-74项目发展的高超声速助推滑翔导弹预计飞行速度可达马赫数10，由“萨尔马特”战略导弹作为助推器，一枚“萨尔马特”战略导弹可携带24枚Yu-74助推滑翔导弹，该项目现处于试验阶段。

综合来看，世界军事强国高超声速技术发展态势如下：

一是飞行速度向更高的马赫数发展。以马赫数20的速度从本土起飞的高超声速导弹能够在一小时内对全球任何目标实施快速打击。随着需求及相关技术的进一步发展，未来高超声速导弹的飞行速度将进一步提升。

二是飞行高度向高高空发展。高超声速导弹飞行于临近空间，临近空间高度介于传统航空器实用升限的上限和低轨卫星运行高度之间。基于军事需求及安全等因素的考虑，高超声速导弹的飞行高度将不断向高高空发展。

三是飞行射程向全球打击发展。实现全球打击是世界军事强国发展高超声速导弹的重要目标。这要求高超声速导弹部署在任何地方，都必须在不依赖前沿部署基地的情况下具备全球达到的射程和能力，发展射程更远的高超声速导弹可为实现全球打击的目标提供重要支撑。

（二）导弹防御

导弹防御是构筑攻防兼备、慑战并举的新型战略力量的重要抓手，是争夺空天战略制高点的有效手段，直接支撑强国地位的形成。当前，导弹防御日益成为以美国为代表的世界军事强国威慑大国对手的关键能力之一，在大国竞争、高端对抗中扮演着重要角色。

在预警探测方面，美国正在推进“高超声速和弹道跟踪空间传感器”的研发，该系统位于低地球轨道，由几十颗在轨卫星组成，每颗卫星搭载中视场有效载荷，能够探测并跟踪弹道导弹与高超声速武器。

在指挥控制方面，目前，美国导弹防御局正在评估如何将当前的指挥控制作战管理和通信体系结构与联合全域指挥控制结合起来，并研究如何适时地整合其未来计划的功能。联合全域指挥控制技术可以把跟踪拦截高超声速武器和巡航导弹的能力快速无缝地集成到当前的反导体系架构中，实现在全球范围多光谱环境下持久实时地监视、跟踪和处理威胁，以便能够提供准确的目标数据。

在拦截武器方面，美国正在发展“下一代拦截弹”与“滑翔段拦截弹”。“下一代拦截弹”的助推器应用新型固体推进剂，具备更强动力，弹头采用多目标杀伤器技术，可实现多目标拦截，能更好地应对带有复杂突防措施的弹道导弹目标。“滑翔段拦截弹”采用动能拦截的方式，通过直接碰撞，对高超声速武器进行硬杀伤，具有尺寸小、重量轻、高可靠性、高鲁棒性、高效费比等特点。

综合来看，世界军事强国导弹防御技术发展态势如下：

一是融合多源信息提升预警探测能力。包括陆/海基预警雷达、天基预警卫星、机载红外预警系统等多频段多平台传感器在内组成的综合系统是未来发展重点。通过在陆、海、空、天部署传感器，融合多源信息，将显著提升对带有复杂突防措施的弹道导弹及高超声速武器的探测能力，保证其反导反临系统的有效性。

二是利用先进指挥控制技术提升系统作战效能。通过开放式体系架构、动态重组、信息融合、数据链等技术的发展，未来反导反临控制系统可将全维探测、分布式指控、一体化拦截能力连为一体，将作战信息无缝、快速融合，综合协调体系中的各种作战资源，形成由若干个指控节点、传感器、拦截武器组成的作战体系，通过优化管理实现各作战要素间的紧密联系和协同。

三是探索前沿技术发展新型拦截武器。随着激光技术、高功率微波技术、中性粒子束技术等新概念武器技术的研究持续深入，未来拦截武器技术多元化与融合发展趋势明显。这些前沿技术的应用，将改变反导反临拦截武器以动能杀伤为主的现状，为拦截作战提供新质杀伤手段。

（三）太空攻防

当前，太空以其独特性，为未来作战提供了全新的战争媒介，成为 21 世纪战略新高地。主要军事国家纷纷面向太空开展相关军事部署，太空领域的竞争性和对抗性不断加剧，开辟了大国角力的新战场。太空攻防作战或将作为未来战争的重要样式，成为决定最终成败的关键。

在空间态势感知技术方面，美国“太空篱笆”雷达具有探测区域广、编目数量多、探测精度高、小目标探测能力强等特点，可探测目标数量达 20 万个，能覆盖地球轨道范围的 2/5。俄罗斯“窗口-M”空间监视系统主要用于获取有关空间状况的信息，编制人造空间目标的目录，确定其等级、用途和状态，可发现 2 000～40 000 千米之间的空间目标，为空天军遂行空间攻防作战任务提供强有力的支撑。

在进攻性空间对抗技术方面，美国通过“凤凰”“蜻蜓”等计划重点发展了通用对接器、细胞卫星抓取工具、服务卫星机械臂等技术。俄罗斯通过发射试验卫星，验证了在轨机动、自主逼近等技术。这些技术一旦发展成熟，均可用于研制具有实战能力的空间攻击性武器。

在防御性空间对抗技术方面，美国正致力于推进下一代通信加密与安全验证、抗核加固微电子器件、快速发射补网、分离模块航天器等技术的应用，并利用商业卫星搭载军用有效载荷，分散空间目标与受攻击的风险，增强空间系统的整体抗毁性。例如，美国通过“星链”巨型商业天基互联网星座建设验证了高密度装载、高效率部署、低成本发射等能力，这种由微小卫星组成的巨型星座，未来或将衍生出态势感知、碰撞预警、碎片移除等多种功能，成为太空攻防技术发展的重要载体。

此外，美国还发展了 X－37B 空间机动飞行器，X－37B 具有可重复使用、快速响应、自主导航与进场着陆、长期在轨停留与在轨机动等能力，通过携带不同类型的有效载荷可执行太空侦察与监视、攻防对抗、在轨操作等任务，为美军未来实施太空作战提供重要平台。

综合来看，世界军事强国太空攻防技术发展态势如下：

一是空间态势感知向天地结合发展。由地基为主向地基、天基融合的方向发展，利用天基、地基多个传感器对目标进行探测，综合天基、地基传感器的优点，实现对目标的跟踪、姿态预测以及态势评估；利用天基、地基感知信息融合技术对来自空间与地面的多源信息和数据进行检测、关联、估计和综合等多级多方面处理，以获取精确的状态和身份以及完整、及时的态势和威胁评估。

二是进攻性空间对抗技术向软硬结合、低成本、战术应用的方向发展。由于硬杀伤武器会造成大量长期在轨的碎片，影响航天器工作，软硬结合的杀伤方式成为进攻性空间对抗技术发展的重要方向；在电子器件微小型化、集成化等技术的推动下，以及控制空间需求的牵引下，经济可承受、战术应用能力较强的进攻性空间对抗技术得到了较快的发展，制造容易、低成本、战术应用能力较强的进攻性空间对抗技术日益受到重视。

三是防御性空间对抗技术向综合化、模块化发展。综合抗动能、抗定向能软硬杀伤、机动规避、微小型化和星簇化等多个手段，主被动结合、侦察防护一体、多层次的综合化空间攻击防护体系技术成为防御性空间对抗技术发展的重要方向，将形成模块化设计和标准化接口，满足主要空间平台防护的需要，实现防护能力按需升级。

（四）无人系统

无人系统通常包括空中无人系统、地面无人系统和海上无人系统。近年来，以信息技术为核心的高新技术迅猛发展，推动着包括无人系统在内的武器装备升级转型，军用无人系统装备数量大幅增加，任务领域进一步扩展，遂行任务能力进一步增强。

在空中无人系统方面，情报、监视、侦察仍是无人机最基本、最核心的应用领域。美军反恐作战中约 80％的侦察监视任务由无人机完成；随着察打一体无人机的出现，军用无人机开始向主力作战平台转变；以货运无人机在阿富汗战争中的成功使用为开端，军用无人机开始在后勤保障领域崭露头角。目前，美国列装的无人机总数超过 1 万架，“捕食者”“死神”长航时察打一体无人机、“全球鹰”高空侦察无人机等中高端无人机数量超过 400 架；俄罗斯、以色列、英国等也在快速扩大其中高端无人机装备规模。

在地面无人系统方面，目前，国外发展的地面无人系统超过 300 种，列装 200 余种。其中，便携式占比达到 85％，主要应用于侦察监视等辅助作战任务；车载式占比约 10％，可用于执行探测、摧毁和路线清障等作战任务；自行机动式数量很少，主要用于执行班组支援、地雷探测与处理。美国装备的地面无人系统数量超过 1 万套，约占全球地面无人装备总量的 80％，在阿富汗、伊拉克等战场中投入使用。俄罗斯在叙利亚作战行动中首次使用 6 部“平台- M”和 4 部“暗语”地面武装机器人参与进攻，开创了地面武装机器人实战的先例，将对未来地面作战模式产生重大影响。

在海上无人系统方面，美国、以色列和法国等均开展了相关装备研制。美国“浮潜”级的“遥控猎雷系统”和“舰队”级的“斯巴达侦察兵”反潜无人艇已经服役，近期重点关注无人水面艇蜂群技术的发展，已验证了多艘无人艇自主区域巡航、敌我识别、探测追踪、跟踪敌船等复杂任务能力。

此外，世界先进国家已基本解决了单个无人系统作战应用技术，并正在向多系统自主集群协同及海陆空集群协同发展，体系化、集群化以及对新概念无人系统的探索成为其显著特点。

综合来看，世界军事强国无人系统技术发展态势如下：

一是控制方式由遥控、程控向智能自主的方向发展。系统具备感知、认知、分析、计划、决策和执行等各种能力，能够针对战场环境变化自动调整和选择行动方式，自主“完成”行动任务。

二是系统功能由单一功能向多种功能复合发展。一种无人平台可同时配置多种载荷，能够同时执行多种任务，也可根据任务的需要选配不同载荷，形成“一机多能、一机多用”的复合型、通用型作战系统。

三是使命任务由担负支援保障向直接参加作战任务发展。由主要遂行情报、侦察监视和察打一体行动，拓展为可执行隐身突防、空中打击和网络攻防、电子对抗等攻防作战任务。

四是作战使用由独立运用向体系协同发展。不同类型的无人系统与有人系统结合使用，形成功能完备、优势互补、协同作战的有机整体，无人系统与有人系统协同作战的时代即将到来。

（五）定向能

定向能武器以其自身的众多优势，在光电对抗、防空、战略防御中发挥重要的作用。作为一种攻防兼备、高效费比、优势明显的新概念武器，世界各军事强国均将其视为重要的新质力量，投入了大量的科研力量与经费，开展定向能武器的研发工作，近期取得了诸多引人瞩目的进展。

在激光武器方面，以美国、俄罗斯为代表的世界主要军事强国在重点发展用于拦截无人机、炮弹、火箭弹等战术目标的激光武器系统的同时，还在不断探索高能激光武器的战略应用。目前，美陆军正推进“机动近程防空”项目50千瓦级车载激光武器初始部署，美海军已完成150千瓦级高能固体激光武器拦截无人机试验，美空军正开展“自卫高能激光演示样机”系统集成。未来，美军定向能武器的作战对象将扩展至无人机、小型舰艇、反舰导弹、精确制导弹药、空地导弹等，显著降低作战成本。

在高功率微波武器方面，美军“反电子系统高功率微波先进导弹”“相位器”等高功率微波武器已进入试验测试或小批量服役阶段。美军希望利用高功率微波武器在反无人机、反导/反高超、信息对抗、非致命杀伤等方面的独特效用，寻求在未来战场获得绝对战略优势。

此外，美军还在布局发展粒子束技术，探索重启粒子束武器的道路。美导弹防御局在2020财年预算申请中，提出重启中性粒子束武器研究的计划，用于天基战略反导，计划最早在2023年进行在轨试验。虽然，目前美军粒子束项目尚未完全重启，但在基础研究快速发展的背景下，预计未来几年美军大概率将重启粒子束武器研制工作。

综合来看，世界军事强国定向能技术发展态势如下：

（1）紧凑化、轻量化、模块化、智能化和多平台化

针对多军兵种的应用需求，定向能武器正朝着紧凑化、轻量化、模块化、智能化和多平台化等方向发展。当前，定向能技术在高功率、紧凑化、相控阵和极端应用环境等方面进展显著，将引发武器装备杀伤机理、核心器件、探测体制的深刻变革，对武器装备发展产生跨时代的影响。为提高定向能武器的性能和作战效能，近期国外定向能武器技术的发展重点为新型储能技术、高能激光器技术、光（波）束控制技术、大功率激光相控阵技术、多平台适用技术等。

（2）关键技术与作战能力发展迅速

当前，美国定向能项目进展顺利并取得了阶段性成果，第三代激光系统、超短脉冲激光器、高能激光武器系统演示器、单模光纤

激光武器系统、紧凑型激光武器系统等项目不断取得突破，多种类型的激光武器已经实现部署。目前，美军通过改进材料、电力、热管理等相关工程技术方面的问题，不断提高系统功率，现已基本掌握了150千瓦激光武器所需的光源、光束指向、电力及热管理、与现有武器系统和平台集成等关键技术，战术级激光武器全面进入工程样机研制阶段。未来，更多高功率定向能武器的部署与使用，将从根本上改变未来战争的作战样式、战场形式和作战理念。

（3）作战用途与对象日趋丰富

美国国家安全战略和国防战略中均体现出定向能武器的重要性，将其作为维持美军优势、增强导弹防御以及应对地区冲突的一个关键手段。目前，美国已经研发出多种用途的定向能武器系统，从作用于人体的微波拒止武器到攻击武器电子设备的高功率微波导弹、用于防空反导的舰载激光武器和机载激光武器等多个系统已通过试验验证，可作为未来战场中的新型攻防手段。随着定向能武器技术的不断发展成熟，其在军事领域的应用将进一步扩大。

二、国外国防领域前沿技术方向发展现状

（一）人工智能技术

近年来，人工智能已经越来越受到世界各国的高度重视。一方面，从顶层战略计划制定、组织机构建设、基础技术研发等层面，采取多项具体措施，推动人工智能的发展；另一方面，积极探索人工智能技术在情报监视与侦察、辅助决策、人机协同/无人集群等领域的军事应用。

目前，人工智能技术尚处于弱人工智能阶段，专注于完成某项特定任务，例如语音识别、图像识别和翻译等，应用仍然属于“工具”范畴。2020年8月，人工智能代理在“阿尔法”空战格斗中击败了人类飞行员，展示了人工智能系统在空战中的能力，增强了人类飞行员对人工智能系统的信任。美国防高级研究计划局发布了多

个项目研发第三代人工智能，计划开发能够进行类似人类交流和逻辑推理的人工智能工具，促进人机融合。

在国防领域，人工智能技术赋能将大幅提升情报侦察、指挥控制、网络空间、维修保障等领域智能化装备的发展。人工智能技术将推动战争形态转变为智能化战争，无人机、无人潜航器、无人车辆、智能机器人将大量投入战场，武装力量组织模式将发生重大变化，作战编组将由有生力量和智能机器共同构成，智能信息网络成为战场环境基础支撑，战场向全谱化、全球化大空间体系拓展。

（二）量子信息技术

当前，全球涌现量子技术潮，美国、俄罗斯和欧洲的一些国家等世界主要军事强国均面向量子技术发展进行了战略部署，全球量子技术领域竞争态势日益明显。量子技术正逐步走出实验室，在感知、通信、信息处理、信息安全等领域实现前所未有的跨越式发展。人类社会正在进入量子时代，量子技术将成为推动科技革命和军事革命的重要领域。

目前，量子计算正在从科研机构主导的基础探索和编码算法阶段，逐步进入产学研结合的工程实验验证与原理样机技术攻关阶段。量子通信在量子隐形传态、量子密钥分发等方向科学研究和网络建设上取得长足进步，但在实用化和工程化应用等方面仍有问题瓶颈需要探索突破。量子雷达开始走向工程化应用。

在国防领域，量子信息技术将成为改变未来战争的关键技术，为未来战场数据处理能力带来极大优势，增强战场保密通信的安全性、隐蔽性和抗干扰性，提升复杂环境下的目标识别与导航、电子对抗能力，为未来战争提供更加尖端、实用的战斗力。

（三）微系统技术

微系统技术是当前受到世界广泛和高度重视的前沿技术之一。美国国防高级研究计划局将微系统定义为，在微电子、微机械、微光学等基础上，把传感器、驱动器、执行器和信号处理器等集成在一起的、具有一种或多种功能的微装置。随着微电子、微光学、微机械加工制造技术的不断进步和多学科交叉融合的加深，微系统技术发展应用不断深化。

近期，主要科技强国针对后摩尔时代加速研究微电子技术创新突破方案。目前，微处理器正向多功能、高性能、智能化、低功耗、柔性化的方向发展；新一代微存储器存储速度和容量持续提升；宽禁带半导体器件性能大幅提升，应用范围持续拓展；先进电子材料技术、集成电路制造工艺进一步发展，推动微电子器件性能不断升级。

在国防领域，微电子技术是先进武器装备的核心前端，直接影响装备性能，是实现武器装备轻量化、小型化、精确化的重要手段。微系统技术目前主要应用于战场感知与控制、惯性导航测量、微型飞行器、军用射频组件、空间与车载雷达、微纳卫星、新型光电集成器件等领域。未来，武器装备将向信息化、智能化、多功能化发展，将更加依赖高集成度的封装器件，并将更广泛地采用可执行各种功能微系统器件来改善其性能。

（四）大数据技术

大数据具有超海量性、强领域性、泛多样性、广时空性及高演化性等特征。自 2012 年起，美俄等国军队开始将大数据技术应用于国防领域，大数据驱动情报生成与决策支持等应用在科学性、有效性、精准性等方面的效果逐渐显现。

目前，以美俄为代表的军事强国通过建立深度数据决策、全面数据管理的运行机制和管理模式，促进大数据的积累、整合、分析、深度挖掘和辅助决策的能力建设。军事大数据是未来作战的基础性工程，“从数据到决策”的基本策略已成为获取军事优势、实现理论创新的重要支点。

在国防领域，随着大数据技术的应用不断深入，将有助于解决战场信息高速处理的瓶颈问题，使多域数据融合感知、认知和决策支持成为关键支撑；使指挥控制更加集中到作战领域，使数据辅助决策向数据驱动智能决策转变；推动作战体系从信息化向自主化的整体转变，作战大数据能力的实质性提升使无人自主作战成为可能；实现与人工智能技术紧密结合，战争形态的演化会更大程度取决于大数据科学与强人工智能的共同作用。

（五）5G 技术

5G 技术相比 4G 技术在数据传输速度、容量和延迟等方面都有较大的飞跃。5G 技术发展所带来的一系列新技术将为形成独特的军事优势提供重要的支撑。当前，全球 5G 技术竞争态势日趋严峻，我国与美国、韩国、日本当前在 5G 技术领域处于领先地位，英国、德国和法国处于第二梯队。此外，新加坡、俄罗斯和加拿大也正在积极推进 5G 技术的发展，现阶段处于第三梯队。

近期，美国国防部持续大力投入 5G 领域，自 2019 年起在研究、开发、试验、鉴定预算申请中设立“下一代信息通信技术”（5G）专项，2019 财年投入 5 200 万美元，2020 财年投入约 2 亿美元，2021—2025 年计划投入 15 亿美元。目前，美国国防部 5G 技术领域处于探索应用阶段，正在广泛引入成熟商业技术开展军事应用试验。2020 年，美国国防部先后公布 12 个军事基地的 5G 测试计划，聚焦 5G 频谱共享、前沿作战网络、虚拟/增强现实和智能仓库等应用研究，是世界上迄今为止规模最大的军民两用 5G 试验计划。

在国防领域，毫米波通信、频谱共享与 5G 网络安全、卫星 5G、按需定制的网络切片等 5G 关键技术的突破及应用将推动未来战争快速变革。5G 对通信能力的极大增强以及与人工智能、云计算、大数据、边缘计算等新信息技术的紧密融合，将在无人系统、作战指挥控制、情报监视侦察、高超声速武器防御、战场可穿戴设备等方面有极大的应用潜力。5G 基于体系创新方式实现多种技术和系统的融合，可支持战场平台全域互联、战场网络深度融合和战场信息充分共享，提升智能作战能力、联合作战能力和无人作战能力。

（六）区块链技术

随着区块链在经济社会的普及推广，其应用潜力在越来越多的领域不断展现，成为广受各国关注的战略性技术，麦肯锡公司也将其评为“最有潜力引发第五轮颠覆性科技革命的关键技术”。美国高度重视区块链技术在军事领域的应用潜力，在指挥控制通信、情监侦、网络安全、增材制造、供应链与物流等领域进行了广泛的探索。

近期，在美国国会的顶层立法驱动下，美联邦政府、国防部和三军、国防承包商、区块链创业企业迅速行动，积极推进区块链技术在国防领域的应用。美国《2020财年国防授权法》进一步明确了区块链技术在国防领域的应用焦点，具体包括应用区块链技术提高电力、供水和交通网等脆弱关键基础设施的网络安全；减少突发和灾难事件决策过程中的单点失效问题，强化基于共识的指控决策；提升国防供应链和军事物流效率；提高国防采办审计中的透明度。

未来，在国防领域，区块链技术还可能用于构建联合全域指挥控制体系，实现跨作战域、军兵种和作战层级的安全可靠无隙信息传递，进一步提高作战指挥效率；引入军事网络和武器系统，强化军事网络安全和武器系统的网络防护与韧性；支撑数字化制造环境的分布式网络搭建，确保武器装备增材制造过程中数据共享的安全；用于国防供应链和军事物流体系，确保国防供应链和军事物流体系安全、高效和智能运行。

（七）增强现实技术

增强现实技术是将计算机生成的虚拟信息合成到用户感知的真实世界中的一种技术，可以实现对真实世界的增加和强化。从武器装备设计研制、维修保障、作战训练到作战指挥，增强现实技术在装备研制与军事作战的多个领域均能发挥重要的作用。

当前，世界各国研究者在跟踪技术、显示技术、交互技术等增强现实关键技术与支撑技术上不断取得突破，其应用领域也在不断扩展。当前，随着计算机软硬件计算能力的提高，以及物联网、大数据等新一代信息技术的发展，增强现实技术已逐步从实验室理论研究阶段开始转入大众与行业应用阶段，为人们提供了认知与体验周围事物的全新方式，被众多知名机构预测为未来最有前景的技术之一。

在国防领域，增强现实技术将在未来国防领域的智能制造与智慧工厂建设中扮演着重要角色；用于装备维修中，可降低装备拆装、保养和维修的难度，极大提高装备保障的效率；通过增强的军事训练系统，可提供比传统训练和演习更加真实的战场环境；应用于联合作战指挥系统中，可更有利于各级指挥员快速、正确理解上级意图。

(八) 数字孪生技术

数字孪生采用数字化技术构建实体的多维、多时空、高保真、高精度的动态演化模型来模拟实体在真实工作环境中的行为，具有数字化和实时交互等特点，可广泛应用于工业产品的设计、生产与健康管理。

目前，世界军事强国积极推进数字孪生技术应用于武器装备设计、制造、试验及作战训练等领域，并取得重要进展。雷声公司开发了导弹防御数字孪生系统，该系统应用数字孪生、人工智能、三维可视化等技术，可对导弹防御作战场景进行模拟，以在实弹拦截试验前进行仿真验证，提高试验成功率。洛克希德·马丁公司正在开发“宙斯盾”数字化生态系统，该系统可应用于作战系统设计、舰载设备安装和集成、系统能力升级、全寿命周期维修保障支持等，将有助于快速响应美军未来作战需求，加快新技术、新装备、新能力的集成速度，进一步推动“宙斯盾”系统能力演进。

在国防领域，数字孪生技术与大数据、人工智能技术的结合，将推动国防工业研发制造模式的变革，加速作战能力生成，使国防工业部门大幅降低武器装备的研发、制造和维护成本，显著提升需求响应速度。同时，数字孪生技术的应用范围还可拓展至作战实验室、试验场，实现从概念到技术再到能力的贯通。

（九）4D 打印技术

4D 打印技术的本质是 3D 打印技术与可变形材料、新型设计技术的统一体，借助先进的多材料 3D 打印工艺，采用可变形材料作为原料，在对材料形变精准预测的基础上开展动态设计，使最终产品具备所需特性。这种独特的能力使 4D 打印技术有望制造出具备颠覆性功能的产品，从而变革产品制造、装配、储存和运输等环节，非常契合国防领域的需求。

4D 打印作为一项新兴技术，目前正处于快速发展阶段，国际上针对 4D 打印技术的研究主要围绕 4D 打印材料的拓展、成型技术的创新、设计工具的开发等方面开展，并已取得了一定的成果。4D 打印技术的应用已经开始在国防军事和航空航天领域初现端倪，据市场分析机构预测，到 2025 年，国防和航空航天应用将占到 4D 打印技术市场份额的 50% 以上，将成为 4D 打印技术最大的应用方向。

在国防领域，基于 4D 打印技术有望发展出能够快速打印并直接投入使用的高性能无人机或机器人，实现武器装备的现场制造；有望设计出能够根据飞行条件自动改变气动外形的机翼，增强武器装备的使用性能；有望制造出无须人工组装且节省运输空间的武器装备，改善武器装备的后勤保障。最终 4D 打印技术将变革传统武器装备的制造使用流程以及后勤保障模式，使武器装备发挥更强的作战效能。

（十）超材料技术

超材料技术是通过在材料关键物理尺寸上的结构有序设计，突破某些表观自然规律的限制，获得超出自然界原有普通物理特性的材料技术。超材料技术是一个具有重要军事应用价值和广泛应用前景的前沿技术领域，将对未来武器装备发展和作战产生革命性的影响。

近年来，超材料在隐身、电子对抗、雷达等领域的应用成果不断涌现，展现出巨大的应用潜力和发展空间。例如，美国研发出一种新型柔性、宽频可调的雷达吸波超材料，可吸收雷达波能量；美军研发出基于超材料智能结构的雷达罩，并应用于 E－2 鹰眼预警机，大幅提高了雷达探测能力。

在国防领域，隐身是近年来出镜率最高的超材料应用，也是迄今为止超材料技术研究最为集中的方向。如美国的 F－35 战斗机与 DDG1000 大型驱逐舰均应用了超材料隐身技术。超材料在电磁隐身、光隐身和声隐身等方面具有巨大的应用潜力，将在各类飞机、导弹、卫星、舰艇和地面车辆等方面得到广泛应用，使军事隐身技术发生革命性的变革。

三、结束语

科技兴则民族兴，科技强则国家强。当今世界正处于大变革、大发展、大调整之中，新一轮科技革命、产业革命、军事革命正在深入推进。历史表明，前沿科技发展与世界强国更迭历程总体同步。近代以来的几次科技革命引发大国兴衰和世界格局调整。第二次世界大战之后，科学技术成为维护国家安全与发展的重要因素，世界各主要国家都把关系国家安全、发展和国际竞争的决定性科学技术，按国家战略目标，集中资源建设发展。与一般技术相比，前沿科技在形态上更具前沿性、超越性，在效能上更具综合性、牵引性、革命性。前沿科技是国家科技发展的根基与命脉。只有在前沿科技领域取得更大进展，国家发展的独立性、自主性、安全性才能不断提升，才能催生出更多新技术、新产业，开辟经济发展的新领域、新赛道，形成国际竞争的新优势。

领域篇

国外空天打击体系领域前沿发展动向

随着进攻性武器装备的不断发展，目前以美俄为代表的军事强国的攻击武器从传统的战机、弹道导弹、巡航导弹逐步发展为包括无人机、临近空间高超声速导弹、定向能武器等新型装备在内的作战力量。不仅武器装备更加多样化，而且呈现出有人-无人协同、武器智能化等新特点。目前，美俄在研制新型进攻性武器装备的同时，继续对现役装备进行升级改进，本书中“下一代打击体系”限定为美俄在研和升级改进中的空中攻击武器构成的打击体系。美俄下一代攻击体系的主要装备包括新型隐身战机、新型隐身轰炸机、新型洲际弹道导弹、新型中程弹道导弹、新型战术弹道导弹、新型巡航导弹、“蜂群”式无人机等。

一、美俄推动下一代攻击体系基本情况

美国提出“第三次抵消战略”后，在空天进攻领域继续大力发展隐身攻击、无人攻击、临近空间攻击、太空攻击、定向能攻击等革命性作战装备，对潜在对手既有的防御体系形成“高度差”“速度差”“距离差”等非对称优势，试图最终实现“全球监视、全球到达、全球打击”的战略目标，全面颠覆现有的攻防格局，对他国形成新的战略优势。俄罗斯在发展空天打击力量方面也积极跟进，在远程轰炸机、先进战斗机、巡航导弹、弹道导弹、无人机等相应领域紧追美国，在高超声速导弹领域已经领先美国，进入实战部署阶段。

（一）美国下一代攻击体系现状

美国下一代攻击体系典型武器见表1。

表 1　美国下一代攻击体系典型武器

弹道导弹	巡航导弹	战斗机	轰炸机	高超声速导弹	无人机
陆基战略威慑系统	战斧V	F-22	B-21	AGM-183A	XQ-58A 女武神
民兵-3	下一代对陆攻击巡航导弹	F-35	B-2A	常规快速打击(CPS)	小精灵
三叉戟-2 D5	远程反舰导弹	六代机		高超声速吸气式武器概念(HAWC)	
精确打击导弹	联合防区外空地导弹			远程高超声速武器(LRHW)	
新型中程弹道导弹	新型中程巡航导弹				

美军已经开发出一种较为先进的、运用联合武装力量，在统一的信息空间内，实施各类武装力量和各兵种优势互补的“多域作战”概念，如图 1 所示。

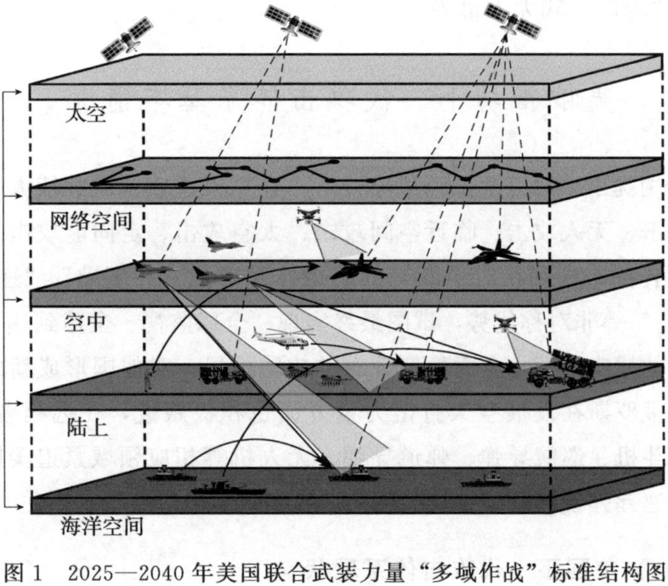

图 1　2025—2040 年美国联合武装力量“多域作战”标准结构图

空战作为多域作战的起始阶段，其主要任务并非是大规模的导弹空中打击，而是大规模联合空袭，为美军联合武装力量随后开展的决战任务，实现战役和战略目标创造条件。“多域作战”概念下运用大规模联合空袭的作战概念已取代“全球快速打击”的理念。未来美军大规模联合空袭可能的时空架构如图 2 所示。

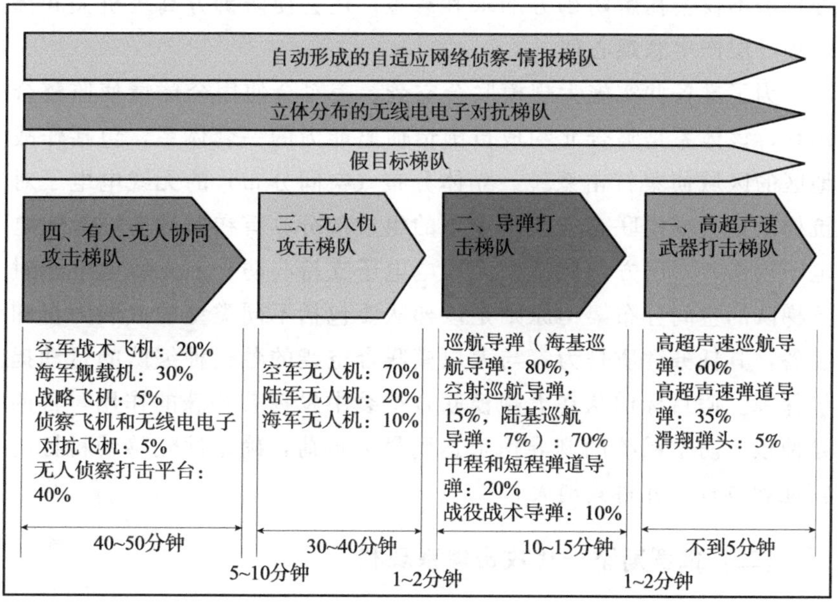

图 2　未来美军大规模联合空袭可能的时空架构

在结构上，美军联合武装力量实施大规模联合空袭可以分为以下 4 个攻击梯队：

第一梯队：高超声速导弹打击梯队；

第二梯队：导弹打击梯队（各种发射方式的战役战术导弹和巡航导弹）；

第三梯队：无人机攻击梯队；

第四梯队：有人-无人协同攻击梯队。

美国军事理论家认为，实施大规模联合空袭能够在发生冲突的最初几个小时内削弱俄罗斯航空集团军指挥设施、核导弹部队设施、空天防御系统、能源系统、通信系统、军事和国家管理系统、情报系统和战斗指挥系统，同时还能够削弱具有最强战斗力的作战编队。在非接触式战争中，进攻方使用高精度武器占据空中优势后不会再损失航空机组，并且能够有效地压制住敌方各种防空力量，实施这种打击不仅会瓦解防御方的求胜意志，还会使防御方高级机关和部队领导层产生悲观心理。

为了准备并实施大规模联合空袭，美军会使用全球情侦监整合体系，该体系是整合北约成员国情侦监能力的一套体系，包括作战地区的区域侦察打击系统。立体分布（空间分布）的无线电电子对抗梯队是大规模联合空袭中重要的组成部分，旨在对敌实施无线电电子攻击，对己方部队提供无线电电子支持与防护。无线电电子对抗梯队的空间分布架构原则是该梯队要包括不同类型的武装力量和装备，其任务性质是为参与大规模联合空袭的各兵种编队的行动提供保障。假目标梯队在大规模联合空袭中发挥着特殊的作用，目的是使俄方防空系统的制导信道达到最大负荷，确定优先移动目标的特征和位置，并将其消灭。

（二）俄罗斯下一代攻击体系现状

俄罗斯下一代攻击体系典型武器见表 2。

表 2 俄罗斯下一代攻击体系典型武器

弹道导弹	巡航导弹	战斗机	轰炸机	高超声速导弹	无人机
萨尔马特	海燕核动力巡航导弹	苏-57	远程航空兵的未来飞机 PAK DA	先锋	猎人
亚尔斯		六代机		匕首	闪电
雪松				锆石	
伊斯坎德尔-M					

俄罗斯下一代攻击体系典型武器包括弹道导弹、巡航导弹、高超声速导弹、战斗机、轰炸机、无人机等。俄罗斯近年来尤其重视

高超声速导弹的发展，已有多个型号入役。

近年来，俄罗斯战略高层十分重视俄军二次核打击能力。为此，俄罗斯还大力发展高超声速武器，已经形成锆石、先锋、匕首等组成的高超声速武器体系，以应对俄地缘政治环境进一步恶化，扩大非对称优势，抵消美国的导弹防御力量，实现总体战略上的平衡态势。此次俄军在乌克兰特别军事行动中，已开始使用高超声速武器打击目标。

(三) 美俄下一代攻击体系发展思路

1. 美军用“系统簇”的全新概念发展“下一代远程打击系统”(NGLRS)

美军针对未来战场环境中存在的反隐身技术、第五代战斗机、先进地空导弹、定向能武器等现实威胁，提出了用“系统簇”的全新概念发展“下一代远程打击系统”。这一打击系统包括远程轰炸机、先进战斗机、无人侦察机、空中加油机、预警机、电子战飞机、常规远程巡航导弹/弹道导弹等在内的多平台多兵种组成的“系统簇”式复合系统。

“下一代远程打击系统”的核心是下一代远程轰炸机 B-21，目前已进入初始生产阶段，即将首飞。现役 B-2A 轰炸机是 B-21 的有力补充，B-52、B-1B 轰炸机将与 B-21 形成防区外、防区内打击新的组合。先进战斗机是打击能力的体现，主要包括 F-22、F-35、F/A-18E/F、F-16 等。由 EA-18G、EC-130H 等电子战飞机组成的空中电子攻击体系，可执行干扰任务。巡航导弹和弹道导弹是实现远程打击的关键因素，由远程防区外 (LRSO)、战斧等巡航导弹和民兵-3、三叉戟等弹道导弹组成。陆军还以海基“标准-6”弹道导弹和“战斧”巡航导弹为原型研发新型陆基中程导弹，提高中程打击能力。此外，还发展了蜂群式无人机、高超声速导弹等新式打击武器，共同构成了下一代打击体系。

2. 美军发展穿透型制空能力

2016 年《2030 年空中优势飞行规划》报告中提到“穿透型制空”的概念：飞机能够进入并在由包括陆基导弹和飞机在内的不断增强的精密空防系统保护的敌方空域内作战。“穿透型制空”需要新武器、传感器和组织架构的研发，并包括瞄准和交战、传感器的综合应用。2017 年，美空军装备司令部一个团队，针对未来装备技术的发展制定了规划，开展“战略发展规划实验”（SDPE）的研究工作。该团队针对“穿透型制空”（PCA）、“穿透型电子战”（PEW）等思路开展规划。

美军认为，太多战机已经老旧，航程太短，载重太小，无法在恶劣防空环境下执行任务。因此，要求在研的第六代战机具备“穿透型制空”的能力，可执行远程作战任务，突破对手五代战机的纵深空域，夺取制空权，为后续己方五代战机大举进攻打开安全通道。美军整个作战体系包括武器、无人系统、消耗性诱饵，是穿透型制空的战力要素之一。美国战略与预算评估中心（CSBA）认为，未来空中力量取得成功的关键在于渗透和生存能力。战机必须穿越敌方拦截战机和地空导弹的屏障。美国空军应该开发和采购穿透型制空/穿透型电子攻击战机，以执行制空、电子攻击和其他任务。穿透型电子战机要能够自由出入敌方防空区域，该平台可以是“穿透型制空”飞机的变体，或者是更先进的设备，或者是无人机。穿透型制空/穿透型电子攻击战机的航程应达到 2 800 千米或更远，以便将其行动与其他远程渗透装置结合起来。

2019 年美国战略与预算评估中心报告称，美空军应在 2030 年之前至少列装 50 架六代战机，以确保在“大国竞争”中的技术优势。预计美军的第六代战机于 2023 年进入“工程与制造发展”阶段，2030 年前后形成初始作战能力。2018 年，国会预算办公室估计，空军将需要 414 架“穿透型制空”飞机来取代现有的 F－15C/D 和 F－22，这些是空军目前面向空对空作战的战斗机。报告中称“穿透型制空”下一代空中优势喷气战斗机的成本约为 3 亿美元。

3. 美国三军大力发展远程打击能力

（1）美国陆军不断发展远程打击能力

美国陆军目前正大力投资发展火炮，创建新的部队并制造新型打击武器。陆军指挥部在保留现有火箭弹/导弹发射旅（使用轮式“海马斯”发射架和履带式“多管火箭弹”发射架）的同时，还将获得新型远程弹药。射程为69千米的“多管制导火箭弹系统”（GMLRS）将被处于测试阶段的增程型“多管制导火箭弹系统”所取代，这款新型系统的射程可达145千米以上。“陆军战术导弹系统”（ATACMS）将由射程超过482千米的新型“精确打击导弹”（PrSM）所取代。未来通过升级，“精确打击导弹”的射程有望达到现有射程的3倍（1 446千米）以上。

陆军的多个战区司令部将获得一支或多支新型多域特遣部队。陆军计划在太平洋地区部署两支多域特遣部队，在欧洲部署一支，另有两支分别负责北极安全和全球响应。根据美陆军参谋长近期发布的一份文件显示，多域特遣部队初始设计将包括两个远程导弹连。其中，一个导弹连名为“中程能力”（MRC）导弹连，将使用超声速“标准-6”导弹和亚声速“战斧”导弹，射程超过1 770千米。另一个导弹连将装备新型“远程高超声速武器”（LRHW），其射程可达2 275千米。

在美国陆军协会2022年3月3日发布的《多域特遣部队——2035年陆军概览》报告中提到，在印太地区美国行动主要依赖与日本、韩国、澳大利亚、泰国和菲律宾等国的双边协议，远程火力更多地依赖陆军将于2023年全面部署的远程高超声速武器。

（2）美国空军重视提升防区内和防区外打击力量

美国空军协会米切尔研究所发布于2020年6月的研究报告——《远程打击：重置防区内与防区外打击力量的平衡》认为，国防部两类远程打击力量体系包括渗透打击力量，可入侵至反介入/区域拒止（A2/AD）系统打击范围内，向目标投射弹药的隐身轰炸机、隐身飞机可以渗透侵入交战地区，近距离接近目标，使用“直接攻击弹药”

摧毁目标；以及非渗透型轰炸机力量，必须避开反介入/区域拒止体系威胁范围向目标投射远程弹药。非渗透型防区外打击轰炸机和战斗机可以在数小时内部署，向位于交战的高威胁区域目标投射远程弹药。

报告认为，美军远程防区外打击力量包括空军 76 架 B－52H 和 62 架 B－1B 轰炸机，外加海军、海军陆战队和陆军由火炮、弹道导弹和巡航导弹组成的远程火力；但防区内打击能力只有空军的 20 架隐身 B－2 轰炸机，必须提升防区内打击力量。

B－2 轰炸机购买量被限制为 21 架，空军的 2021 财年预算提议再削减 17 架 B－1B 轰炸机。空军计划将其所有的 B－52H 轰炸机延寿保留至 2040 年，并购买至少 100 架 B－21 隐身轰炸机，逐步取代其剩余的 B－1B 和 B－2 机队。

美国空军应该大幅提高其远程打击能力。至少需要 316 架轰炸机来支持美国的国防战略，其中绝大部分应该是 B－21 隐身轰炸机。空军应该提高其在高危冲突环境中遂行防区内的渗透打击能力，空军需要购买至少 240 架 B－21 隐身轰炸机。

空军应该优先采购隐身渗透打击机型。美军的 B－1B 和 B－52H 轰炸机机队无法以可接受的战损风险，突防一体化防空系统屏障，任何非隐身飞机皆是如此。而且轰炸机使用的远程防区外弹药成本更昂贵，轰炸机携弹量少。隐身渗透打击机型是唯一具备防区外打击和渗透打击的平台。

高超声速武器是必要的，但并非万能。高超声速（大于马赫数 5）武器能更好地在威胁环境中生存，但与能够在几分钟内到达目标的精确直接攻击弹药相比，从远程防区外发射的高超声速武器在对付能够快速机动的目标时，没有那么有效。而且高超声速武器价格昂贵，对高超声速武器项目的研发和采购投资，应综合权衡它们的生存能力、尺寸和每架次可投射数量，以及对具有挑战性目标的毁伤效能与经济成本。

改装运输机由其担负打击任务，并无实际作战意义。研发全新防区外轰炸机并非进展更快、更便宜的替代性选择。研发全新的具有较大载荷的防区外“武库机”不能很快取得进展，而且其成本不比购买 B-21 低。一架可携带大量弹药的宽体飞机的成本，可能等于或超过 B-21 的成本，同时它们仅能提供较低的行动灵活性和较单一的任务域。至于全新设计的远程防区外轰炸机，可能比改造成熟运输机以使其能够投送武器的项目更为昂贵。

（3）美国海军航空兵确定 2030—2035 年间舰载机联队编成

2021 年 10 月，美国海军发布《海军航空兵构想 2030—2035》文件，作为对《海军航空兵构想 2025》文件的更新，阐述了大国竞争背景之下，按照美国国防战略要求，围绕前瞻性的“分布式海上作战”概念，以及新的舰队设计概念，继续以航母打击大队及其舰载机联队为核心，打造面向未来的海军航空兵部队。

文件指出，2030—2035 年间，舰载机联队是海军航空兵的主体。根据当前及未来一段时间的发展情况看，2030—2035 年美国海军舰载机联队将主要装备 F-35C“闪电Ⅱ”战斗机、F/A-18E/F Block Ⅲ型“超级大黄蜂”战斗机、新一代打击战斗机（F/A-××）。

目前，美国海军航母舰载机联队一般有 3 个打击战斗机中队（2 个 F/A-18E、1 个 F/A-18F 中队），其中 1 个 F/A-18E 中队逐步换装成 F-35C 战斗机中队。因此，未来将是 2 个 F/A-18E/F Block Ⅲ战斗机中队和 1 个 F-35C 战斗机中队的组合。F-35C 必须依托隐身性能来投入作战行动，主要以内置空空武器为主，发挥制空作战的角色。未来的 F-35C Block Ⅳ可能因为装备联合防区外武器 C1、先进反辐射导弹增程型以及小直径炸弹Ⅱ而成为海军打击平台的候选者。

美国海军的“下一代空中优势”项目包括 F-35C“闪电Ⅱ”战斗机、F/A-18E/F“超级大黄蜂”战斗机、EA-18G“咆哮者”电子战机、E-2D“先进鹰眼”预警机、CMV-22B“鱼鹰”运输机、MQ-25A“黄貂鱼”无人加油机、MH-60R/S“海鹰”直升机 7 个平台。“下一代空中优势”项目的主要发展内容包括涉及 MQ-25 无人机和“忠诚僚机”概念的有人-无人编组计划，MQ－25A快速采购（前7架MQ－25正在建造中），对EA－18G开展与F/A－18E/F类似的延寿与升级，“下一代干扰机-中波段”等。“下一代空中优势”项目中未提及的另一个平台是F/A－××，目前该平台仍处于概念设计阶段，预计在2030年替换退役的F/A－18E/F。

F/A－××新一代打击战斗机是海军“下一代空中优势系统家族”中的战斗机成员。根据计划，它将在2030年开始取代F/A－18E/F“超级大黄蜂”战斗机，目前尚处于开发阶段，可以明确的是：航程更远，速度更快，运用被动和主动传感器技术，可以使用射程更远的武器。未来F/A－××将与F－35C组合，构成舰载机联队有人战斗机的主体，它负责打击，F－35C负责突破和制空作战。

2030—2035年间，美国海军舰载机联队的有人电子战飞机仍将采用EA－18G“咆哮者”电子战飞机，但该飞机将装备新一代传感器和非动能效应装置；预警机仍将是E－2D“先进鹰眼”预警机，不仅要支持合成作战指挥，还要与战区防空和导弹防御、反舰导弹防御体系联结起来，未来更要担负起有人和无人系统组合指挥控制的任务，总之要适应新的作战环境和新的任务需求。

就美国海军的制海权作战构想来说，MQ－25无人空中加油机是航母打击大队拓展作战能力的核心装备。它将取代目前F/A－18F战斗机扮演空中加油的角色，大大拓展F－35C、F/A－18E/F、EA－18G以及E－2D等舰载机的作战范围，使航母打击大队的作战半径或者说控制区域大幅增加。这意味着美国海军航母打击群可以在敌军反介入/区域拒止体系之后，投送力量，夺取制空权和制海权。目前，该型机仍然在进行系列测试当中，2030—2035年间势必会列装舰载机联队。

《海军航空兵构想2030—2035》认为，无人机系统可以在空中加油、通信中继、后勤支援、电子攻击、打击以及情报监视与侦察/目标定位方面发挥作用，未来海军航空兵预计装备的无人机有MQ－

25“黄鲷鱼”空中加油机、MQ-4C“特赖登”海上巡逻机和MQ-8C“火力侦察兵”无人机三种。

4. 俄罗斯陆军远程精确打击火力的发展

俄罗斯在陆军远程精确打击火力的发展上延续了大口径远程火箭炮和近程战术弹道导弹各自独立的传统模式。俄罗斯陆军现役大口径远程火箭炮主要为BM-27“飓风”220毫米和BM-30“龙卷风”300毫米火箭炮，前者最大射程仅为35千米，后者最大射程为90千米。对于射程超过100千米的精确打击任务，俄罗斯陆军将交给近程战术弹道导弹来执行，主要包括“圆点”和“伊斯坎德尔”。依据采用的型号导弹不同，前者的最大射程范围为70～185千米，而后者的射程范围可以达到50～500千米。俄罗斯还将R-500“口径”巡航导弹的发射单元融入“伊斯坎德尔”近程战术弹道导弹系统中，并命名为“伊斯坎德尔”-K。

俄罗斯陆军的远程精确打击火力就由4种作战平台构成一个庞大的装备体系，而每一种作战平台的射程范围之间既有重合，也有拓展，保证了从35～500千米这一打击区域内的目标至少会被一种甚至2～3种火力所覆盖。

二、美俄洲际弹道导弹的发展

美国已授出战略威慑系统（GBSD）洲际弹道导弹合同，并完成了初步设计评审。“三叉戟2”导弹启动第二次延寿改进，重点是制导设备升级与抗辐射加固性能改进，延寿后将服役至2083年。俄罗斯战略导弹部队将分阶段全部换装新型“亚尔斯”“萨尔马特”洲际弹道导弹及“先锋”高超声速弹道导弹，未来每年将列装20套新系统。“萨尔马特”战略导弹项目持续推进，研制进度已推迟，“先锋”高超声速洲际弹道导弹已经服役。

（一）美国新型“陆基战略威慑系统”

美军认为，“民兵-3”导弹无法满足2030年后的要求，故于2011年启动了“陆基战略威慑系统”，替代“民兵-3”导弹。“陆基战略威慑系统”仍将采用“民兵-3”导弹的发射井和W87弹头所用的MK21再入飞行器，发动机、指控和发射控制系统都将更新。“陆基战略威慑系统”预计于2023年年底开展首次飞行测试，2029年实现初始作战能力，并计划到2036年完成400枚“陆基战略威慑系统”部署，替代全部的现役“民兵-3”洲际弹道导弹，将服役至2075年前后。2022年4月，美国空军宣布将陆基战略威慑项目改名为LGM-35A“哨兵”。

“陆基战略威慑系统”依然选择井基部署方式，保留单弹头和多弹头配置，同时将采用全新的武器指控系统，并翻新发射控制中心和发射设施。空军全球打击司令部已公布“陆基战略威慑系统”3个导弹阵地的建设计划，沃伦空军基地阵地将于2023年动工，马姆斯特罗姆空军基地阵地将于2026年动工，迈诺特空军基地阵地将于2029年动工。

2020年“陆基战略威慑系统”进入工程制造阶段。空军表示该项目将满足目前作战需求，同时兼具灵活性和适应性，能够不断升级改进，计划采购624枚，其中400枚用于部署，其余用于飞行试验或作为备件。

与“民兵-3”导弹相比，“陆基战略威慑系统”的射程、服役寿命和总体杀伤力都有所提高；将改进瞄准技术、制导技术、助推器、飞行系统以及指挥和控制系统；将升级电路，并在制造时考虑到长期维护和可持续性。

“陆基战略威慑系统”将采用W87-1洲际弹道导弹弹头（改型项目），该弹头是在W78的基础上进行改进提高的新型号，爆炸当量为30万吨，将采用全新生产的钚弹芯、钝感炸药、先进引爆控制系统。该弹头的有效载荷将选用目前的MK12A和MK21再入飞行器，并可选择单弹头和多弹头配置。目前该弹头进入研发与设计阶段，计划于2030年交付第1枚。MK21A是MK21的改进型，旨在携带“陆基战略威慑系统”的新型W87－1弹头，将成为空军未来陆基战略威慑洲际弹道导弹的主要武器，目前正在开发中，计划从2029财年开始取代现有的“民兵－3”。2021年4月，空军已经完成了MK21A再入飞行器的初步设计评审。MK21A或将具备末端机动能力，为其提供更高的精度、更强的突防能力以及能够攻击移动目标等末端优势，大幅提升“陆基战略威慑系统”的作战能力。

在俄罗斯“先锋”高超声速导弹开始服役后，美国也开始出现将高超声速飞行器集成至“陆基战略威慑系统”的声音。空军核武器中心2020年8月12日公布了一份信息征询书，要求各公司就7类洲际弹道导弹的升级思路按照“模块式开放架构”提交建议，其中1类为“保障高超声速滑翔体达到洲际弹道导弹射程的热保护系统”。空军多次将“陆基战略威慑系统”称为“模块化系统架构”。但美军负责高超声速武器的负责人在2020年3月曾明确表示，美国高超声速武器均为“严格的常规”武器。美国空军负责战略威慑与核一体化的副参谋长也在2020年8月表示，有关“陆基战略威慑系统”的需求中并未包含集成高超声速飞行器。

“陆基战略威慑系统”的寿命周期要求超过50年，将采用“模块化体系结构”，需具备灵活性、适应性和经济可承受性，此外还需具备集成新技术、与其他战略平台的部件通用等能力。陆基战略威慑系统需具备更好的生存能力、响应速度、射程覆盖、突防能力、打击精度、毁伤效果，能够适应不同的作战场景，可灵活应对未来可能出现的各种威胁，部署后将大幅提升美军陆基核力量的战略威慑能力和全球先发快速核打击能力。

美国空军全球打击司令部网站2022年3月7日公告，根据其战略愿景，陆基战略威慑系统当前的计划时间表分为以下4个阶段：第1阶段，2017—2020年，技术成熟，风险降低；第2阶段，2020—2026年，工程与制造开发；第3阶段，2026—2037年，生产和部署；第4阶段，2037—2075年，使用和维护。

（二）美国现役“民兵-3”洲际弹道导弹

美国空军目前部署400枚“民兵-3”洲际弹道导弹，共携带400个核弹头。美国一直致力于“民兵-3”和“三叉戟-2”潜射弹道导弹的延寿升级工作。

2015年，美国完成“民兵-3”导弹推进与制导等主要系统的现代化改进，后续还将继续改进地面系统、通信系统和弹头引信等。2015年1月，美国空军向诺斯罗普·格鲁曼公司授出了陆基洲际弹道导弹地面系统改进合同，计划在5年内完成“民兵-3”导弹地面子系统改进；同时还将升级“民兵-3”导弹发射控制中心的通信系统终端，用于提升发动核打击时作战部队之间的通信联系。美国还将对“民兵-3”导弹MK21弹头引信进行现代化改进，计划采购693套新型引信装置，2020年前计划首批采购6套，首批成本预计为6 500万美元。

“民兵-3”MK21再入飞行器面临部件老旧、维护成本高等局限性问题。洛马公司开发了一种翻新MK21再入飞行器中已有25年历史的武装和引信组件的工艺，通过复杂的程序更换或修复电子和机械部件，可延长部件的使用寿命，以支持“民兵-3”服役到2030年。

2021年6月，美国空军授予诺格公司一份价值2.87亿美元的基础合同，用于为“民兵-3”系统提供持续的工程服务支撑。美国空军还计划在2022财年低速率生产新引信组件，用来替代“民兵-3”MK21再入飞行器的引信。

（三）美国“三叉戟-2”洲际弹道导弹

美国海军装备14艘“俄亥俄”级弹道导弹核潜艇，其中12艘处于作战巡逻状态，每艘装备24枚“三叉戟-2”导弹，共计248枚，携带890个核弹头。

“三叉戟-2”（D5）导弹面临部件老化和飞行试验损耗等问题，美国再次实施延寿计划，以确保导弹库存充足，满足弹道导弹核潜艇战备巡航的需要。延寿后的导弹性能优越，能够有效应对新出现的威胁，将美国的海上核威慑延续到“哥伦比亚”级核潜艇的服役期内。美国再次实施“三叉戟-2”（D5）潜射弹道导弹延寿计划，将确保美国保持安全可靠的海上核威慑，提升二次核打击能力。

“俄亥俄”级核潜艇于2017年起开始用“三叉戟-2”D5 LE导弹进行替换，整体换装工作将于2024年完成。与“三叉戟”D5相比，“三叉戟”D5 LE导弹主要的改进工作是加装了新型MK-6制导系统。该导弹将成为“俄亥俄”级核潜艇、新型“哥伦比亚”级核潜艇和英国核潜艇的主要装备。美国海军已在2017年提出研制“三叉戟”D5 LE导弹的替代型号“战略武器系统534”（“三叉戟”D5 LE2）。

2020年3月3日，美国海军提出了一项为期6年、耗资7亿美元的计划，用于“三叉戟-2”D5潜射弹道导弹的第二次延寿改进。该计划被命名为“三叉戟-2”D5 LE2，未来可服役至2083年，能够覆盖新型“哥伦比亚”级潜艇的整个寿命周期。2021年1月14日，美国海军中将约翰尼·沃尔夫表示，美国2021年启动“三叉戟-2”D5第二次延寿计划，以确保该导弹在未来60年内的可靠性。同年6月，洛克希德·马丁公司获授1.91亿美元固定价格合同，负责为“三叉戟”战略武器系统提供新型惯性制导系统及相关惯性备件，预计完成时间为2028年2月28日。

美国战略系统项目办公室（SSP）负责人表示，由于部件老化和飞行试验需求造成导弹的消耗，下一代“三叉戟-2”D5 LE2必须在2039年前进行战略部署，以确保有足够的潜射弹道导弹库存来维持美国战略司令部的需求。“三叉戟-2”D5 LE2不仅要确保具备当前武器系统的可靠性和性能，还将满足今后的军事需求，能在“哥伦比亚”级战略核潜艇服役期限内保持可信的威慑力。

为了支持“三叉戟-2”D5 LE2项目，美国海军已经开始进行体系分析，评估潜在的解决方案。为了最大限度地提高经济性，分析工作重点放在确定需要重新设计和重新生产的元器件上，利用高可靠性的元器件。目前，美国海军战略系统项目已经开展D5系统最复杂、最基础性的技术研发，例如，战略级制导设备和抗辐射加固微电子技术等。美国将在2024年前改进制导系统飞行硬件部件，确保导弹在21世纪40年代初具备作战能力。

美国国会在2020财年已经启动研究，以支持系统方案基础细化工作，包括威胁有效性研究、平台生存能力研究和网络安全性研究。海军在2021财年为“三叉戟-2”D5 LE2项目申请了1.11亿美元，目标是确定关键体系决策。2022财年确定初步系统体系方案，2023财年完善系统体系方案，2024财年制定分系统需求和接口，2025财年确定系统需求，以便开展后续设计工作。

美国海军战略系统项目主任表示，海军需要开始研究未来导弹及相应武器系统，确保“三叉戟”D5 LE2弹道导弹在面临动态威胁环境时仍然可靠，以便在2039财年将新型“三叉戟”D5 LE2部署于“哥伦比亚”级战略核潜艇。

海军战略系统项目的主要工作包括：维持目前D5 LE2弹道导弹库存，提供必要的作战支持，保障“俄亥俄”级战略核潜艇的服役寿命；调整所有战略武器设施结构，继续支持和保障战略核潜艇能力；确保“俄亥俄”级和“哥伦比亚”级潜艇之间的正常过渡。需将当前的D5 LE武器系统和导弹库存无缝过渡到新的“哥伦比亚”级，过渡期间通过引进W93/Mark 7弹头，以重新平衡W76和W88弹头储备，满足美国战略司令部要求等。

(四) 俄罗斯“萨尔马特”洲际弹道导弹

俄罗斯始终没有放弃过液体战略导弹研发，“萨尔马特”导弹对于俄罗斯进一步巩固其“三位一体”战略核力量体系意义重大(图3)。

“萨尔马特”导弹项目从2009年上半年开始启动，2011年年初

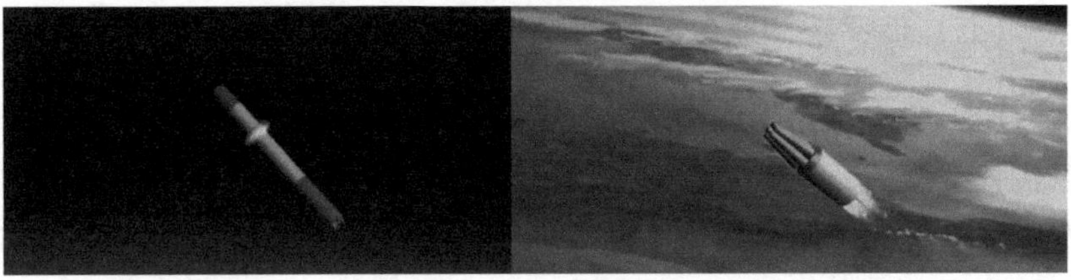

图 3 “萨尔马特”导弹

完成型号设计草图。2012 年，马克耶夫国家导弹中心被确定为“萨尔马特”导弹的主承包商，2017 年年底，3 枚“萨尔马特”导弹已完成组装，并将进行弹射试验。“萨尔马特”导弹按计划 2020 年年前服役，首先在位于奥伦堡州的栋巴罗夫斯基与克拉斯诺亚尔斯克边疆区部署 2 个导弹师，共计 7 个导弹团、46 套井基发射装置。

“萨尔马特”导弹采用液体推进剂作为燃料，可携带至少 15 个中型或者 10 个重型核弹头，弹长 35.5 米，弹径 3 米，最大射程 18 000 千米，发射质量 208 吨，有效载荷质量超过 10 吨，可飞经北极、南极攻击目标，能够突破反导防御系统的拦截。携带弹头数量多、弹道灵活可变、可靠性高，采用多种新型专用突防设备和手段，可快速补充大量核弹头，极大地提高突防能力。

“萨尔马特”导弹总战斗载荷高达 4.4 吨，能携带 10 个分导式子弹头，平均单个弹头约为 440 千克，爆炸当量约为 50 万吨 TNT 当量。在搭载诱饵的情况下，也能确保单个子弹头爆炸当量不低于 35 万吨 TNT 当量。较高的载荷能力使“萨尔马特”导弹除了搭载常规弹头外，也可用于搭载最新型高超声速战略滑翔弹等新型武器。

俄罗斯战略导弹部队将用“萨尔马特”洲际弹道导弹取代 R-36M2“撒旦”。位于乌茹尔的第 62 导弹师计划于 2022 年进入战斗值班。俄罗斯国防部长绍伊古 2021 年 8 月 6 日在视察克拉斯诺亚尔斯克机械制造厂时也表示，“萨尔马特”导弹计划于 2022 年开始列装俄战略导弹部队。

（五）俄罗斯“亚尔斯”洲际弹道导弹

RS-24“亚尔斯”弹道导弹系统正陆续入列俄罗斯战略火箭军，以代替“白杨”洲际战略弹道导弹。2020年9月，俄罗斯国防部宣布，伊尔库茨克导弹兵团已全部换装“亚尔斯”导弹。未来“亚尔斯”将完全取代“白杨”洲际战略弹道导弹。

2021年1月，俄罗斯军方公布“亚尔斯”洲际弹道导弹部分性能参数。“亚尔斯”导弹直径为1.86米，长度为17.8米。发射质量为46 000千克，其中，有效载荷为1 250千克。该导弹使用固体推进剂，其公布的射程可达11 000千米。

相比于“白杨-M”导弹，“亚尔斯”导弹的主要改进之处就是使用布拉瓦导弹的附加推助装置，以及分导式多弹头。“亚尔斯”导弹一般可携带3～4枚分导弹头，可对不同目标同时进行战略打击。“亚尔斯”导弹不但具备弹道变化和机动变轨能力，还配备了可以让对方反导系统中的光电探测设备或引导控制系统失效的主动式电子干扰和红外干扰系统等电子设备，降低其被敌方反导系统拦截的可能性和增强其突破敌方反导系统拦截的战略突防能力。导弹采用格洛纳斯卫星导航系统和惯性制导相结合的制导系统，命中精度约为200米。

截至2020年年末，俄军已加快推进8个战略导弹师换装新一代“亚尔斯”洲际导弹，其中，5个师已完成换装并进入战备执勤。目前，剩余的3个战略导弹师正在准备全面接收“亚尔斯”洲际弹道导弹。其中，巴尔瑙尔导弹师和博洛戈耶导弹师正在接收移动式“亚尔斯”弹道导弹，以替换“白杨”洲际弹道导弹。科泽利斯克导弹师正在接收井基固定式“亚尔斯”弹道导弹。全部换装了新式“亚尔斯”洲际导弹的8个导弹师，共装备有240枚左右的“亚尔斯”洲际导弹，将长期按一级战备进行战略值班，随时保证进行核反击。

据2021年4月信息，俄罗斯将于2023年左右开始开发新一代洲际弹道导弹，即雪松（Kedr，凯德）。固体燃料的“雪松”洲际弹道导弹将在2030年取代“亚尔斯”导弹，包括移动和基于发射井的改进型。10～12年后，“雪松”将成为俄罗斯战略火箭兵的主力装备之一。

三、美俄战术弹道导弹的发展

战术弹道导弹包括中近程弹道导弹。美俄近程战术导弹型号单一，但2019年2月1日，美国宣布将从2月2日起暂停履行《中导条约》，同时启动为期半年的退出条约程序，随后开始重新研制中程弹道导弹。

（一）美国新型中程弹道导弹

2019年3月22日，美国国防部在其2020年预算中提出了几项新的导弹计划，包括本来会被《中导条约》（INF）禁止的武器。2019年8月2日，美国国务院发布声明，正式退出《中导条约》。该条约明令禁止美俄两国研制射程在500～5 500千米之间的陆基弹道导弹、巡航导弹以及导弹发射器。美国退出《中导条约》后，计划研制两型陆基中程导弹，全面恢复陆基中程导弹能力。

2019年12月12日上午8点30分，美国空军在范登堡空军基地试射了一枚常规中程弹道导弹，该导弹在飞行超过500千米后，坠落在公海上。此前受《中导条约》限制的陆基中程弹道导弹，这是美国“退约”以来首次试射中程弹道导弹。这次试射中所收集的数据和所得到的经验，将会影响美国国防部未来的中程导弹发展规划。

此次试射的中程弹道导弹可能是由反导靶弹改装而来的，可能具备精确的打击能力，但暂时不具备实战价值。美国军事观察家认为，美军可能是在“猎户座”的靶弹基础上，加上了“潘兴-2”的末端机动导引头临时改进的一款“中程弹道导弹”。

美国轨道ATK公司此前推出过采用“潘兴-2”导引头的“靶

弹”，用于模拟敌方的精确制导中程常规弹道导弹，而“潘兴-2”是《中导条约》中明令禁止生产的核中程弹道导弹。《中导条约》虽然迫使美国销毁并关闭了当时的“潘兴-2”中程弹道导弹生产线，但美国在航天和导弹领域拥有众多相关产品，依托于这些系统，中程导弹技术和分系统研制能力在一定程度上得以保留下来。

图 4 所示为美国快速发展陆基中程导弹途径的三种可能性。一是灵活“裁剪”退役潜射战略导弹各舱段模块，拼接完成，这是最快的，也是美国研制反导靶弹采取的途径。二是利用反导靶弹快速转化为陆基中程导弹，其中性能指标最接近中程导弹的是 2010 年开始使用的新型 LV-2 靶弹。LV-2 采用“三叉戟-1”C4 潜射弹道导弹第一、二级火箭和弹头舱，射程达 3 000～5 500 千米。三是利用一系列商用固体小型运载火箭，如“金牛座”“人牛怪”“飞马座”“猎鹰-1”等生产线，也能快速转化为中程导弹。

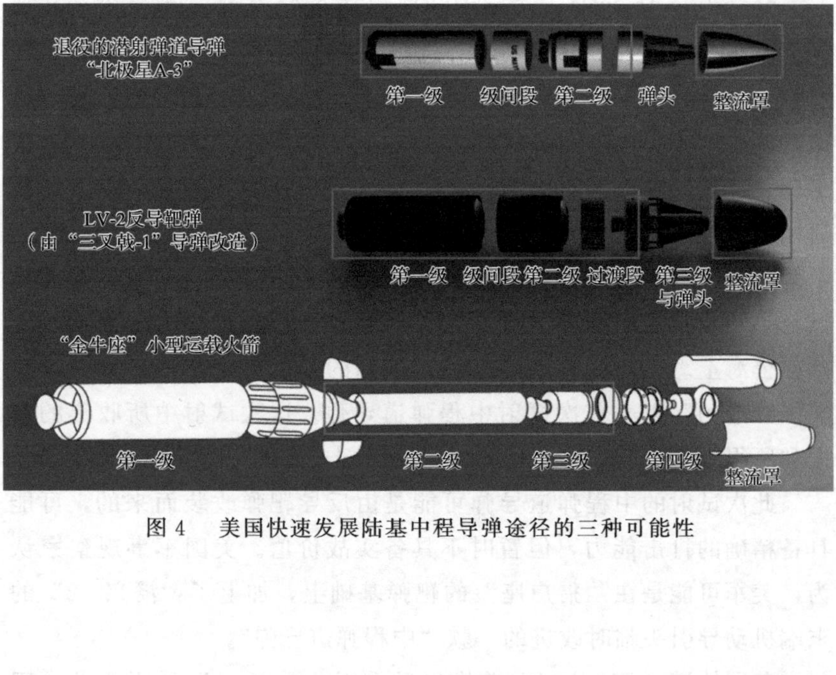

图 4　美国快速发展陆基中程导弹途径的三种可能性

（二）美国“远程精确打击导弹”

美国目前仅装备了“陆军战术导弹系统”（ATACMS）一型战术弹道导弹。在稳步推进“陆军战术导弹系统”升级改进与飞行试验的同时，美国也在开展新一代战术导弹的研发工作。

为了适应未来多域战对精确打击能力的需求，陆军联合国防部战略能力办公室启动了“远程精确火力”计划。该项目 2017 年进入风险降低和技术成熟阶段，预计 2026 年具备全面作战能力。该项目将兼容 M270 多管火箭炮以及 M142 高机动多管火箭炮，采用先进的推进装置，射程接近 500 千米，装备先进的制导系统，能在高威胁作战环境下打击地理空间复杂的目标。除了为步兵和空对地作战部队配备“攻击、抵消、抑制和消灭”的能力之外，还可为野战炮兵部队提供远程和纵深打击能力，主要用于陆军和海军打击敌人的碉堡、停机坪、部队营地和其他固定目标等。“远程精确火力”是美国陆军六大优先事项的首项内容，是美国陆军适应“多域作战”能力建设的关键项目之一，“远程精确火力”研发计划可以将美国陆军现有的 70～300 千米打击范围大幅拓展至 130～2 500 千米。

“远程精确打击导弹”（PrSM）属于美国下一代地对地精确打击武器，将为打击、消灭、压制以及摧毁战场纵深目标带来更强的能力，为野战炮兵部队带来新的远程能力，同时支持旅、师、军、陆军、战区、联合部队，是美国陆军乃至联合部队的一项重要补强。与前身“陆军战术导弹系统”一样，“精确打击导弹”系统也是基于 M270 和 M142 火箭炮系统的量产发射装置。在 MLRS 制式装置上预计会配置装载 4 枚导弹的运输发射筒，而在“海马斯”上将配置装载 2 枚导弹的运输发射筒。在阵地上展开、准备射击和发射的程序原则上没有区别。“远程精确火力”导弹方案既有“陆军战术导弹系统”的影子，又有全新的设计和技术，与现役的“陆军战术导弹系统”相比有以下特点：动力技术提升，射程覆盖更远；火力容量更大；远程打击更精确；发射系统兼容性强；模块设计用途更广。

继 2020 年 3 次试射精确打击导弹后，2021 年 5 月 12 日和 10 月 13 日，美国陆军又进行了两次试射。第五次射程超过 499 千米。12 月，美国陆军合同司令部将一份价值 2 390 万美元的合同授予洛克希德·马丁公司，用于首批“精确打击导弹”系统的工程和制造开发（EMD）以及早期作战能力开发，以摧毁远达 500 千米的敌方目标。根据此合同，洛克希德·马丁公司应于 2025 年 4 月完成该项工作。

陆军计划 2023 年入役“远程精确打击导弹”，并在后续逐步对其进行能力升级，例如安装增强版导引头，提高杀伤力，增加射程等。短期来看，“远程精确打击导弹”的重点是增强海上反舰能力和提高杀伤力。然后再计划增大其射程，不过陆军未来司令部还没有确定增程时间表。

（三）俄罗斯“伊斯坎德尔”战术弹道导弹

俄罗斯现役战术弹道导弹的型号不多，主力装备“伊斯坎德尔”战术导弹正在进行升级改进，并通过演习验证战术导弹核心能力。

“伊斯坎德尔-M”是俄罗斯自用版，标准弹头射程可达 480 千米，并且有提升到 600 千米的空间。“伊斯坎德尔”使用 8×8 机动发射车底盘，越野性能更好，能并列装 2 枚导弹或者 4 枚直径更小的 R-500 巡航导弹，通用性更强，是全新的陆军战术导弹打击系统。

俄罗斯 avia.pro 网站 2021 年 6 月 3 日报道，俄罗斯“伊斯坎德尔”系统将配备“隐身”导弹。这种“隐身”战术导弹将具有辐射吸收层。俄军称新 9M723 导弹几乎不可能被雷达探测到，而且导弹可以在其标准弹道上进行复杂的机动，这使它能够躲避敌人反导系统的拦截，并且能够精确地命中地面目标。新型“伊斯坎德尔”导弹并不离开大气层，是一种近似滑翔的弹道，高度只有 30～40 千米，全程都在大气层内飞行。

9M723 系列战术弹道导弹弹长为 7.3 米，弹径为 0.9 米，采用“惯性制导＋卫星导航＋影像匹配制导”等复合制导模式，单级固体推进剂火箭推进，通过更换弹头的方式可调整射程，最小为 50 千米，最大为 500 千米。俄罗斯的开发人员在导弹的设计中增加了新的能力，即如果发现有拦截导弹，它将进行机动。

9M723 导弹可携带高达 500 千克的有效载荷，单个高爆弹头或集束子母弹（54 枚子弹）、侵彻钻地弹、电磁脉冲弹、空气燃烧弹等，还可以携带 5 万吨当量的战术核弹头，对不同种类目标实施有效打击。此外，还可携带诱饵弹，装有电子设备并产生无线电信号来干扰或欺骗试图定位“伊斯坎德尔-M”的敌方雷达，诱饵弹还包含一个热源，以吸引来袭导弹，因此可以欺骗防空雷达和热寻的拦截导弹，帮助战术导弹避开防空系统的拦截。

四、美俄新型巡航导弹的发展

美国一方面升级“战斧”巡航导弹，另一方面也在研制下一代“对陆攻击”巡航导弹。俄罗斯近年加紧发展新型核动力巡航导弹。

（一）美国新型中程巡航导弹

2019 年 8 月 20 日，美国国防部在加利福尼亚圣尼古拉斯岛试验场进行了一次“战斧”巡航导弹地面发射试验，导弹攻击了 500 千米外的目标。按计划，此次试验的陆基中程导弹最终射程将为 3 000～4 000千米。

2020 年 7 月，美国陆军启动“中程能力”武器系统开发工作。美国陆军发言人 9 月 3 日表示，已经开始研制一种中程导弹原型，能够打击陆地和水上的移动目标。新导弹将填补美国现役 500～2 000千米射程精确制导武器的空白，预计 2023 年具备作战能力。该导弹射程可能达到 1 500 千米，甚至 2 000 千米。美国没有排除在亚洲地区部署该导弹的可能性。

2020 年 11 月，美国陆军授予洛克希德·马丁公司一份价值 3.39 亿美元的研制合同，要求其开展陆军中程能力样机研制。该系统将使用“非传统”采办规则，来解决“极高风险能力差距”。中程能力样机为陆基中程火力单元，射程可达2 000千米，旨在填补精确打击导弹与远程高超声速武器的800～3 200千米空白，重点关注印太地区与欧洲地区。

2022年4月，美国陆军将“中程能力”武器系统更名为“战略中程火力”武器系统。美国陆军在2023财年为“战略中程火力”武器系统申请4.04亿美元，计划2023年前使用“战斧”巡航导弹、“标准-6”导弹与搭载到车辆的海基发射器集成，为陆军地面部队提供公路机动式反舰武器系统。美国陆军计划在3年时间内，花费超过7.5亿美元，部署“战略中程火力”原型营。

(二) 美国升级战斧V型巡航导弹

“战斧”作为一款高精度、GPS制导的亚声速通用巡航导弹，由雷声导弹与防御公司研制，可分为潜射型、舰载型、陆射型和空射型导弹。“战斧”巡航导弹可突破防空系统精确打击高价值目标，并最小化附带损伤。

近年来，美国海军一直在推进其“战斧”系列巡航导弹的现代化改进工作，新型号称作战斧Block Ⅴ。战斧Block Ⅴ的第一个升级版本已经进行了测试，另外两个改进版将在完成测试后加入美国海军。三个改进型“战斧”系列巡航导弹将会对美国海军的水面舰艇和潜艇作战能力产生积极影响。

(1) 改进型号

“战斧”Ⅴ型巡航导弹在“战斧”Ⅳ型巡航导弹的基础上改进而来。“战斧”Ⅳ型巡航导弹具体的现代化和再认证将包括A2AD的套件，包括集成无线电解决方案、新的UHF天线（2个）、新的中部弹体外壳、弹体后部结构变化和新的外壳。装备新的使用M码的抗干扰GPS接收机。

图5所示为“战斧”Ⅳ型巡航导弹的结构。雷声公司为“战斧”Ⅴ型巡航导弹提供2个独立的升级插入点。接受MST改装的战斧，

将引入多模式传感器和相应设备，可以精确打击海上移动目标，此种战斧被命名为“战斧”Ⅴa型巡航导弹。“战斧”Ⅴa型巡航导弹改进了“战斧”Ⅳ型巡航导弹的导航和通信系统，并发展了对海打击能力。而只装备现代化联合多效应弹头系统（JMEWS）的“战斧”Ⅳ型巡航导弹被命名为“战斧”Ⅴb型巡航导弹。目前，正在研发的“战斧”Ⅴa型导弹拥有打击海上移动目标的能力，而“战斧”Ⅴb型导弹则可攻击各种陆上目标。

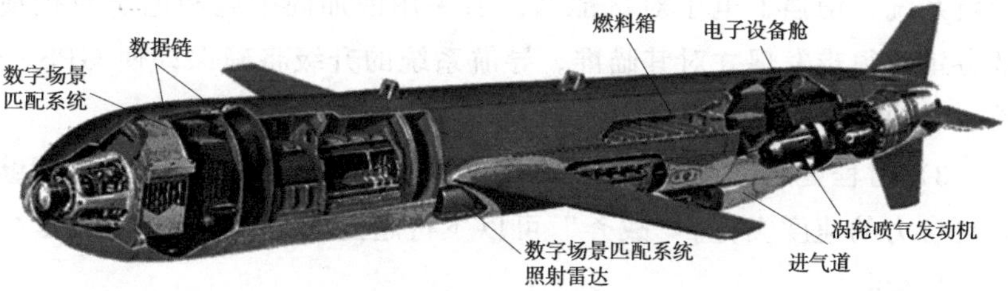

图5 “战斧”Ⅳ型巡航导弹的结构

根据美国海军航空系统司令部的说法，“战斧”Ⅴ型巡航导弹和“战斧”Ⅴa型巡航导弹被编号为RGM-109E/UGM-109E，与先前的RGM-109E/UGM-109E有不同的海军后勤代码。而“战斧”Ⅴb型巡航导弹被编号为RGM-109M/UGM-109M。

雷声公司透露，将在美军现役4 000多枚“战斧”Block Ⅳ/Ⅳ+巡航导弹接受中期检修时，将其中一部分升级为“战斧”Ⅴa型巡航导弹，其他升级为“战斧”Ⅴb型巡航导弹。

“战斧”Ⅴa型巡航导弹的射程为1 600千米，继承“战术战斧”外形，具备一定的隐身能力，可用于打击航母战斗群，在舰载机防空圈外进行攻击，威胁程度较高。

“战斧”Ⅴb型巡航导弹装备了现代化联合多效应弹头系统，包括2级弹头及BROACH多级弹头系统，可结合增强成型装药和后续弹头。这样可以增强战斧对强化防御目标的打击能力，同时能增强爆炸和破片的能力，也能更好地打击软目标。

（2）升级特点

1）功能更强大。“战斧”Ⅴ型在其 Block Ⅴa 和Ⅴb 升级中完全实现时，预计将通过整合新的导引头打击范围超过 1000 英里的水面舰艇。它还将集成一个新型弹头，该弹头将具有更广泛的打击能力，包括更大的穿透力。根据战略与国际研究中心的数据，战斧的射程在亚太地区尤为重要。

2）生存力更强。Block Ⅴ型的第一次迭代升级了导弹的通信和导航系统，增强了电子对抗能力。所采用的加固措施和电子对抗使敌方雷达很难发现并对其瞄准。导航系统的升级将确保即使 GPS 失效，导弹也可以打击目标。

3）射程更远。亚声速导弹的好处是射程，亚声速意味着它能够以更省力的速度飞行。“战斧”可以飞行超过 1 000 英里（1 英里≈1.6 千米）。

4）相对便宜。该导弹一直能够维持在每枚 100 万美元的价格范围内，这在导弹价格中处于低端。马赫数为 3.5 的标准-6 成本是其 4 倍以上，射程更短。成本是“战斧”的一大优势，特别是对于低端任务。

5）可混合使用。亚声速巡航导弹的关键是如何适合各种武器。只要有防区，亚声速和超声速都将成为作战的一部分。在高端战斗中，可先射击亚声速武器，最后同时到达。标准-6、海军打击导弹、“战斧”Ⅴ可组合完成打击任务。

美国海军首批“战斧”Ⅴ巡航导弹于 2021 年 3 月进入服役，“战斧”Ⅴa 反舰导弹于 11 月进入小批量生产阶段，推动“战斧”导弹系列化和多用化的发展。

目前，美国海军巡航导弹库存的核心依然是“战斧”导弹。2020 年，美国海军已经决定将所有库存数千枚“战斧”导弹提升为最新 Block Ⅴ型，其中部分导弹将具备反舰作战能力，可以攻击 2 000千米外的水面舰艇目标。按计划，所有库存的“战斧”Block Ⅳ将以 90 枚一个批次进行升级，而 Block Ⅴ型导弹将有三种型号

(分别为普通型、反舰型和反碉堡型)。“战斧”Block V型导弹预计2023年形成初始战斗力。美国海军计划让“战斧”巡航导弹服役至21世纪40年代。

(三) 美国下一代对陆攻击巡航导弹

美军认为“战斧”最终将需要替换，美军计划分别在2025年和2030年引进替代“战斧”的导弹。

美国海军在2017年10月向厂商发出了信息征询书（RFI)，寻求一款能在2028—2030年时取代“战斧”巡航导弹的常规武器。海军将这款新武器称为“下一代对陆攻击武器”（NGLAW)。NGLAW除了具备攻击水面、陆地目标的能力外，还要能装入现行MK 41垂直发射系统内。新武器将具备取代“战斧”巡航导弹及“鱼叉”反舰导弹的能力，并且能同时摧毁陆地与海面目标，符合海军的分布式杀伤概念。目前，海军也正在探讨增强2计划，淘汰进攻性反水面作战的“鱼叉”导弹。

海军并未指出偏好亚声速、超声速或极声速的武器，同时也没有特别表示要求它具备针对雷达隐身的低可视度外形或电子反制等能力。但在美国核武器政策改变后，海军也可能在未来替NGLAW配备W80-4核弹头。NGLAW可能与空军的巡航导弹共享零件。

NGLAW的主要目标是摧毁敌方的防空武器系统平台（舰艇、车辆、阵地等)，保障舰载机群行动空域的安全，这与目前“战斧”导弹所担负的使命基本相同。该弹能够打击机动目标、加固目标、纵深目标和密集防御目标。根据美国海军的估计，NGLAW将于2028—2030年间部署。

(四) 美国远程反舰导弹 (LRASM) AGM-158C

远程反舰导弹AGM-158C的开发和集成工作旨在满足近期的进攻性反舰作战（OASuW）增量1项目需求，是一种防区外高度自主、精确制导反舰武器，借鉴了AGM-158B增程型联合空对面防区外导弹的基本设计，并加装了进攻性反舰作战专用的传感器和系统。导弹可突破复杂的舰载防御系统，并减少了对情报、监视、侦察平台、网络链路和 GPS 导航的依赖。

远程反舰导弹计划最初于 2008 年由国防高级研究计划局（DARPA）和海军研究办公室发起，现在已经转移到远程反舰导弹部署办公室（LDO，由国防高级研究计划局、海军航空系统司令部和美国空军组建）。远程反舰导弹增量 1 在 2019 财年初挂载在空军 B-1B轰炸机上，实现了早期作战能力（EOC），随后将在海军 F/A-18E/F 飞机上实现早期作战能力。2020 财年预算申请了 1.43 亿美元用于采购远程反舰导弹，另有 6 540 万美元用于远程反舰导弹 1.1 型的研究，其新增能力将“在进攻性反水面战增量 2 成为备案项目前填补缺口”。

（1）性能概况

远程反舰导弹在 AGM-158B 轻型空射巡航导弹的基础上发展，只增加了一个新型射频导引头，用于末段制导。远程反舰导弹长约为 4.27 米，质量约为 1 134 千克，巡航速度约马赫数为 0.9，射程超过 900 千米。中段制导采用 INS/GPS＋数据链的方式，末段制导采用多模复合制导的方式（红外成像＋被动雷达），引信为智能引信。空射型远程反舰导弹可由 B-1B 和 F/A-18E/F 等飞机发射，B-1B战略轰炸机最大可载弹 24 枚，F/A-18E/F 舰载战斗攻击机可载弹 4 枚。

（2）性能特点

远程反舰导弹隐身性好，可多平台发射，在智能化主被动制导系统的支撑下，只需概略目标指示即可完成精确打击。

①高度智能化的制导方式

远程反舰导弹项目设计高度重视导弹在脱离体系数据支撑下的自主飞行寻的攻击的能力，通过复合制导方式和智能化的多模导引头，依靠自身先进的弹载传感器和数据处理能力可自主进行目标探测与识别，在飞行中自主规划路径规避无关舰船，减少甚至脱离外界信息的依赖。智能化程度和抗干扰能力在当前全球所有反舰导弹中处于领先水平，具有十分强大的抗干扰能力。

②较强的隐身性能

远程反舰导弹非常注重隐身突防能力，具有良好的雷达和红外隐身能力，雷达反射截面大幅降低，但其隐身性能主要体现在前向，无法实现全方位隐身，展开后的弹翼也是较强的雷达反射源。在红外隐身方面，远程反舰导弹采用了特殊形状的发动机喷管，有效抑制了红外信号。远程反舰导弹末端制导采用了红外和被动雷达复合制导，自身不发射雷达波，有效减少了导弹自身电磁信号外泄，减少了被被动侦测系统发现的概率。

③射程远、重量轻

远程反舰导弹虽然牺牲了超声速性能，但兼顾了射程和弹重，当前主流的远程反舰导弹都有较大的质量和体积，空射型远程反舰导弹仅有1吨出头的质量、4米多的弹长即可实现上千千米的超远射程。受益于重量轻和体积小，一架B-1B战略轰炸机可以挂载24枚远程反舰导弹，一架F/A-18E/F战斗攻击机可以挂载4枚远程反舰导弹导弹。

④较慢的飞行速度

作为亚声速导弹，且低弹道和远射程无法兼顾，不依靠饱和攻击的情况下突防成功率并不高。末端突防速度只有马赫数0.8，只要能及早发现，留给舰队防空系统的拦截时间十分充足，在舰队防空能力未达到饱和的情况下，很难突破多层次软硬结合的舰队防空系统。

（3）最新进展

2018年3月19日，洛克希德·马丁公司宣布成功完成“远程反舰导弹”AGM-158C生产型的试验，载机平台为美国空军B-1B轰炸机。2018年12月12日，AGM-158C配装美国空军第28轰炸机联队的B-1B轰炸机形成早期作战能力。

2019年7月，美国海军购买50枚第4生产批次AGM-158C导弹，并授予洛克希德·马丁公司一份总金额上限约为 1.75 亿美元的合同，升级“远程反舰导弹”，以满足美国海军在“进攻性反舰战增量 1”项目中设定的目标要求。本次升级将采用“远程反舰导弹 1.1”（LRASM 1.1）套件，内容包括对弹翼形状进行更改，以增加射程，以及升级引信和增强数据链。2022 年之后，从低速初始生产阶段的第 4 生产批次开始，将生产这种升级型 AGM－158C 导弹。

2021 年美国空军预计共采购“远程反舰导弹”（AGM－158C）5 枚，2020 年美国海军共采购远程反舰导弹 17 枚，2021 年美国海军预计共采购远程反舰导弹 48 枚。

为了满足美国海军“进攻性反舰战”（OASuW）增量 1 的项目需求，2021 年美国海军用于远程反舰导弹与 P－8A 海上巡逻机集成的研究与开发经费为 1 840 万美元。2021 年 5 月，美国空军 B－1B 轰炸机在欧洲执行任务时，开展了远程反舰导弹能力训练。该型导弹可攻击敌方舰艇，使 B－1B 轰炸机具备了先进的防区外反舰能力。

（五）美国联合防区外空地导弹 AGM－158B

联合防区外空地导弹（JASSM）型号包括 JASSM（AGM－158A）和增程型联合防区外空地导弹（JASSM－ER/AGM－158B 和 JASSM－XR/AGM－158D）。2004 年，美国空军为了提升联合防区外空地导弹的射程，研发了 JASSM－ER。该新型导弹在保留原有弹体的基础上采用改进型红外导引头、双向数据链、增强型抗干扰 GPS 接收机，射程由 370 千米提高到 926 千米。JASSM－ER 导弹于 2014 年形成初始作战能力，搭载于 B－1B 轰炸机上；2018 年形成完全作战能力，集成到 F－15E 战斗机上，并进入全速生产阶段。

AGM－158B 导弹长为 4.26 米、高为 450 毫米、宽约为 635 毫米、翼展约为 2.7 米。该弹与 AGM－158A 共用约 70%的硬件和 95%的软件，估计发射质量约为 1 200 千克，配有 454 千克级的双模侵彻/破片杀伤战斗部。AGM－158B 可在全天候、全气象条件下作战。它搭载惯性导航系统（INS）/增强型数字抗干扰 GPS 接收机，还在末制导采用了红外成像导引头。该导弹射程由 AGM－158A 的200 海里级（370 千米级）提高到 500 海里级（930 千米级）。

AGM－158B 加装了武器数据链（WDL），采用该数据链后导弹能在飞行中与联合空中作战中心（CAOC）建立安全的超视距通信，可通过上行链路完成目标位置更新或更改信息，通过下行链路报告自身的位置和状态，从而使导弹在发射后仍具有较大的使用灵活性，并具备打击重新定位目标和时间敏感目标的能力。采用武器数据链还使导弹具备了攻击海上目标的能力，可以使该弹执行海上封锁任务。

AGM－158A 和 AGM－158B 的很多部件都可以通用，降低了研发和使用成本。

美国考虑在 AGM－158B 导弹最大射程 926 千米的基础上进一步大幅度提升射程，研制极增程型（JASSM－XR）。同时，美国还计划升级导弹的不依赖 GPS 导航能力和隐身突防能力，并增加新作战样式。近期 JASSM－XR 新方案主要靠改进弹翼增程。该系列导弹使 B－1B 轰炸机重新获得远程常规精确打击能力，并使 F－16 这样的轻型战斗机也能进行远程常规精确打击。

2018 年 2 月 6 日，洛克希德·马丁公司宣布 AGM－158B（JASSM－ER）已在美国空军 F－15E“攻击鹰”战斗机上实现完全作战能力。2020 年美国空军采购 JASSM－ER 导弹 390 枚，2021 年美国空军采购 JASSM－ER 导弹 360 枚、JASSM－XR 导弹 40 枚。

2020 年美军授予洛克希德·马丁公司多份合同，继续对联合防区外空地导弹进行开发，包括对支持全球卫星定位系统接收机、提供风险降低试验/网络测试和涂层服务以及开发实时作战分析（ORCA）增量 2。B－1B 轰炸机挂载 JASSM－ER 导弹进行两次测试。美国空军 2021 年 6 月表示，洛克希德·马丁公司的 MC－130 特种作战飞机以及波音公司的 C－17 战略战术运输机进行托盘化弹药试验，即从货舱的托盘上投放隐身巡航导弹。这次试验是“速龙”（Rapid Dragon）试验的一部分。该试验希望借助全新的复杂网络，以便在任务中实现远程弹药的重新瞄准。

（六）俄罗斯“海燕”核动力巡航导弹

2018 年 3 月，俄罗斯的 9M730“海燕”核动力巡航导弹曝光，北约称之为 SSC－X－9“天幕坠落”。目前，只有几家俄罗斯和国外媒体称“海燕”通过了试验。2020 年初塔斯社援引未经证实的消息称，“海燕”的冲压燃气涡轮核动力装置成功进行了试验。但 2020 年 9 月，中情局消息称 SSC－X－9“天幕坠落”试验中至少失败了 5 次。

目前，已知其尺寸与俄罗斯现有的巡航导弹大致相同。技术突破主要在于在标准的弹体中成功安装了小型核动力装置。这使导弹射程几乎不受限制，可以从任何方向对目标发起攻击。有信息称，该导弹射程高达 13 万千米，西方情报部门认为，“海燕”的滞空时间长达数月。

拦截“海燕”十分困难。由于射程几乎不受限制，飞行时间很长，任何防空反导装备很难对其拦截。由于不需要沿最短航线攻击目标，“海燕”巡航导弹完全可以绕开敌人防空反导装备的部署地域，从其防御最薄弱的方向发起攻击。由于“海燕”在空中飞行时间很长，可以认为防空反导系统无力将其拦截。而且即使拦截成功，但大当量的核爆炸将释放巨大的能量，在半径 400 千米范围内没有一部电子设备能够正常工作。这就为后续的打击开辟了一个面积达 50 万平方千米的区域。

五、美俄高超声速导弹的发展

美国高超声速武器预计最早 2022 年具备初始作战能力。陆军和海军已成功开展“通用高超声速滑翔体”（C－HGB）飞行试验，射程超过 3 700 千米。AGM－183A“空射快速响应武器”（ARRW）已通过关键设计评审，空军用 B－52 轰炸机完成了 AGM－183A 作战型的首次系挂试飞。DARPA“作战火力”(OpFires)项目进入第三阶段，将于2022年开始集成飞行试验。但DARPA和美国空军首次“吸气式高超声速武器概念”(HAWC)试验弹遭遇失败。

目前，俄罗斯“先锋”高超声速滑翔导弹进入战斗值班状态；多次开展“锆石”高超声速反舰巡航导弹海上发射试验，测试速度达到马赫数8；“匕首”高超声速导弹也进入战斗值班状态，已装备米格-31K战斗机。

(一) 美国高超声速武器进入型号研制阶段

2022年2月8日，白宫公布了新版《关键和新兴技术(CET)清单》，相较于特朗普政府2020年10月发布的《关键和新兴技术国家战略》，新版清单增加了高超声速、定向能、可再生能源发电和储存、核能和金融等5项技术。新版清单对每项技术的核心技术或子领域进行了详细介绍。在高超声速方面，将推进、空气动力学和控制、材料、防御以及探测、跟踪等确定为重点领域。

目前，美军在研高超声速武器项目涉及陆、海、空三军和DARPA。美军陆续将DARPA和国防部长办公室主导开展的、以技术集成演示验证为目标的预先研究项目转入由空军、海军等军种协作，开展以形成作战能力为目标的型号研制。2018年，美军先后授出了高超声速常规打击武器(HCSW)和空射快速响应武器研制合同，后者编号为AGM-183A。2020年2月，空军终止了高超声速常规打击武器项目。表3所示为美军重点高超声速武器项目。

在技术路线方面，美国高超声速导弹正由助推滑翔与巡航两条技术路线并行开展预研，转变为助推滑翔导弹先行转入型号研制，巡航导弹继续开展技术攻关。

从时间安排看，2023年相关组件和子系统的技术成熟度达到5级以上，做好将先进防御技术集成至高超声速防御系统架构的准备。

表 3　美军重点高超声速武器项目

序号	项目名称	项目定位			部门	研制阶段与前景
		导弹类型	目前状态	弹头类型		
1	空射快速响应武器 AGM-183A	战术级空射导弹	助推-滑翔导弹原型机	楔形弹头，马赫数为 20	空军	型号研制 2022 财年形成初始作战能力
2	常规快速打击(CPS)	战略级潜射导弹	助推-滑翔导弹原型机	双锥体弹头	海军	预研 2025 财年前装备“朱姆沃尔特”驱逐舰,2028 财年前装备“弗吉尼亚”核潜艇
3	远程高超声速武器(LRHW)	战略级公路机动式陆射导弹	助推-滑翔导弹原型机	双锥体弹头	陆军	2022 — 2023 财年进行飞行试验,2023 财年部署原型样机
4	战术助推-滑翔(TBG)	战术级空/舰射导弹	助推-滑翔导弹技术演示	楔形弹头	DARPA	预研 2022 财年继续试验
5	作战火力(OpFires)	战术级陆射导弹	助推-滑翔导弹技术演示	楔形弹头	DARPA	预研 2022 财年完成关键设计评审

续表

序号	项目名称	项目定位			部门	研制阶段与前景
		导弹类型	目前状态	弹头类型		
6	高超声速吸气式武器概念（HAWC）	战术级空/舰射导弹	高超声速巡航导弹技术演示验证		DARPA	预研 2022 财年完成最终设计评审
7	高超声速攻击巡航导弹（HACM）	战术级空/舰射导弹	高超声速巡航导弹技术演示验证		空军	预研 2023 财年完成关键设计评审

空军的空射快速响应武器是采用楔形弹头的战术级空射助推-滑翔导弹，采用DARPA的战术助推-滑翔技术开发，马赫数为20，航程约为925千米。空射快速响应武器可在B－52上搭载，也有可能搭载F－15战斗机。

陆军的远程高超声速武器项目，在通用滑翔式飞行器的基础上配置两级陆基发射助推系统，预计飞行距离2200千米，可穿透他国“反介入/区域拒止”的能力，压制敌方远程火力，并打击高价值/时敏目标。2019年3月18日，美国陆军已经制订一项为期5年、价值11亿美元的新计划，开发一种公路机动的远程高超声速武器。远程高超声速武器系统是一种采用固体推进剂的全系统（AUR）导弹，配备轨迹机动且不可预测的通用高超声速滑翔体（C－HGB）弹头，可从地面平台发射。远程高超声速武器将采用两级助推器发射一种常规高超声速滑翔弹头，可执行纵深打击，以对抗敌方的反介入/区域拒止能力。

海军的常规快速打击（CPS）项目是从国防部接手的采用双锥体弹头的战略级潜射助推-滑翔导弹原型机。

（二）美国AGM－183A空射快速响应武器

空射快速响应武器AGM－183A是美国空军瞄准快速形成高超声速打击能力需求，采用非公开全面竞争的快速采办模式，在2017年启动的空射高超声速导弹型号研制项目。该项目由美国空军部长直接指导，旨在为后续高超声速导弹型号采办和生产提供决策支持。该武器将在具有挑战性的地点打击高价值时效性目标，包括对峙距离的敌方军事基地和水面战舰，从而提供快速响应。项目主承包商是洛克希德·马丁导弹与火控公司。2019年6月，成功开展首次不带战斗部的挂载飞行试验，预计2022年12月完成全部开发和飞行验证工作，2023年转入型号采办和生产阶段。

美国空军2022财年预算要求包括投资约1.61亿美元生产首批12枚生产型AGM－183A。但2021年7月众议院拨款委员会的支出法案从总额中削减了 4 400 万美元，使得空军只能购买 8 枚导弹。空射快速响应武器项目仍处于在研状态，预计 2022 年 12 月 31 日完成全部研制和演示验证工作，2023 年后转入型号采办和生产阶段。

AGM－183A 空射快速响应导弹正在开发为小型空中发射武器系统，速度可达马赫数 10，射程约为 925 千米，该导弹将在 B－52H 轰炸机的机翼下运载。DARPA 的战术助推滑翔技术正在空射快速响应武器计划下用于开发导弹的高速组件，战术助推滑翔是 DARPA 与美国空军之间的一项联合计划，战术助推滑翔演示系统将集成到空射快速响应武器有效载荷中。

美国国防部在 2021 年 7 月发布的“高性能计算现代化项目”年度报告中，披露了美国空军 AGM－183A 高超声速导弹的重要技术参数。报告称，AGM－183A 整弹长约为 6 米，直径为 0.658 米，发射重量超 2 吨，其中，滑翔体携带 68 千克级别重、由高密度钨金属制成的破片战斗部，见表 4。AGM－183A 射程超 925 千米，速度约为马赫数 10，能够接收固定目标的 GPS 数据，但缺乏获得移动目标数据的能力；其似乎也未配备射频或光学传感器，来独立获取目标数据；因此，该导弹可能不适合打击移动目标、可重新定位目标，以及封闭在加固掩体或地下掩体中的目标。据称，第一批次的 AGM－183A 导弹单价为 1 300 万美元。

表 4　AGM－183A 主要参数指标

项目类型	空射高超声速导弹	制造商	洛克希德·马丁公司
弹长	约为 6 米	携带机型	B－52H、B－21 等
弹体直径	0.658 米	最大速度	马赫数为 10
发射重量	超过 2 吨	最大射程	925 千米
制导方式	惯导和卫星制导系统	预期装备时间	2022 年 9 月

AGM－183A 采用高超声速助推滑翔系统，火箭将其有效载荷推向高速，然后将有效载荷与火箭分离，作为无动力滑翔机飞向目标。导弹的机体从高空坠落，滑翔机战斗部被分离，以高超声速滑

行并操纵到目标，产生了相当于巨型炸弹的冲击力。

B-52H 轰炸机下的 AGM-183A 测试弹挂载方式为前后两枚，一架 B-52H 轰炸机总共挂载四枚 AGM-183A。

（三）美国常规快速打击项目

常规快速打击导弹项目是美国海军战略系统项目办公室主导，洛克希德·马丁公司为主承包商的高超声速武器研发项目。项目将研发一种常规中程高超声速导弹武器，将装备多种水面和水下作战平台。项目目前仍在推进中，已进行两次飞行试验，预计将于 2025 年开始装备朱姆沃尔特级驱逐舰，2028 年装备弗吉尼亚级攻击核潜艇。

项目拟研发的导弹将由通用高超声速滑翔体（C-HGB）和一台直径为 87.63 厘米的两级火箭发动机构成。通用高超声速滑翔体由替代性再入系统改进而来，研发完成后将由桑迪亚国家实验室负责生产。

其他子系统包括常规战斗部、热防护系统、制导和控制系统、载荷模块、发射系统、火控系统和保障设备。项目还将研制建模和仿真系统、地面试验设施、指挥与控制软件、靶场保障和发射系统软件。

整体飞行系统大部分飞行路径应采用非弹道式机动飞行，在公海上空完成可控级间分离，飞行全程保证精确控制，有足够的横向机动能力避免越界飞行，并保证对目标的杀伤效果。据美国媒体推测，导弹射程将超过 2 775 千米。

使用平台为弗吉尼亚级攻击核潜艇 Block Ⅴ型，将采用弗吉尼亚有效载荷模块（VPM），整个模块由 4 个发射筒构成，单个发射筒直径为 221 厘米，可容纳 3 枚常规快速打击导弹，总载弹量 12 枚，除高超声速导弹外，还可装载对陆攻击导弹和反舰导弹；朱姆沃尔特级驱逐舰将拆除船艏的两套先进舰炮系统（AGS），改装先进载荷模块（APM），可携载 12 枚常规快速打击导弹，媒体推测，先进载荷模块总体结构应与弗吉尼亚载荷模块相似。

2017年10月，SSP（美海军战略系统计划）成功进行“常规快速打击”首次海基常规快速打击武器飞行试验（CPS FE-1），试验飞行器的飞行距离约为4 000千米。2020年11月，美国海军曾称常规快速打击导弹将于2025年首先在四艘俄亥俄级巡航导弹核潜艇上实现有限的作战能力，2028年将在弗吉尼亚级攻击核潜艇Block V型上实现初始作战能力。

美国海军2022财年预算指出，海军将扩大生产能力，计划在2025年拥有年产24枚导弹的能力，满足装备朱姆沃尔特级驱逐舰和陆军第二、第三高超声速导弹连等的需求。

2020年2月，美国海军2021财年预算申请文件中披露，海军计划将常规快速打击导弹部署在带有“弗吉尼亚有效载荷模块”的弗吉尼亚级潜艇上，常规快速打击导弹将于2028财年形成初始作战能力。2022年3月，美国海军称其“朱姆沃尔特”级驱逐舰上有足够的空间和重量裕度，可以在不拆除舰载155毫米炮座的情况下，在左舷和右舷至少安装两个高超声速导弹发射管，用于发射“通用高超声速滑翔体”。美国海军计划2025年在朱姆沃尔特级驱逐舰部署“通用高超声速滑翔体”，2028年在“弗吉尼亚”级Block V型核潜艇部署“通用高超声速滑翔体”。美国海军将使用大直径MAC发射管发射“通用高超声速滑翔体”。该发射管可用于发射一枚“三叉戟-2”D5弹道导弹或7枚“战斧”对陆攻击巡航导弹。美国海军将在一个MAC发射管中部署3枚“通用高超声速滑翔体”。

（四）美国高超声速吸气式武器概念

“高超声速吸气式武器概念”和“战术助推-滑翔”是由空军与DARPA按照吸气式巡航和助推-滑翔并行的发展思路，联合开展的“高速打击武器”（HSSW）项目的2个子项目，两者均是空射型导弹。

“高超声速吸气式武器概念”是战术级空/舰射高超声速巡航导

弹技术演示验证项目。项目由 DARPA 和空军 2014 财年联合启动，旨在为发展一型射程为 925 千米的高超声速巡航导弹进行技术开发和验证，用以对时敏或高度防御目标进行远程响应打击。其主要技术验证目标包括可支撑高效高超声速飞行的先进飞行器构形、可支撑高超声速巡航的碳氢燃料超燃冲压发动机推进系统、可支撑高温巡航的热管理方案、经济可承受的系统设计和制造方案。

高超声速吸气式武器概念项目计划开始于 2014 年，由美国 DARPA 全面负责项目开发工作。2016 年正式启动项目的实质性研制工作，当年秋季，美国 DARPA 分别与洛克希德·马丁公司和雷声公司签署了启动该项目研发工作的相关合同。高超声速吸气式武器概念项目可提高第 5 代战斗机应对反介入/区域拒止（A2/AD）挑战的能力。按照美军计划，高超声速吸气式武器概念导弹将会在 2030 年左右替代美国现有的“鱼叉”反舰导弹、“斯拉姆”空地导弹等武器，成为美国空军和海军作战飞机主要对地（海）打击武器。

从美国 DARPA 公布的资料来看，高超声速吸气式武器概念项目分为三个阶段，第一阶段是技术验证武器系统的初始设计阶段，预计从 2015.1 — 2016.4，为期 16 个月。第一阶段的重点工作是开展初始技术验证武器系统设计、零部件测试以及建模仿真等工作。第二阶段是技术验证武器系统的定型设计阶段，预计从 2016.10 — 2018.3，为期 18 个月，重点开展定型技术验证武器系统设计、零部件测试以及建模仿真等工作。第三阶段是技术验证武器系统演示验证阶段，预计从 2018.4 — 2021.11，为期 44 个月，重点验证系统的制造及装配，技术验证武器系统测试以及建模和仿真等工作。

2021 年 9 月，DARPA 完成高超声速吸气式武器概念自由飞行试验，测试了飞行器集成与释放顺序、与载机安全分离、助推器点火与助推、助推器分离与超燃发动机点火以及巡航，实现主要测试目标。2021 年 12 月，诺斯罗普·格鲁曼公司希望加速高超声速吸气式武器概念项目进度，预计在未来 12～18 个月内进行更多的飞行测试。2022 年 3 月，DARPA 成功完成高超声速吸气式武器概念导弹第二次飞行试验，导弹实现马赫数为 5 的速度巡航，飞行距离超过 560 千米，飞行高度为 20 千米。

（五）美国远程高超声速武器

远程高超声速武器是由美国陆军快速能力与关键技术办公室（RCCTO）牵头、戴内提克斯公司和洛克希德·马丁公司负责研发的导弹武器项目，旨在研制一种陆基高超声速助推滑翔导弹。项目于 2019 年正式启动，计划 2023 年实现列装。2022 年 2 月，美国陆军远程高超声速武器的研发工作即将完成，该武器的原型系统已于 2021 年秋季交付，批产系统将按计划完成一系列试飞与认证，于 2023 财年前交付。

美国陆军在远程精确火力现代化优先事项框架下，从 2018 年开始规划陆基高超声速导弹武器的研制。2018 年 6 月 28 日，美国陆军、海军、空军以及导弹防御局签署了一份协议备忘录，计划在陆军与桑迪亚国家实验室此前合作开发的先进高超声速武器（AHW）基础上，共同研发通用高超声速滑翔体，通过将滑翔体与不同助推器和发射平台进行集成，形成各自军种所需的高超声速导弹武器。

项目研发的导弹由双锥体滑翔体和两级固体火箭助推器组成。导弹利用助推火箭达到高超声速并再入大气层后，滑翔体在无动力条件下依赖气动力进行滑翔飞行，最大飞行速度约马赫数 5。导弹弹径为 876 毫米，装入发射筒后全长为 10.16 米。

动力系统采用两级固体火箭助推器。指挥控制系统采用陆军现役的高级野战炮兵战术数据系统 7.0。发射平台采用公路机动发射方式。运输-起竖-发射车全长为 9.1 米，其牵引车为美国奥什科什公司研制的 M983A4 重型增程机动卡车，半拖车为 M870 拖车的改进型，每车装载 2 枚导弹。

美国陆军 2019 年 8 月授出通用高超声速滑翔体研制生产和武器系统集成合同。2019 年 3 月，美国陆军正式启动远程高超声速武器项目，预计 2020 — 2024 财年共投入 11.79 亿美元，计划 2023 财年完成全系统飞行试验。

2019 年 8 月 29 日，陆军快速能力与关键技术办公室授出 2 份总额近 7 亿美元的研制生产合同。戴内提克斯公司负责生产首批 20 枚通用高超声速滑翔体，洛克希德·马丁公司负责远程高超声速武器系统的集成工作。

2021 年 9 月 14 日，陆军接收了远程高超声速武器试验型高超声速导弹。试验型"暗鹰"系统已交付陆军第 17 野战炮兵旅第 3 炮兵团第 5 营（刘易斯-麦科德基地，华盛顿州）。炮兵营接收的 2 套远程高超声速武器牵引式发射装置称为"亥伯龙神"和"风暴克星"。发射装置采用半拖车，以重型装载平台运达。远程高超声速武器导弹的发射试验预计 2023 年完成。

（六）俄罗斯"先锋"高超声速助推滑翔导弹

"先锋"是以洲际弹道导弹为运载工具的高超声速助推滑翔弹头，携载核与常规两种战斗部，飞行速度可达马赫数 20，具有射程远、飞行速度快、安全可靠性高、突防能力强的特点。先锋导弹在 2018 年俄罗斯国情咨文中首次披露。2019 年建成先锋导弹多条生产线，开始量产。

先锋高超声速导弹中的先锋滑翔弹头由俄罗斯机械制造科研生产联合体下属军工企业"机械制造研究与生产协会"研制，最大飞行速度高于马赫数 20，可携带常规战斗部或核战斗部，进行数千千米横向机动，突防敌导弹防御系统，攻击高价值战略目标。先锋导弹系统的助推器目前采用 UR－100N UTTKH（北约代号 SS－19）"短剑"洲际弹道导弹，最大射程超过 10 000 千米。未来将采用 RS－28"萨尔马特"洲际弹道导弹，最大射程将超过 18 000 千米。

先锋导弹系统由洲际弹道导弹助推器与高超声速滑翔弹头组成。发射后，导弹助推器将高超声速滑翔弹头送入太空并在低地轨道释放，此后弹头做再入大气层的滑翔飞行。先锋滑翔弹头长 5.4 米，官方动画显示，弹头整体为高升阻比楔形外形，采用固体燃料超燃冲压发动机，弹身后端有喷管及 4 片后缘舵，再入过程弹头由于与空气高速摩擦，导致其被一层等离子壳所包围，弹体表面温度超过 2 000 ℃。

先锋导弹系统采用井式发射方式，动力为两级液体燃料火箭发动机，最大射程超过 10 000 千米，发射质量为 105.6 吨，助推器长为 24.3 米，直径为 2.5 米。RS－28“萨尔马特”弹道导弹服役后，将成为先锋导弹系统新的助推器，最大射程超过 18 000 千米，动力为两级液体燃料火箭发动机，采用井式发射方式，发射质量为 208.1 吨，投递载荷质量近 10 吨，助推器长为 35 米，直径为 3 米，将能携带 3～4 枚先锋弹头，2021 年服役。

据推测，“先锋”高超声速弹头的结构是复杂的翼形，包括 F1、F2 和 F3 三个舱。弹头壳体使用钛合金制造，安装有特殊的隔热和无线电吸波涂层。F1 舱的框架具有复杂的外形组合形式。F1、F2 和 F3 舱结构中使用了非金属。先锋滑翔弹头可携带 15 万～200 万吨 TNT 当量核战斗部或常规战斗部，攻击敌重要战略性目标。采用核战斗部时有两种方案：当量 150 千吨左右的中等效能战斗部，以确保命中高精度；用于对极其优先目标打击时，可采用当量约为 100 万吨的高效能战斗部。

“先锋”高超声速弹头没有主发动机。在进入稠密大气层，与目标的距离是 300～500 千米时，弹头已经在太空中加速至马赫数 20。借助燃气舵实施反导机动和瞄准打击目标。为此“先锋”高超声速弹头应装备有一个高压气体发生器。另有观点认为，是借助气动舵实施的反导机动。

2019 年 5 月，俄军部署于奥伦堡州亚斯年斯基地区的先锋导弹团的基础设施准备就绪。2019 年杜巴罗夫斯基的井基导弹团已接收了 2 枚“先锋”高超声速导弹。2021 年，俄罗斯国防部对发射井进行改进，以装备“先锋”导弹，首个“先锋”高超声速导弹团在 2021 年年底进入作战值班，第二个导弹团在 2023 年年底进入作战值班。俄罗斯计划在 2027 年年前部署 2 个团，共 12 枚“先锋”高超声速导弹。

（七）俄罗斯“匕首”空射高超声速导弹

“匕首”导弹是俄罗斯现役的唯一一款空射高超声速导弹，该型导弹是在陆基“伊斯坎德尔”战术弹道导弹的基础上研制而来的。“匕首”导弹加装到米格-31K 战机之后，最大射程可达 2 000 千米，最大飞行速度超过马赫数 10，采用了复合制导方式，精度可达 10 米以内，可以携带常规弹头以及核弹头对陆上以及海上目标进行远程精确打击。按照俄罗斯军方的说法，目前现役的导弹防御系统均无法拦截“匕首”高超声速导弹。图 6 所示为“匕首”导弹与“伊斯坎德尔”导弹的模型图比较，以及“匕首”弹道轨迹。

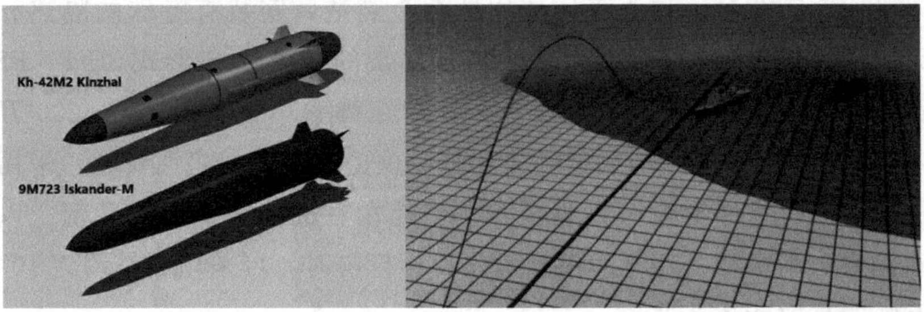

图 6　“匕首”导弹与“伊斯坎德尔”导弹的模型图比较及“匕首”弹道轨迹

2018 年 5 月 5 日，俄罗斯国防部副部长透露，已有 10 架改装携带“匕首”高超声速导弹的米格-31 投入到战斗值班试验中。综合俄罗斯媒体的公开报道，“匕首”空射导弹是一型具有精确制导打击能力的高超声速导弹，配装经过专门改装的米格-31 高空高速重型截击机，最大飞行速度达到马赫数 10，射程达 2000 千米，飞行过程中能够进行机动，对现役和在研的防空反导系统具有较强的突防能力，末段采用可全天候工作的导引头，可打击固定和航母等大型水面机动目标。

在尺寸上，“匕首”导弹全长约为 7.7 米，弹径约为 1 米，锥形弹头长约为 3.4 米，尾部加装有长约为 0.9 米的整流罩，中间弹体长约为3.4米。在外形总体布局上，该弹没有进气口，弹头部分没有控制舵，弹体上没有显著的级间段设计，弹体尾部有X形对称分布的4片气动控制舵面。全弹表面光滑，舵面采用切尖设计，具有较好的隐身性能。导弹很可能采用雷达制导。

在俄罗斯总统普京首次披露该弹的报告现场视频中显示，导弹从载机分离后，在助推段迅速爬升，达到弹道最高点后进入俯冲，在达到一定速度、高度条件后进行大过载拉起并持续机动，并最终以较大落角对水面舰艇目标实施贯顶攻击。导弹具有较大的横向机动能力。整个打击过程中俯冲拉起、持续低高度飞行、横向机动、俯冲贯顶攻击等特点与助推滑翔导弹非常相似，但“匕首”的前半段弹道式飞行距离较长，约占总射程的一半以上。综合而言，“匕首”的飞行弹道更类似于弹头具有较强再入机动能力的弹道导弹。

俄罗斯总统普京曾宣布，2017年12月1日，“匕首”高超声速空面巡航导弹系统，已经正式在俄罗斯南部军区服役。2018年3月11日，俄罗斯国防部首次公开了俄罗斯空天军米格-31战机，在俄罗斯南部军区军用机场首次试射“匕首”高超声速空面巡航导弹的视频。据俄罗斯国防部新闻局报道，“匕首”高超声速空面巡航导弹的首次试射，完全按照事先制订的试验计划进行，准确摧毁了靶场的预定目标。通过首次试射，俄罗斯空天军确定了“匕首”高超声速空面巡航导弹的战术技术性能和战术使用的临时指标。

2021年，“匕首”空射高超声速导弹继在南部军区装备后，正在实施西伯利亚的克拉斯诺亚尔斯克边疆区的部署安排，同时两架装备有“匕首”高超声速导弹的米格-31K战斗机首次被派往叙利亚赫梅米姆空军基地。2022年在俄乌冲突中，俄罗斯2次使用“匕首”高超声速导弹打击乌方目标。

（八）俄罗斯“锆石”高超声速导弹

锆石高超声速导弹（Zircon，代号3M-22，北约代号SS-N-33）由俄罗斯机械制造科研生产联合体（隶属于战术导弹集团）研制，用以打击海上、陆上目标。

2019年2月20日，俄罗斯总统普京发表国情咨文时，首次向外界公布了锆石反舰导弹研发信息，表示锆石导弹最大速度可达马赫数9，射程达1 000千米。锆石导弹是包含巡航与助推滑翔动力形式在内的高超声速系列化导弹。这种发展模式在俄罗斯已有先例，此前SS-26伊斯坎德尔导弹就发展了弹道导弹（9K720、9K723）与巡航导弹（9M728、9M729）的系列化体系。

2019年3月，俄媒报道称，锆石高超声速导弹将于2023年装备俄罗斯海军，未来将可装备俄罗斯海军所有新型现代化的水面舰艇和潜艇，包括22350型、22350M型护卫舰，彼得大帝号和纳西莫夫海军上将号重型核动力导弹巡洋舰以及亚森级多功能核潜艇。锆石导弹将会优先装备太平洋舰队。

2021年，俄罗斯密集开展“锆石”高超声速导弹试射，推进高超声速技术的成熟化，计划于2023年服役。2021年7月，导弹由22350型戈尔什科夫上将号护卫舰从白海试射，导弹飞行距离超过350千米，速度超过马赫数7，成功击中巴伦支海沿岸的地面目标。10月在“北德文斯克”号核潜艇上开展了两次试射，包括一次水上发射和首次水下发射，目前其试验已接近尾声，将从2022年开始列装俄罗斯海军。俄罗斯军工公司机械制造研究与工业协会已开始为俄罗斯海军批量生产“锆石”高超声速导弹，俄罗斯也开始为北方舰队、波罗的海舰队、黑海舰队和太平洋舰队建造新的高超声速导弹储存和维护基地，届时基地将具有“锆石”导弹完善的储存、维护和维修基础设施。

六、美俄新型隐身战斗机的发展

美军中已有350多架F-35战斗机服役，并在不断拓展能力。美国持续推进F-16等现役战斗机能力升级，研制并采购首批8架F-15EX战斗机。美国空军“下一代空中主宰”（NGAD）战斗机全尺寸演示验证机已完成首飞，并进行多轮次试飞。

俄罗斯苏-57战斗机已完成首架飞机交付，并开展无人驾驶模式试飞。苏-57战斗机还成功完成与苏-35战斗机协同攻击任务试验，实现对苏-35战斗机编队的指挥和控制。

（一）美国F-35战斗机

F-35“闪电”Ⅱ联合攻击战斗机（JSF）是美国联合英国等8个国家研制的第五代单发超声速多功能战斗机，同时发展了陆基常规起降型（CTOL型，F-35A）、短距起飞垂直着陆型（STOVL型，F-35B）和弹射起飞拦阻着舰型（CV型，F-35C），在研制阶段已确定的用户包括美国空军、海军陆战队和海军，英国海军和空军等，计划用来取代F-16、部分F-15、A-10、部分F/A-18、“鹞”Ⅱ/AV-8B、“狂风”等多种作战飞机，美国空军将用该机来完成纵深打击、近距空中支援、战术侦察和电子攻击等任务，并用该机配合F-22战斗机完成制空任务。该机是继F-22战斗机之后的第二种五代机，也是第一种按多军种要求开展多型号并行研制的五代机。

F-35B、F-35A已分别于2015年7月和2016年8月宣布形成初始作战能力，F-35C在2018年形成初始作战能力。F-35的增量式升级重点之一是不断集成新的武器。

F-35现代化升级项目（Block Ⅳ项目）开始于2018年，五角大楼计划通过这个项目给洛克希德·马丁公司生产的这种战机升级软硬件，并加装新的武器装置和计算系统。美国政府问责局于2021年3月18日发布的一份报告提到，自2019年以来，Block Ⅳ升级项目的费用增加了19亿美元，这个项目预计会持续到2027年。2021年9月，普惠公司推动F135“增强型发动机套件”（EEP）升级，该升级可进一步提高推力和效率，而且成本远低于通过“自适应发动机转化计划”（AETP）开发的新动力装置。

2021年，美军F-35C舰载战斗机实现首次实战部署，同年11

月，美国空军已完成 F-35 试飞，以确保 F-35A 能安全可靠地投放 B61-12 热核弹。结合载人机与核弹，将确保美国政府遭遇危机时能有所选择，包括在最后一刻取消核弹发射。

（二）美国 F-22 战斗机

美国空军正在对 F-22 战斗机进行增量式渐进升级改进，以提升其作战能力。目前，正在进行的改进是增量 3.1 和增量 3.2。2021 年 5 月，美国空军高层透露，F-22 战斗机将从 2030 年起逐步退役。美国 2023 国防预算草案已确定，33 架 F-22 战斗机将在该财年退役。

增量 3.1 从 2006 年开始实施，2017 年 8 月完成机队部署。主要的改进内容如下：

1）为 AN/APG-77 有源相控阵雷达增加合成孔径雷达（SAR）工作方式，能够获得达到黑白照片品质的地表图像，使飞行员能够从图像中找到自己的目标；

2）为 AN/APG-77 有源相控阵雷达增加空中电子攻击（AEA）能力，使 F-22 战斗机能够使用 AN/APG-77 雷达干扰敌方的雷达；

3）提升了对敌方雷达进行精确地理空间定位的能力；

4）增加了在内埋弹舱中携带 8 枚 250 磅（115 千克）级“小口径炸弹”Ⅰ GBU-39 的能力（此前的增量 2 升级型 F-22 只能内埋 2 枚 1 000 磅（450 千克）级的“杰达姆”GBU-32 制导炸弹）；

5）改进火控系统，使飞行员能以手动的方式，同时为机腹 2 个内埋弹舱中的空地弹各装定 2 个地面目标的参数，使 1 架飞机能够同时打击 4 个分开的地面目标（此前的增量 2 升级型 F-22 只能同时打击 2 个固定的地面目标）。

增量 3.2 改进包括多个改进包，主要包括：

1）4 号升级：为增量 3.2B 升级做准备，使 F-22 战斗机初具发射 AIM-120D 中远距弹的能力；

2）增量 3.2A：只涉及软件改动，目标是扩展机上 Link 16 数据链设备的功能、提升飞机的战斗识别和电子防护能力，2011 年开始实施，计划在 2017 年 10 月完成机队部署；

3）5 号升级：为增量 3.2B 升级做准备，使 F－22 初具发射 AIM－9X 近距弹的能力；

4）增量 3.2B：涉及硬/软件改动，提供额外的电子防护，增强瞄准和通信能力，并使该机全面具备使用 AIM－120D 和 AIM－9X 导弹的能力，2013 年开始实施，2020 年 8 月完成机队部署。

另外，美国空军还研究和试飞了 F－22 战斗机向 F－15、F－16、F/A－18 等战斗机传送数据的最佳方案，并已计划建立 F－22 飞机与 F－35 战斗机之间的信息共享网络。

F－22 战斗机在量产阶段已经进行了某些升级。不同批次战斗机的电子设备构成、软件、技术和战斗性能稍有差别。例如，2011 年最后一批量产的战斗机已经使用 Increment 3.1 版本的设备。

F－22 战斗机在 2020 年完成了更新，未来将进行深度升级。2024 年前，美国空军计划开展新的中期升级，将大幅改进机载电子设备、软件，部分升级机体、飞机总体系统。为了完成这些任务，将使用 F－35 战斗机试验设计、生产、使用时研究的技术解决方案。更换机体吸波涂层将是主要的升级之一。由于 F－22A 战斗机研制的标准材料使用过于烦琐，表现不佳，预计会使用 F－35 战斗机更成功的材料加以更换。为了安装新设备，也可能改进机体的内部舱室。AN/APG－77 机载雷达也将进行深度升级，提高主要战斗性能。很可能会安装与 F－35 战斗机相同的 EOTS 光电雷达。瞄准导航设备可能采用新的搜索、导航设备和先进软件。中期升级框架内可能装备期待已久的新式头盔瞄准系统。AN/AAR－56 机载自卫系统计划加装用于探测导弹发射的新型红外传感器。也可能对探测敌人攻击的其他设备进行升级。

未来所有 F－22A 战斗机，不少于 200 架将获得新设备、新软件。这些五代机在数量上仍然不及四代机，但却拥有质量优势。可以预测，按照目前和计划内的升级，至21世纪20年代末F-22A战斗机的面貌将焕然一新。在战斗和使用品质方面都会有所改进，以确保优势。

3.2版本和中期改进将确保战斗机的隐身性，维护变得更加简易。通过采用新型雷达和其他设备，F-22战斗机可能看得更远、更清楚。由于改进了瞄准导航系统，可以简化完成战斗任务的流程。

（三）美国海军六代机F/A-××

美军已基本确定了六代机的使命任务，初步提出了六代机的主要能力需求和列装时间节点，启动了六代机的概念探索工作。目前，美军六代机采办项目中，美国海军在2016年开始了备选方案分析，美国空军在2017年开始了备选方案分析；预计2021年左右将进入“技术成熟与风险降低”阶段，2023年左右进入“工程与制造发展”阶段，2030年左右形成初始作战能力。2021年10月29日，美国海军发布《海军航空愿景2030—2035》文件（公开版），透露其下一代战斗机F/A-××作战概念设计以及新的细节，F/A-××战斗机是“下一代空中优势”（NGAD）项目的一部分，旨在取代服役至2030年的F/A-18E/F“超级大黄蜂”战斗机。

综合美军战略转变需求、美军建军规划以及美军对五代机的讨论分析，美军对六代机将提出以下主要能力需求：

1）能确保空中优势，并能帮助建立空天优势。

2）能帮助建立信息优势，并支持网络中心战。

3）具备多功能，支持多用途任务。

4）支持远程、持久作战。

5）具备经济可承受性。

为支撑以上能力需求，美军六代机将具备以下6项主要的技术特征：

1）全向多波段隐身，具备压制五代机的空战能力，并能够突防先进的防空系统。

2）超声速巡航性能和超声速作战能力突出，超声速巡航和超声速作战能力将比五代机有进一步的提高，其中，超声速巡航速度可能超过马赫数 2.0。

3）远航和久航能力明显优于五代机，作战半径比五代机中已知最大的 F-35C 战斗机提高 60%以上，至少达到 1 800 千米。

4）更强的网络化协同作战水平，其机载系统可将探测、跟踪、瞄准、攻击任务在机群内部以及其他武器平台之间进行优化和协调。

5）可适应拒止环境，在复杂电磁环境以致电磁拒止环境中实现导航定位定时、感知和打击，完成各项作战任务。

6）具有较强的反隐身能力，在与五代机的空战中能“先发现、先攻击”。

美军第六代战斗机或将采用高超声速与人工智能技术。其当前探索的主要技术领域包括无人战斗机、高超声速攻击机、人工智能、激光武器、电子战以及先进机载传感器，还可能采用开放式系统架构，装备即插即用型任务载荷，采用扁平融合体布局优化气动和隐身性能，引入超材料等技术增强隐身性能，配装自适应变循环发动机、基于氮化镓技术的有源相控阵多功能射频系统和不依赖 GPS 的导航定位授时设备，其最大起飞重量可能高于 40 吨，机内载油量和内埋弹舱容量都比五代机增大。

F/A-××具体能力和技术正在开发中，但分析表明，它必须具备更远的航程和更快的速度、集成被动和主动传感器技术，并具有使用规划的未来远程武器的能力。随着“超级大黄蜂”战斗机的退役，F-35C 与 F/A-××的组合将维持海军舰载机联队中战术战斗机的能力和规模。F/A-××战斗机的先进舰载力量投送能力将保持核动力航母在高端威胁环境中的适应性。

《海军航空愿景 2030—2035》文件中还明确指出，F/A-××战斗机将成为未来舰载机联队有人-无人协同作战能力的核心：“下一代空中优势”将包括以 F/A-××战斗机为“四分卫”的无人编组平台，其中有人/无人飞机加上“可消耗组件”将被跨领域使用，以实现战术范围内的综合动能和非动能火力。随着自主性和机器学习技术的日趋成熟，将对 F/A -××、有人/无人平台组合进行评估，以确保组建一支最致命和最经济的舰载机联队。

未来的目标是让 F/A -××成为舰载机联队有人-无人协同作战的中心，在与携带弹药、配置电子战、指挥与控制系统的无人机组成的有人-无人编组中扮演“四分卫”（美式橄榄球组织进攻发起者）角色。在作战概念图中，F/A -××作为中心节点，连接了两架带有空对空导弹的空对空（A/A）无人机，以及负责电子战（EW）和指挥与控制（C2）的无人机，C2 无人机可能为一种配备先进通信网络的无人机，能够将隐身飞机和非隐身飞机以及其他各种飞机连接起来，此外，还会包括地面和海上的节点。

（四）俄罗斯苏-57 战斗机

俄罗斯当前在研的重点项目是第五代战斗机 T-50（2017 年 8 月被编号为苏-57）。苏-57 于 2010 年首飞，2020 年第一架苏-57 进入俄南部军区服役，直到 2025—2027 年才会进入较大量生产阶段。

苏-57 战斗机满足第五代战斗机的多项要求，具有超机动性和多功能的特点，目前配有 N-36“松鼠”多功能有源相控阵雷达和多种先进武器。飞机的主要不足可受到动力装置的制约，AL-41F1 发动机的推力不能有效地实现无加力超声速巡航飞行，限制了苏-57 战斗机的作战能力提升，如扩大作战半径、加快对威胁的反应速度等，并且对飞机雷达和红外隐身性能有一定的影响。

苏-57 战斗机可在自主模式下完成大部分任务。2019 年 9 月 20 日，俄罗斯军事工业综合体网站称，第五代战斗机的出口型苏-57E 能够在复杂天气条件下完成任何任务，可攻击任何遇到的或超视距空中及地面目标，能够在任何模式下完成几乎 100%的任务。苏-57E 在空战中完全实现了将自动化和“人工智能”技术相结合的概念，战斗机的武器还包括高精度制导的远程导弹，苏-57E 还具有出色的机动性。通过采用“人工智能”（AI）技术作为信息控制系统的基础，苏-57E具有高度自动化能力，可以在自主模式下完成多达90%的任务。

（五）俄罗斯第六代战斗机

俄罗斯的作战飞机以“苏”系列和“米格”系列为主，目前在役作战飞机正在经历大规模的现代化改进和更新。此外，俄罗斯重点研发第五代战斗机与PAK DA重型远程轰炸机，并已启动第六代战斗机的研发。

俄罗斯在2017年启动了第六代战斗机的研发工作，2017年10月完成发动机草图设计，正进行工程设计文件制备，计划在2020年前后的2～3年内实现首飞。该机由联合飞机公司研制，具备高超声速飞行能力，单座，具有对敌隐身、超机动能力，多功能，且由复合材料制造而成。该机降配备驾驶座舱，既可以由飞行员驾驶飞行，也可以自主飞行，即第六代战机是有人驾驶和无人驾驶版本的结合。在作战应用上，六代机自身可携带激光武器，并与携带制导弹药、电子对抗等武器装备的无人机集群协同作战。

七、美俄新型隐身轰炸机的发展

美军B-21轰炸机首架原型机正在总装，首飞时间将不早于2022年。美国空军还重视对B-1B和B-2现役轰炸机进行信息化升级改进。俄罗斯已开始制造首架“远程航空兵的未来飞机”（PAK DA）下一代远程隐身战略轰炸机。

（一）美国B-2A隐身轰炸机

美国B-2A隐身轰炸机的改进重点是采用全新航电系统，同时提高核常规打击能力。航电系统的改进包括加、换、改装体系架构、软件配置、极高频卫星通信、甚低频通信接收机、防御管理系统等。其中，体系架构的升级为该机集成并更好地使用新武器创造了条件，这一升级用 1 台洛克希德·马丁公司制造的综合处理单元取代了多达 12 台航电系统计算机，并采用 1 套基于光纤通道航空电子环境（FC－AE）的光纤网络（支持航电系统内部实现高速数据传输）和 1 个由霍尼韦尔国际公司研制的磁盘驱动器。

提升机载武器使用能力方面的主要改进包括：

1）集成 GBU－57 重型钻地弹（MOP）及其改进型。该钻地弹的口径达 30 000 磅（13 620 千克），集成工作已完成，B－2A 机腹并列的 2 个内埋弹舱每个可携带 1 枚。

2）增强使用 B61 核炸弹的能力。该战术核炸弹的质量为 320 千克，通过将模拟式核炸弹操作系统换装为数字式系统，提高了灵活性，并解决了过时淘汰问题。

3）实施“灵活打击”升级，使该机能够同时使用旋转发射架和灵巧炸弹架。目前，该机要么只使用灵巧炸弹架，要么只使用旋转发射架，不能同时使用两种挂架/载荷；“灵活打击”升级将解决此问题，使该机的武器搭载灵活性大大提高。

B－2A 轰炸机一般会率先集成新型和改进型临空打击弹药（炸弹），特别是重型弹药；同时，也率先具备在内埋弹舱中高密度搭载小型制导弹药，原因都是该机是美军现役唯一的隐身轰炸机，生存力最强，更适合临空打击任务。通过提升机载武器使用能力，B－2A 的使用灵活性、一次出航可打击的瞄准点数量、饱和打击能力等得到飞跃性提高。

（二）美国 B－21 轰炸机

美军 2004 年启动“下一代轰炸机”（NGB）项目，2010 年将该项目调整为“远程打击轰炸机”（LRS－B），着眼于威慑和制胜大国对手快速推进，使该机成为美国“三位一体”核力量更新和下一代远程常规打击能力构建的先发装备。

LRS－B/B－21 项目被美国空军列为三大最优先采办项目之一，美国会也鼎力支持，资金一直得到充足保障。根据 2016 年 2 月公布的预算材料，2017—2021 财年计划投入 121 亿美元。美国空军曾披露 EMD 阶段的总测算成本约为 214 亿美元。

（1）性能特点

根据官方消息，B－21 轰炸机将作为航程更远的常规远程打击系统的组成部分，并可以执行包括情报、监视、侦察、电子战、通信等其他任务。它可以携带和使用武器，并能够有人或无人操作。此外，还能够使用防区外和直接攻击弹药。

美军希望新研制的 B－21 远程打击轰炸机能够超越传统轰炸机的角色，既能作为“核常兼备”的隐身远程打击平台，能够携带核武器进行战略威胁任务，也能携带常规武器进行战术行动，并且还要能够作为情报侦察的平台，与其他的飞机进行联合作战，大幅提高空军的作战能力。为此，B－21 轰炸机具有一些量身定制的作战性能。

具有高度信息化和强信息对抗能力。B－21 装备有激光武器和高功率微波武器为代表的定向能武器，能够对敌方的人员和电子设备、武器等造成伤害，并且 B－21 装备了更多的传感器数量，用来提高数据的处理能力；更好地融入美国空军的网络信息化协同作战中；和其他空战武器进行编组作战。

具有雷达隐身能力和突防能力。B－21 同 B－2 轰炸机一样采用碟式的设计和气动布局，但翼展减缩到 38～43 米，降低了研制的成本和风险。虽然其作战半径和续航能力有所减少，但其特殊的技术战术性能满足了美国空军的作战需求，主要用于应对“反介入/区域拒止”，并且还可以有效地承担区域纵深突防任务的作战需求。

具有多样驾驶方式。最新研制的 B－21 打击轰炸机可执行有人/无人驾驶的两用轰炸机，多样驾驶方式的选择也满足了不同飞行任务的需要，例如，在执行常规打击，且危险性较高的任务时，选择无人驾驶可以有效地避免人员的伤亡。

B－21 轰炸机载荷庞大而灵活，可搭载样式范围巨大的武器装备。在不同的作战需要中，B－21 轰炸机都能够很好地满足装填需要，应对多变的未来战场。不仅如此，对于未来可能产生的武器，B-21轰炸机也为其列装做出了准备，保证该型轰炸机未来不会因为不适用新型武器而退出战斗。

B-21轰炸机节约成本，将设计重心转移到隐身和无人化中。在设计思路上，B-21轰炸机摒弃了昂贵的制作材料和庞大的机身设计，转而将设计重心放在了隐身能力和电子干扰能力上，保证了降低制造成本的同时，增强了其潜入敌要害位置的能力。

(2) 研制进展

按计划，B-21轰炸机在2025年左右形成初始作战能力，2027年左右通过执行核打击任务的鉴定。美国空军目前计划采购100架生产型，投产后预计按7～8架/年的速度生产，2035—2040年完成交付。美国空军、国会重要议员和相关智库等多次提出应增购该机，其中，美国空军全球打击司令部已于2016年3月向美国空军高层提出应将轰炸机装备规模扩大到175～200架，若B-21只用于取代B-52H、B-1B，而不取代B-2A，这意味着该机采购量将多达155～180架。

2019年3月27日，美国空军宣布选定南达科他州埃尔斯沃思空军基地作为首个B-21轰炸机的作战单元基地，同时也是B-21轰炸机的正式训练单元基地，但到2021年才能决定B-21的最终基地。

2019年7月16日，美国诺斯罗普·格鲁曼公司已经开始制造第一架B-21轰炸机。B-21轰炸机很可能装备远程防区外巡航导弹(LRSO)，该导弹是目前正在研发的携载核弹头的空射巡航导弹，将取代老旧的AGM-86B空射巡航导弹。

图7是2021年7月，美国空军发布的B-21隐身轰炸机的第三张官方渲染图。最新的渲染图展示了一个倾斜布置的长条形风挡，预计另一侧也有相同的风挡。驾驶舱正前方还有两个独立的风挡，B-21延续了现役B-2“幽灵”隐身轰炸机的4个风挡的设计。

2022年3月5日，首架B-21“突袭者”轰炸机已经进入地面

图 7　B-21 隐身轰炸机官方渲染图

测试阶段，为后续的飞行测试做准备。此次测试在美国加利福尼亚州帕姆代尔空军 42 号工厂进行，诺斯罗普·格鲁曼公司的工程人员将对飞机的子系统和结构完整性进行测试，并涂覆涂层和油漆。下一步将测试飞机的发动机，并让飞机进行低速滑行和高速滑行，为后续在爱德华兹空军基地进行的飞行测试做准备。诺斯罗普·格鲁曼公司目前已有 6 架处于不同生产阶段的 B-21 轰炸机。

美国空军表示，将在 21 世纪 20 年代中期部署第一架 B-21 轰炸机，在 21 世纪 20 年代末期形成初始作战能力。美国空军要购买至少 100 架轰炸机，并确保在 21 世纪 30 年代后期达到这一数量。美国空军计划到 2040 年退役其 B-2 和 B-1 轰炸机，在这些飞机退役之后，按照计划将采购 100 架 B-21 轰炸机，轰炸机机队的规模将从 159 架增加到 176 架。

（三）俄罗斯新型隐身轰炸机

俄罗斯已开始制造首架“远程航空兵的未来飞机”（PAK DA，

工厂代号“产品”80）下一代远程隐身战略轰炸机，将于2021年完成飞机总装，预计2025—2026年实现首飞，2028—2029年进入量产。2021年8月，俄罗斯塔斯社报道称，首架PAK DA演示验证机将于2023年制造完成。

PAK DA被俄罗斯定位为下一代远程轰炸机。2008年获国家拨款并启动预研工作，2009年俄罗斯官方通过莫斯科航展首次披露该项目，对PAK DA的飞翼气动外形和隐身性能进行了简单描述。此后官方仅透露过项目阶段和部分性能指标。PAK DA的发展进度紧扣美军B-21轰炸机，对美竞争、对美威慑的意图非常明显。直到2021年3月才最终确定该机的气动外形，首飞时间也由最初计划的2021年推迟至2025年左右，批产时间推迟至2028—2029年。

PAK DA采用类似美B-21轰炸机的飞翼气动布局，应用了翼身融合设计且没有尾翼，配合大量的吸波涂层，升阻比和隐身性能较俄罗斯现役轰炸机明显提升。最大起飞重量不低于125吨，有效载荷30吨，不加油条件下航程15 000千米，作战半径不低于5 000千米。

PAK DA采用新研制的导航和飞控系统，具备全天候和强电磁对抗环境下运行能力（包括卫星导航和地面无线电信标受压制时），可能配装基于苏-57战斗机设计的任务系统，其中很可能包括后者“喜马拉雅”综合电子战系统的改型。动力系统采用2台不带加力燃烧室的双涵道比发动机NK-32-02，单台推力约为23吨，具有抗核爆炸附带影响的能力，可在环境温度在−60～50 ℃范围内稳定工作，发动机主要和备份的电子系统能够支撑健康监控及预测，确保不少于30小时的连续飞行性能，燃油和液压系统能够在失重和负过载（−2.7g）的情况下稳定供油，发动机机体寿命不低于12年，且可延寿至21年。

PAK DA采用内埋弹舱，可携带Kh-102和Kh-55SM空射远程核巡航导弹和两者的常规改型Kh-101、Kh-555，以及Kh-47M2“匕首”高超声速导弹和小型精确制导炸弹等，凸显俄罗斯对防区外打击和常规精确打击能力的重视。此外，俄罗斯采用使PAK

DA与图-160M机载设备和武器最大程度复用的技术路径，在图-160M改型时，就为PAK DA的后期使用做好了准备，实现降低生产成本和提高PAK DA研制速度的双效。

综合PAK DA的发展，PAK DA可补充俄罗斯空天军在核战争中的威慑能力，能够丰富俄罗斯空天军在常规战争、局部战争中的打击手段，但技术尚存不足，项目仍有风险。

八、美俄新型无人机的发展

美国空军研究实验室“低成本消耗型无人机技术”（LCAAT）项目的XQ-58A技术验证机完成与F-22、F-35的伴飞。DARPA的X-61A“小精灵”空中投放回收“蜂群”无人机多次完成试飞，第四阶段工作将聚焦压制/摧毁敌防空作战能力验证。俄罗斯近年来也在发展重型作战无人机，用于俄版“忠诚僚机”，同时发展自己的“蜂群”无人机。

（一）美国低成本无人机XQ-58A“女武神”

美国空军研究实验室“低成本消耗型无人机技术”项目资助的XQ-58A“女武神”远程高亚声速无人机演示验证机，2019年3月5日在亚利桑那州尤马试验场完成首飞，按预期规划完成了持续76分钟的飞行。XQ-58A验证机的机长约为9.1米，翼展约为8.2米，样机设计有效载荷为272千克，设计航程可达5500千米。XQ-58A从确定开发合同到完成首飞只用了两年半的时间。

（1）项目目标

XQ-58A项目的主要目的是通过推动更好的设计工具、利用成熟的技术基础，采用商用制造流程，以减少制造时间和成本，打破战术飞机成本不断攀升的趋势，更快速地设计并制造无人机系统。据称，XQ-58A的单机成本可限制在200万～300万美元。

XQ-58A作战功能比较均衡，还可按照“忠诚僚机”的作战思路，用无人机取代常规编队中的同型僚机，改变目前战术飞机执行作战任务的编组方式。XQ－58A 利用数据链和信息网络构成的全新战斗体系，能从根本上改善战术飞机执行作战任务的灵活性、有效性和安全性，从基础上提高战斗兵器的实战效费比。

XQ－58A 有能力遂行打击和情报监视侦察任务，并在完成任务后可抛弃，是一种可重复使用的“巡航导弹”。XQ－58A 具备高隐身、低成本、长续航等特点。除侦察监视、电子对抗等任务外，主要用于 F－35 战斗机等前线作战飞机的“忠诚僚机”，内置武器舱，可增加 F－35 战斗机单次出击所携带的弹药数量，还可作为诱饵，前出和吸引对方防空系统或隐身战机暴露位置，必要时与对方同归于尽。

“忠诚僚机”规划的目标是以 F－22 和 F－35 为长机，由战斗机飞行员控制无人战斗机，利用有/无人机自主/半自主协同作战体系，增强编队战术攻击的整体效率，从基础层面上提高有人驾驶平台的生存能力。

（2）发展历程

XQ－58A 将会分为两个阶段完成 5 次规划试飞，评估系统功能、空气动力性能及发射与回收系统等基础的测试科目，随后将利用样机测试的数据开发更为实用化的方案。

2021 年 8 月，美国空军宣布分别授予克拉托斯公司和通用原子公司一份“天空博格人”项目合同，两家公司将分别以 XQ－58A“女武神”和 MQ－20“复仇者”无人机为基础，在 2022 财年持续对“自主核心系统”（ACS）开展平台集成和作战试验，并在大型兵力试验活动（LFTE）中演示有人/无人编组能力。

2021 年 11 月，第 1 生产批次（Lot 1）计划生产 12 架 XQ－58A，预计 2021 年年内可交付 6～10 架，同时第 2 生产批次很可能保持 12 架的规模。目前，正在进行“天空博格人”（Skyborg）系统和任务载荷的集成工作，同时启动第 2 生产批次（Lot 2）的规划，预计 2022 年开工制造。

（二）美国“小精灵”蜂群无人机

“蜂群”无人机作战系统是由大量无人机基于开放式体系架构进行综合集成的，以通信网络信息为中心，以系统的群智涌现能力为核心，以平台间的协同交互能力为基础，以单平台的节点作战能力为支撑，构建具有高抗毁性、低成本、功能分布化等优势和智能特征的作战体系。“蜂群”无人机能够执行多种军事任务，包括与其他武器平台协同攻击海上、空中、地面目标及情报侦察监视等，实现对热点地区的常规战略威慑、战役对抗和战术行动。

DARPA 的“小精灵”蜂群无人机的研究重点为构建新型分布式空中作战体系，主要开展“蜂群”无人机技术验证。“小精灵”蜂群式无人机项目要研发灵活作战的可空中发射的、可回收的低成本的无人机群，使其通过集群作战并完成任务，用于代替目前不仅成本昂贵而且日益脆弱的有人驾驶飞行平台，以此来支持有助于减少作战成本的第三次抵消战略。这种无人驾驶的集群作战样式既可解决作战前沿区域部署机动性的现实需求，也可以为解决日益复杂的 A2/AD 战场环境提出可靠的突防方案。

根据总体构想，“小精灵”系统应包括一定数量的中型尺寸、重量无人机，配备半自主控制系统。专用军事运输机将无人机运送至发射空域，然后无人机开始独立飞行，完成任务后，返回载机，运回基地，进行维护，准备新的行动。这种无人机可以独立、与有人战术飞机密切协同遂行多样化任务。“小精灵”项目还可借助大型母机，把机群搭载到作战空域的边界，再进行集群发射和空中回收，大大提高无人机群的作战范围。“小精灵”无人机的载荷主要为进行目标识别和战场情报侦察所需的各种探测器，不过必要时还要把载荷分配用于实施电子战的大功率能源组件。

X-61A “小精灵”长为 4.2 米，机身截面直径为 600 毫米，翼展为 3.5 米。最大质量达 680 千克，其中，约 66 千克是有效载荷。最大速度限制在马赫数 0.6，航程达 560 千米。

根据DARPA的要求，改进型运输机将是新型无人机的载机，机翼下和货舱内可以部署几架无人机，以及发射、回收设备。使用运输机作为载机具有明显的优势：简化了“小精灵”在规定空域（包括在远离基地的空域）的展开。C-130A运输机可以搭载一个小队的无人机，其飞行性能能够大大扩展无人机系统的活动半径。

X-61A将配备模块化可更换有效载荷，在机舱内安装光电或雷达仪器，这种情况下无人机将配备轻型毁伤兵器或装药，成为巡飞弹药。多架X-61A应展开“蜂群”行动，相互之间，与战斗航空兵、地面或空中指挥所密切协同，理论上这样的小队能够依靠无人机的有效载荷遂行任何战斗、辅助任务，“小精灵”系统的无人机能够用于侦察、保障通信、实施突击等。“小精灵”可以取代有人机，在最危险的空域展开行动，能够实施侦察，发现并歼灭敌人防御体系中的关键目标，甚至打击敌人的防空系统。

2018年4月，DARPA向Dynetics公司授出合同，作为唯一承包商开展“小精灵”项目的第三阶段工作，目标是实现无人机的空中回收。2021年10月在犹他州达格威试验场进行的第四次飞行试验中，首次成功完成了空中回收无人机试验任务。两架X-61“小精灵”无人机在完成全部自主编队飞行后，由一架C-130运输机成功回收了其中一架。C-130运输机放出机械臂后，“小精灵”无人机与其顺利对接，随后收起机翼，被机械臂带回机舱内。此次无人机空中回收试验成功证明了安全、可靠的空中回收技术的可行性。

（三）俄罗斯“猎人”无人僚机

S-70“猎人”重型无人机是由俄罗斯苏霍伊设计局研发的无人作战飞机，采用无尾飞翼式气动布局，机长为14米，翼展为19米，最大起飞质量为20吨，可独立遂行制空作战、防空压制等战场任务，也可与苏-57战斗机协同编组运用，首架原型机于2019年首飞。未来俄军有可能将“猎人”作为苏-57的“僚机”，也可能为“猎人”加装雷达，增加空空武器挂载的能力。

2019年1月，俄罗斯开始将苏-57作为试验平台，对“猎人”所用的航电、通信和无人驾驶系统等进行他机领先试飞。2019年8月，“猎人”完成首飞，在600米的高度盘旋20分钟左右后降落。俄方曾宣称将“猎人”作为六代机验证机，以及“猎人”将与苏-57战斗机协同作战。整个“猎人”项目的开发成本约16亿卢布，预计2024年内实现批量生产。

“猎人”无人机采用飞翼布局，使用大量特殊材料和隐身涂层，媒体报道翼展为19米，飞行速度为1 400千米/时。苏霍伊设计局称，“猎人”可以携带6种不同类型的制导和非制导武器，包括Kh-35U反舰导弹和Kh-59MK2防区外空地导弹，以及500千克级或以下的航空炸弹。俄罗斯空天军对“猎人”的定位是“高速和自主的无人侦察和打击系统”，要求其不仅能够自主执行防空突防和侦察任务，还需具备与有人机协同的能力。

2021年，俄罗斯新西伯利亚航空工厂完成了第二架预生产改进型S-70“猎人”无人机总装，该架机与首飞型具有明显的结构差异，2022年年初开展系列地面和飞行测试，并计划2024年列装俄罗斯部队。俄罗斯“猎人”无人机进行了多次试飞，已经开始“猎人”原型和苏-57战斗机的编队试飞，计划2024年交付部队。

除“猎人”外，俄罗斯克朗施塔得集团在2020年8月“军队-2020”国际军事技术论坛上首次展示“雷霆”隐身无人机，其外形与美军XQ-58A“女武神”无人机相似，被称为俄版“忠诚僚机”。“雷霆”无人机作战半径为700千米，属于中型喷气式无人机，作战时可充当有人作战飞机的僚机，执行侦察和摧毁敌方防空系统等任务。“雷霆”无人机两侧翼下各有1个外挂点，机腹下设有2个内埋弹舱，分别有2个内挂点，最多可携带2 000千克有效载荷，执行空对地作战任务。该无人机还可携带各种类型的吊舱，执行情报收集、警戒监视和电子干扰等任务。

（四）俄罗斯“闪电”蜂群无人机

俄罗斯克朗施塔得公司为俄罗斯空天军研发的“闪电”无人蜂

群系统是一款由机载平台发射的综合打击系统。它采用“蜂群”战术，从机载平台上大量投放后实施作战，用于摧毁敌防空系统或遂行电子战任务。

2021年8月，克朗施塔得公司公开“闪电”蜂群无人机模型。“闪电”无人机的外形类似巡航导弹，机身细长，配备喷气式发动机和折叠翼。无人机采用折叠机翼和V形尾翼布局，装配喷气式发动机，机长为1.5米，翼展为1.2米，设计时速超过600千米，可携带重约5～7千克的战斗部或有效载荷，能从上方攻击坦克顶部或打击掩体内的步兵。“闪电”无人机采用了隐身涂层、扁平尾喷管和背负式进气道等多项隐身技术，具有较小的雷达反射和热辐射信号特征，具备强对抗环境下的作战能力。

“闪电”无人机已发展出侦察型、打击型和电子战型，可由运输机、战斗机、大型无人机等平台挂载，部署灵活，每架苏-57战斗机可携带8架“闪电”无人机。在未来作战行动中，该机通过机载平台大量投放后，在飞行过程中相互配合，交换信息，对敌方防空系统进行压制作战。此外，“闪电”无人机系统还可执行情报监视与侦察任务，为己方指示目标坐标。

九、美俄下一代攻击体系的发展趋势

（一）美国下一代攻击体系的发展趋势

美军近年来在发展新型打击武器的同时，更注重通过更新武器的运用形式，来获得更优异的攻击能力。近年来，美军大力发展有人/无人飞机协同化作战，创新导弹/弹药新型投放形式，并且注重武器弹药智能化的发展和协同运用。

1. 发展有人/无人飞机协同化作战

有人/无人飞机协同化作战是指有人战斗机与无人机编队，直接指挥无人机作战的航空作战体系。其优势在于无人机低成本、无人员伤亡、战术灵活性好，可以提前进入未知的危险空域，为有人战斗机提供侦察、掩护、警戒支持，能够前出释放电子干扰，也可以协同或独自对目标进行攻击。无人化的“忠诚僚机”能最大限度地消除人工协调和理解的差异，能够适应更加复杂的任务规划和作战行动，具备应付战场环境迅速突变的足够灵活性。

美国F-15战机已经挂载UTAP-22 Mako“忠诚僚机”无人机进行了一系列相关测试。美国空军“天空博格人”项目寻求开发一种基于人工智能算法的自主控制系统（ACS），使无人机能够自主执行复杂的作战任务，并与有人机实现协同作战。自主控制系统在2021年至少3次进行试飞，完成了预定测试目标，无人机自主控制能力得到了初步验证。

2. 创新导弹新型投放形式

发展托盘式弹药发射方式。“速龙”是美国空军战略发展规划和试验办公室（SDPE）管理的快速打击项目的试验之一，旨在验证远程巡航导弹从运输机上空投并发射的技术。2021年11月，美国空军在白沙导弹靶场使用MC-130J运输机成功进行了装有“联合防区外空地导弹”（JASSM）（无弹头、无动力）的“速龙”托盘化弹药投放试验。MC-130J运输机在抵达白沙导弹靶场后，空投了装填4枚导弹的“速龙”托盘化弹药系统。几秒后导弹展开弹翼和尾部，调整空中姿态，滑行至目标位置。“速龙”最终将使运输机转变为致命的打击平台。

无人机拓展空空导弹射程。“远射”无人机是DARPA在2021财年提出的一种新型空射无人机武器系统，旨在开发有人机挂载和投射、携带空空导弹的空射无人机，探索可显著扩大交战范围的空战概念。“远射”无人机可由运输机、战斗机等在交战区外空中投放，挂载不少于2枚空空导弹，与先进隐身战机等协同执行制空等作战任务，大幅拓展有人机的打击范围和生存能力。“远射”无人机项目分为三个阶段进行，先后完成初步方案设计评审、详细方案设计开发和全尺寸验证机研制试飞等工作。美军希望借该项目研究“反介入/区域拒止”环境中的新作战方案。

3. 推动导弹武器智能化协同化运用

美军致力于构建、提升单一类型导弹（如远程反舰导弹）的态势感知、信息融合等关键作战能力，使导弹从自动化向自主化的方向发展。同时，加快推动导弹的网络化、协同、自主能力的构建与提升进程，以使不同类型的导弹能够实现实时交互与自主协同作战，提升导弹的决策效率与作战效能。

美国空军研究实验室（AFRL）于 2019 年 3 月提出的“金帐汗国”项目，通过融入网络化协同自主技术，实现导弹与导弹协同，或者导弹与其他武器类型的协同作战能力。2020 年 12 月 15 日完成了“金帐汗国”技术验证项目的首次飞行试验，试验中使用了类似美式橄榄球比赛中的“四分卫”协同算法，旨在提高制导武器的自主化、网络化、协同化能力，使其能够在未来战场环境中做出实时动态响应，提升作战效能。未来该项目成熟后，将赋予制导武器一定的战场指挥权。

(二) 俄罗斯下一代攻击体系的发展趋势

俄罗斯始终将核威慑作为最重要的国防安全基础，近年来大力发展高超声速武器等典型进攻武器，同时也在发展俄版的“忠诚僚机”项目。

1. 将核威慑作为最重要的国家安全基础

自美国 2002 年退出《反弹道导弹条约》以来，俄罗斯一直致力于研发先进的核武器运载系统，目的是突破美国的导弹防御系统。2020 年 6 月 2 日，俄罗斯总统普京签署第 355 号总统令，批准俄罗斯核威慑国家基本政策。俄罗斯认为，“保证威慑”潜在敌人侵略是国家优先事项，核武器是实现这一保证的军事力量之一。

在实战中俄罗斯也明确展示了其核威慑能力。2022 年 2 月爆发的俄乌冲突前，俄罗斯即宣布进行“雷霆-2022”战略核演习，演习中从巴伦支海的战略核潜艇向俄东部海域发射 1 枚“蓝天”潜射洲际弹道导弹，并在普列谢茨克发射 1 枚“亚尔斯”洲际弹道导弹。冲突爆发后 3 天，普京宣布俄罗斯战略威慑力量转入特殊战备状态，给战争画出了红线。

2. 重视高超声速武器的发展

近年来，俄罗斯大力发展高超声速武器技术，部分武器已经进入部署状态。匕首、先锋和锆石三种新型高超声速武器在时间上都领先于美国。匕首导弹当前处于试部署或最接近于作战部署的状态，不但可以攻击地面目标，打击导弹防御系统，还可以打击海上舰船目标。先锋导弹 2019 年正式进入战斗执勤状态，除打击美国导弹防御系统或其他高价值目标外，还具备有限的先发打击和报复性核打击能力。锆石导弹的首要军事目标是摧毁航母群，也可以打击陆基目标，如指控中心或导弹防御装置。俄罗斯正着力打造陆、海、空三位一体的高超声速打击体系，有些高超声速系统具有核常兼备的能力。

国外导弹防御体系领域前沿发展动向

美国、俄罗斯、以色列、日本、印度和北约积极推进导弹防御体系的装备与技术发展。美国正在发展全球一体化弹道导弹防御系统，其装备种类多、体系结构复杂；俄罗斯积极推进空天防御体系建设，更新防空导弹防御装备，加强预警系统升级；以色列在装备"箭"导弹防御系统的基础上，逐步完善多层拦截系统；日本已初步建成双层拦截、可覆盖日本本土的区域导弹防御系统，正与美国形成联合区域导弹防御能力；印度自行研制在大气层内外拦截弹道导弹的双层拦截导弹防御系统；北约具有高低两层防御能力的弹道导弹防御系统成为其未来10年重点发展计划。各国系统的规模和能力不同，但其系统基本构成相同，都是由预警系统、指挥控制系统和拦截武器组成的。

一、国外导弹防御预警探测装备与技术

弹道导弹预警系统主要是为拦截系统提供目标指示信息。当前，各国导弹预警主要以陆基预警雷达为主，美国、俄罗斯自20世纪60年代开始发展，已经发展和部署了多部预警雷达。天基预警卫星只有美国和俄罗斯研制和部署使用。目前，美国正在使用的是"国防支援卫星""天基红外系统"，为弥补其在精度和跟踪能力方面的不足，美国正在研制试验"下一代过顶持续红外"卫星、"高超声速和弹道跟踪太空传感器"，增强天基预警系统的精度和跟踪目标的能力。俄罗斯研制了两代天基预警卫星，正在改进其陆基预警雷达，以在短期内提升空天防御能力。

(一) 国外典型预警探测装备

未来世界主要国家将采用空基预警系统，构成天基、空基、陆基和海基一体化的预警体系。

1. 天基预警探测装备

目前，拥有天基预警探测装备的国家主要是美国和俄罗斯。

(1) 美国天基预警探测装备

目前，美国天基预警卫星系统主要包括 4 颗“国防支援计划”(DSP) 卫星，“天基红外系统”(SBIRS) 的 3 个大椭圆轨道 (HEO) 卫星载荷、2 颗地球同步轨道 (GEO) 卫星，2 颗低轨“空间跟踪与监视系统”(STSS) 演示验证卫星，以及地面系统。

DSP 是美国部署的第一种具有实战水平的预警卫星系统，主要的任务是为美国作战指挥机构提供弹道导弹发射预警，先后发展和部署了三代共 23 颗卫星，目前仅有 4 颗在轨服役。DSP 卫星存在无法跟踪中段飞行的弹道导弹，扫描速度慢，需在国外设地面站，有虚警现象等问题，难以满足弹道导弹防御需求，美国于 1995 年提出发展“天基红外系统”逐步取代 DSP 卫星系统。

美国 20 世纪 90 年代启动的“天基红外系统”计划由美国空军负责实施。系统的主要任务是：为弹道导弹防御系统提供更快、更准确的导弹发射报告，并探测跟踪导弹的飞行情况，同时提供战场态势信息，为打击任务规划、作战力量防护提供支持等。系统方案由天基高轨部分 (SBIRS - High) 和低轨部分 (SBIRS - Low) 组成。高轨部分由 4 颗 GEO 卫星和 2 个 HEO 载荷组成，低轨部分由 24 颗低地球轨道 (LEO) 卫星组成，共同提供弹道导弹预警的全球覆盖能力。2002 年美国调整天基预警卫星发展计划，将低轨部分拆分出去，成为一个独立的“空间跟踪与监视系统”计划；高轨部分仍保留“天基红外系统”的名称。

调整后的“天基红外系统”计划，仍由美国空军负责，由 4 颗 GEO 卫星和 4 个大椭圆轨道 HEO 载荷组成。其中，“天基红外系统”系统中的 GEO 卫星主要用于探测和发现处于助推段的弹道导弹，HEO 载荷将预警覆盖范围扩展到地球南、北两极。

“空间跟踪与监视系统”从原“天基红外系统”拆分出来后，转由国防部导弹防御局负责。系统计划由 24 颗运行在 1 600 千米轨道高度的卫星组成，是美军导弹防御体系的重要组成部分。

美国在发展天基预警卫星系统过程中，以卫星平台和探测器为主开发了大量先进技术，形成了高低轨结合、扫描与凝视结合、捕获与跟踪相协作的导弹预警能力，可对全球重点区域发射的弹道导弹提供及时预警，对中段飞行的弹头具有一定的跟踪和识别能力。

“天基红外系统”的前 4 颗 GEO 卫星，即 GEO－1，GEO－2、GEO－3、GEO－4 卫星均采用洛克希德·马丁公司经加固和改进的 A2100 军用卫星平台。A2100 军用卫星平台开始研制于 20 世纪 90 年代，采用模块化和通用化设计，可根据载荷情况对平台配置进行调整，降低了载荷和卫星平台之间的相关性，提高了卫星的设计、制造和测试效率，大幅降低了成本。

第 5 颗和第 6 颗“天基红外系统”GEO 卫星，即 GEO－5、GEO－6 卫星平台将采用升级版 A2100 卫星平台。A2100 卫星平台的升级工作已纳入“天基红外系统”项目“技术更新”计划，利用主承包商洛克希德·马丁公司的研发基金，无须政府资金支持。通过实施“技术更新”计划，一方面可使载荷和平台成为两个相互独立的模块，另一方面完成对平台的软件和指挥控制系统的升级，以搭载 2 000×2 000 元凝视面阵探测器等更多的新型载荷。升级版 A2100 卫星平台增加了可选择的运载工具，能够与“德尔它-4”或者“猎鹰-9”等新型运载火箭相容，以便降低发射成本。

美国天基预警卫星主要担负导弹发射的红外监视与全过程跟踪任务，探测来袭的弹道导弹，具有导弹预警、导弹防御以及技术情报侦察（提供描述导弹特征所需的数据及其他目标数据）等功能。

为探测发现处于助推段飞行的弹道导弹，“天基红外系统”中的 GEO 卫星采用双探测器，一台是高速扫描型探测器，另一台是与之互补的高分辨率凝视型探测器。卫星工作时，扫描型探测器先对地球的北半球和南半球进行快速扫描，然后将探测到的数据提供给凝视型探测器。双探测器协调共同完成任务，有效增强了对弹道导弹的探测能力。“天基红外系统”中的HEO载荷装有高速扫描型探测器，主要是对北极圈地区进行探测，将“天基红外系统”预警能力扩展到极地，与DSP系统相比，覆盖范围扩大了2～4倍，扫描速度和灵敏度提高了10倍，既可对全球导弹发射和自然现象广域监视，又可持续监视一个特定区域。“天基红外系统”在导弹发射10～20秒内即可将预警信息发送至地面运行控制系统（DSP系统则需要60～90秒），大大延长了预警时间，为导弹防御系统预留了更充分的作战准备时间，可大幅提高拦截成功率。

“空间跟踪与监视系统”项目的最初设想由24颗卫星组成，卫星之间通过星间链路传递中段飞行的弹道导弹跟踪信息，实现对弹道导弹在大气层外飞行全过程持续跟踪。2颗在轨运行的“空间跟踪与监视系统”演示验证卫星均装有一台宽视场捕获探测器和一台窄视场凝视型多波段跟踪探测器。

“空间跟踪与监视系统”卫星的宽视场捕获探测器采用波长为0.7～3微米的短波红外探测器。宽视场捕获探测器以地球为背景，可以捕获助推段飞行的弹道导弹的尾焰。“空间跟踪与监视系统”卫星的窄视场凝视型多波段跟踪涉及3种波长的探测器。其中，波长为3～8微米的中波红外探测器以地球为背景进行工作，可以实现对助推段末期飞行的弹道导弹进行跟踪；波长为8～12微米的中长波红外探测器以及波长为12～16微米的长波红外探测器以空间为背景进行工作，可以实现对飞行中段的弹道导弹持续跟踪。中长波红外探测器和长波红外探测器在导弹助推段关机后仍能继续跟踪导弹飞行，而且还能够跟踪弹头的分离，并具备识别诱饵的能力。

（2）俄罗斯天基预警探测装备

第三代预警卫星系统称为“统一空间系统”。2009年开始试验，系统综合了“眼睛”“眼睛-1”，并正在研制新的预警卫星“冻土地”

和地面指挥控制设备。俄罗斯预警卫星的信息能够实时传递到地面指挥所，经过处理后传送到空天防御集团军中央指挥所。

作为“统一空间系统”组成部分的“冻土地”新一代预警卫星将运行在HEO上，它不但能发现地基弹道导弹的发射，还能发现其他导弹的发射，如潜射导弹的发射，测定导弹飞行轨迹和预测落点，而且，在卫星上装有作战指挥系统，在必要时能发送回击的信号。设想的“冻土地”新一代预警卫星如图1所示。

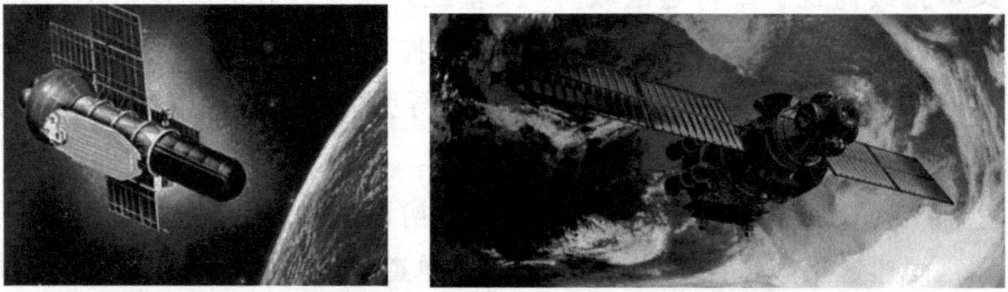

图1　设想的“冻土地”新一代预警卫星

2015年11月17日，俄罗斯用“联盟-2.1B”火箭发射“冻土地”预警卫星是“统一空间系统”的第一颗卫星。卫星在俄罗斯北部的普列谢茨克发射场升空，随后与火箭分离，成功进入预定轨道。根据俄罗斯太空预警网组建计划，俄罗斯将逐步发射18颗“冻土地”导弹预警卫星，组建太空预警网，恢复太空预警能力。“冻土地”导弹预警卫星采用新的红外探测器和可见光电视摄像机、灵敏度高于以往“眼睛-1”系列等导弹预警卫星的探测仪器，具有更强的探测能力，还将提高导弹预警系统的性能。新系统可以发现从潜艇发射的导弹，并发出反击信号。未来待组网计划完成后，太空预警网可全天候、不间断对全球进行侦察，并进行准确预报。

2. 地基预警探测装备

在弹道导弹防御系统中，预警系统担负着侦察并捕获、跟踪来袭目标的任务，它是由预警雷达和预警卫星等多种传感器组成的综合系统，预警雷达在其中占据了重要地位。

（1）美国早期预警雷达的构成及部署

目前，美国的弹道导弹预警雷达是世界上最完备的地基预警系统，也代表了目前国外预警雷达的最高发展水平。美国BMDS中的预警雷达主要包括弹道导弹早期预警系统（BMEWS）、“铺路爪”（PAVE PAWS）雷达、“丹麦眼镜蛇”雷达以及AN/TPY-2雷达等，在导弹防御过程中实现协同作战。美国目前用于导弹预警的雷达主要有6部，分别是弹道导弹早期预警系统的3部雷达、2部“铺路爪”雷达以及1部“丹麦眼镜蛇”雷达。

6部雷达分别部署在以下位置：

弹道导弹早期预警系统雷达：1部位于阿拉斯加州克利尔空军基地，北纬64°17′19″，西经149°11′22″；1部位于格陵兰岛图勒空军基地，北纬76°34′08″，西经68°19′05″；1部位于英国菲林代尔斯空军基地，北纬54°21′42″，西经0°40′11″。其中，位于阿拉斯加州克利尔空军基地的预警雷达由于在升级过程中使用了大量原位于美国南方的2部现已被拆除的“铺路爪”雷达组件，因此在一些资料中也被称为“铺路爪”雷达。

“铺路爪”雷达：1部位于马萨诸塞州鳕鱼角空军基地，北纬41°45′09″，西经70°32′19″；1部位于加利福尼亚州比尔空军基地，北纬39°08′10″，西经121°21′02″。

“丹麦眼镜蛇”雷达：位于阿拉斯加州阿留申群岛西端的谢米亚岛，北纬52°44′14″，东经174°05′29″。

目前，随着美国X波段大型多功能相控阵雷达的发展与成熟，AN/TPY-2前置X波段雷达（FBX-T）成为BMDS预警雷达的重要组成部分，并将取代以前的大型相控阵雷达。AN/TPY-2雷达分辨能力更强，不仅可对来袭导弹进行警戒侦察，而且能够实现对目标的跟踪识别。首先部署的2部AN/TPY-2雷达分别位于日本青森县和以色列，用于对东北亚和中东可能的威胁目标进行监视。随着美军在多个热点地区建立区域性导弹防御体系，自2006年以来，美国先后在日本、以色列、土耳其和位于卡塔尔的美军中央司令部部署了 5 部前置型 X 波段雷达 AN/TPY-2。随着美军在韩国部署萨德（THAAD）系统，该雷达进入了朝鲜半岛。

（2）俄罗斯“沃罗涅日”系列预警雷达

20 世纪末苏联解体后，俄罗斯丢失了在苏联一些加盟共和国内建设的雷达，使俄罗斯预警系统出现了“空隙”。近年来，俄罗斯十分重视空天预警监测网的建设，特别是俄罗斯空天防御部队建立后，以“沃罗涅日”系列预警雷达为代表的新一代预警雷达得到快速发展。未来俄罗斯预警雷达系统可覆盖欧、亚、北美等地区，不仅能监测弹道导弹的发射，而且也能探测空气动力目标，形成围绕俄罗斯边境无缝隙的预警网，并与太空监测系统一起形成空天防御空天监测系统。

“沃罗涅日”是俄罗斯新一代预警雷达，具有威力大、模块化程度高和建设周期快的特点，用以替代“达里雅尔”等老一代预警雷达，是俄罗斯空天防御系统中导弹袭击预警的主要装备。

20 世纪 70 年代末期，莫斯科远程通信研究所开始探索研究“沃罗涅日”雷达，目前共有 3 种型号，即“沃罗涅日-M”米波段雷达、“沃罗涅日-DM”分米波段雷达和“沃罗涅日-VP”高威力米波段雷达。前两类雷达站现已建成并投入使用，后一类雷达（“沃罗涅日-VP”）站正在建设之中。

3. 空基预警探测装备

空基预警是天基预警的补充，主要包括预警机及其他具有预警功能的空中传感器。预警机主要用于在空中探测、识别和跟踪战略轰炸机等空中飞行器，也可探测弹道导弹与巡航导弹。美国正在研制“机载红外传感器”（ABIR），用于尽早探测弹道导弹，实现尽早拦截。

为实现对弹道导弹的预警和跟踪，美国启动“机载红外传感器”的研制和试验，计划部署 12 架搭载“机载红外传感器”的无人机，实现同时对多枚弹道导弹的探测与跟踪。由雷声公司研制的“多频谱瞄准系统-B”（MTS-B）机载传感器（图 2）系统同时跟踪多目标能力得到验证。在夏威夷测试场的测试中，4 台 MTS－B 准确地跟踪到多个目标，并且将相关信息传送给 2 部机载处理器，以供测试后的分析研究使用。配备机载处理器后，可为系统提供精确的视距内跟踪能力，同时还可显示自动闭环跟踪所获得的目标运动轨迹。

图 2　雷声公司研制的 MTS－B 机载传感器

诺斯罗普·格鲁曼公司研制了 AN/AAQ－37 型分布式孔径系统（DAS），该系统在超过 1 300 千米的远距离上成功跟踪了一枚两级火箭的发射过程。分布式孔径系统是一种全向红外系统，可以同时在任意方向上探测跟踪飞机和导弹，而且可以跟踪的目标数实际上几乎没有什么限制。此次测试验证了分布式孔径系统具备超出最初为 F－35 设计的能力，包括弹道导弹探测与跟踪、反火箭、反火炮、反迫击炮（C－RAM）的能力。该段视频被放大了 10 倍，可以更清晰地看到火箭。

AN/AAQ－37 型光电分布式孔径系统（EODAS）是由诺斯罗普·格鲁曼公司电子传感器与系统分部（ES3）和洛克希德·马丁公司导弹与火控分公司为 F－35 联合攻击战斗机共同开发的关键电子传感器。诺斯罗普·格鲁曼公司负责其中的分布式孔径系统部分，其功能包括空对空搜索与跟踪、目标提示、导弹预警以及空对地、空对海目标跟踪；洛克希德·马丁公司负责光电瞄准系统（EOTS）。该系统是光电分布式孔径系统的第2个关键要素，结合BAE系统公司的激光精确测距/指示器，可用于同地面或空中目标交战。

初步估计分布式孔径系统配备了中波红外（MWIR）传感器，安装在小型固定支架上，用于导弹预警（基本功能）和近距领航需求（第二位的功能），但是近距领航因每个传感器的视场（FoV）而受到一定限制。通过光学拼接的方法，形成整个视场的显示分辨率是相同的。机身上的几个单独传感器视场的视频数据采用电子“拼接”的方式产生飞行员头盔显示系统（HMDS）中的整个视场范围。该系统的效果类似于由大量的小视频监视器组成的电视墙。

F－35闪电Ⅱ装备的AN/AAQ－37型光电分布式孔径系统在机身上装有6个紧凑排列的等角多功能红外成像传感器，安装在CMC电子设备的前面。其中，机身头部装有3个，1个位于机头上部，2个位于机头下部；机身中部装有3个，其中背部1个，机腹2个。它的功能包括空对空搜索与跟踪、目标提示、导弹预警以及空对地、空对海目标跟踪。组合后的数据能提供全方位的多功能成像，最后通过国际视觉系统公司生产的宽视角头盔显示系统提供给飞行员，显示目标和威胁数据信息。此外，飞机还可能包括第7个传感器，即瞄准系统吊舱。

分布式孔径系统的模块化设计允许通过两级维护，来降低寿命周期成本。它可以共享洛克希德·马丁公司导弹与火控分公司开发的F－35光电瞄准系统中的通用集成探测器，而且所有的传感器是相同的，并可以互换。同时，它还有自动轴线校准和校直设备。

光电分布式孔径系统具有以下特征：由6个IR相机组成；为飞行员提供透过机身的视景；与头盔显示系统协同工作，传送给飞行员360°范围内连续的被动环境信息；为飞行员提供导弹接近预警、对抗措施调度、被动空空雷达、空空导弹离轴瞄准、宽视场的昼夜可视图像，探测目标数量几乎没有限制；所有相机的综合数据可以通过数据链为地面单位或其他飞行设备提供有用的战术显示；传感器无机械活动部件，无须运动机构配合跟踪，系统可靠性高。

目前，光电分布式孔径系统主要用于装备 F-35 闪电联合攻击机。F-35 在进行前沿部署后，其强大的态势感知能力将有助于弹道导弹防御系统中预警、探测任务的完成。同时，该系统具有很强的移植能力和推广应用价值，特别是与长航时无人机的结合将会对近程和中远程弹道导弹防御中的预警、探测提供强有力的支持。

4. 海基预警探测装备

海基 X 波段雷达（SBX）是美国建造的一部用于支持地基中段防御系统作战的具有高分辨率能力的大型雷达。SBX 平台长 118.9 米，宽 73 米，其塔架从底端到天线罩顶端高超过 86 米，排水量 50 000吨，由一颗商业 C 波段卫星建立 SBX 与岸上基地之间的通信联系。雷达全重 2 000 吨，由最现代化的相控阵天线构成，共有 69 632个多频收发模块，天线直径为 17.8 米，能够跟踪数千千米外的导弹目标，理论距离分辨率可达 0.15 米，实际分辨率可能为 0.2～0.25米，在方位和俯仰上各有 50°的视场，并且雷达能够旋转，可跟踪来自任何方向的目标，雷达波束能够 360°工作。雷达平均功率为 170 千瓦，天线面积为 123 平方米，雷达能量孔径数达到约 2 000 万。SBX 存在盲区，它探测来袭导弹和识别弹头与诱饵的能力取决于雷达位置和来袭导弹之间的关系。

SBX 以阿拉斯加阿留申群岛的艾达克岛为母港，支持美军在整个太平洋海域进行导弹试验和军事行动。SBX 采用第二代 T/R 模块，可灵活机动部署，但平台移动速度慢。

(二) 国外导弹防御预警探测技术

世界军事强国继续推进预警探测技术的发展，并加大相关武器装备研制的部署。美俄等国继续加强地基预警雷达的升级和部署，推进舰载防空导弹防御雷达的研制和升级，推动预警指挥飞机的改进与研制，美国氮化镓技术广泛应用于防空导弹防御雷达型号，美国弹道导弹预警卫星系统进展顺利。

1. 地基预警雷达与技术备受关注

美国空军与雷声公司签署合同，对“丹麦眼镜蛇”雷达进行管理、维修与保障，同时缓解系统出现的组件老化问题。空军试图通过研究项目使该雷达应用目前最新的电子技术。L 波段的 AN/FPS - 108 “丹麦眼镜蛇”雷达是美国弹道导弹早期预警雷达之一，部署在阿拉斯加州谢米亚岛，用于弹道导弹预警、杀伤评估和空间监视。雷达西面朝向俄罗斯堪察加半岛库拉试验场，可探测约 3 200 千米的目标，向北美空防司令部传输数据。

BAE 系统公司升级美军导弹防御雷达，对固态相控阵雷达系统（SSPARS）进行管理、运行和后勤支持。SSPARS 即铺路爪（PAVE PAWS）系统和弹道导弹预警系统，由 5 部雷达、计算机及导弹预警和空间监视通信系统构成，为美国战略司令部提供导弹预警和杀伤评估信息，主要针对所有可能威胁到美国领土的洲际弹道导弹。空军考虑对 SSPARS 的前端和远程控制功能做技术更新，并已经对雷达数据和信号处理系统进行了重大升级。

洛克希德·马丁公司和雷声公司将为美国陆军研发新型导弹防御雷达“低层防空导弹防御传感器”（LTAMDS），提升导弹防御系统协同作战能力。该传感器将集成至美国陆军一体化防空导弹防御（IAMD）网络中，升级或替代当前的爱国者系统雷达。

俄罗斯扩大部署“沃罗涅日”雷达。“沃罗涅日”雷达是俄罗斯第三代预警雷达，用于探测弹道导弹、飞机和卫星等目标，可同时跟踪多达 500 个目标。雷达的作用距离为 4 500～6 000 千米，探测高度为 4 000 千米。此外，俄罗斯将在西北地区部署“天空- U”雷达，该雷达能够探测 600 千米内的飞机、巡航导弹和小尺寸高超声速弹道飞行目标，并确定目标所属国家和有源干扰发射装置的位置。此前，“天空- U”雷达在波罗的海上空曾多次发现装有断开脉冲转发器（传输飞机相关数据）的北约飞机，以及美国侦察机。

2. 舰载防空导弹防御雷达技术研制持续推进

2016 年，美国海军舰载防空导弹防御雷达（AMDR）顺利开展靶场试验，福特级航母舰载雷达开始研制，“宙斯盾”系统雷达进行升级，濒海战斗舰载雷达完成测试。

AMDR 将安装于 DDG-51 FlightⅢ型导弹驱逐舰上，2019 年交付首艘驱逐舰，用于“宙斯盾”先进能力 20 作战系统，取代现有的 AN/SPY-1 雷达。S 波段的 AMDR 编号为 AN/SPY-6。

2020 年，雷声公司完成了首部 AN/SPY-6（V）1 防空反导雷达天线阵列的综合近场测试，该测试旨在提高集成速度，消除风险，并为安装做准备。2020 年 7 月，雷声公司交付该雷达阵列，安装在美国海军首艘“阿利·伯克”级 Flight Ⅲ型导弹驱逐舰“杰克·H.卢卡斯”DDG-125 上。AN/SPY-6（V）1 将取代 AN/SPY-1 雷达，安装在海军新型“宙斯盾”驱逐舰上，目前处于小批量生产阶段，即将进入全速率生产。

3. 氮化镓技术应用日趋广泛

氮化镓应用于多种武器系统中，如陆基和海基雷达、电子战系统、导弹应用、通信等。与传统砷化镓相比，氮化镓将提供性能和成本优势，可获得 5～10 倍功率性能的提升，改进系统整体性能和效率。

雷声公司成功验证升级型“爱国者”雷达。升级型“爱国者”雷达采用基于氮化镓的有源电子扫描阵列（AESA）技术，扩大了探测范围。雷声公司完成的氮化镓 AESA 里程碑包括 AESA 阵列主体结构完成构建，构建 AESA 阵列雷达方舱，在雷达方舱内进行接收机和雷达数字信号处理器集成，将雷达方舱交付于佩勒姆的雷声公司测试场，完成雷达冷却子系统测试。雷声公司基于氮化镓的 AESA 雷达可与未来开放架构（如一体化防空导弹防御作战指挥系统）协同工作，向下兼容目前的“爱国者”火控系统，还可完全与北约实现互操作。

二、国外导弹防御指挥控制装备与技术发展的研究

导弹防御系统由分布于不同地点的传感器、武器系统、指挥控制系统以及支持系统构成，共同完成对来袭导弹的预警识别、监视跟踪和拦截任务。由于导弹防御技术难度大、实时性要求高，采用传统的作战指挥控制与管理模式已不能完全胜任复杂条件下对多目标、多样式威胁的全面防御。构建一个高度自主的一体化导弹防御指挥控制与作战管理系统，对导弹防御系统的综合作战能力的发挥起着至关重要的作用。

（一）国外典型导弹防御指挥控制系统

目前，典型的弹道导弹防御指挥控制系统主要包括美国 C2BMC 系统、俄罗斯弹道导弹防御指挥控制系统、日本佳其系统及北约一体化指挥控制系统。

1. 美国 C2BMC 系统

美国的弹道导弹防御系统可以说是目前世界上最为复杂的防御作战系统之一，在经历了多次演变过程后才形成了今天的、具备一定实战能力的复杂巨系统。在这个复杂巨系统中，指挥控制问题尤其复杂，涉及设计研发、生产、部署和使用维护等多个方面。指挥控制系统也是随着整个大体系的变化而不断发展改进、演化而来的。目前，美国导弹防御系统中的各级指挥控制系统均被称为 C2BMC 系统。

C2BMC 系统是作战指挥与“弹道导弹防御系统”（BMDS）之间的界面。超过 70 台 C2BMC 工作站部署在美国战略司令部、北方司令部、欧洲司令部、太平洋司令部、中央司令部、陆军防空导弹防御司令部、空天作战中心以及其他支持作战的机构中，能够同步导弹防御系统、自主传感器和操作人员的活动，以提供全球响应能力所需的分层、冗余功能。该系统整合了多种导弹防御相关分系统

的指挥与控制，包括 SBIRS 卫星、“宙斯盾”作战系统及“爱国者”系统和 THAAD 系统等。

C2BMC 为作战指挥和系统中其他单元以及高层提供梯次计划。弹道导弹防御系统中各单元（“宙斯盾”BMD 系统、GMD 系统、“爱国者”系统和 THAAD 系统）使用各自的指挥控制作战管理系统和任务规划工具独立交战。C2BMC S6.4 套件提供对前置型 AN/TPY－2 雷达的指挥控制，S6.4 全球交战管理器套件提供升级的传感器管理、轨迹跟踪和报告。

通过全球通信网络，C2BMC 将前置型 AN/TPY－2 和“宙斯盾”BMD 的 AN/SPY－1 雷达的跟踪数据传送给 GMD 系统。此外，通过联合战术信息分发系统 Link 16 将前置型 AN/TPY－2 雷达的跟踪数据传送给 THAAD 系统和“爱国者”系统，为其提供目标指示和支持“宙斯盾”BMD 系统交战。

C2BMC S8.2 将改进和扩展 S6.4 的能力，未来将综合传感器管理和协同交战能力。美国战略司令部、北方司令部、欧洲司令部、中央司令部、太平洋司令部使用 C2BMC 系统支持弹道导弹防御作战。指挥官利用 C2BMC 系统完成以下任务：预先准备和动态规划、态势感知、跟踪管理、前置型 AN/TPY－2 传感器管理与控制、交战监控、在 C2BMC 系统与 BMDS 各单元之间进行数据交换、网络管理。

2. 俄罗斯弹道导弹防御指挥控制系统

空天防御统一信息空间是各级军事指挥机构信息资源集成的综合体，在此综合体结构中，联合了适用于共用的指挥功能，采用了统一的建立和使用规则、统一的表达标准，对相应权限的人员具有直接进入使用的可能。

空天防御统一信息空间应在以下基础上形成，包括统一的自动化数据采集系统、统一的功能相互作用协议和统一的用户图形接口。应建立保证能在作战行动中和实时条件下处理敌方和己方信息的能力，目的是为了支持建立最佳组成的空天防御部队群决策的采取和在各种环境条件下部队群的有效作战使用。

在此阶段俄罗斯正式成立了空天防御部队。空天防御体系将装备S-500等第五代防空导弹防御系统，以及天基、地基、空基、海基的多种信息系统和装备网络化指挥控制系统，是俄罗斯联邦空天防御体系一种总体思路。其表征性特点是空天防御各组成部分的一体化、网络化指挥，模块式结构，系统各软硬件的标准化和通用化。

这类网络化指挥控制系统的建立要求在所有指挥环节纵向和横向通信的必要联合及协同作用才有可能，这就能扩大指挥控制环节的信息空间，意味着各部队的指控站必须联合成一个各军兵种联队的区域性指挥控制网络。这些指控站联合的结果构成空天防御多层次指挥体系结构，即俄罗斯联邦武装部队联队指挥网络。在其每个节点可以有指挥的和被指挥的指控站，它们之间有纵向的和横向的相互作用的联系通道。

在此指挥网络中，侦察的和作战指挥信息的交换应由在网络化原理基础上建立的自动化装备系统、实时遥码交换装备、通信和数据交换装备来保证，它们作为军种间开放的系统，能不断增长用户的数量，与所属领导关系、部署位置和执行的任务无关，此指挥网络可以在其最大通行量的范围内工作。这就是未来要建立的、当前俄罗斯还处于起步状态的空天防御指挥控制网络的一种构想。

3. 日本佳其系统

日本导弹防御指挥控制系统以自动警戒管制佳其系统以及防空/导弹防御地面兵力兵器自动化指挥系统终端为核心，用于支援导弹防御作战部队的指挥控制，可以收发、处理、显示司令部、各部队作战态势等信息。佳其自动警戒控制系统由原巴其系统改进而成，用于指挥分布于海上和陆地的各子系统作战，由数台服务器构成分布式网络信息处理系统，可自动综合处理地面所有固定和机动雷达以及空中预警机采集的目标信息，为指挥员做出判断、选择最佳作战方案提供依据，从而实现导弹防御作战全过程的自动化。该系统与宙斯盾系统、爱国者系统以及陆基预警雷达（如FPS-雷达）链接，能够接收美军 Links 6 数据链信号，共享美军预警卫星和 X 波段雷达获取的导弹预警情报。同时，佳其系统与日本中央指挥所相连接，可保证日本最高当局在必要时能直接指挥防空导弹防御作战。佳其系统的 BMD 指挥官由航空自卫队司令担任，可对由航空自卫队的陆基雷达、预警机和海上自卫队的“宙斯盾”驱逐舰收集到的来袭导弹情报进行分析，然后将信息传递给“宙斯盾”驱逐舰和爱国者导弹，启动拦截程序。

佳其系统在 2004 年开始建造，2009 年 7 月正式启用。日本导弹防御指挥控制系统的另一个组成部分是日本的防空/导弹防御地面兵力兵器自动化指挥终端。2010 年 3 月，防空/导弹防御地面兵力兵器自动化指挥系统正式投入值班。佳其系统使用的计算机是民用产品，要定期换装，软件也要在训练和运用中逐步升级。将来还会有系统整体维护的问题，预计新一代佳其系统将于 21 世纪 30 年代实现列装。

4. 北约一体化指挥控制系统

“多层主动战区弹道导弹防御”（ALTBMD）是北约 2005 年正式启动的一项导弹防御计划，目前该计划已形成高低两层防御能力。该计划的重点发展内容是开发指挥和控制系统，并将北约各国已经拥有的和未来可能拥有的不同体制的传感器和各种拦截器集成，形成协同作战能力，以保卫北约成员国的领土、部队和民众。2010 年 11 月，北约首脑峰会决定将构建覆盖北约成员国的导弹防御系统作为北约未来新战略构想的重要任务，进一步推动了该计划的发展。2011 年，北约在 ALTBMD 系统开发上取得了重要进展，形成了临时的低层导弹防御作战能力。未来该系统将与美国 EPAA 系统互联互通，在欧洲形成更为强大的导弹防御能力。

北约经过多年的论证、研究和一系列试验，在 ALTBMD 系统建设方面已经取得了实质性进展。目前，该系统可以为北约军事指挥官提供的功能包括制订导弹防御作战计划；将来自多个北约成员国（当前为法国、德国、意大利、荷兰和美国）的武器系统和传感器集成，形成低层导弹防御能力；接收早期预警信息；监视并可以有限指挥战区导弹防御作战。

美国主导下的北约建设的 ALTBMD 系统发展主要特点包括：一是充分利用北约各国导弹防御武器系统资源，构建统一的导弹防御网；二是重点开发指挥控制系统，形成整体的协同作战能力；三是非常重视与美国在欧洲分阶段部署的导弹防御系统的融合，实现信息与交战计划的共享。

（二）国外导弹防御指挥控制技术

为确保弹道导弹防御作战任务的完成，指挥控制系统需要具备全面的战场态势感知、强大的多源信息融合、高效的协同作战管理及优化的战场资源配置能力，与上述能力相关的技术是支撑弹道导弹防御指挥控制系统能力提升的关键。

1. 导弹防御作战态势感知技术为作战提供完备的数据支撑

导弹防御作战态势感知需要对作战空间中各种传感器、拦截武器系统、来袭导弹的基本情况予以综合和显示，形成尽量完备的情报信息数据，供指挥人员参考。在作战态势感知中，将面临信息可信度等级不同、信息缺失或冗余、信息数据率变化等问题，这就需要进行态势估计，将获得的所有战场力量的部署、活动、战场周围环境、作战意图及机动性有机结合，分析并确定发生的事件，估计敌方的兵力机构和使用特点，最终形成战场综合态势图。

作战态势感知还应包括基本的威胁评估，能够给出威胁程度的定量描述，如强度、威胁企图、威胁等级和威胁时间等，威胁评估需要在情报数据和弹道预报的基础上，结合我方高价值目标和资产情况，分析敌方企图，对比来袭导弹作战能力及我方防御能力，得出来袭导弹的威胁。

2. 多源数据融合与弹道预报技术是实现目标拦截的重要关键

数据融合是一个组合数据和信息以估计或预测实体状态的过程，

具体来说，是指对来自单个和多个传感器的信息和数据进行多层次、多方面的处理，包括自动检测、关联、相关、估计和组合。多源数据融合与弹道预报技术的研究是要在典型目标特征、推理规则和框架数据库的基础上，实现目标状态估计和身份识别，准确地预测来袭导弹的可能弹道，从而为指挥控制提供信息支持。

目标识别是一个较为复杂的过程，需要大量情报数据的支持，因此一个完备的来袭目标特性数据库是必不可少的。识别过程中需要使用预测推理方法，如神经网络等，以加快数据搜索匹配的速度，提高识别概率。

弹道预报一直是导弹动力学研究的前沿，目标是预测出导弹的飞行轨迹，从而准确跟踪测量和防御拦截。在导弹防御中，弹道预报不仅面临动力学问题，还面临导弹自主机动等不确定行为下的弹道预测问题，需要使用各种探测数据源的信息，通过状态估计和数据关联，得出导弹的真实弹道。

3. 防御拦截协同作战管理技术是实现体系作战的重要支撑

导弹防御是一个体系化的作战任务，往往需要调度系统内所有的传感器、武器资源，来完成一次拦截任务。这就需要构建一个分层协作的多层拦截体系，以增强作战效能。

协同作战管理就是要实现多层传感器协同工作、多层拦截武器协同交接、多目标协同分配拦截等任务，从而实现作战资源的优化配置。为此，需要根据目标特性与威胁程度，以传感器、拦截器的作战能力为约束，优化搜索、跟踪、识别传感器配置，实现分层拦截之间的可靠交接，提高导弹拦截成功率。

协同作战管理的实现，需要突破多目标优化计算的快速收敛和全局寻优问题，需要克服实时性要求高、状态不断变化、不确定性高等难题，这不仅要求有鲁棒性高、计算效率高的优化算法，还要求预先设计的协同方案的有力支持。

4. 防御资源优化配置与动态规划技术有助于提高决策效率

协同作战管理是实时用好系统资源，而资源优化配置则是在构建防御体系时就需要考虑的问题。针对敌方导弹打击能力，以及我方各型装备能力、重点保护目标情况，建立一个作战效能较优的防御体系是资源优化配置的首要任务。在此基础上，还需要开展作战预案数据库的建立，根据各种情况想定，把体系内的各种导弹防御装备有机集成起来，形成一系列防御作战预案，供作战管理实时应用。

动态规划是在作战过程中，针对当前作战态势，以作战预案为支撑，以传感器、武器系统的状态能力，实时给出指挥控制决策建议的过程，它涉及分阶段行动的最优化问题、作战全局最优策略规划问题。导弹防御作战中状态变量多，不同的作战目标下可能得出完全不同的决策，每一个阶段决策都会影响全局作战效能，因此，如何在如此复杂的过程中，动态得出一系列决策建议是一个需要解决的难题。

在防御系统建设初期就充分考虑各种情况的需求，构建适当的冗余系统、降低各种资源使用的强约束条件，可以有效降低对资源优化配置与动态规划的要求。在研究基础算法的基础上，需要开展较为充分的作战预案研究，为动态规划提供先验参考，以提高决策效率。

三、国外导弹防御拦截武器装备与技术发展的研究

导弹防御拦截武器是弹道导弹防御体系的重要组成部分。目前，主要国家发展的拦截武器多以动能杀伤为拦截手段，其技术已趋成熟，在多个拦截武器中使用。定向能拦截武器技术不断成熟，目前尚处于研制阶段。除动能拦截武器外，陆基拦截武器还采用其他方式来使弹道导弹失效。

（一）国外典型导弹防御拦截武器

目前，按杀伤手段分，典型的弹道导弹拦截武器主要包括破片

杀伤拦截武器、动能拦截武器、核战斗部拦截武器以及定向能拦截武器。

1. 破片杀伤拦截武器

(1) 美国“标准-6”导弹

美国“标准-6”导弹具有防御巡航导弹、有人和无人飞机能力，及有限的弹道导弹防御能力，可用于替代“标准-2”Block 4 导弹。美国海基末段导弹防御计划采用“宙斯盾”系统与“标准-6”(SM-6) 导弹实施对来袭中、近程弹道导弹的末段拦截。为发展“标准-6”导弹的海基末段拦截能力，美军目前正在研制“标准-6”Dual 1 导弹。“标准-6”Dual 1 由“标准-6”基本型发展而来，具有双任务的能力，既可拦截巡航导弹，又可拦截弹道导弹。该型导弹采用了一个功能更强、可运行先进目标指示软件的新型处理器，不仅可跟踪、识别和拦截处于下降段的弹道导弹弹头，还可拦截巡航导弹。

(2) 俄罗斯 S-500 系统 40N6M 导弹

40N6M 导弹为 S-400 系统 40N6 导弹的改进型。与 S-300 系统的 48N6 导弹相比，其特点是导弹尾部加长，在尾翼后增加一段发动机舱段，用于提高导弹速度。40N6M 导弹还计划用于舰载防空，可与“宝石”反舰导弹共架，成为舰载防空导弹防御系统。此外，S-500系统的导弹防御拦截弹 77N6-N 也可能采用定向破片杀伤方式。

(3) 以色列“箭-2”导弹

“箭-2”导弹为两级串联结构，4 个三角形可动的气动舵面有助于进行低空拦截。以色列飞机工业公司 MLM 分部负责研制导弹，美国波音公司负责研制“箭-2”导弹的电子设备、雷达头罩、助推器和固体火箭发动机的外壳以及贮运箱。“箭-2”导弹的动力装置由以色列军事工业公司火箭系统分部研制，固体火箭助推器长为 3.45 米，直径为 800 毫米，固体火箭发动机长为 0.75 米。为了实现惯性飞行，“箭-2”导弹的固体助推器和固体火箭发动机的点火可以延迟。“箭-2”导弹末制导采用双模导引头，其中被动红外导引头采用锑化铟焦平面阵列，用于截获与跟踪大气层内中高空飞行的战术弹道导弹，由美国雷声公司 Amber 工程分公司负责研制；主动雷达导引头用于探测采用强电子干扰措施的吸气式目标（巡航导弹和飞机），也可作为战斗部的引信。“箭-2”导弹的杀伤器长为 2.75 米，质量为 500 千克，主要由导引头、战斗部和引信组成。战斗部采用高爆定向破片杀伤式，近炸引信可在导弹最接近目标前根据目标的方向选择战斗部破片的方向，爆炸产生的大部分破片集中射向目标，杀伤半径为 50 米，由拉菲尔公司研制。

（4）印度 AAD/PAD 拦截弹

PAD 导弹系统由 DRDO 研制，在“大地”弹道导弹系统的基础上改进而成，能够拦截马赫数为 5、射程为 300～1 500 千米的弹道导弹。PAD 导弹采用“弹道优化”设计，能够在 80～85 千米和 45 千米两种高度拦截目标，射程超过 100 千米。PAD 弹长为 10 米，采用两级推进器，第一级推进器为液体推进器，第二级推进器为固体燃料推进器。该弹采用惯性导航、中段修正和末段雷达主动寻的制导方式，战斗部采用近炸引信和破片杀伤。PAD 导弹可通过保密数据链与陆基和空基雷达系统进行数据交换，拥有移动式发射装置，系统具备较高的机动性。

AAD 导弹用于在大气层内拦截弹道导弹，是防空导弹防御一体化的防御系统，可拦截射程不超过 1 000 千米的导弹。导弹动力装置采用单级固体燃料发动机，制导体制与 PAD 拦截弹相同，为惯性导航、中段修正和末段雷达主动寻的。AAD 导弹弹长为 7.5 米，质量约为 1.2 吨，弹径为 0.5 米，拦截高度为 30 千米。

2. 动能拦截武器

（1）美国“爱国者-3”拦截弹

“爱国者-3”拦截弹由一级固体助推火箭、制导设备、雷达导引头、姿控系统和杀伤增强器等组成。弹重为 320 千克，弹长为 5.2 米，弹径为 0.265 米，助推火箭关机后的质量为 140 千克。弹头与助推火箭在飞行中不分离，始终保持一个整体。该拦截弹具有很强的机动性，过载能力达 100g，对弹道导弹目标作战距离为 30～40 千米，作战高度为 15～20 千米，最大飞行速度约为马赫数 6～7。“爱国者-3”拦截弹可对付射程为 1 000 千米的战术弹道导弹和最难对付的化学子弹头及其他大规模杀伤性武器。

（2）美国“萨德”拦截弹

“萨德”拦截弹由一级固体火箭助推器和动能杀伤器组成。动能杀伤器主要由用于捕获和跟踪目标的中波红外寻的导引头、信号处理机、数字处理机、采用激光陀螺的惯性测量装置和用于机动飞行的姿轨控系统组成。“萨德”拦截弹的最大拦截距离为 200 千米，拦截高度为 40～150 千米，可用于区域防御。由于拦截弹的拦截距离远、作战高度高，“萨德”系统拥有更多的交战时间，可以采取“射击-观察-再射击”的作战模式，实施多次拦截。

（3）美国“标准-3”拦截弹（图 3）

“标准-3”Block 1A 导弹由三级火箭发动机和一个动能战斗部构成。第三级发动机可进行两次脉冲点火，两次脉冲点火之间的时延可变，具有灵活管理能量的特点。导弹制导系统采用了加装抗干扰模块的 GPS 和与“宙斯盾”系统通信的上/下行指令传输链路，中段制导利用上行链路提供的目标状态和 GPS 提供的自身状态信息进行指令修正和 GPS 辅助导航。动能战斗部采用 256×256 像素的碲镉汞长波红外焦平面阵列成像导引头，采用低温冷却和可抛离的头罩，图像处理运算能力达到 5 亿次/秒，能以 100 帧/秒的速度处理 128×128 像素的图像，对典型战术弹道导弹的作战距离超过 300 千米，跟踪精度为微弧，制导精度为 0.15 米。动能战斗部结构紧凑、高度模块化，总质量为 23 kg，末段变轨能力超过 3 千米。

“标准-3”Block 1B 导弹采用双色红外成像导引头，增加了一个新的先进信号处理器，提高了对弹头、碎片和诱饵的识别能力。姿轨控系统采用了 10 个相同的姿轨控枢轴小推力发动机，4 个用于动能战斗部的横向运动，其余 6 个用于保持导引头对目标的角度和视角调整。这些小推力发动机可动态改变推力和燃烧时间，并增大推力，以应对各种目标，也称为推力可调。

“标准-3” Block 2A 导弹采用新研发的、直径均为 0.534 米的第二级和第三级火箭发动机。新型发动机除增大直径使装药增多外，还采用轻质材料，使最大作战距离进一步增加。改进后的导引头存储器容量将达到 200 MB，为目前的 20 倍。该导弹将使“宙斯盾”弹道导弹防御系统的防御区域扩大 2 倍，并且具备一定的拦截洲际弹道导弹能力。

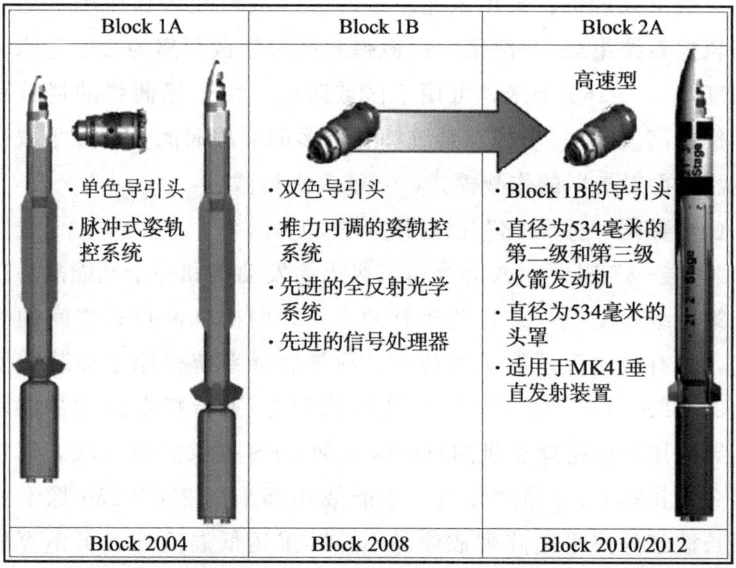

图 3　“标准-3”导弹发展计划路线图

（4）美国地基拦截弹

地基拦截弹（GBI）由大气层外拦截器（EKV）、三级固体助推火箭和发射 GBI 所需要的地面支援设备等组成。GBI 的制导设备主要由信号处理器、数字处理器和惯性测量装置等组成。信号处理器负责处理导引头获取的目标数据，并准确确定目标方位；惯性测量装置用于敏感 EKV 运动，提供 EKV 精确位置和速度数据；数字处理器负责处理信号处理器提供的目标信息和惯性测量装置提供的EKV运动参数，识别真假目标、选择瞄准点并计算正确的拦截弹道，控制姿轨控系统工作，使EKV准确命中目标。GBI采用的助推火箭有两种方案：一种是洛克希德·马丁公司研制的LM－BV火箭，另一种是轨道科学公司研制的OBV火箭。GBI主要战术技术性能见表1。

表1 GBI主要战术技术性能

型号	GBI(用LM－BV火箭)	GBI(用OBV火箭)
弹长/米	16.26	16.61
弹径/米	1.02(第一级),0.7(第二、三级)	1.28
发射质量/千克	14 682	21 600
战斗部/千克	64 EKV	64 EKV
制导体制	指令修正惯性制导＋末段红外光学制导	
推进系统	三级固体火箭发动机	两级或三级固体火箭发动机
作战距离/千米	4 500	3 500～4 000(两级),5 000(三级)

3. 核战斗部拦截武器

目前，采用核战斗部的拦截武器均为俄罗斯的导弹防御拦截武器，主要为S－500系统的77N6－N1拦截弹、A－135系统第一梯队导弹防御拦截弹，以及A－235系统远程梯队导弹防御拦截弹。

导弹防御拦截弹77N6－N1与77N6－N的尺寸和质量基本相同，发射筒也相同，区别在于战斗部，如图4所示。77N6－N战斗部采用动能杀伤或定向破片杀伤，而77N6－N1战斗部采用动能杀伤或小型核战斗部。

A－135系统第一梯队采用高层反拦截导弹，代号为51T6，由火炬设计局研制。51T6为两级导弹，导弹弹长为19.8米（一级长8米、二级长7米），弹径为2.57米，起飞质量为45 000千克，作战距离约320～350千米，极限作战距离为600千米，如图5所示。

51T6导弹包括一级尾舱、一级发动机、过渡舱、二级尾舱、二

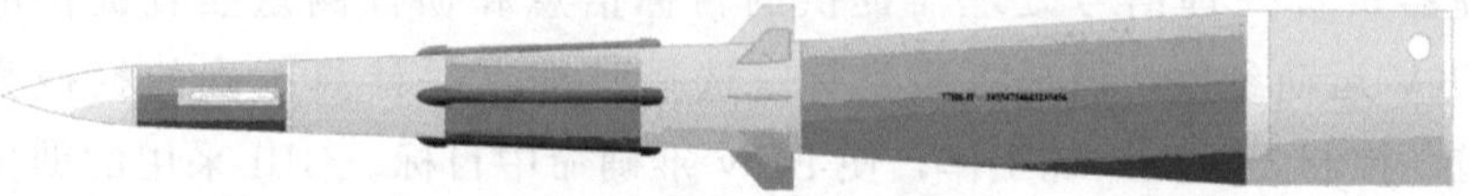

(a) 反导弹77N6-N

(b) 反导弹77N6-N1

图 4　77N6－N 和 77N6－N1 外形结构图

图 5　51T6 导弹及其运输发射筒 81P6

级推进剂舱、仪器舱和头舱。导弹的一级发动机为固体燃料火箭发动机，工作时间为 5 秒，二级发动机为液体火箭发动机。导弹带有中心巡航燃烧室和 4 个控制用摆动发动机。飞行中发动机可多次启动，以保证要求的射程和推进剂的合理使用。

弹上配有带数字计算机的指令惯性制导系统，具有抗核辐射的能力，能在地面通信中断时自主制导控制。此外，弹上还配备了银锌电池和电液舵机。导弹在大气层内飞行方向的控制靠空气舵，在大气层外飞行时靠 4 个摆动发动机进行飞行控制。制导控制系统使导弹具备飞行中重新瞄准目标的能力。

A－235 系统的远程梯队导弹防御拦截弹将采用 A－135 系统 51T6 导弹防御拦截弹的改进型，作战距离约为 1 000～1 500 千米，杀伤高度约为 50～800 千米。

4. 定向能拦截武器

目前，仅有美国在发展定向能导弹防御拦截武器。2016 年 6 月，导弹防御局公开表示，未放弃利用空基激光武器实施弹道导弹助推段拦截，将方案由过去“机载激光器”（ABL）试验台转为高空长航时无人机载激光器。

（二）国外导弹防御拦截技术

1. 动能拦截技术继续升级改进

当前，动能拦截作为弹道导弹防御的主要技术手段，成为世界各军事强国竞相发展的重点。美国在该技术领域长期保持领先优势，其构建的以动能拦截武器为核心的弹道导弹防御系统已具备有限的弹道导弹防御能力，但作战可靠性与应对复杂威胁目标的能力尚需提升。

美国正积极研发新型杀伤器技术，以解决现役弹道导弹防御系统中的目标识别问题，应对采用先进突防手段的威胁目标。其中，“多目标杀伤器”（MOKV）旨在研发一种可对弹道导弹分导多弹头和诱饵进行拦截的杀伤器，能够在空中释放 6 个独立的杀伤器，实现用多个独立杀伤器拦截多弹头或诱饵，大幅提升导弹防御效率。

姿轨控系统是动能拦截弹实现高机动能力、直接碰撞杀伤目标的关键组件，美国正积极开展姿轨控技术的改进与验证工作，提高系统可靠性：一是完成对地基拦截弹改进型姿轨控系统的技术验证；二是推进固体姿轨控发动机技术研发。

动力技术的水平直接影响动能拦截弹的作战能力，美国一方面继续改进升级现有动力系统，增强拦截弹的实战稳定性；另一方面积极开展新型助推器研究，拓展防御能力。为增强地基拦截弹的生存能力、缓解当前的组件老化问题，拓展本土防御能力，导弹防御局决定研发升级版战术型地基拦截弹助推器，计划采用两级或三级可选的使用模式，拓展交战时间线、扩大作战空间。

2. 推动机载激光拦截武器技术的发展

为开展无人机载高功率激光器技术的研究，导弹防御局已与 2 个国家实验室以及美国国防高级研究计划局合作开发可能参与飞行试验计划的高能激光器，同时也在考察工业部门开发的系统。目前，正在开展的、与高能激光器技术研究相关的项目进展是：麻省理工学院林肯实验室扩大光束组合光纤激光器技术的使用范围，劳伦斯·利弗莫尔国家实验室二极管泵浦的碱金属激光器改进，通用原子公司开发高能液体激光器区域防空系统。通用原子公司称，其高能激光技术已经开发到了第 4 代，并且已经完成了导弹防御局另外一项助推段拦截设想的第 1 阶段工作。洛克希德·马丁公司的陆基先期试验高能样机和气动自适应光束控制转塔技术较为引人瞩目，一旦低功率激光验证招标书发出就会做出响应。诺斯罗普·格鲁曼公司宣称，该公司的激光系统技术成熟，随时可以演示并整合进作战系统中。

激光武器光束控制和瞄准跟踪系统是无人机助推段导弹防御的一项关键技术，目前取得了一定的进展。但是将激光武器与载机平台相结合，激光武器不可避免地要受到载机平台的振动和噪声等环境影响，以及外部环境的影响。这些动态环境的影响对无人机载激光武器的光束控制和高精度的瞄准和跟踪带来了严重的技术困难。因此，还需开展动态环境下无人机载激光武器的高减振致稳结构设计研究和高精度随动跟踪技术研究，研究新的精密瞄准与跟踪系统用来捕获和跟踪目标，引导光束瞄准射击，并判断毁伤效果。

四、国外导弹防御先进技术发展的研究

导弹防御先进技术是指可对导弹防御系统产生重大作用的先进

方案或部件，用于弥补现有导弹防御系统能力的不足，应对不断发展的弹道导弹威胁。

（一）通用杀伤器技术

“通用杀伤器”技术项目于2014年正式启动，包括“重新设计杀伤器”技术和“多目标杀伤器”技术项目的研究工作。其中，“重新设计杀伤器”项目现已取消。“多目标杀伤器”技术项目于2016财年启动，进行了概念定义、发展战略和关键技术等多项研究工作，包括对未来可用于“多目标杀伤器”的通信架构、制导技术以及通信和指控战略等多项关键技术进行研究。

导弹防御局开展通用杀伤器技术项目的目的有以下4个方面：有利于强化各型杀伤器实用化开发，开发一种模块化、开放式的杀伤器架构，将能力更强的杀伤器应用于地基拦截弹和“标准-3”拦截弹中，进一步发展多目标杀伤器载荷。

作为先进技术研发项目，导弹防御局希望借助联邦政府资助的研究中心、大学和政府实验室开展“通用杀伤器”技术的研究工作。导弹防御局希望为“通用杀伤器”开发以下关键技术：模块化、开放式和可升级的架构；作用距离更远的导引头和先进的传感器（小孔径导引头，能够识别复杂威胁的传感器）；电子设备轻、小型化；新型推进技术；轻型结构和微小型杀伤器分配系统；改进毁伤性能；与弹道导弹防御系统持续通信能力以及杀伤器间通信能力；舰载推进系统（固体推进和液体推进）；泄漏缓解系统；交战管理算法，多杀伤器编队飞行算法，识别、制导、导航和控制算法；强调可制造性、供应链变异性公差，经济可承受性、可靠性、适应性、可维护性、可测试性和作战效能；经济可承受性旨在控制杀伤器单位成本；建模和仿真工具。

未来，美国将进一步推进“通用杀伤器”技术项目的研究工作，以提升动能杀伤器的作战能力。“多目标杀伤器”能够应对更加复杂的威胁目标，一旦研发成功，将减少拦截弹的部署数量，并会对现有导弹防御系统产生革命性的影响。

(二) 先进传感器技术

为了提升美军地基中段防御系统的跟踪识别能力，美国导弹防御局 2014 年发布远程识别雷达招标信息，启动研制计划；2015 年选择阿拉斯加州克利尔空军基地作为部署地，并向洛克希德·马丁公司授出研制交付合同。远程识别雷达 2017 年先后通过初始设计评审、关键设计评审和最终设计评审，并开工建造；2021 年 12 月正式交付导弹防御局。目前，远程识别雷达正在进行地面测试，随后将进行开发和作战测试，预计 2022 年实现与地基中段防御系统的集成，2023 年具备全面作战能力。

远程识别雷达是大型地基固态相控阵雷达，工作频率在 S 波段(3 GHz)，采用双极化测量体制，雷达主要包括雷达设备舱和任务控制设施两部分。远程识别雷达采用双面阵天线，理论距离分辨率达 0.5 米，对雷达散射截面为 0.025 平方米的目标探测距离为 3 400 千米。

远程识别雷达具有探测距离远、性价比高、作战范围广、适应性强等典型技术特性。

探测距离远。远程识别雷达采用大功率的氮化镓材料收/发组件，构建了大尺寸天线阵面，对典型洲际弹道导弹弹头的探测距离达 3 400 千米。雷达还采用双极化测量体制，可获取目标形状信息，首次在远距离实现了对弹头和诱饵的精确识别。

性价比高。远程识别雷达没有采用识别精度更高的 X 波段，而是采用 S 波段。在同样灵敏度和覆盖范围下，S 波段雷达比 X 波段雷达成本大大降低，并且具有可接受的性能。导弹防御局综合了雷达距离分辨率、视场范围、生产成本及研制部署周期等要素后，更重视装备经济性和战斗力的快速形成。

作战范围广。远程识别雷达改进了美军导弹预警雷达的跟踪算法，并采用开放式架构平台，除更好地跟踪识别射向美国本土的洲际弹道导弹外，未来还将通过软件更新来跟踪识别高超声速目标。雷达同时具备空间探测能力，能够对卫星和火箭残骸等目标进行连续探测、跟踪与识别，提升未来美国空间对抗能力。

适应性强。远程识别雷达采用模块化设计，既可通过不同数量的“子阵列”组合来构建不同尺寸雷达，在紧急情况下还可在无须停用其他“子阵列”的情况下完成对故障件的更换，有效提高雷达的生存能力和作战能力。

（三）目标识别技术

目标识别是弹道导弹防御长期以来难以解决的一项难题，以技术最成熟的美国导弹防御系统为例，现役的“升级型早期预警雷达”（UEWR）网络由于工作频率等问题，只能用于预警探测，无法识别目标，对来袭导弹的跟踪与识别需要依靠一系列多功能 X 波段雷达完成；现有的导弹预警卫星 DSP 也不具备目标识别能力。美国为此还发展了“多杀伤器”（MKV），以确保拦截效果。以美国为代表的军事强国长期坚持研究雷达宽带（超宽带）成像技术、传感器数据融合技术等多种目标识别技术，并重点研究导弹防御系统中来袭导弹各飞行阶段的识别难点，推动了防空导弹防御雷达的改进，在提高防空导弹防御系统的识别能力中取得了一定成果。

弹道导弹的识别需要建立在弹道导弹不同阶段呈现出来的物理特性和对抗条件基础上，采用多手段、多特征联合识别。美国国防部透露，“地基中段防御”（GMD）系统中仅用于中段拦截的识别措施达 24 种之多，并试图利用软件来优化和融合这些识别算法。从这个意义上说，目标识别需求决定了防御系统中的传感器配置、类型及技术指标，属于弹道导弹防御系统顶层设计范畴。

针对日益发展的弹道导弹防御系统，提高弹道导弹突防能力也成为各军事强国优先考虑的问题。弹道导弹可采取多种突破敌人抗击和干扰的手段，包括电子干扰、隐身技术、释放诱饵，采用中段制导和末段制导以及多弹头攻击等。在实际应用中，弹道导弹的各种突防措施通常是协同作战。

导弹防御系统目标识别的前提是对导弹目标特性的深入研究，包括典型弹头及其伴随飞行物的物理参数、大气层外运动特性、高层稀薄大气层内减速特性、电磁散射特性、红外辐射特性。只有充分掌握待识别目标的目标特征机理，才有可能发现各目标之间的特性差异，从而有针对性地采取相应的特征提取方法，并建立典型目标特性数据库，实现有效的目标识别。

美国国防高级研究计划局多年来开展了多次试验计划，以解决中段与再入段导弹防御系统的雷达目标识别技术，并且专门研制了一批目标特征信号测量雷达，采集了大量训练数据，丰富了目标分类数据库。代表目前美国空间目标测量雷达水平的是林肯实验室的HAX雷达和GBR成像雷达样机。HAX雷达的中心频率为16 GHz，带宽为1 GHz，径向距离分辨率为0.15米；GBR成像雷达的中心频率为10 GHz，带宽为1.3 GHz，径向距离分辨率为0.12米，探测距离为1 000～1 500千米，成像距离为360千米。林肯实验室在美国雷达研究领域一直处于领先地位，且直接承担或参与了大部分有关雷达防空、空间监测、导弹防御等方面的重要计划。

为解决目标识别这一长期影响导弹防御作战能力提升的难题，导弹防御局把目标识别技术作为优先发展的技术，转变过去仅从提高拦截器上杀伤器性能方面提高目标识别能力的思路，从预警探测、指挥控制和拦截武器等多个体系构成要素角度寻求解决方案。在提高动能杀伤器识别能力的基础上，把光电传感器、红外传感器技术作为未来重点发展项目，投入大量的经费进行识别技术与算法研究。

美国导弹防御局将提出能够提高捕获、判定、跟踪和识别来袭威胁目标能力的解决方案，计划在陆基/海基/空基/天基、被动与主动探测器所使用的先进敏感单元、红外探测器、焦平面阵列以及相关算法上开展研究。美国将采用多手段提升目标识别能力，如充分利用被动探测器（红外与可见光）与主动探测器（激光雷达）、持续进行精确跟踪实验、发展无人机载传感器、升级宽视野探测器技术、发展数据融合技术等。

五、国外导弹防御装备技术发展的趋势

未来，国外导弹防御装备技术的发展将重点围绕拦截武器技术、传感器与通信技术、指控与决策技术、共性支撑技术四大技术方向开展。

1. 拦截武器技术

重点发展先进动能拦截武器技术和定向能拦截武器技术两类关键技术。在先进动能拦截武器方面，研发多目标杀伤器技术，填补多对多拦截作战能力短板；研发新型固体推进技术，进一步提高拦截武器的动力与可靠性；研发高能毁伤战斗部技术，增强防空武器杀伤力；研发轻型拦截弹总体技术，为助推段机载拦截弹、滑翔段拦截弹研发提供支撑。在定向能拦截武器方面，研发高能激光武器技术，实现防空作战的降本增效；研发高功率微波拦截武器技术，发展反蜂群无人机能力与发射前攻击能力；研发粒子束武器技术，为探索天基杀伤技术手段提供支撑。

为增强应对带有复杂突防措施的弹道导弹与高超声速武器的能力，美国导弹防御局加速推进先进动能拦截弹技术的研发，于 2021 年 3 月授出“下一代拦截弹”研发合同，2021 年 4 月启动“滑翔段拦截弹”项目。“下一代拦截弹”将应用新型固体推进技术与多目标杀伤器技术，具备更强动力，可同时应对多个来袭目标。“滑翔段拦截弹”是一种海基发射的轻型拦截弹，具有尺寸小、重量轻、高可靠性、高鲁棒性、高效费比等特点，可拦截处于飞行滑翔段的高超声速武器。

2. 传感器与通信技术

重点发展空间传感器、先进雷达、信息处理与通信三类关键技术。在空传感器方面，研发通用卫星平台技术，提高设计制造效率；

研发高性能红外传感器技术，实现对目标的高分辨率成像与精确跟踪；研发复杂背景滤波技术，增强弹道导弹弹头与高超声速武器识别能力。在先进雷达方面，研发软件定义雷达技术，实现雷达功能快速转换；研发模块化系统设计技术，提高系统快速组装与机动部署能力；研发高性能射频探测技术，增强应对低可探测目标能力。在信息处理与通信方面，研发竞争环境下信号处理技术，提高传感器与通信系统数据信息质量；研发射频/激光通信与波束形成技术，强化传感器与通信系统抗干扰能力；研发抗辐射加固技术，提高系统在强辐射环境中的可靠性。

为弥补现役导弹防御系统对高超声速武器预警探测能力的不足，为拦截武器提供更为精准的目标信息，美国导弹防御局启动了“高超声速和弹道跟踪太空传感器”项目，计划 2025 年后实现部署运行。2021 年 1 月，美国导弹防御局授出“高超声速和弹道跟踪太空传感器”在轨演示验证卫星原型建造合同，这标志美国导弹防御局太空传感器建设进入演示验证阶段。该卫星将搭载中视场有效载荷，嵌入先进的信号-杂波算法，能够将弹道导弹弹头与高超声速武器从地表背景杂波中识别出来，具备高灵敏度与高可靠性。

3. 指控与决策技术

重点发展一体化防空反导指挥控制和人工智能决策两类关键技术。在一体化防空反导指挥控制方面，研发开放式体系架构技术，进一步提升防空反导系统即插即用、互联互通的能力；研发先进数据链技术，提升作战数据传输速度与可靠性；研发多源数据融合技术，为整合陆海空天传感器目标信息提供支撑。在人工智能决策方面，研发多对多交战规划决策技术，提高大规模导弹攻防作战指挥控制能力；研发智能作战管理技术，推动形成人机协同的作战管理模式；研发基于机器学习的目标分类/识别技术，提高目标数据处理效率。

为支撑联合全域指挥控制能力的发展，实现“全域内所有传感器-最佳射手”的联通，美国陆军加速推进一体化防空反导作战指挥系统实战部署。2021 年 7 月，美国陆军一体化防空反导作战指挥系统完成最终研发试验，即将进入初始作战试验阶段。该系统采用开放式体系架构与通用即插即用接口，能够集成一体化防空反导作战所需的各类系统，包括防空反导拦截武器系统、反无人机系统、地基雷达、天基传感器及第四代、第五代战斗机等，以最佳方式搭配组合美军防空反导作战资源，以最优方法拦截弹道导弹、巡航导弹、有人/无人飞机、蜂群无人机等多种目标。

4. 共性支撑技术

重点发展数字孪生和先进制造两类关键技术。在数字孪生方面，研发建模仿真技术，使各类防空反导系统数字化模型最大限度接近真实系统；研发增强现实技术，进一步推动防空反导系统数字化模型与真实系统相融合；研发三维可视化技术，强化数字孪生系统的沉浸式体验感。在先进制造方面，研发新材料技术，以满足新型拦截武器对高强度、耐高温、轻质量材料的需求；研发微电子技术，进一步提高微电子器件的容错能力、抗冲击能力与抗辐射能力；研发增材制造技术，推动实现各类系统组件的快速低成本制造。

为快速响应美军对防空反导能力的需求，加快防空反导作战体系集成新技术、新装备、新能力的速度，美国雷声公司、洛克希德·马丁公司正大力推进数字孪生技术在防空反导领域的应用。雷声公司开发的导弹防御数字孪生系统，对包括预警探测、指挥控制、拦截作战在内的整个导弹防御作战杀伤链进行数字化模拟，可对多种导弹防御作战场景进行评估，用于在实弹拦截试验前进行仿真验证，提高试验成功率。洛克希德·马丁公司计划实现整个“宙斯盾”生态系统的数字化，在云环境中对“宙斯盾”系统进行建模仿真，通过全息成像与增强现实技术将数字模型叠加到舰船实体中，用于作战系统设计、舰载设备安装和集成、系统能力升级、全寿命周期维修保障等，进一步加快“宙斯盾”系统能力演进步伐。

国外太空攻防领域前沿发展动向

随着太空技术与太空攻防对抗装备的不断发展，太空力量作战运用持续丰富，太空对抗问题也日益突出，未来安全态势愈发严峻。近年来，太空已被普遍认定为最重要的作战域之一，世界主要航天国家将太空视为夺取未来战略发展优势、维护国家安全的关键领域，积极谋划太空发展、强化太空能力建设、增强太空竞争力，为应对可能的太空冲突做好准备。

一、概念内涵

（一）太空攻防目标和能力

太空对抗是以天基武器为主、争夺天权为目的的作战行动，通常是在远离地球的大气层以外的空间作为战场，既包括作战双方天基武器系统之间的战斗，也包括天基武器系统对地球表面和空中目标的打击以及从地球表面对天基系统发动的攻击。最终目的是争夺太空的支配权，并剥夺对方的太空使用权。

美国将太空作战能力分为太空态势感知、太空控制、情报侦察监视、导弹预警、定位导航授时、卫星通信、环境监测、核爆探测、太空运输、卫星操作等十大能力。同时，美国将摧毁、干扰和致盲作为未来太空战争三种主要作战形式。摧毁指的是直接使用武器系统攻击对方的天基系统，所使用的武器包括激光、部署在轨道上可机动的反卫星导弹以及地面的导弹等；干扰指的是掌握对方天基系统运行的参数，然后发射相同参数的指令，使其能够接收，但是不能正常运行，这种方式可以隐蔽作战且代价较小；致盲指的是使用定向能武器攻击对方天基系统，主要使其电子元器件失去作用。

(二) 太空攻防作战理论

太空攻防领域相关理论包括太空威慑、太空信息支援、太空态势感知和太空控制作战等。

1) 太空威慑是一种依托太空力量采取的特殊威慑方式，通过威胁使用太空力量或针对对方太空力量采用不对称的手段来震慑和遏制对手，达到迫使对手服从威慑者的意志，而不敢贸然采取行动，或使其行动有所收敛或被迫停止某些活动的目的。其实质是将使用太空力量或针对对手太空力量采取行动的可能性及其可能引起的严重后果预先警告对手，使对手通过利弊得失的权衡，产生畏惧心理，被迫服从威慑者的意志，从而放弃原先的企图。

2) 太空信息支援作战的核心内容是战时高对抗环境下的可用性。具体包括以下内容：保护战略专用型卫星，战术层次提供快速响应太空信息支援，对先进导弹目标进行持续全球监视，依托大规模智能化小卫星星座实现全球持续监视，利用军商集成的卫星通信体系架构提供全球卫星通信服务，提供拒止环境中可用的 PNT 服务。

3) 太空态势感知加大了与情报界等单位 ISR 信息、其他作战域战场态势感知信息的共享和协同利用，对人工智能和大数据技术的需求极大增加。借助太空态势感知能力广泛监视太空目标的状态，可准确地评估战争准备情况和打击效果，使信息支援、防御和攻击能力效率得到进一步的提高。目前，美国的太空目标监视系统规模最大、技术水平最高，已建成了雷达、光学、电子干扰探测和网络空间监测手段兼备，以地基为主、天基并存的太空目标装备。尽管如此，美国现有的太空目标监视装备仍不能满足美军多域作战对太空态势感知能力的需求，正在发展多源/多域（近）实时、可预测的太空态势感知能力。

4) 太空控制作战包括进攻性太空控制作战和防御性太空控制作战两种，目的是确保在太空中的行动自由，并在接到命令后挫败干扰或攻击对手太空系统的图谋。太空控制通过各种措施确保利用太空、追溯敌方攻击来源，并按照自卫权锁定太空威胁，从而有助于太空威慑。进攻性太空控制作战按照作战损伤的等级来分，包括欺骗、干扰、拒止、降级和摧毁太空系统或服务等5种作战行动。防御性太空控制作用于所有的太空能力，即包括太空段（如在轨卫星）、地面段（如太空作战中心、遥测跟踪与控制站）和链路段（电磁频谱），既用于保护太空资产免遭敌人的恶意攻击，也用于防范空间碎片、射频干扰和太空辐射等自然现象。

二、发展动向

面向未来太空对抗环境，美国和俄罗斯等主要航天国家正积极进行转型，从顶层战略、作战理论、组织结构、战备训练、装备技术等方面调整并长远布局，系列动向将对未来太空领域安全与发展产生重大影响。

（一）发布政策理论

1. 美国

美国政府调整国家安全战略与国防战略，强调世界重回大国竞争时代，太空已成为战场，发布系列顶层太空战略政策，明确中俄与美在太空形成大国竞争格局。

自特朗普政府执政以来，太空战略政策调整动作频频。2018年1月，美国国防部发布新版《国防战略》，首次将“太空是一个作战域”纳入顶层战略。2018年3月，美国政府发布了新版《国家太空战略》，寻求通过军事航天和商业监管改革来加强对美国太空利益的保护。2018年4月，美国参联会发布了新版《太空作战》条令（即JP3-14），首次提出了“太空联合作战区域”概念，明确将太空视为作战域，提出美军未来的作战目标是打赢延伸到太空的战争。2020年4月，特朗普签署关于太空资源开发的行政法令，明确赋予了美国对外层空间资源进行商业开发和利用的权利。2020 年 6 月，美国国防部发布新版《国防太空战略》，指出太空是美国必须争夺的战略要地，并将建立太空军事优势、整合联合作战体系作为太空力量建设的优先事项。2020 年 8 月，美国太空军发布太空军顶层作战条令《太空力量》，阐述了太空军的发展理念和重要性、太空力量的使用以及太空力量的价值。该文件是美太空军发布的首份作战条令，将为日后太空军事力量的发展指明方向。

拜登政府基本延续了特朗普政府的太空战略政策，继续深化推进美国太空军事力量的发展。2021 年 5 月，出台了太空军《数字军种愿景》，认为太空军数字转型应遵循互联性、创新性和数字主导三大原则，实现愿景需重点关注数字工程、数字人才、数字总部和数字作战四大领域。2021 年 12 月，美国政府发布战略指导文件《美国太空优先事项框架》，强调美国将带领盟友制定太空活动的交通规则和监管制度，进一步强化太空的全球治理。2022 年 8 月，美国国防部发布新版 3100.10 条令《太空政策》，以取代 2016 年的修订版，规定了 21 项政策，对后续太空活动做出了明确规范，首次明确“太空是美国国家军事力量的优先领域”，调整和细化了国防部范围内太空相关机构的具体职责，强调“在太空、从太空和向太空实施作战”、交付先进太空能力用于慑止敌对行动。国防部于 2012 年首次发布该文件，2016 年进行了修订。新版条令避免上版使用的“太空优势”一词，并确认了美国国防部长此前提出的“负责任太空行为准则”。

2. 法国

法国公布了新的太空防御战略。2019 年 7 月，法国国防部长弗洛伦斯·帕利在里昂蒙特凡尔登 942 空军基地宣布新的太空防御战略，将采取主动防御性太空战略，确保法国在太空中的决策和行动自由，并称主动防御不是进攻性的，只是一种自我防护。法国太空防御战略的主要内容包括 3 个方面：一是组建新的法国太空司令部，负责指挥所有与军事太空相关的行动，制定太空作战理论，保护太空资产；二是修改法国现行的太空法律，增加军队进行太空行动的自由度和保护法国太空资产的能力，发展未来太空军事行动的自主权；三是提高太空监视能力和太空防御能力，以更有效地应对未来不断增长的太空威胁。法国将在太空领域增加投入 7 亿欧元，使 2019—2025 年的国防太空预算达到 43 亿欧元；还将更新成像侦察、电子侦察、军用通信等卫星星座，升级“格拉夫”相控阵雷达，扩展光学望远镜网络，探索宽带成像雷达，发展远程弹道导弹预警雷达等。此外，为了更好地监视和积极保护本国卫星，法国计划在卫星上安装监视摄像头或发展配备摄像头的小型保镖巡逻卫星，甚至加装激光武器，以监视有敌对行为的国外卫星，并进行防护攻击。

3. 英国

英国通过顶层规划，使太空在国家安全和经济发展中发挥支撑作用。2021 年 9 月，英国商业、能源和工业战略部和英国国防部联合发布了首个英国《国家太空战略》报告，梳理了当前英国在科学技术、国防、监管和外交方面的优势，指出了英国未来重点关注的太空领域，以及通过释放英国太空领域的增长潜力、拓宽国际合作、将英国发展成为科技超级大国、发展弹性的太空能力和服务等四大“关键支柱”，实现英国宏大的太空愿景。在国际合作方面，报告明确指出英国必须通过国际合作来实现太空目标愿景，认为没有对外合作就没有太空力量，突出了英国与欧洲空间局的关系，预计未来英国与澳大利亚的太空合作依托“英国-澳大利亚太空桥”，范围将会进一步扩大，并与美国签署了《阿尔忒弥斯协定》，加入美国领导的“奥林匹克卫士行动”。报告还强调了将民用和军用太空活动结合起来的重要性，确保以综合方法打击敌对势力和出现的新威胁。

2022 年 2 月，英国国防部发布新版《国防太空战略》。该战略是在 2021 年 9 月发布的《国家太空战略》框架和 2021 年 3 月发布的《安全、防务、发展和外交政策综合评估（2021）》总体目标指导下制定的，是《国家太空战略》在国防太空领域的深化和延伸。

2022 年 9 月，英国发布首份太空作战条令文件《太空力量》，用于指导英军运用太空力量夺取作战优势，确保太空安全。文件将军事航天力量的角色定位从传统信息支援向直接对抗作战转变，把运用太空力量“以天制胜”作为核心使命，推动太空作战深度融入联合作战，集中体现了英国政府备战太空的新动向——加快太空力量建设，积极构建以军事实力为核心的国家太空整体力量运用体系，增强战略威慑能力。

4. 其他国家

2022 年 3 月，澳大利亚发布了《国防太空战略》，描述了太空环境中的战略背景，阐明了澳大利亚在太空领域的愿景和使命。这项战略指出，澳大利亚将通过增强国防太空能力、强化太空联盟合作、增加对太空重要性认知、提升太空防卫能力及发展国防太空体系等措施，确保其太空利益。近年来，澳大利亚在太空领域的投资不断增加，并加深与美国在航天、海洋等军事技术和装备领域的合作，加紧构筑太空同盟。

2021 年 6 月，日本内阁府太空开发战略本部确定了修订版《太空政策基本规划》的重点事项，提出的具体项目包括独立建设小型卫星星座、推进火星卫星探测项目、推进天基太阳能项目的发展等。

（二）变革组织体制

1. 美国

美国于 2017 年提出成立太空军，2019 年 12 月，美国总统特朗普签署了《2020 财年国防授权法案》，批准在空军部组建太空军，太空军正式成为美国第六支武装力量。美国太空军成立后不断优化调整其作战指挥组织体制，整合分散在各军种和机构中的太空资源，积极打造“轻而精”的指挥体制。

2020 年 6 月，太空军完成总部以下各层级新军种组织结构的最终确定。2020 年 10 月，太空军将位于科罗拉多州彼得堡空军基地的原空军太空司令部改为太空作战司令部的新总部，率先成立其第一个野战司令部，负责监督美国军事卫星的运行；并将范登堡空军基地指定为西部太空作战司令部，继续履行其作为美国太空司令部和联合作战司令部的使命，向其他军种以及盟友提供太空支援。2020年12月9日，太空军将卡纳维拉尔角空军基地和帕特里克空军基地更名为太空基地。2021年7月7日，太空军成立卫星交会抵近操作中心，负责在轨航天器的在轨试验和演示。2021年8月13日，美国太空系统司令部正式成立，负责太空系统的研发、试验、采办、部署和维持等工作。原隶属于太空作战司令部的“太空与导弹系统中心”整体转隶至太空系统司令部。2021年8月23日，美国太空训练与战备司令部正式成立，负责军人、文职人员的日常训练、职业教育、征兵、条令编制、兵棋推演以及试验鉴定等工作。2021年10月，太空军第8三角队开始接手海军和陆军的军用通信卫星。此外，根据美国2021财年《国防授权法案》，美军于2022年10月1日，将国防部下属的航天发展局转隶至太空军。与此同时，太空军还积极向海外拓展，目前已经建立冲绳、关岛和夏威夷等10个海外作战单位。

2. 俄罗斯

2011年12月，俄罗斯组建空天防御兵，主要由原航天兵和空军原空天防御战略战役司令部组成。空天防御兵组建后，形成了以空天防御兵为主体、诸军兵种协同的防空作战指挥体系，首先完成了俄罗斯首都莫斯科由防空反导分离向空天防御一体化的转型。

2015年8月，俄罗斯将原空军和原空天防御兵合并组建空天军，空天军总司令部对俄全境防空反导与空天防御作战有直接指挥权，标志着俄罗斯“空天一体防御”战略的最终成型。空天军总司令部设在莫斯科市，战时作为战略级指挥机关，对所属部队进行集中指挥，平时作为军种建设机关，对所属部队进行实战化训练，下属俄罗斯航天部队、俄罗斯防空反导部队、俄罗斯空军3个兵种，航天部队的任务是监视太空物体，识别潜在威胁，防止太空攻击，发射卫星，控制并操作卫星（包括军事卫星和民用卫星）。俄罗斯成立空天军，在编制和体制上是现有空天防御体系的新突破，能够实现俄空天防御作战能力的跃升。

3. **法国**

法国太空军事力量主要依托法国空天军的太空司令部及法国航天局（也称为国家太空研究中心），实现军事太空力量集中统一指挥及太空能力的快速增长。

2019 年 9 月，法国成立太空司令部，作为兵种指挥机构隶属于法国空天军，总部位于法国图卢兹，是继美国成立太空司令部后全球成立的第二个太空司令部，也是欧洲首个太空司令部。太空司令部继承和取代了之前的联合太空司令部，将联合和协调国家的军事太空资源，并负责统一指挥法国的太空军事力量，还将参与军事太空政策的制定和实施，发展军事太空领域的国际合作等。目前，太空司令部下属的太空军事力量主要包括太空作战指挥与控制中心、军用卫星观测中心、太空目标军事监视作战中心等。太空司令部的人员规模将从成立初始的 220 人扩大到 2025 年时的 500 人。此外，法国太空司令部还计划建立一个太空实验室和一所太空学院。法国的最终目标是要建立一个独立的太空军军种。

1）太空作战指挥与控制中心位于法国巴黎巴拉尔区的武装部队总部，是前联合太空司令部的太空作战指挥中心。法国空天军的太空司令部取代联合太空司令部后，计划在图卢兹总部建设新的太空作战指挥与控制中心，并尽可能将所有太空军事力量集中到图卢兹总部。

2）军用卫星观测中心位于法国瓦兹省克里尔 110 空军基地，主要任务是确保法国军队能够持续获得卫星图像，包括军事图像和商业图像。军用卫星观测中心全年 24 小时不间断运行，主要任务是运行“太阳神”“光学空间组件”等军用侦察卫星，同时和法国航天局图卢兹中心密切合作，获取“昴宿星”等军民两用卫星的侦察图像。此外，还和欧洲军事盟友合作，获取德国“合成孔径雷达”卫星和意大利“天空-地中海”卫星的图像。军用卫星观测中心日常进行成像任务编排、检查任务执行、获取成像数据，并进行成像，检查图像质量后上传管理服务系统，供各军方用户查看使用。

3）太空目标军事监视作战中心位于法国里昂蒙特凡尔登 942 空军基地，主要的任务是对太空目标进行持续监视，包括目标再入大气层危险警告、卫星在轨碰撞风险管理等，此外，还包括太阳活动监测，以预防太阳耀斑对电磁干扰。通过中心可以从整体上掌握太空状况，从而增强军事行动和确保太空资产安全。中心不仅利用军内自身装备监视太空目标，同时也利用法国航天局的观测数据和美国等盟友的共享数据。现阶段，该中心不断监视着 1 万多个太空目标。

4. 其他国家

2019 年 4 月，印度政府安全委员会批准成立国防航天局，负责管理、指挥和控制军用航天装备，并将负责制定国家太空战略、维护太空利益和应对太空威胁。国防航天局总部设立在班加罗尔，由来自陆、海、空三军的约 200 人组成，并将逐步接管三军的太空资产，以实现军用航天装备的集中统一管理。同年 6 月，莫迪批准成立“国防太空研究组织”，将为印度武装部队研发复杂的武器系统和先进的太空技术，增强太空作战能力。同年 8 月，印度空间研究组织在班加罗尔建设了太空态势感知控制中心，以加强太空态势感知与管理预测活动，保护印度太空资产免受失效卫星、轨道物体碎片、近地小行星和不利空间天气的影响。

2020 年，日本成立了宇宙作战部队。2022 年 3 月，日本航空自卫队在府中基地新成立了太空作战群，旨在通过空间态势感知监测空间碎片和外国卫星等行动，以确保日本在太空和其他领域的优势。该作战群将通过地基雷达和在轨卫星对太空进行监测，并拟在 2023 年成立新的任务小组，继续扩大部队规模。由此看出，日本希望通过在太空领域的诸多举措多方面增强太空能力，以期提升其国际竞争力和影响力。

2021 年 7 月，德国国防部宣布成立太空司令部，成为继美国、法国和英国后，第 4 个建立该种指挥机构的北约组织成员国，并表示此举是德国联邦国防军“对德国在太空领域能力不断增强，部队作战对空天数据、服务和产品依赖程度不断增加的回应”。

2021 年 9 月，韩国空军成立太空作战中心，以增强太空防御能力。2022 年 1 月，韩国参谋长联席会议设立了军事太空分部，将启动联合太空作战准则制定，并加紧推进各个领域军事太空能力的建设，以加强太空安全能力，有效应对太空威胁。

2022 年 1 月，澳大利亚成立太空司令部，以应对太空威胁。澳大利亚国防部长彼得·达顿表示，太空司令部将拓展澳大利亚的太空能力，与盟友共同确保太空的安全与稳定。达顿还宣称，澳大利亚需要在太空领域发展硬实力，以防御和抵制俄罗斯等国的威胁。

（三）发展装备技术

1. 美国

美国太空军自成立以来不断发展太空装备技术，以提高其快速部署能力、太空信息支援能力、太空态势感知能力和空间攻防对抗能力，努力保持并扩大原有优势。

1）在快速部署能力方面，将速度和敏捷性等要求引入发射任务，提出战术响应发射的概念，在发展传统陆基发射能力的同时，积极发展空基发射能力。2021 年 6 月 13 日，美军将加长版的“飞马座”火箭从经改装的“观星者”飞机上发射，将 1 颗实验性太空态势感知卫星战术响应发射-2 送入太空，实现基于空射火箭的战术响应发射。

2）在太空信息支援能力方面，2020 年 12 月 16 日，美国太空与导弹系统中心从洛克希德·马丁公司采购两颗 GPS-3F 卫星，分别是 GPS-3F 的第 13、14 颗卫星。这两颗卫星改进了其抗干扰能力，安装了升级版核爆探测系统以及激光后向反射器，探索与救援等新的有效载荷。2020 年 6 月 30 日、2020 年 11 月 5 日、2021 年 6 月 17 日，美国先后成功发射 3 颗 GPS-3 卫星——空间飞行器-3、4、5

(SV－3、4、5)，使升级后的GPS星座能够向全球任何地点的用户发送加密后的GPS信号。2021年3月8日，太空军接受航天发展局卫星计划，拟利用微小卫星完成20颗数据中继卫星传输层和8颗传感器卫星层初始部署，用于探测和追踪导弹。为了缩短“传感器到精确打击”的时间，2021年4月19日，陆军未来司令部宣布批准了“战术太空层”项目，利用人工智能技术将来自卫星的图像数据与机载等其他传感器数据快速融合，并利用通信卫星将融合后的数据准实时地传输给地面部队单元。

3）在太空态势感知能力方面，2019年9月，DARPA与BAE系统公司新的太空态势感知计划测试与开发进入最后阶段，该计划将推进相关工具和应用程序在作战领域的应用。新空间态势感知工具建立在“模式学习与开发领域中的多源情报分析”技术基础上，实质上采用了无人机系统在地面、长期空中监视侦察所使用的战术、技术和程序，并将其应用到太空领域。2019年5月，美国“太空篱笆”项目主承包商洛克希德·马丁公司表示，其设计建造的尚处测试阶段的S波段“太空篱笆”太空目标监视系统监测到了印度反卫星试验造成的碎片带，验证了该系统的实际运行能力，能够对高动态情况做出快速响应，提供关键数据。2020年3月27日，太空军成功发射组建以来的首颗卫星——第6颗先进极高频通信卫星，并宣布已完成“GEO太空态势感知计划”地面系统的大规模升级，“太空篱笆”雷达系统正式运行。

4）在空间攻防对抗能力方面，2020年1月9日，太空军利用“天基红外系统”监测到伊朗向伊拉克境内美军基地发射弹道导弹，为美军地面部队提供预警，实施首次作战支援任务。2020年5月17日，太空军执行USSF－7飞行任务，首次承担X－37B轨道试验飞行器发射、在轨运行和着陆等任务。X－37B是美军正在秘密发展的可重复使用的空间机动飞行器，其机动能力强，具有快速部署小卫星、提供在轨服务等潜力，基于X－37B技术，有望遂行多种作战任务。2021年2月17日，太空与导弹系统中心宣称，已经完成宽带全球卫星通信系统干扰信号定位能力试验。而且，美军计划在 2027 年前装配 48 套干扰系统，以在特殊时期阻断敌方的卫星通信。

2. 俄罗斯

2015 年，俄罗斯完成了“窗口”系统二期建设，将其升级为“窗口”M，并正式投入运行。“窗口”M 是俄罗斯目前最为先进的地基光电空间目标跟踪监视系统，其探测跟踪能力、数据处理能力、目标识别确认能力、通信能力等各方面均在“窗口”系统的基础上得到了较大的提高，未来俄罗斯还将继续在阿尔泰和滨海边疆地区部署该系统。

俄罗斯目前尚未公开宣称部署了专用于空间监视的在轨卫星，但在 2017 年公开宣称本国卫星开展了成像监视试验，俄罗斯在轨卫星进行的此类空间试验表明，其已经掌握了天基成像监视技术。在高轨方面，2014 年 9 月，俄罗斯发射了机密卫星“卢奇”，该星入轨后于 2015 年在 GEO 多次进行了轨道机动操作，最近抵近到距离国际卫星通信组织卫星仅 10 千米；在低轨方面，2017 年 6 月 23 日，俄罗斯将“宇宙”2519 卫星发射升空，该卫星携带了不明小卫星一同入轨，并于 8 月 23 日释放了小卫星，随后，小卫星进行了轨道机动，完成了与“宇宙”2486 卫星的近距离接近，可能对其开展了成像监视等工作，并且俄罗斯国防部在事后对此事进行了公开确认，宣布“宇宙”2519 释放的小卫星对其本国的卫星进行了成像监视。

2019 年 8 月，俄罗斯国防部表示对 7 月 10 日发射入轨的两颗军事卫星“宇宙”2535 和“宇宙”2536 开展了在轨服务试验。试验中，一颗服务卫星检查另一颗目标卫星的状态并传输状态数据，记录太空垃圾、范艾伦辐射带的电子与质子辐射、重带电粒子，以及太阳系与银河系宇宙射线对目标卫星的影响。俄军采集了两颗卫星及有效载荷的各项参数。

2021 年 11 月 15 日，俄罗斯开展了反卫星试验，使用一枚直接上升式反卫星导弹，击毁了俄罗斯一颗已经被废弃的苏联 Tselina - D 系列电子侦察卫星“宇宙”1408。据美方称，这枚导弹是“努多利”反卫星导弹，是从俄罗斯普列谢茨克航天发射场发射的。

3. 法国

2018 年 12 月，法国发射“光学空间组件”首颗卫星。“光学空间组件”是法国新一代军用光学成像卫星，主要用于取代“太阳神”-2 系列卫星。该系列卫星质量约为 3 600 千克，设计寿命为 10 年，采用多轨道高度设计的 3 星组网星座。目前，共发射了 2 颗卫星，最高分辨率达到 0.2 米。

2019 年 7 月，法国国防部长宣布启动“太空大师”武器计划，将在较大卫星附近几千米范围内部署纳卫星巡逻队，并在卫星上部署激光器或其他自卫装备，同时将发展小型快速响应发射器，预计 2030 年前获得全面作战能力。

2021 年 10 月，法国发射首颗第四代“锡拉库斯”-4 军用通信卫星，预计总共发射 3 颗，将取代“锡拉库斯”-3 系列卫星。“锡拉库斯”-4A 卫星的质量约为 3850 千克，设计寿命为 15 年，采用全电推卫星平台，并利用有源抗干扰天线技术和先进的数字处理器，具备先进的抗干扰功能和网络攻击防护能力。卫星数据传输速度是第三代“锡拉库斯”卫星的 3 倍，达到每秒 1.5 Gbit。目前，法国在轨工作的“锡拉库斯”、“锡克拉”-2 和“雅典娜·菲多斯”卫星都定点于欧洲上空，可为法国提供东至中国东海岸、西至美国东海岸的军用通信覆盖范围，保障法国在欧洲及周边的军用通信能力。

2021 年 11 月，法国发射了新一代的“西瑞斯”电子侦察卫星，用于取代超期服务的“电子情报”卫星，以一组 3 星编队方式工作，运行在高度约为 700 千米、倾角约为 75°的轨道上。每颗卫星质量约为 450 千克，设计寿命为 8 年。“西瑞斯”卫星将全天时、全天候运行，可搜集全球除两极外所有地区的电子情报，并绘制不同地区的兴趣点，大幅提高了法国军队的情报能力，使法国在态势评估和决策方面拥有更大的自主权，从而使军队能够更好地了解对手的能力和意图。

4. 其他国家

2019 年 3 月，印度成功完成首次反卫星导弹试验，导弹在发射后 3 分钟成功击落了一颗运行在距地 300 千米近地轨道上的卫星。莫迪称，试验的成功标志着印度已具备高速、高精度击毁低轨卫星的能力，并强调试射反卫星导弹不针对任何国家。当天，美军太空司令部证实印度成功地进行了反卫星试验，并称美军的早期预警和监视网探测到印度发射的导弹。此次试验是印度“太空计划”的重大突破，显示出印度具备对过顶低轨卫星的跟踪定位能力。

2019 年 3 月，日本宣布将在 2023 年与美国共建太空态势感知系统，对别国卫星和太空垃圾情报进行实时监视和情报共享，建立联合防御机制，以应对未来可能面临的卫星攻击。美国从 2018 年开始通过有偿军事援助，为此提供技术支持，预计 2022 年完成系统建设。日本宇宙航空研究开发机构还将在 2023 年引入新型雷达，将对高度在 650 千米的漂浮物的观测能力从现行的 1.6 米级大幅度提升到 0.1 米级。2022 年 3 月，日本内阁府批准了新的战略研发项目，将研发小型卫星星座相关基础技术、太空飞船外部及轨道通用型机械臂和机械手技术，还将研发高性能卫星技术，使卫星具备观测太空环境和气象环境的能力。

2019 年 2 月，由英国萨里太空中心联合多家欧洲机构开展的“太空碎片移除”项目成功进行了鱼叉太空碎片捕获技术在轨试验，模拟碎片的铝制靶板与卫星由柔性支杆连接并外伸 1.5 米，按比例缩小为铅笔大小的鱼叉在高压气体作用下从卫星弹出，以 20 米/秒的速度刺穿靶板。在此次试验中，靶板运动一定程度受到柔性支杆限制，项目组正在研究如何捕获自由运动的太空目标，还将进行全尺寸在轨试验。俄罗斯卫星在轨频繁机动取得重要进展。2021 年 2 月，英国派出皇家空军的“台风”战斗机前往临近空间，模拟击落中俄卫星。

（四）开展演习演训

1. 美国

美国持续推进太空军事联合演习，已形成战略战役战术演训体系。目前，已通过“施里弗”演习、“太空旗”演习和“全球哨兵”演习三大太空演习系列，探索太空力量作战运用。同时，美国太空军将开启全新“天空”系列太空攻防作战演习。

美国空军太空司令部于 2017 年开始举行“太空旗”系列演习，帮助太空作战人员了解如何参与大规模作战，提升太空攻防对抗技战术水平，演习频次由最初一年 2 次调整为一年 3 次。2022 年 8 月，美国太空训练与战备司令部举行了第 15 次“太空旗”太空作战演习，此次战术级虚拟太空红蓝对抗演习基于计算机模拟现实冲突中的军事行动，聚焦规划、决策、风险评估，培训太空作战人员与联合部队的协同作战能力，增强太空军的批判性思维和决策技能，以更好地了解卫星在作战行动中对联合部队的影响。“蓝军”由第 2 太空作战中队、第 4 太空作战中队等组成，负责模拟太空军为联合部队提供 GPS 导航和卫星通信等服务，训练太空军与其他武装部队共同执行作战任务。“红军”由第 527 太空“侵略者”中队模拟潜在对手，采用太空对抗战术破坏卫星服务，构建蓝军未来必须应对的现实环境，并模拟对手行动。

美国战略司令部在加强太空态势感知能力建设的背景下，于 2014 年 4 月首次开展了太空态势感知桌面演习活动，自 2017 年第 4 次演习起，将代号改为“全球哨兵”。2022 年 7 月，美国太空司令部举行“全球哨兵 2022”多国联合演习，24 个国家参加此次演习，进行了关于太空态势感知的训练、信息收集、意见交流等项目，在加深太空态势感知相关认识的同时，确认了与参加国之间强化太空合作。

“施里弗”系列演习始于 2001 年，是美军专门针对未来太空安全和太空作战进行的战略层面演习，内容设置上具有纵向连续性和横向联系并重的特点，重点围绕太空军事应用领域重大战略性问题、瓶颈性问题，通过兵棋推演检验美军太空作战力量的配合能力，获取战场指挥人员训练等方面有价值的信息。自 2017 年特朗普执政以来，“施里弗”太空战演习更加注重散布的各种太空机构、力量如何在多域环境中展开无缝的联合作战，探索国家、商业航天领域与盟国如何在更高层次上构架，以协同保护美国及盟友的太空利益，“确保美国在太空领域的绝对领导地位”。2020 年，美国太空军首次主持了“施里弗 2020”演习，来自美国、英国、新西兰、加拿大、澳大利亚、法国、德国、日本等 8 个国家的 200 余人参加了此次演习。演习是通过“战地信息利用与收集系统”采取虚拟形式进行的，主要是对“深入讨论”阶段形成的一系列建议进行演练与验证。演习的成果将帮助新成立的“顶层联盟委员会”制定推进与提高联盟在太空领域能力的路线图。

2022 年 9 月，美国太空军训练与战备司令部开展聚焦电子战的首场“黑色天空”演习，参与方包括太空军与空军国民警卫队等，演习混合采用“实况火力”和“构造”的训练方式，例如从商业公司租赁卫星，以充当目标，以及在真实世界干扰卫星等。按计划，美国太空军后续还将开展“红色天空”轨道战演习、“蓝色天空”网络战演习。该司令部正在研究使用真实卫星进行实战训练，已与运行立方星的大学和研制小卫星的机构对接了需求。

2. 法国

法国启动系列太空军事演习。2021 年 3 月，法国太空司令部启动代号为 AsterX 的首次太空军事演习。演习期间，演练了在假设的危机局势下采取的行动。演习模拟的是一个具备强大太空军事能力的敌对大国与法国的盟国发生冲突。冲突在太空持续数日，60 名法国军官不仅要跟踪事态进程，还要尽力与敌人对抗。此外，美国太空司令部和德国太空态势感知中心参与演习。2022 年 2 月，法国太空司令部在图卢兹举行 AsterX 2022 太空威胁模拟演习，并与法国国家太空研究中心密切合作，演习场景基于武装部队之间虚构的地缘政治冲突。此次演习旨在训练法国太空司令部所属单位进行太空监视和保护国家太空资产的能力，确认与国家太空研究中心和民用部门的业务概念和军事协调，测试未来军事太空作战 C2 结构，发展和加强与其他国家合作伙伴在业务领域的合作等。

3. 印度

印度开展首次太空作战演习。2019 年 7 月，印度军方、国防研究与发展组织、印度航天研究组织、印度理工学院以及观察研究基金会等智库和私营企业代表共同开展首次太空作战演习，代号 IndSpaceEx。演习的目的主要是评估印度必要的太空作战能力和反太空战能力，以确保能够在这最后的战争前线捍卫其国家安全利益。演习盘点了中国、俄罗斯、美国军事太空资产，评估了印度面临的太空威胁和具备的能力。演习结束后，印度决定制定新的太空政策与规则，指导军事与非军事太空能力的发展。

三、发展趋势

（一）军商联合成为太空力量加速器

当前，世界主要航天大国纷纷寻求军事航天体系化、弹性化均衡发展，领域内呈现出技术体系化、军商一体化、商业服务前推趋势。以美国 SpaceX 公司为代表的新型混合式发展模式将促进航天产业走向良性健康持续发展，传统国家或大型航天装备制造商获得新的竞争力，同时小型民营航天企业也得以进入航天领域，通过积极实行技术共享和研发合作，发挥中小企业的创新能力，从而获得高质量、低成本的产品。未来，商业航天与军事航天将深度融合，助力各国太空作战能力快速提升。

（二）美盟将持续推进打造太空同盟体系

太空领域未来或将呈现以大国为牵引，盟国抱团发展，谋求国际太空秩序，共建太空北约的新趋势。目前，美国已与澳大利亚、加拿大、德国、意大利、荷兰、新西兰、挪威、西班牙、瑞典和英国等10个国家签订了“响应式太空能力”谅解备忘录，并且正在推进与盟友达成联合发展太空能力、避免重复建设的若干协议。美盟意欲建立国际太空安全联盟，扩大现有联盟范围，确保集体安全，遏制太空侵略，构建由美国主导的安全环境和互操作性，提高合作伙伴在作战及能力开发方面的参与度，以降低成本，增加系统弹性。

(三) 太空相关网络安全和体系弹性将迅速发展

随着各国政府开始将太空纳入其国防和社交网络，以保护本国太空资产免受攻击，太空将得到更广泛而深入的关注。虽然各国为建设这一领域投入了大量资金，但卫星系统仍旧容易受到各种网络攻击和物理攻击。与此同时，对太空体系易受攻击和破坏的担忧，导致各国开始将发展方向从精致复杂的大型卫星转向低成本、大规模、多样化的低轨卫星星座，从而在天基网络中造成了额外的冗余和弹性。各类卫星系统在天地一体化作战网络中将更加深度地融入主战场，通过地面段改造、用户段升级，卫星系统智能自主互联运行，实现对作战指控能力和信息传输效率的大幅提升，推动进一步争夺和增强信息优势，支撑打赢战争。目前，加速部署大规模低轨星座、构筑系统化弹性天基能力已成为各国军事航天的主要发展趋势。未来太空体系的核心是快速发展和部署数量更多、成本更低的卫星，为引入太空新技术和进行新试验创造更多机会，进而在体系结构层面构建弹性。

四、影响意义

(一) 太空攻防将成为重点发展领域

太空攻防手段多样化成为主要趋势，各国日趋重视空间攻防理念的发展和实际应用，太空攻防将成为重点发展领域。目前，美俄已初步具备太空攻防对抗能力，并围绕太空对抗逐步加速能力建设，构建太空攻防作战体系，通过空间目标监视系统掌握太空战场态势，通过轨道机动实现空间操控并提升航天器生存能力，通过反卫星、动能武器提升太空进攻能力，并注重反导与反卫技术的融合。

（二）太空赋能将改变未来战场环境

太空领域在卫星通信、导弹预警、情报侦察和导航定位等方向，对提高未来作战敏捷性和杀伤力作用明显。目前，美国太空作战运用正进一步向深层次发展，太空对地面军事活动的信息支援日益深化扩大，利用太空进行战术数据链连通是美军进行“联合全域指挥与管制”的支柱，是实现美军全域作战必不可少的前提条件。在俄乌冲突中，俄罗斯、北约的军事及民用航天力量均直接或间接参与了军事行动，各方利用太空能力获取战场情报并为作战行动提供信息支援，在战前制定作战预案，战时及时做出战场决策和战术调整，对作战行动整体态势及发展走向产生了重要影响。

（三）太空军事化大幅增加安全风险

太空军事化、武器化的程度正逐渐上升，给国际战略稳定与平衡造成了严重威胁与挑战。美国大力推行太空武器化，谋求全面军事优势，这使得更多国家也开始谋求发展反导体系和太空装备，或将引发太空军备竞赛。此外，太空武器化不仅增加太空碎片，妨碍未来人类利用和探索太空，而且也给未来太空商业化带来了诸多不确定性。

国外无人系统领域前沿发展动向

当前，在新一轮军事变革的推动下，国外无人系统发展迅猛，已成为新质作战力量的重要源头和国防科技新的战略制高点。随着任务用途逐渐拓展，装备数量不断增长，技术水平日益提高，无人系统数量规模种类呈爆炸式发展。

一、概念内涵

无人系统是指在无人化平台上搭载各类任务载荷，通过遥控或自主控制的方式遂行多种作战和支援保障任务的武器系统，具有不载人、自身有动力、可重复使用等特征。

（一）无人系统的发展历程

无人系统孕育成长于第一次世界大战、第二次世界大战，崭露头角于越南战争、中东战争和海湾战争，在伊拉克战争、阿富汗战争、利比亚战争以及也门、巴基斯坦和伊叙北部反恐战争中大量使用，取得了令人震惊的作战效果，并于近年来，在美国及西方国家迅速发展。

美国国防部曾先后发布多份无人系统发展路线图，系统描述了空中、海上、地面无人系统的发展趋势与特点，对未来美国军用无人系统的发展提出了总体思路和具体构想。

2007 年版是首版无人系统综合路线图，将互用性和标准作为单独一章论述，考虑无人系统共性问题；提出空中、地面、水面/水下无人系统的任务能力需求及优先级排序，规划了重点装备，提出了自主、通信和带宽等共性技术。

2009 年版路线图是国防部首份重点关注无人系统与有人系统协同和互操作的发展规划。它预测了未来无人系统可能的能力水平，包括无人系统共用技术预测和三大类无人系统特有技术在 2034 年前的发展预测，涉及动力、环境、信号管理、体系结构、人机交互、通信、障碍规避、频谱、导航、机械系统和灵巧能力等技术。

从 2011 年版开始，美军综合路线图不再重点关注无人系统装备形态和具体型号，转而重点关注无人系统共性问题和共性技术。2011 年版路线图主要关注互用性、自主性、通信、空域综合、训练、动力系统、有人/无人编组这 7 项共性技术；2013 年版路线图主要关注互用性和模块化、通信、安全、自主性等共性技术；2017 年版综合路线图重点关注共性问题，以及无人系统互用性、自主性、通信或网络等通用技术，目的是提升整个无人系统装备战斗力。

在应用方面，无人系统在多场局部战争中大量使用，展现出不可或缺的独特优势，成为战争形态演变的重要推手和新型作战力量建设的重点。

在 2001 年 10 月开始的“持久自由”行动中，美军首次部署使用 RQ－4“全球鹰”无人机对阿富汗战场进行侦察。同年 11 月，美军使用 MQ－1A“捕食者”无人机击毙了基地组织领导人穆罕默德·阿提夫，开创了无人机作战运用的先河。在 2003 年伊拉克战争期间，美军和英军都曾使用无人潜航器探测和清除乌姆盖斯尔港附近的水雷。美军把“斯巴达人”无人水面艇部署到“葛底斯堡”号巡洋舰上，用于执行侦察监视和反潜作战等任务。2009 年 2 月，美军将首架 RQ－170“哨兵”隐身无人机部署于阿富汗坎大哈基地，并在 2011 年 5 月击毙本·拉登的行动中发挥了关键作用。2012 年 6 月，美军使用 MQ－9“死神”无人机击毙基地组织二号人物阿布·亚哈·阿利比。2015 年，美军使用 MQ－1B“捕食者”无人机对叙利亚境内“伊斯兰国”（ISIS）重要目标实施空袭，再次验证了无人系统在反恐战争中的重要作用。

世界主要国家军队在推动无人系统发展运用上的举措，将从根本上改变人类参与战争的方式，开启了战争走向无人化战场的大门。

（二）无人系统的分类

无人系统通常包括空中、陆上、海上三类，可遂行情报—监视—侦察、排爆、城市反恐、反水雷、反潜、反水面艇、追踪敌方威胁、核生化探测、武装打击等多种任务，其优势主要体现在物理环境适应能力强、风险小、代价低、非接触、无人伤亡、长续航、多功能、自主可控、可成组编队等方面，将扩展有人平台的作战能力，成为信息化、网络化战争的重要节点，改变传统战争模式。

空中无人系统通常被称为无人机，能够长时间巡航、高机动飞行、高强度出动，活动空间大，隐身突防能力强，执行任务种类多，不受飞行员的生理限制，不必考虑人员伤亡危险。

陆上无人系统包括地面车辆和机器人，伴随性好，隐蔽性强，使用灵活，能够在复杂恶劣和高危战场环境下执行任务。

海上无人系统包括无人水面舰艇和无人潜航器，无人水面舰艇兼具执行水面/水下任务的优势，机动性好、保障限制少，可在水面舰艇难以进入或危险性大的区域执行任务。无人潜航器续航力大、目标小、隐蔽性好，使用灵活、风险性低，可在特定或敏感海域长期潜伏待机，能够回收使用。

二、发展动向

近年来，外军无人系统装备数量大幅增加，任务领域进一步扩展，遂行任务能力进一步增强。美西方多国均开展了多型无人系统的研发工作及相关项目研究。

(一) 空中无人系统

1. 美国

(1)“天空博格人”系统

“天空博格人”系统是美国空军研究实验室最新研制的无人自主空战系统，旨在将人工智能等算法集成于低成本可消耗无人机等平台，提供强对抗战场环境下具备高度自主水平的无人作战装备。自2021年以来，美军持续推进“天空博格人”系统的研发工作，运用多型无人平台开展“自主核心系统”（ACS）试飞验证，加快推动自主核心系统实战化能力生成。

2021年4月，“天空博格人”项目团队使用克拉托斯公司研制的UTAP－22“灰鲭鲨”无人机，在佛罗里达州廷德尔空军基地完成了历时2小时10分的“自主核心系统”首飞测试，验证了包括导航飞控、包线适应、地理栅栏响应等一系列能力。同年8月，美国空军分别授予克拉托斯公司和通用原子系统公司一份总额1 320万美元和700万美元的“天空博格人”项目合同，以支持其在2022财年开展“自主核心系统”平台集成和作战试验。同年10月，测试团队首次完成“天空博格人”系统有人无人编组飞行试验，操作人员在“空中国王”200公务机上使用一台RCU－1000平板电脑操控MQ－20无人机，验证了协同机间通信、态势感知、操纵控制等能力。

2021年9月，诺斯罗普·格鲁曼公司提出Model 437无人机概念，旨在响应美国空军“天空博格人”项目需求，探索具备一定隐身能力、可自主执行情监侦和空中护航等作战任务的新型无人系统。Model 437无人机在缩尺复合体公司的Model 401飞机基础上改进而来，单机成本将控制在500万～600万美元，改装工作将耗时14个月。Model 401飞机机长为11.6米，翼展为11.6米，巡航速度为720千米/小时，可携带907千克燃料，续航时间为4小时，最大起飞质量为3 630千克，最大有效载荷为907千克（内埋），动力系统为1台可提供13.2千牛推力的普惠JTD－15D－5涡轮发动机。

（2）低成本可消耗无人机

低成本可消耗无人机是美国空军研究实验室综合数字化、低成本、模块化等发展理念提出的新型无人机系统，是无人僚机的重要潜在平台。美国空军设立专门研究项目，探索和验证有限寿命/架次的低成本开发技术、新式航空武器研发和采办流程，加速能力生产。美国空军和克拉托斯、波音等公司持续加大在该领域投入，先后提出 XQ－58A“女武神”“空中力量编组”（ATS)、“空狼”无人机等平台，并相继由技术验证转入原型试飞和批量生产。

2021 年 3 月，美国空军研究实验室在犹他州尤马试验场完成 XQ－58A“女武神”无人机第六次飞行试验，进一步扩展了该机的飞行高度和速度包线，并在飞行中打开内置弹舱发射“阿尔提乌斯”－600 无人机，首次展示了 XQ－58A 无人机内埋弹舱的挂载能力。2021 年 11 月，克拉托斯公司启动 XQ－58A 第 2 生产批次规划，2022 年启动制造工作。此前，美国空军寿命周期管理中心曾与克拉托斯公司签订 3 770 万美元的采购合同，依计划，该公司年内将完成 6～10 架 XQ－58A“女武神”无人机交付工作。

2021 年 8 月，克拉托斯公司“空狼”低成本可消耗战术无人机在美国俄克拉荷马州伯恩斯弗拉特靶场完成首飞，测试多型任务载荷和人工智能/自主软件系统。同年 10 月，美国空军研究实验室授予克拉托斯公司一份总金额 1 767 万美元的合同，设计和开发“机外传感站”（OBSS）项目，以验证基于开放式架构的低成本可消耗无人机概念，实现新系统的低成本采购和快速投产目标，项目于 2022 年 10 月完成。

（3）MQ－25“黄鲷鱼”无人机

2010 年，美国海军提出要发展一款基于航母的舰载无人机，着重突出情报侦察和战场监视能力。2013 年 8 月 14 日，美国海军分别向波音公司、通用原子系统公司、洛克希德·马丁公司以及诺斯罗普·格鲁曼公司授予了 1 份价值 1 500 万美元的初步设计评审合同，以便尽快了解发展该项目面临的技术风险、成本高低以及系统成熟度。

MQ-25A“黄鲷鱼”首架原型机于2019年9月19日完成首飞，随后开始进入T-1阶段的测试，在这一阶段MQ-25将会对无人机的系统和软件进行测试。2020年12月9日，已经试飞30小时的MQ-25无人机加装加油吊舱后实现了首飞，开始对改装后的无人机空气动力学性能进行测试。美国海军于2021年10月1日正式成立第10无人舰载机中队，并接收MQ-25无人机，未来MQ-25的装备总数会达到72架，项目总成本为130亿美元。

MQ-25无人机虽然没有飞翼布局无人机隐身性能好，但仍具备一定的隐身能力，最重要的是这款无人机成本低廉，能够满足美军大规模装备的需求。该型无人机可在距航母编队900千米的区域为舰载机提供6.8吨的燃油，能够将舰载机的打击范围提升一倍。首艘搭载MQ-25无人机的航母将会是“布什”号航母，目前这艘航母已在诺福克造船厂进行改装工作。不过MQ-25无人机想要真正登上航母还需要进行一系列改装和试飞，原本美国海军预计在2024年将其部署到航母上，目前来看这一计划还是会推迟到2025年后。

(4)“小精灵”无人机

X-61A“小精灵”无人机是戴内提克斯公司为DARPA研制的可空中投放和回收型无人机，旨在验证空中投放回收、先进飞行控制、低成本可消耗设计等多项关键技术，项目于2016年启动，自2019年以来开展大量飞行试验。2021年10月，DARPA成功完成C-130运输机空中回收X-61A“小精灵”无人机试验，验证了无人机空中回收技术的可行性。

“小精灵”无人机的回收系统包含了夹持装置、拖曳装置、稳定装置和C-130货舱内的装载系统等，试验共完成4次飞行测试，收集了包括平台性能、回收装置、气动参数等相关实验数据。试验期间，DARPA回收并维修了一架X-61“小精灵”无人机，在24小时内完成第二次部署使用。一架无人机因电气系统故障在此次飞行试验中坠毁，表明美军虽然已解决“小精灵”投放回收关键技术，但距成熟化实战运用仍有差距。

2. 俄罗斯

随着近年俄罗斯不断推动其武器装备现代化进程，俄军中列装的无人机类型不断增加。据专家估计，俄军无人机数量现已远超过2 000 架，主要承担侦察、目标指示、炮兵校射、毁伤评估等任务。俄海陆空三军共建立 67 个无人机连。装备数量最多的是“海雕-10”“副翼-3CB”“石榴石”“哨所”“前哨”等无人机。“哨所”和“前哨”无人机是由以色列引进的，其他机型均为俄罗斯自主研发。俄罗斯海军主要装备“前哨”无人机，俄罗斯陆军主要装备“海雕-10”无人机，俄罗斯空天军主要装备“前哨”无人机。重型无人攻击机是俄军当前的紧迫需求，也是重要发展方向。

俄罗斯于 2010 年由以色列引进“搜索者”MkⅡ无人机的生产线，并组装生产了一批中空长航时无人机，俄罗斯将该机命名为“前哨”无人机，是目前俄军现役最大型的无人机。“前哨”无人机主要用于航空侦察、目标指示和火力校正。根据在叙利亚应用“前哨”无人机的作战经验，俄军于 2017 年将该机升级改进为“前哨-M”。通过在叙利亚的试用，“前哨-M”成功发现了敌高炮、伪装指挥所和装甲车等目标，具备发现即摧毁目标的能力。2019 年 8 月，实现完全国产化的“前哨-R”成功首飞，2020 年开始批量列装，首批约装备 30 架。

“猎人”重型隐身无人机是俄罗斯在研的一款重型长航时无人攻击机，其在发展思路上较为独树一帜。“猎人”无人机的原型机于 2014 年开始制造，2017 年 7 月首次公开亮相，2019 年 8 月 3 日首飞成功。“猎人”无人机翼展达到 20 米，最大航程为 6 000 千米，最大飞行速度为 1 000 千米/小时，起飞质量高达 20 吨，动力由 1 台 AL-31F或 AL-41F 发动机提供，载弹量为 2 吨。

在 2019 年俄罗斯举办的朱可夫斯基航展上，苏霍伊公司展示了“猎人”无人机的详细情况。该机大量采用了复合材料和隐身涂层，同时还拥有内埋式发动机和锯齿形尾喷口设计。俄罗斯方面准备将“猎人”无人机与苏-57战机结合起来增强俄军在区域拒止环境下的作战能力，此举旨在提高俄军成功渗透北约防空体系的概率。俄罗斯还设想为“猎人”无人机加装雷达和空空导弹，从而将其投入到空战中。俄罗斯已于2021年2月宣布开始制造另外3架“猎人”无人机的原型机，新制造的飞机会对机载电子设备进一步升级并测试，相关测试预计在2023年开始进行，2023年后开始初步装备部队。由此可见，“猎人”无人机具备改装成多用途无人机的潜力，俄罗斯已计划在2027年装备76架苏-57战机，届时“猎人”无人机可以搭载多种任务模块执行侦察、对地攻击甚至是空战任务。

3. 法国

法国无人机在欧洲处于领先地位。2008年法国空军装备“雕”1无人机，2014年由美国引进MQ-9“死神”无人机，形成了中空长航时察打一体能力。2019年12月，法国“死神”无人机进行了4次GBU-12炸弹投放试验，达到了预期效果，自此法国具备了察打一体无人机作战能力。总体来说，法国具有战术无人机和中空长航时无人机的研发能力，在察打一体无人机方面主要依靠美国进口。

在新装备研发方面，法国联合多国开展了“神经元”无人机的研发工作，该机也是一型隐身无人机。“神经元”无人机在2012年12月1日首飞成功，机长为9.5米，翼展为12.5米，最大飞行质量为7吨，最大飞行速度为980千米/小时，实用升限为1.4万米，可携带2枚250千克的激光制导炸弹。至2019年年初，“神经元”无人机已经完成了150次试飞，开展了武器投放、电磁试验、隐身能力、海上环境实验等测试。2020年2月20日，“神经元”无人机还与5架阵风战斗机和1架预警机完成了编队战术训练，为融入欧洲多国联合推动的“未来战斗航空系统”（FCAS）打下了基础。而随着法国新一代航母的开工，未来“神经元”无人机也可能会改进成为航母舰载机。

4. 英国

英国现役无人机主要来源于美国和以色列进口，采用直接进口整机或进口机体并集成本国任务载荷的方式。如英国现役“死神”“沙漠鹰”“扫描鹰”“沙漠蛛蜂”等均由美国引进，“守望者”无人机是在以色列“赫尔墨斯”450无人机的基础上通过加装自研任务载荷的方式研制的。2014年，英国陆军采购50架“守望者”无人机，2018年“守望者”已具备完全作战能力。陆军第47皇家炮兵团有4个“守望者”无人机连，通过轮换实现战备和训练；根据2015年出台的英国《战略国防与安全评估》，英国皇家空军计划采购20架美国的MQ－9B“天空卫士”无人机（英国称其为“保护者”），预计2030年交付，将编入第13、第39中队。

5. 印度

印度于20世纪80年代开始发展无人机。近年来，随着无人机在局部战争和武装冲突中的广泛应用，特别是“9·11”事件后，美军在阿富汗、巴基斯坦大量使用无人机执行侦察监视和打击恐怖分子任务，印军充分认识到无人机在现代战争中的突出作用，因此加快了研发步伐。目前，印军装备的无人机主要是由以色列引进的“搜索者”Mk1、“搜索者”Mk2战术无人侦察机，“哈洛普”（Harop）反辐射无人机和“苍鹭”中空长航时无人机，自主研制的有“尼尚特”“鲁斯图姆”和“帕万”等无人机。印度陆海空三军共装备200余架无人机，大部分属于进口，编有14个无人机中队（陆军6个、海军2个、空军6个）。其中，“搜索者”Mk1约80架，“搜索者”Mk2约65架，“苍鹭”1约42架，印度自主研制“拉克什亚”靶机15架，此外，印度自行研制的“尼尚特”无人机和无人直升机也已经装备部队，自研的“鲁斯图姆”Ⅱ中空长航时无人机于2016年11月试飞。该机重1.8吨，翼展为21米，可携带350千克载荷，续航时间超过24小时，作战高度为10 660米。印度即将由美国购入“死神”无人机，从而大大加强印军在印巴边境、中印边境和印度洋广域海上目标的持久信息覆盖和察打一体能力，同时促进印度无人机装备运用的经验积累和装备研制水平提升。

（二）陆上无人系统

1. 美国

美国陆军计划部署“通用机器人系统-单兵版”“单兵便携式机器人系统增量 2”“通用机器人系统-重型”与“班组多用途设备运输系统”四大地面无人系统。前 3 种机器人系统具有相同的互操作性配置，将构成“爆炸性军械处理”（EOD）机器人体系，用以处理军械爆炸物。第 4 种机器人系统旨在为下车士兵运输相关作战装备。这些项目的一个重点是建立机器人通用结构，以便美国陆军可以集中精力研制更具竞争力、更先进的有效载荷，包括操作装置和传感器。2017 年，美国陆军发布的《机器人与自主系统》战略则表明，美国陆军优先考虑的通用操作环境将通过便于任务指挥和简化网络的公用标准和技术，促进通用控制。通用操作环境被当作一个引导美国陆军信息技术产品如何生产和布置的“剧本”，提供多个标准来在一个公用软件基础上联合现有计划和新技术，从而简化开发、集成、训练和保障。

2. 俄罗斯

俄罗斯近几年在地面无人系统方面呈现出井喷式发展。2014 年年底，俄罗斯启动了《2016—2025 年国家武器纲要》的制定工作，把机器人技术确定为未来十年重点发展的方向之一，并将武器装备采购的重点放在智能武器采购上，以加速无人系统的发展，提高“非接触作战”能力。此外，俄罗斯国防部还在发展机器人系统及其军事应用的相关规划中明确指出，将从 2017—2018 年起大量装备机器人，到 2025 年将有 30％的作战力量由机器人平台组成。在侦察、巡逻、扫雷等无人装备之外，俄罗斯在无人战车，特别是无人装甲战车方面的研发成果最为引人注目，俄罗斯已先后推出多种攻击型履带式和轮式地面无人系统。2021 年，俄罗斯在“西方-2021”演习中，首次在常规编队中使用了“天王星-9”和“涅列赫塔”侦察和火力支援机器人。

3. 法国

法国是欧洲研究地面无人系统的主要国家之一。在地面无人系统的种类和数量方面都居于世界前列，在地面无人系统的作战应用范围和水平上也处于世界先进水平。法国当前装备的机器人主要有爆炸物探测机器人、微型爆炸物处理机器人等。随着“蝎子”计划第一阶段的工作于 2014 年 6 月获得法国国防部的批准，法国陆军正在展望第二阶段的任务，其中，地面无人系统是重要组成部分。战术特遣队装备的机器人将用于徒步作战，微型机器人将成为士兵的耳目，而装备的类似尺寸的其他机器人不仅能进行地面作战，还能通过配置无线电中继系统提升特遣队的通信能力。更复杂的微型机器人可能承担更高级别部队乘车作战中的侦察任务。法国陆军正在考虑将多用途战术机器人用于执行抵近侦察和补给任务，而重型机器人可能主要用于道路清障和工程任务，同时还设想利用相关系统将标准车辆改造成无人系统。

4. 德国

德国在地面无人系统的研究和应用方面在世界上处于公认的领先地位，其在地面无人系统环境感知技术方面具备一定的优势。德国目前在研制的自主无人车主要包括“机器侦察兵”“克里索”和半自主无人地面车辆系统等。此外，德国在仿生机器人领域也具备一定优势，目前重点研究的是爬行机器人和跳跃式机器人，推出了 S1～S7七代蛇形机器人和“仿生袋鼠”跳跃式机器人。2017 年，在阿布扎比防务展上，德国莱茵金属公司展出其新型多用途无人车，这种大型轮式多用途无人车应用广泛，可以用于侦察和战术监视、后勤支援、伤员后送、核生化辐射和爆炸物探测、通信中继以及武装战斗。2020 年 11 月，德国莱茵金属公司展示了用于其“任务大师”自动无人地面车辆的新型武装侦察任务模块。新的任务模块包括一个情报收集多传感器套件和一个远程控制武器站。有了这些系统，“任务大师”武装侦察机器人操作员可以在作战区域收集战术情报，同时为前线部队提供火力支持。

5. 以色列

以色列非常重视地面无人系统的研发，虽然其装备数量远不及美国，但装备水平却处于世界前列，研制了大量尖端地面无人系统。2018 年，以色列航空工业公司开发了一款用于边境巡逻、侦察和监视防御系统的陆空混合机器人系统，该系统的设计是将两款无人作战系统 RoBattle 全地形无人车和“鸟眼”650D 无人机相结合，利用系统之间的协作提供端对端解决方案，支持在非视距条件下的复杂区域持续作业，每个平台都可作为一个通信中继器，利用不同域的有效载荷提供准确的目标信息采集。

（三）海上无人系统

1. 美国

（1）无人水面舰艇

美国大力推进大中型无人水面舰艇的研建，打造未来无人舰队。2017 年 9 月，美国国防部战略能力办公室启动“幽灵舰队”项目，旨在打造一支由 10 艘大型无人水面舰组成的无人舰队。“幽灵舰队”就如同一个个移动的雷达加导弹，不但可以提前发现目标执行第一波拦截任务，还可以通知后方进行准备。基于“幽灵舰队”研发的无人水面舰艇主要用于执行电子战、情报、反潜甚至对峙任务，同时还能独立动态作战，有望成为反高超声速武器系统的一部分。目前，“幽灵舰队”已交付美国海军两艘大型无人水面舰艇，分别为“流浪者”号（Nomad）和“游骑兵”号（Ranger）。2020 年 11月，美国国防部“游骑兵”号大型无人水面舰艇完成了长达 4 700 海里的航行，其中包括几乎在完全没有人工辅助的情况下从大西洋航行到太平洋。2021 年 5 月，“流浪者”号大型无人水面舰艇进行了远程自主航行，从墨西哥湾通过巴拿马运河到达西海岸，航程约为 4 428 海里，其中 98%是自主航行。

2020 年 1 月，美国 DARPA 发布“海上列车”（Sea Train）项目，提出将 4 艘以上中型无人水面舰艇通过物理连接或编队航行的方式组建“海上列车”。DARPA 设想在全程无人工干预的情况下，“海上列车”能够在恶劣海况下航行约 6 500 海里，抵达任务区域后分解执行任务，最后再组成“海上列车”返航。该项目将增加无人水面舰艇航程，提高美国海军舰队的持续作战能力。根据计划，美国海军希望在 2023 年年底之前可以进行原型舰艇的试航工作。

2020 年 4 月，DARPA 公布“无人值守舰船”（NOMARS）项目。DARPA 希望通过开发一种无须考虑安置船员等相关设计因素的大中型无人水面舰艇，证明其在尺寸、成本、海上可靠性及海上生存能力等方面的优势，并通过优化船体结构来提高船舶动力效率。DARPA 表示，一旦 NOMARS 项目成功实施，有望使美国海军无人水面舰艇保持十年以上的领先优势。2021 年 3 月，美国 L3 哈里斯（Harris）技术公司开始进行无人水面舰艇执行长航时任务的可靠性和可行性研究。

2020 年 9 月，美国国防部正式授予 6 家公司 4 200 万美元的项目合同，开展大型无人水面舰艇（LUSV）项目概念的设计工作。根据初步设想，大型无人水面舰艇将基于商用船只设计进行重构，长度约为 60～90 米，排水量约为 2 000 吨，配备有反潜、反舰、对陆攻击任务模块，可长期部署。在 2020 财年防务预算中，美国海军要求拨款 4 亿美元购买 2 艘大型无人水面舰艇。

（2）无人潜航器

美国海军很早就开始发展各种型号的水下无人潜航器。美国海军至少从 2000 年左右就开始积极从事无人潜航器的前瞻性研究。同年，美国海军发布了它的第一份无人潜航器战略白皮书。2004 年，美国海军又发布了一个新的无人潜航器总体计划。2011 年有报道说这份计划有更新，但截至目前，关于这些战略的具体内容仍然是美国海军机密。美国海军在 2017 年就成立了第一个专门的无人潜航器单位——无人潜航器第一中队，专门负责牵头推动这方面的开发和测试。无人潜航器第一中队之前一直在使用从宾夕法尼亚州立大学应用研究实验室获得的 2 艘早期无人潜航器。一艘是 1999 年开始研发的“海马”，长约为 9 米，重约 4 900 千克。后续的“海上潜行者”是“海马”的衍生型号。

美国海军于 2019 年授予波音公司一项价值 4 300 万美元的合同，用于建造 4 艘“虎鲸”超大型无人潜航器，用于探索这种规模的无人潜航器的用途和操作概念。2022 年 4 月 28 日，首艘“虎鲸”无人潜航器下水测试。美国海军另一种比较重要的无人潜航器是“蛇头”项目，这是一种大型无人潜航器，可以由核潜艇搭载的干式甲板掩蔽舱发射和回收，用于执行侦察和情报搜集等任务。美国海军海上系统司令部在 2020 年 12 月 23 日发布了“蛇头”项目第二阶段的招标书，而第一阶段的原型产品可能已经在 2021 年交付给美国海军。

2. 俄罗斯

近年来，在北约步步紧逼的战略围堵下，以及常规武器逐步落后于美国的情况下，俄罗斯剑走偏锋，重视发展非对称打击能力，“波塞冬”（Poseidon）就是在此背景下研制出的一款新型战略打击武器。该款武器在部分概念上继承了 20 世纪 50 年代初苏联曾短暂研制过的 T－15 超重型核鱼雷，目的是采取海底突防的攻击路径，突破目前美国国家导弹防御系统（NMD）与反潜作战体系的监控范围。“波塞冬”水下发射后，美国现役反导系统与反潜体系难以发现，即使被发现，也无法被有效拦截，这意味着“波塞冬”可相对容易地自主运动到美国海岸线周边的任何海域，然后关机潜伏水下等待被唤醒。相关军事专家表示，“波塞冬”的战略意义就是削弱美国凭借 NMD 使其在导弹大战中“独善其身”的优势。

2018 年，俄罗斯总统首次宣布正在研发“波塞冬”核动力无人潜航器。该潜航器由俄罗斯红宝石设计局设计并制造，可由潜艇携带，依靠大潜深、高航速的优势进行水下快速突防，是一款兼具战略核打击和精确打击能力的超大型察打一体水下无人作战平台。根据俄罗斯《2018—2027年国家武器发展纲要》，俄罗斯计划生产32枚“波塞冬”核动力无人潜航器，分别由4艘新型特种潜艇搭载，每艘特种核潜艇可搭载2～6艘“波塞冬”。据报道，首艘搭载“波塞冬”的特种核潜艇“别尔哥罗德”号已于2021年开始海试。

3. 法国

法国已认识到海底在当前及未来战略竞争中的重要地位。法军认为，随着无人技术的进步，继网络和太空之后，海底也将面临大国竞争的挑战。

2022年2月，法国官方发布“海底战战略”。其目标是使法军在水下6 000米深处拥有作战能力，并在全球绝大多数海域形成竞争力，维护法国战略利益。这份“海底战战略”分析了海底与法国战略利益的关系，阐述了控制海底对保护法国战略利益的意义，并提出了所要采取措施的路线图。其中，法国的海底战略利益，包括法军在面对来自敌方潜艇的监视与拦截时的行动能力、维护水下设施以及海洋资源安全的能力等。

为此，法国将重点研发以下设备与技术：深海自主无人潜航器和远程遥控潜航器，超低频声波传输技术，水下搜索、监视和干扰技术，能够用于水下300米的潜水装置等。这份战略称，海底作为新的战略竞争领域，不仅涉及矿产资源开发，还包含对通信线路的有效控制。法国拥有庞大的专属经济区，需要在这一竞争领域主动作为。

在“海底战战略”中，自主无人潜航器和远程遥控潜航器被认为是探索与开发深海的核心设备。目前，法国国防部已着手研发新型自主无人潜航器和远程遥控潜航器，并计划于2023年装备第一台，用于测试和评估。法国国防部希望，通过对自主无人潜航器和远程遥控潜航器的使用，提升对海底的熟悉度，最终提升法军的海底作战能力。

4. 澳大利亚

澳大利亚开展了国防科技（DST）的计划，探索无人系统改造防御能力的潜力。2018 年，在澳大利亚国防展的“自主战士 2018”演习中，L3 ASV 公司设计并建造了一艘 9 米长的无人艇，该艇配备先进的自主导航功能，用于侦察、拦截和巡逻任务。这艘名为 MAST－9 的无人艇可以完全自主运行，完全符合国际海上避碰规则公约，在两周的活动时间内，以超过 80 节的速度在航道上航行超过 80 小时。MAST－9 无人艇成功执行了 7 种不同的任务类型，包括自由航行、庇护、拦截、调查、巡逻、目标跟踪和检查。演习成功地展示了一套完整的体系方法，使无人系统可以在很少或没有人为干预的情况下执行自主防御任务。

三、发展趋势

（一）无人系统的自主能力不断升级

未来，美军无人系统的作战自主性将得到进一步提升。为充分发挥无人系统全新的作战优势，外军将持续提升无人机蜂群的作战自主性，包括突防攻击、环境自适应、态势感知等能力。随着美国国防高级研究计划局等研究机构不断深化发展可解释的人工智能技术，引领人工智能的第三波发展浪潮，未来的人工智能将具备向人类解释“思考”逻辑的能力，可在瞬息万变和生死攸关的战场赢得人类信任。因此可预计，未来美军无人系统的作战自主性将实现快速发展，可显著降低人类指控无人系统的负担并大幅增强无人系统的作战能力。

（二）无人系统逐步实现跨域协同

随着外军“多域战”“全域战”等概念的不断发展，其在无人系统技术路线图中也开始关注跨域协同技术与应用。自 2007 年美国国防部发布《无人系统综合路线图》起，其在持续不断地大力推进无人系统体系化和智能化，并强调海陆空无人系统自主协作技术。利用无人系统和有人系统组成跨域体系成为全面趋势，强调所有无人系统的软硬件架构的统一，从而为体系化运用奠定技术基础。随着通信能力的增强，美军无人系统信息交互和共享能力将进一步提高。无人系统作战需要高效、稳定的数据共享能力。未来，随着无中心自组织网络性能的不断提升，美军无人系统组群平台间内部自动广播、接收、转发信息的能力不断向零延时方向迈进，将保证无人系统能对集群内其他无人系统迅速做出反应，遂行密切的网络化协同作战。

（三）无人系统更加模块化

美军无人机蜂群组群平台将更加模块化。无人机蜂群将以低成本和高数量形成对敌方的非对称优势，要实现蜂群无人机的低成本，必须拥有标准化的软、硬件接口，以保证在相同机体平台基础上快速加装各种模块化功能载荷，另外，还可针对不同作战任务快速构建功能各异的蜂群编队，实现蜂群作战的灵活性。美国国防部《2017—2042财年无人系统路线图》指出，创新的制造流程（例如增材制造）和模块化设计将提高无人机的能力，模块化对于无人系统来说十分重要，可以实现快速的硬件升级。而且模块化对于无人机来说更加重要，能够缩减研发周期和节约成本。另外，国防高级研究计划局目前正发展“射频任务操作中融合的合作式单元”项目，研发供无人机使用的小型射频系统，可以实现通信、雷达和电子战模式之间的自适应和灵活切换。

（四）单一无人系统将集成更多功能

无人系统功能由单一功能向多种功能复合发展。一种无人平台可同时配置多种载荷，能够同时执行多种任务，也可根据任务需要选配不同载荷，形成“一机多能、一机多用”的复合型、通用型作战系统。同时，使命任务也不再仅仅是担负支援保障，而是兼具了直接参加作战任务的功能。由主要遂行情报、侦察、监视和查打一体行动，拓展为可执行隐身突防、空中打击和网络攻防、电子对抗等攻防作战任务，多样化、知识化的探测与识别技术将提高无人平台的态势感知能力，全天候、全频谱信息支援与战术打击成为突出特色。随着小型、低功耗、多功能传感器技术的快速发展，未来的无人机组群平台将实现多功能化，一架无人机可在情报监视侦察、电子战等多种功能中任意切换，进一步提高无人机蜂群作战的灵活性和针对战场情况的适应性。此外，无人系统将更紧密地与有人系统协同运用，形成功能完备、优势互补、协同作战的有机整体，无人系统将担负更多的使命任务。

四、影响意义

军用无人系统的快速发展，正在培育出独树一帜的新型作战力量，对传统作战理念和战争形态产生强烈冲击，推动作战方式由“人直接参战”向“人遥控战争”的转变。目前，无人系统已在美国等西方国家各军兵种部队大量使用，无人化作战部队在力量构成中的比重日益上升，正在产生无人力量独立编组、有人/无人力量混合编组以及无人与有人作战系统相互融合等组织形态。奥巴马总统的军事顾问彼得·辛格指出，无人系统引发的机器战争，改变了五千年的战争形式，是堪比坦克发明而产生的军事变革。这种变革所产生的深刻影响如下：

（一）将使传统战争理念不断更新突破

无人系统武器化、隐形化、智能化程度不断提高，现代战争日益呈现出零伤亡、非接触、小型化等特点，作战的目的转向节点摧毁、结构破坏、体系瘫痪。美国早在2001年就乐观地提出，2010年前实现1/3作战纵深打击飞机为无人机、2015年前实现1/3地面作战车辆为无人车辆的目标，尽管这一目标迄今尚未实现，但是无人系统在美军武器装备体系中的比例正在不断增加。美国著名智库新美国安全中心认为，当战争面临杀伤力越来越大，以及人员和有人作战系统费用越来越高的形势时，更多地使用无人系统将成为通常的选择。无人系统将取代当前以制导弹药战斗网络为核心的作战体系，成为 21 世纪新作战体系的核心。

（二）将推动现有作战方式发生重大改变

随着自主技术的发展和成熟，未来无人系统的种类将越来越多，作战功能将不断拓展，装备数量会大幅增加，有人与无人系统间、无人系统间的协同作战能力将不断增强，从而使未来面临的威胁环境发生巨大改变，使未来的战场环境变得异常复杂。部分无人系统的基本性能已接近甚至超越有人装备，有可能部分取代有人主战平台，成为未来战场侦察监视的主力、火力突击的先锋和排爆抢险的骨干。自主能力的实现意味着将大大降低无人系统对操控员的依赖和对通信带宽的需求，使无人系统能够高度自主和协同执行任务，从而使在战场上大量使用无人系统成为可能。随着技术的发展，未来无人系统自主化程度将越来越高、体积将更小、成本将更低，而无人系统一旦发展到可以采取“集群”模式作战时，将有可能使当前最先进的防御系统失效，从而彻底改变战争中的攻防平衡。

（三）将改变未来部队兵力生成模式

无人系统不受人体生理因素的限制，不仅能够进入一些有人装备无法进入的区域执行任务，还能够赋予部队许多新的作战能力。如地面自主无人系统的使用，可大幅提高陆军的装甲突击、远程火力打击、战术级作战分队的战场态势感知、后勤保障、扫雷排爆乃至与其他军种的一体化联合作战能力；利用空中自主无人系统的持久续航能力，可以在大气层内建立不间断战斗巡逻圈，形成持久的情报、监视、侦察时敏目标的能力；美军正在发展的无人作战飞机，可使美国海军舰载机不依赖空中加油将作战半径扩大到 3 700 千米以上。此外，无人系统只要完成生产就可以迅速投入作战使用，这将改变未来部队兵力生成模式，简化未来部队兵力生成流程，缩短兵力生成时间，减轻后勤保障负担。

（四）将显著降低军事强国战争决策的门槛

无人系统的大量运用，使战与非战的界限模糊，战争进程和毁伤程度可控，能够实现己方作战人员的“零伤亡”，明显降低战争的政治和外交风险，为军事强国最高当局突破政策法律限制，决策使用军事手段干预地区冲突和突发事件创造了条件。

国外定向能领域前沿发展动向

定向能武器是利用激光束、微波束、粒子束等各种束能进行攻击的新概念武器。定向能武器以其自身的众多优势在光电对抗、防空、反导、反卫等多种作战场景中发挥重要的作用。

一、概念内涵

目前，国外发展的定向能武器主要包括激光武器、微波武器和粒子束武器三类。

（一）激光武器

激光武器以定向发射的高能激光束代替传统化学能和机械能作为“弹药”杀伤或摧毁目标，通过供电即可连续作战，具有攻击速度快、打击精度高、发射成本低、可持续攻击多个目标、不受电磁干扰、静默隐蔽等特点，可用于各类作战平台，能有效应对卫星、弹道导弹、炮弹以及无人机等各种战略/战术目标，适合承担战略威慑、战略防御以及各种战术攻防任务。激光器是激光武器的核心，通常按技术途径可分为气体激光器、化学激光器、固体激光器（含光纤激光器和板条/棒状/薄片激光器）以及自由电子激光器。

（二）微波武器

微波武器指的是利用微波束的能量直接杀伤目标或使目标丧失作战效能的武器。微波武器主要由高功率发射机、大增益天线和瞄准、跟踪、控制等系统构成。高功率微波武器的工作频率为

300 MHz～300 GHz，脉冲峰值功率在 100 MW 以上（一般大于 1 GW），以光速传播，瞄准精度要求较低，可同时杀伤多个目标。其利用电效应、热效应和生物效应等毁伤效应对各类目标实施软、硬杀伤，通过前后门耦合进入敌方系统，干扰或损坏重要传感器，毁坏关键电子元器件，使计算机和通信系统受到干扰或遭到毁坏，对雷达、导航、通信系统和战场感知系统等武器装备有很大的威胁，是信息对抗中的重要攻击武器。

（三）粒子束武器

粒子束武器是把高能粒子，比如原子气体、氖、氖一类的中性粒子或者电子、质子、各种重离子一类的带电粒子，加速到相对论速度（接近光速），将这样的高能粒子束发射到远距离的目标上，粒子束所携带的巨大能量在不到 1 秒钟的短时间内传递给目标，同时利用这些高能粒子与目标物质发生的强相互作用，达到摧毁和破坏目标的目的。

粒子束武器一般由粒子加速器、高能脉冲电源、目标识别与跟踪系统、粒子束精确瞄准定位系统和指挥控制系统等组成。加速器是粒子束武器的核心，用来产生高能粒子，并聚集成密集的束流。目标识别与跟踪系统主要由搜索跟踪雷达、红外探测装置及微波摄像机组成。探测系统发现目标后，目标信号经超高速计算机处理，进入指挥控制系统，根据指令，定位系统跟踪并瞄准目标，同时修正地磁误差等影响，启动加速器，将粒子束发射出去。根据粒子束性质的不同，粒子加速可采用带电粒子束加速器和中性粒子束加速器。带电粒子束在大气中传输时，虽有衰减，但可以传导，故带电粒子束武器主要在大气层内使用，而大气层外的真空状态，由于带电粒子之间的斥力，带电粒子束会在短时间内散发殆尽，因此中性粒子束武器更适合在外层空间使用。

二、发展动向

（一）激光武器正处于迈向实用化的关键阶段

当前，美国陆军、海军数十千瓦级水平激光武器已经或即将实战部署，150～300千瓦级激光武器已经进入技术攻关或系统集成阶段，美国空军机载激光武器完成了数十千瓦级作战光源开发，即将开展飞行测试。总的来看，美国激光武器正处于迈向实用化的关键阶段。

1. 美国陆军积极研制车载激光武器弥补防空能力空白

美国陆军聚焦野战和要地防空任务需求，以应对无人机、火箭弹和迫击炮弹等目标为重点，持续加快多型车载战术激光武器系统的研制工作。美国陆军着手推进两项激光武器工作：一是基于成熟技术快速研制部署于越野车上的20千瓦激光武器；二是将50千瓦激光武器装备在八轮驱动的“斯特赖克”装甲车；三是将300千瓦激光武器装备于改装后的货运卡车。

针对野战伴随防空能力比较薄弱的问题，美国陆军将车载激光武器视为一个重要的解决方案。美国陆军在“机动近程防空”中开发一套基于“斯特赖克”装甲车的50千瓦级激光演示器，可为前线部队抵御无人机、旋翼机、火箭弹、火炮、迫击炮等空中威胁，最终目标是令高能激光器可随陆军机动部队共同机动，可编入旅级作战部队执行作战行动，提供防空和火力支援。2020年，两套原型机已在阿拉巴马州亨茨维尔进行集成，并计划于2021年进行射击试验。根据美国陆军此前公布的路线图，将于2022年完成4套该型激光武器的作战部署。

为应对大国对手的巡航导弹等的袭击，美国陆军还积极发展更高水平的激光武器。“间接火力防护-高能激光”项目旨在开发功率为300千瓦的激光武器，防御来袭的无人机、火箭、迫击炮，以及巡航导弹，升级后的激光武器将成为美国陆军“间接火力防护”系统的一部分，弥补美军中远程防空能力和近程防空能力间的空白。该项目预计将在 2022 年年底开展演示试验，军方要求研发团队在 2024 财年前向陆军交付 4 辆激光武器车辆，用于小批量装备测试。间接火力防护项目最初主要聚焦应对反恐作战中的无人机、火炮及迫击炮弹袭击，但随着美军战略重心向大国竞争转型，该项目开始重点关注巡航导弹等先进攻击手段对美国陆军的威胁。美国陆军希望开发一种体积稍大的、具备一定机动部署能力的高功率车载激光武器系统，用于指挥所、补给站和机场等静态站点的防御。

2. 美国海军将高能激光武器作为加强态势感知和反导分层防御能力建设的力量倍增器

美国海军激光武器主要关注反无人机、反巡航导弹、反潜直升机和情报、监视和侦察能力建设，同步开展低功率激光致盲型激光武器和高速反巡航导弹的高功率激光器研制。近年美军完成了 150 千瓦级舰载样机试验，快速推进“海军光学炫目拦截器”和“高能激光与一体化光学致盲与监视系统”列装。

美国海军完成目前最高功率的固体激光武器舰上测试。2020 年 5 月，美国海军在“波特兰”号两栖船坞运输舰上完成“激光武器系统演示样机”的首次海上试射，成功击落无人靶机，这是美国首次完成 150 千瓦级高能固体激光武器海上试验。该样机是在美国海军“固体激光器技术成熟化”项目支持下研制的一型激光武器，目标是研制可对无人机、自杀式小艇等目标实施硬杀伤的激光武器样机。诺斯罗普·格鲁曼公司为样机研制工作的主承包商。“激光武器系统演示样机”可能以光纤激光器为光源，利用光谱合束技术将不同波长的激光束合成一束，可在大幅提高激光武器输出功率的同时保证较高的光束质量。

美国海军快速推进激光武器上舰实战部署。2021 年 4 月，美国海军宣布已在三艘“阿利·伯克”级驱逐舰上部署了“海军光学炫目拦截器”，该系统是一种低功率激光拦截系统，主要通过发射激光来致盲来袭目标的光电和红外传感器，从而拦截无人机及采用光学/

红外制导的武器，目前美国海军尚未公布该激光器的具体功率，后续美国海军还将为5艘军舰部署“海军光学炫目拦截器”系统。此外，海军还计划在“阿利·伯克”级驱逐舰上装备一套“高能激光与一体化光学致盲与监视系统”，并已在2021年3月开展了陆上测试工作。该系统将配备一个60千瓦的高能激光器，可用于摧毁小型船只、无人机和导弹等多种威胁目标，同时该系统的传感器还可为水面舰艇提供远程情报、监视和侦察支持。美国海军部署了从低功率炫目到对高功率硬杀伤的一系列激光武器，积极开展低功率激光武器部署应用和高功率激光武器技术探索，寻求低成本和高效费比的舰艇自防护手段。

3. 美国空军将机载激光武器视为空中平台自我防护的重要手段

近年，美国空军启动“自卫高能激光演示样机”、AC-130J“炮艇机”载高能激光器等激光武器项目，聚焦在空中平台部署数十千瓦级水平的激光武器，用以保护空中平台安全和执行对地对空打击等多种任务。

“自卫高能激光演示样机”项目由空军研究实验室启动，该激光器可安装在F-16/15战斗机吊舱（体积与副油箱相当）内，预计功率达到数十千瓦，用于防御地空导弹攻击，同时可攻击地面“软”目标（如传感器、通信设备等）。2019年，该项目的地面样机在新墨西哥州白沙导弹靶场上空成功击落多枚空射导弹。2021年2月，美国空军研究实验室宣布“自卫高能激光演示样机”项目接收其3个关键子系统之一，其余2个子系统于2021年晚些时候交付，之后该项目将进入系统集成阶段，全系统测试计划在2024财年进行。洛克希德·马丁公司发布的相关视频显示，搭载“自卫高能激光演示样机”的战斗机可在空中击毁来袭的空空导弹等目标，为战机提供保护，并可与运输机和轰炸机等混合编组，提高特种飞机的安全性。

AC-130J“炮艇机”载高能激光器是美国空军特种作战司令部联合美国海军水面战中心研发的进攻型高能激光器，2022年在AC-130J“炮艇机”上开展机载高能激光武器射击试验。激光器研发工作分为两个阶段。第一阶段，美国空军特种司令部以早期美国海军研究办公室研究用的 4 千瓦转塔式固态激光器为基础进行改进，以降低成本，并逐步评估完整的激光系统，寻找由于平台自身及周围气流振动而引起的光学和机械抖动的缓解方案，总耗时 18～24 个月。随着研发工作逐步过渡到第二阶段，2022 年开展 60 千瓦及以上激光原型机的试验。这一实施方案很可能是美国海军水面战中心达尔格伦分部为美国空军特种作战司令部设计的。

4. 导弹防御局积极寻求可用于助推段反导的激光武器系统

美军对天基激光武器的研制已持续 40 多年，曾制订“星球大战”计划和 IFX 天基激光武器发展计划，但均未投入实战。美国在 2019 财政年度《国防授权法》中提出发展包括定向能卫星武器在内的 5 类天基打击武器，美国国会希望导弹防御局尽快演示助推段拦截能力，天基激光武器技术是其选项之一。

导弹防御局于 2016 年发布先进技术创新跨部门公告，寻求“用于导弹防御的低功率激光武器演示器”解决方案，这是该局发展高空长航时无人机搭载高能激光助推段反导计划的重要一步。“低功率激光演示器”的开发重点包括一个 100 瓦级的低功率代理高能激光器、一个千瓦级的跟踪激光器和一个 10～150 千瓦的任务激光器。后续，最终项目将发展功率达到兆瓦级的无人机载激光武器。

但是，近期美国军方对该项目的乐观态度有所变化。2020 年 5 月，美国国防部副部长格里芬在访谈中表示，对机载激光武器执行拦截大型目标的尝试表示怀疑。导弹防御局在 2020 财年中宣布，将“低功率激光武器演示器”计划过渡到“高能激光功率缩放”，但目前相关技术主要还是聚焦在地基激光器的功率提升方面，寻求开发 300 千瓦级激光武器的原型机研制，并具备可拓展到 500 千瓦级的潜力。目前，可用于助推段反导的机载激光武器的发展路线和时间节点仍不明确。

目前，激光武器的发展虽然取得了较大突破，但是仍然存在环境适应性差、系统集成难度大等问题。在环境适应性方面，激光武器受大气条件的影响十分严重，难以全天候作战，特别是在大雾、大雨、沙尘等复杂自然环境条件下无法发挥有效作战性能。在系统集成方面，激光武器结构复杂，涉及激光光源激发、目标跟踪瞄准、光束控制等关键技术，同时要考虑体积、散热、供能及振动等问题，如何实现复杂系统在有限体积内的集成是激光武器现阶段面临的主要难题之一。

（二）高功率微波武器聚焦反蜂群和电子战应用

在大力推进定向能技术发展的背景下，美国成立国防部联合定向能转化办公室，将微波技术作为定向能领域另一个重点突破方向，大幅提高微波武器经费投入，从上至下推进高功率微波技术转化，并在部分技术领域取得了一定突破，主要是对人员和电子设备的毁伤效应评估技术、安全性改进、先进微波源技术、高密度贮能技术、氮化镓微波源技术、相控阵列发射技术。结合目前美军发展规划及项目安排，未来美军将从高功率微波源、天线等角度进行新技术研究，不断提高系统的等效辐射功率，提升对目标的作战效能；进一步研究毁伤机理，掌握目标特性，评估毁伤效能；减小尺寸和质量，实现高功率微波小型化和集成化，满足便携式陆基机动应用。

美军空基高功率微波武器的规划路线为：第一步基于 AGM－86 平台研制、测试具备对多目标、多次攻击能力的高功率微波巡航导弹；第二步在此基础上，进一步小型化微波载荷，优化发射波形并提高发射功率，以集成于尺寸更小、隐身性能更优的增程型 JASSM 导弹平台上；第三步是将微波载荷应用在无人机作战平台，应用智能化波形提升作用距离。

目前，微波导弹成为高功率微波武器技术的发展亮点，成功完成演示飞行试验，破坏目标内所有电子系统，表明小型化重频微波载荷、导弹平台微波防护、高精度跟瞄、微波载荷与导弹平台集成等方面取得突破，具备了工程应用条件，但实战化能力（如有效作用距离）未知。根据现有资料初步判断，空基微波武器基本完成了第一阶段工作，但未转化为型号研制任务，并基于此项目开展了更具实用性的微波武器研究。同时，美军开展了高功率电磁武器技术研究。开展的项目包括反电子高功率微波先进导弹（CHAMP）和高功率联合电磁非动能打击（HiJENKS）等。

据推断，美军下一步首先要解决现有技术能力下微波导弹的实战化应用问题，如导弹突防能力、对典型目标的毁伤能力、毁伤目标后对整个作战系统/体系的影响、微波导弹适用场景等，以判断微波导弹的发展价值。其次是进一步提升微波载荷的毁伤能力，一个方向是基于导弹平台约束进一步提升功率，此方向难度较大；另一个方向是更换为无人机平台，一是无人机安装空间更大，二是飞翼布局的无人机相对巡航导弹全向隐身能力更强，更易突防；三是无人机底部面积大，便于天线布设，提高增益；四是无人机可回收重复使用，经济效益更高。

在陆基微波武器方面，美军高功率微波近程反无人机系统相对成熟，两型微波武器已于 2020 年开展海外实战部署，有望正式列装。目前正在研制与测试可攻击多个中远程目标、威力更大的微波武器。陆基微波武器已基本满足反无人机和电子对抗需求，初步具备普及应用的条件；反简易爆炸装置、非致命杀伤人员的微波装备已经完成研制，并在海外部署试用，但因效果不佳，未见普及。开展的项目包括相位器（Phaser）、战术高功率微波作战响应器（THOR）、反电子高功率微波增程型防空系统（CHIMERA）等。

在海基微波武器方面，开展了高功率微波武器效能研究，重点进行重频且频率可调的高功率微波武器开发，提升了微波武器系统能量转换效率和杀伤力，研制出用于近程防御的工业级舰载高功率微波武器样机（BAE 公司高功率微波武器），进行了针对各种目标的能力测试，验证了对小型船只和无人机的有效性。

总体来看，美国现役典型的高功率微波武器主要聚焦反无人平台作战和电子对抗等方面，已经取得了一系列研究成果，正处于从实验室研究向实战应用快速转化的关键时期，已经有部分装备进入试验测试或小批量应用，需对其发展趋势、作战能力及对作战样式的影响保持密切关注，防止美国技术突袭构建不对称优势。

(三) 粒子束武器仍处于技术探索阶段

在现代战争的高技术背景下，粒子束武器是一种发展前景广阔的战略防御武器，其潜在的巨大威力以及对未来战争的影响将在新军事变革中占有重要地位。从原理上实现这种武器已经不成问题，因为高能物理学的发展为它奠定了基础，现在的主要问题是技术上还难以满足作为武器使用的实战性能要求。此外，作为武器系统，与作战指挥、控制有关的许多协同问题也还需要进行深入系统的研究。

近年来，美国国防部导弹防御局透露了可能重启粒子束武器研究的信息，希望继承 20 世纪 80—90 年代的研究成果，进一步推动粒子束武器的发展。在 2018 年度“定向能武器峰会”时，美国国防部主管研究与工程的副部长格里芬表达了恢复粒子束武器研究的兴趣。2018 年 4 月，美国国防部导弹防御局在《小企业创新计划 2018 年指南》中发布了《开发运行大气外中性粒子束系统所需的实现技术》需求。要求开发比 1989 年箭载粒子束试验采用的氢原子系统更为先进的中性粒子束系统，该系统运行于亚轨道，具有轻型、紧凑、低能耗等特点，其中性粒子流可以近光速向大气层外目标运动，对目标进行杀伤。

2019 年 3 月，美国国防部导弹防御局发布了 2020 财年预算申请，申请重启中性粒子束武器研究的计划，用于天基战略反导，计划最早在 2023 年进行在轨试验，但后续国会表示需要对中性粒子束项目进行进一步审查。虽然粒子束项目尚未完全重启，但在粒子束领域基础研究快速发展的背景下，预计未来几年美军大概率将重启粒子束武器的研制工作。

美国目前重启的粒子束武器研究，仍延续和继承星球大战时期的战略理念和技术途径。按照星球大战时期的设想，天基反导粒子束武器能够实现 1 000～2 000 千米的作战距离，通过在低轨道部署 150 颗左右的武器平台，形成对主要战略对手发射的弹道导弹的全天时拦截能力。

三、发展趋势

随着定向能武器技术的不断发展和突破，将推动定向能武器在军事领域的加快应用，越来越多的定向能武器将出现在战场上，使攻防双方的战略战术都面临新的挑战，将从根本上改变未来战争的作战样式、战场形式和作战理念。美国当前正在持续推动定向能武器的发展，随着其技术不断成熟，将为其带来新的作战优势。

（一）激光武器技术发展趋势

美国高能激光武器系统的发展重点由对抗卫星、弹道导弹等战略任务，转向了拦截无人机、炮弹、火箭弹等战术目标，同时再强化高能激光武器系统的战略应用；高功率固体激光器技术的突破和输出功率的提高，主要体现在舰载激光武器系统等开展了实战环境下的演示验证，以及陆、海、空等平台诸多激光武器系统计划的出台和推进，预示着实战化武器装备将步入战场；由于化学激光器具有体积大、污染有毒、机动性能差等缺点，在战术激光武器系统中逐步让位于固体激光器；高功率固体激光器技术呈多样化发展，美国同时开展了光纤激光器、板条激光器、薄片激光器、平面波导激光器、液体激光器等的实用化研究；未来激光武器将向小型化和强功率的方向发展，提升电光转换效率和热管理能力，提高激光武器与平台一体化集成、自适应光束控制、动目标高精度捕获稳定跟瞄等技术水平，成为高能激光武器未来推广应用的关键。随着高能激光武器的关键技术取得重大突破，美国部分激光武器系统已取得了里程碑式的成果。

激光光源。单个光纤至少达到 5 千瓦，输出功率达到 150 千瓦。

目前，150千瓦高功率光纤组合激光源技术正在开展演示验证，大功率光纤完成研制；激光光源材料级、原理级关键技术取得部分突破。美军正推动光纤、碱金属、板条等不同技术路线的高功率光源技术验证与竞争，探索用于巡航导弹和弹道导弹防御的300千瓦级以上甚至兆瓦级的激光光源。近几年开展的项目包括神剑（Excalibur）项目、持久（Endurance）项目、高功率碱金属激光系统(DPALS)、光纤合成激光器（FCL)、闪电项目（FLASH)、高能液体激光区域防御系统（HELLADS)、高能可组合光纤激光先进研究工作（FLARE)、强电激光计划（RELI）等。

光束控制。美军利用气动光学技术解决了在近海面稠密大气、超声速飞行激波等条件下的光束自适应控制问题；由于复杂大气条件下光束控制攻关难度较大，基于机载平台的导弹防御激光武器将会受到影响；正在加强激光自适应控制技术的研究，使之适应更加复杂的天气和海况。开展的项目包括高能光纤激光武器（HEFL)、先进的定位和交战光束控制（ABLE)、高能自适应定向能系统(HADES/哈德斯)、SHiELD转塔气动效应研究等。

跟踪瞄准。美军在机载激光武器项目的基础上，继续验证和解决在不同平台和不同大气条件下的适应性问题，已初步具备对不同类型目标的全天时、智能目标识别和部位识别的能力；正在加强多光谱成像探测与跟瞄技术研究，使之适应全天时交战需求，满足更高精度、更强智能化的要求。

（二）微波武器技术发展趋势

高功率微波武器作为集软硬杀伤和多种作战功能于一身的新概念武器，其在未来战场的突出优势引起各国广泛关注，目前正处在一个快速发展并逐步走向应用的重要时期。美国正在研发多平台高功率微波武器，未来还将发展天基高功率微波武器，结合近年来高功率微波武器发展布局，主要有以下发展趋势：

1. 应用方式

空基运载平台对高功率微波系统的体积和重量有明显的限制，且微波在大气中传输的功率密度随距离的平方迅速衰减，致使其有效作战距离较短。因此，美国采用把高功率微波战斗部装载于巡航导弹上的方式，用以突防到敌方领域实施抵近攻击。陆基、海基高功率微波武器具备以面杀伤的方式破坏目标的电子器件，与多种平台组合可构成未来反无人机蜂群及电子对抗干扰的重要手段，同时，美军还在探索利用高功率微波武器破坏来袭导弹的制导系统和通信装置，实现对弹道导弹和高超声速导弹的末段防御。美国太空军还提出了发展天基高功率微波武器的计划，该计划是把高功率微波装置放在卫星上，用以对抗地面、空中和太空的目标，执行太空毁伤任务。此外，高功率微波武器具有非致命性，美国等正在开发高功率微波非致命性武器，用以反恐和维稳，或提高作战部队的防御能力，执行人道主义行动和非战斗人员撤离等任务。随着未来美军高功率微波技术和运载平台技术的不断发展，微波武器的使用范围和进攻样式将更加复杂，成为未来战场体系不可或缺的一环。

2. 技术路线

美军认为，高功率（强调峰值功率）、长脉冲（强调脉冲的能量）、高重频（强调平均功率）、高效率、频率可调以及器件的固态化、紧凑化和轻型化是高功率微波技术发展永恒的主题，只有解决好这些技术或问题，高功率微波技术才能更好地与运载平台结合，并进入实际应用阶段。探索新原理、新技术，突破单个高功率微波源的功率容量限制，发展高功率微波功率合成技术，研究高功率微波与电子系统相互作用的新机理，是美军未来高功率微波武器发展的重要技术路径。

3. 能力预测

目前，高功率微波武器将初步具备反无人机能力，装载在陆军战车上的高功率微波武器可击落 5～10 架无人机，开始装备部队使用；基于巡航导弹的高功率微波战斗部技术已经成熟，未来主要集中在作战应用样式探索及提高复杂环境下高功率微波巡航导弹可靠性方面；预计未来5年，基于巡航导弹的高功率微波战斗部具备作战能力，能够在防区外对敌方雷达和关键指挥控制节点进行打击；预计未来10年，突破高功率微波对载机的干扰问题和防护问题，高功率微波武器开始在空基平台（如无人机、F-35战斗机等平台）使用，电磁武器成为局部战争中首先使用的作战武器。

(三) 粒子束武器技术发展趋势

在现代战争的高技术背景下，粒子束武器是一种发展前景广阔的战略防御武器，其潜在的巨大威力以及对未来战争的影响将在新军事变革中占有重要地位。从原理上实现这种武器已经不成问题，因为高能物理学的发展为它奠定了基础，现在的主要问题是技术上还难以满足作为武器使用的实战性能要求。此外，作为武器系统，与作战指挥、控制有关的许多协同问题也还需要进行深人系统的研究。

美国此前计划重启的粒子束武器研究，仍延续和继承星球大战时期的战略理念和技术途径。按照星球大战时期的设想，天基反导粒子束武器能够实现1 000～2 000千米的作战距离，通过在低轨道部署150颗左右的武器平台，形成对主要战略对手发射的弹道导弹全天时拦截能力。但目前粒子束武器距离实战应用和部署仍有较长的距离，其具备实战化能力预计需要至少15～20年时间。

四、影响意义

(一) 定向能技术将成为未来作战样式变革的重要影响因素

针对多军兵种的应用需求，定向能武器系统的应用正朝着小型化、模块化、智能化和多平台化方向发展。未来，不同功能的定向能武器将适配多种海、陆、空天基平台，实现新能力生成和现有能力的增强。在平台自防护方面，美军将为大型水面舰艇、战斗机、运输机等高价值资产配置激光武器，在末端拦截防空导弹、空空导弹和反舰导弹等；在电子对抗方面，主要是利用激光武器干扰、破坏目标的传感器或导引头的红外设备，或利用高功率微波武器破坏对手武器装备的电子器件等。定向能技术成熟后，凭借其低成本、高射速、深弹夹、面杀伤等优势，将从根本上改变现有攻防作战的所需代价，进而导致具备先进定向能技术的一方，在对抗中获得前所未有的战术优势，重构未来战场的攻防逻辑，成为作战样式变革的重要影响因素。

（二）美加快定向能技术路线转向寻求大国竞争优势

随着美国战略重心向大国竞争转移，美军进一步加快技术攻关发展对大国竞争对手的战略优势，主要体现在以下几个方面：一是积极寻求中低功率激光武器快速部署。美军为弥补其在末端防御和野战防空中的短板，近年将其发展焦点转向中低功率激光武器的尽快部署，以满足与大国对手竞争中的防御需求。二是重新重视天基定向能技术。美军将太空视为未来作战的关键作战域之一，近年在高官访谈、预算申请、技术布局等方面持续探索天基定向能技术的应用可能，未来可能依托天基定向能武器发展天基反导能力和太空攻防能力。三是关注技术交叉融合对定向能技术带来的能力跃升。美国海军正在开发激光武器智能辅助决策系统，旨在提高武器系统的响应时间和准确性，帮助海军更加高效地操作高能激光武器系统，未来美军可能通过人工智能技术、自主系统技术和定向能技术等的交互融合，以智能赋能、无人赋能的方式，实现定向能武器作战能力的跨越式提升。

（三）定向能技术将成为导弹防御和高超声速武器防御的新兴力量

近年，美军高度重视定向能技术在导弹防御和高超声速防御方面的应用。美国空军中将在 2020 年年初发文称，作为动能武器的补充，定向能武器是应对高超声速武器威胁的主要手段；美国国防部停止了机载弹道导弹杀伤激光器的研制，将其转入“激光缩比”项目；美国导弹防御局局长乔恩·希尔表示，准备使用激光武器来拦截导弹；在新版导弹防御体系架构中，导弹防御局明确提出利用定向能武器作为弹道导弹和高超声速导弹末段防御的手段之一，并要求雷声公司加快“高能微波试验床”等相关项目的研究工作。美国希望利用定向能武器高射速和低成本的特点，弥补其现有导弹防御体系的拦截弹数量有限、拦截成本高的缺陷，提升其在大国竞争背景下应对新兴威胁的能力。

技术篇

人工智能技术发展及其在国防领域的应用

近年来，人工智能在与其他科学技术的互动发展中逐步形成了以移动互联网、物联网、大数据、机器学习、仿生技术等为代表的智能化技术群，依托大数据资源和云计算、超级计算、智能算法等先进技术，武器装备正朝着拥有自主和自决权方向发展，人工智能技术对武器装备的发展产生了基础性、长远性和颠覆性影响。

一、概念内涵

1956年夏天，麦卡锡、明斯基等科学家在美国达特茅斯学院开会研讨“如何用机器模拟人的智能”，首次提出了“人工智能（Artificial Intelligence，AI）”这一概念，标志着人工智能学科的诞生。

人工智能是研究开发能够模拟、延伸和扩展人类智能的理论、方法、技术及应用系统的一门新的技术科学，研究的目的是促使智能机器会听（语音识别、机器翻译等）、会看（图像识别、文字识别等）、会说（语音合成、人机对话等）、会思考（人机对弈、定理证明等）、会学习（机器学习、知识表示等）、会行动（机器人、自动驾驶汽车等）。

美国在《2019财年国防授权法案》中给出了其对人工智能的定义，即在没有足够的人类监督的情况下，能够在变化的、不可预测的环境下“理性地行动”，或能够在经验中学习，能够利用数据提升性能的所有系统。

人工智能充满未知的探索道路曲折起伏。如何描述人工智能自1956年以来60余年的发展历程，学术界可谓仁者见仁、智者见智。

我们将人工智能的发展历程划分为以下 6 个阶段：

一是起步发展期：1956 年—60 年代初。人工智能概念提出后，相继取得了一批令人瞩目的研究成果，如机器定理证明、跳棋程序等，掀起人工智能发展的第一个高潮。

二是反思发展期：20 世纪 60—70 年代初。人工智能发展初期的突破性进展大大提升了人们对人工智能的期望，人们开始尝试更具挑战性的任务，并提出了一些不切实际的研发目标。然而，接二连三的失败和预期目标的落空（例如，无法用机器证明两个连续函数之和还是连续函数、机器翻译闹出笑话等），使人工智能的发展走入低谷。

三是应用发展期：20 世纪 70 年代初—80 年代中。20 世纪 70 年代出现的专家系统模拟人类专家的知识和经验解决特定领域的问题，实现了人工智能从理论研究走向实际应用、从一般推理策略探讨转向运用专门知识的重大突破。专家系统在医疗、化学和地质等领域取得成功，推动人工智能走入应用发展的新高潮。

四是低迷发展期：20 世纪 80 年代中—90 年代中。随着人工智能的应用规模不断扩大，专家系统存在的应用领域狭窄、缺乏常识性知识、知识获取困难、推理方法单一、缺乏分布式功能、难以与现有数据库兼容等问题逐渐暴露出来。

五是稳步发展期：20 世纪 90 年代中—2010 年。由于网络技术特别是互联网技术的发展，加速了人工智能的创新研究，促使人工智能技术进一步走向实用化。1997 年，国际商业机器公司（IBM）深蓝超级计算机战胜了国际象棋世界冠军卡斯帕罗夫，2008 年，IBM 提出了“智慧地球”的概念。以上都是这一时期的标志性事件。

六是蓬勃发展期：2011 年至今。随着大数据、云计算、互联网、物联网等信息技术的发展，泛在感知数据和图形处理器等计算平台推动以深度神经网络为代表的人工智能技术飞速发展，大幅跨越了科学与应用之间的“技术鸿沟”，诸如图像分类、语音识别、知识问答、人机对弈、无人驾驶等人工智能技术，实现了从“不能用、不好用”到“可以用”的技术突破，迎来了爆发式增长的新高潮。

二、发展动向

新一轮科技革命是推动智能化战争演变的根本动因。科技是第一生产力，也是现代战争的核心战斗力。军事科技的重大突破和主导性武器装备的标志性发展，引起军队编成、作战方法和作战理论等全新变革，导致战争的整体性改变，产生了新的战争形态。进入21世纪以来，以“智能、泛在、绿色”为主要特征的新科技集中崛起，特别是人工智能在移动互联网、大数据、超级计算、脑科学等新技术新理论的驱动下，呈现深度学习、跨界融合、人机协同、群智开发、自主操控等新特征，引发军事领域链式突破，使人、武器，以及人与武器、武器与武器的结合方式都发生了重大变化。

近期，世界主要军事强国大力推动人工智能技术在国防领域的应用，本部分以美国为重点研究对象，从基础研究、装备应用、作战行动、作战概念等角度，对美军人工智能技术在国防领域的发展动向进行概述。

（一）美军人工智能技术基础研究与体系建设

1. 战略规划

2014年，美国国防部发起“第三次抵消战略”，实现其在作战概念、技术创新、组织形态和国防管理等方面的创新突破，以恢复并保持传统遏制力。此次战略抵消重点发展的五大技术领域包括自主学习系统、人机协作系统、人类作战行动辅助系统、有人/无人作战编队和网络赋能自主武器系统等，均以人工智能为核心。2016年，美国先后发布了《为人工智能的未来做好准备》《国家人工智能研究与发展战略规划》两份报告，对人工智能的发展现状、应用领域以及人工智能技术引发的潜在公共政策问题进行了探讨，确定了美国人工智能研发的七大重点战略方向。2017年4月，美国国防部正式提出“算法战”概念，以推动人工智能、大数据及机器学习等“战争算法”关键技术的研究。

2018 年 1 月，美国发布的《国防战略》认为，先进计算、大数据分析、自主性、机器人等新技术的发展是影响安全环境的重要因素，人工智能技术是确保美国打赢未来战争的关键。“高级自主武器”成为《国防战略》确立的美军现代化八项重点之一。2018 年 4 月，美国国防部开始拟定《国防部人工智能战略》，希望借此推动人工智能技术和关键应用能力的发展，加快人工智能战略部署。2018 年 6 月，美国国防部成立联合人工智能中心，专职负责军队智能化的建设，投入约 17 亿美元，联合 17 家机构共同推进约 600 个项目。2018 年 8 月，美国国防部发布的《无人系统综合路线图（2017—2042）》，该路线图聚焦未来全域作战所需的技术支撑，围绕互操作性、自主性、安全网络、人机协同等主题，指导军用无人机、无人潜航器、无人水面艇、无人地面车辆等的全面发展，加快颠覆性技术的发展和运用，并认为人工智能是路线图提出的 19 项需要近远期发展的关键技术之一，为确保军种的无人系统发展目标与国防部规划保持一致提供顶层战略指南。2018 年 9 月，美国国防部宣布未来五年将投入 20 亿美元推动人工智能发展，大力推进主战装备的人工智能化，如采用技术手段扩展人工智能的应用，同时利用互联网强化其“海上网络和体系化服务”（CANES）在航母、两栖攻击舰、驱逐舰以及潜艇等平台上的应用。2018 年 11 月，美国设立人工智能国家安全委员会，该委员会承担三大职责：考察人工智能技术在军事应用中的风险，考察人工智能技术在国家安全和国防领域的伦理道德问题，以及制定公开训练数据标准和推动公开训练数据共享。2018 年 12 月美国政府问责署（GAO）发布的《国土安全：美国未来四大战略威胁》中指出：未来，竞争对手会通过商业获得更多的人工智能技术，然后将人工智能技术应用到武器和其他领域；在武器应用中，将会开发出智能监视侦察（ISR）平台，人工智能、传感器、数据分析和基于空间的平台的发展将创造出一个“无处不在的

ISR”环境。

2. 重点举措

在2019财年预算中，美国首次将人工智能、自主系统和无人系统指定为政府研发优先事项。美国还专门设立了人工智能国家安全委员会，总体牵引人工智能的发展。2019年2月，美国总统发布了“维持美国在人工智能领域的领导地位”行政命令。2019年2月12日，美国国防部网站公布了《2018年国防部人工智能战略摘要》，提出了美国国防部应用人工智能的目标，指出实现战略的方式。11月21日，美国国会研究服务处对其在2018年4月向国会提交的《人工智能与国家安全》报告的内容进行了更新，指出人工智能是一个快速发展的技术领域，对国家安全具有潜在的重要意义。该报告分析了人工智能在国防领域的应用，包括情报、监视和侦察，后勤，网络空间行动，信息操纵和深度伪造，指挥和控制，半自动和自动驾驶车辆，致命自主武器系统。人工智能将对未来战争带来潜在影响，包括商业投资率、国际竞争力、促进人工智能的能力、对人工智能应用的军事态度、人工智能特定战争概念的开发。

2020年，针对前总统特朗普签署的第13859号行政命令所启动的“美国人工智能计划”，美国白宫科技政策办公室发布《美国人工智能计划：首个年度报告》。报告主要从投资人工智能研发、共享人工智能资源、消除人工智能创新障碍等方面，总结了美国政府过去一年在实施“美国人工智能计划”方面取得的重大进展。同年，美国国会通过了《军队人工智能法案》，进一步提高了人工智能在整个国防部的重要性，确保联合人工智能中心的负责人是三星级将领并直接向国防部长报告，法案还要求国防部长制订培训和认证计划，以更好地招募人工智能和网络安全人才等。美国国会通过的2021财年《国防授权法案》，主要针对采购自主权、简化报告流程以及开展“联合人工智能中心2.0”计划三个方面提出建议，强调提高联合人工智能中心在国防部中的地位。此外，白宫科技政策办公室、国家科学基金会和美国能源部宣布未来5年投资10亿美元成立12个人工智能和量子研究机构，其中 7 个是人工智能研究中心。同时，美国白宫发布《人工智能应用监管指南备忘录（草案）》，该备忘录从监管和非监管层面提出了人工智能应用相关原则和建议，包括公众信任、公众参与、科学诚信与信息质量等。美国国防部正式采纳国防创新委员会推荐的五项人工智能伦理原则。

2021 年 8 月 2 日，美国参联会主席马克·米利发表演讲称，人工智能、无人系统等技术是未来作战必须具备的新兴能力，将从根本上改变未来战争的作战样式。由于人工智能在美军中越来越受重视，因此制定和实施人工智能伦理规范就成为美军推进人工智能军事应用的重要一环。

2019 年 10 月 31 日，美国国防创新委员会（Defense Innovation Board，DIB）发布《人工智能原则：国防部应用人工智能伦理建议》，旨在对美国国防部设计、开发和部署人工智能用于战斗或非战斗用途做出伦理层面的规范建议。在现有的道德框架基础上，国防创新委员会提出了国防部设计、开发和部署人工智能用于战斗或非战斗用途的五项伦理原则，分别是负责任、公平性、可追踪性、可靠性、可控性，以及提出了十二条具体建议。

2020 年 2 月 24 日，美国国防部召开新闻发布会，首席信息官达纳·迪西（Dana Deasy）和国防部联合人工智能中心主任杰克·沙纳汉（Jack Shanahan）中将联合对外宣布，国防部长马克·埃斯珀（Mark Esper）已指示正式采纳国防创新委员会推荐的五项人工智能伦理原则，这五项原则概述了美国在军事上使用人工智能将遵循的伦理情况，将适用于作战和非作战职能，并协助美军在人工智能领域履行法律、伦理和政策承诺。

2021 年，美国国防部副部长凯瑟琳·希克斯概述了“负责任地使用人工智能”（RAI）六项原则，一是 RAI 治理：国防部的人工智能治理结构和流程应进行监督和问责；二是作战人员信任：应对作战人员持续进行这项技术的教育和测试，建立用户对人工智能的信心；三是人工智能产品和采办生命周期：通过系统工程和风险管理方法，开发工具、策略、流程、系统和指南，以与整个人工智能产品采办生命周期的RAI保持同步；四是需求验证：确保将RAI纳入国防部适当的人工智能功能中；五是负责任的人工智能生态系统：建立强大的“国家和全球RAI生态系统，以改善政府间、学术界、行业和利益相关者之间的合作”；六是人工智能队伍：建立、培训、装备和保持一支具备RAI能力的队伍。

3. 美军人工智能技术基础研究项目

(1) DARPA

美国DARPA一直处在人工智能研究的前沿，可以说，美国人工智能的发展很大程度上归功于DARPA的支持。从20世纪60年代初至今，在60余年的研究中，从最初的基础研究项目到军事应用研究，DARPA在基础研究和应用研究之间建立了平衡。

为了维持美国人工智能的创新优势，DARPA开展了一系列具有长远价值的基础研究项目，典型项目包括终身学习机器、下一代人工智能、人工智能探索计划、智能神经接口、人工智能科学和开放世界新奇学习、虚拟智能处理、机器常识、可解释人工智能、人机探索软件安全、以知识为导向的人工智能推理模式等。涵盖了大部分DARPA的人工智能项目，秉承并契合其使命定位，根植于DARPA的创新基因，大胆从事其他军种不愿意触碰的高难度、跨军种、与国家安全关系重大的人工智能项目。

①人工智能技术

“下一代人工智能（AI Next）”计划。该计划于2018年7月首次宣布，并于2019年8月续签。DARPA未来5年将为此计划投资高达20亿美元，研究重点涵盖新能力、高可靠性、对抗性、高性能、下一代人工智能等。AI Next计划基于DARPA过去60年引领开发的两代人工智能技术，旨在解决国防部最棘手的问题，并定义和塑造未来的发展趋势。该计划的重点领域包括关键的国防部业务流程的自动化；提高人工智能系统的鲁棒性和可靠性；增强机器学习和人工智能技术的安全性和弹性；减少功耗，提高数据和性能效率；开创了下一代人工智能算法和应用程序，例如“可解释性”和常识推理。

“人工智能探索”（AIE）计划。该计划于2018年创建，通过人工智能计划，DARPA寻求开发“第三波“人工智能理论和应用程序，通过使机器能够结合上下文中的可用数据、事实、模型、启发式和附加信息来解决当前的限制，以实现更大的鲁棒性、适应性和可推广性。AIE构成了一系列高风险、高回报的项目，旨在加快人工智能平台的研究和开发工作，主要进行人工智能试点、概念验证、将商业技术平台用于国防用途，以及操作或技术工具的设计、开发与演示，测试创新概念的价值和可行性。该计划是一个综合性计划，研究工作包括两方面：一是侧重于基础研究；二是开发基于深度学习的模型及其他，以当前人工智能行业的开发基准来制定解决问题的框架。专注于“第三波”人工智能的应用及理论，让机器适应不断变化的情况。

“人工智能研究助理”（AIRA）计划。2018年9月，DARPA宣布了AIRA计划，致力于将人工智能提升为有洞察力和可信赖的合作者。该计划重点解决两个目标：1）探索和开发新的人工智能算法和方法，以发现复杂物理现象的科学规律和控制方程；2）探索新的方法来评估数据过于稀疏、嘈杂或不足以建立预测模型的地方；产生可检验的假设；找出可以缓解数据短缺问题的高价值实验；并量化训练空间之外预测的置信度。该计划是AIE计划的一部分，旨在通过标准项目和相对短期的技术开发项目来提高人工智能的水平，这些项目可以快速测试和验证新的人工智能概念。此外，在AIRA计划下，DARPA寻求解决将人工智能嵌入物理学，以及更广泛地嵌入科学和科学过程的挑战。

“虚拟智能处理”（VIP）项目。第三代人工智能算法要能处理不完整、稀疏、冗杂的数据，以及新计算模型引发的意外情况，同时可从较少的案例中学习新概念，并指导未来硬件的发展。2019年启动的该项目共分为两个阶段：第一阶段主要解决基于未研究的数学理论的算法，并验证其能效和数据处理能力能否提高 10 倍，以解决军事领域的相关问题，预计持续 12 个月；第二阶段将第一阶段开发的算法应用于实际的数据库，并提供可行的硬件结构，探索未来硬件开发的性能伸缩预测，预计持续 6 个月。

②机器学习

“终身学习机器”（L2M）项目。探索生物学习机理在人工智能中的应用，推进新一代人工智能系统的发展，试图打破机器学习系统对预编程和训练样本的依赖，使人工智能系统像生物系统一样能够根据经验进行决策，提高行动的自主性，增强广度环境适应能力。为了实现这一目标，L2M 项目旨在从根本上开发一种全新的机器学习机制，使系统能够从经验中不断学习，并将为第三次人工智能技术浪潮打下坚实的技术基础。

“能力感知机器学习”（CAML）项目。该项目自 2019 年启动以来为期 4 年，重点研究自我认知或经验认知、任务策略的自我认知、能力感知学习和能力演示 4 个方面，目的是通过创建一种全新的机器学习方法来改善人机协同能力，并帮助人类作战人员根据机器的专业水平和经验选择合适的智能机器伙伴，有助于将自主装备与系统从工具转变为可信任的合作伙伴。最终自主装备与系统能够控制自身行为，以符合人类操作员的预期，并使操作员能够快速、准确地洞察系统在复杂的、时间要求高的动态环境中的能力，最终达到人机良性协同与互动。

“通过数字捕捉并传递人类行为规范”项目。主要研究为“规范和规范性网络是什么”制定理论和形式框架，实验研究这些规范是如何在人类意识中形成并激活的，判定这些规范如何学习并通过新的交互式算法表现出来。目前，已经建立了人类表现中规范的认知计算模型，并编码至机器，开发了机器学习算法，使机器能够在由人类数据描绘的不熟悉情景下学习规范。此项工作代表了人工智能系统开发的重要进步，使人工智能系统能够“凭直觉感知”如何在特定情况下以大多数人类做事的方式来进行社交活动。这些研究成果加速了人工智能机器模仿最佳人类行为规范的进程，有助于机器人变得“社会化”，甚至“伦理化”。

③人机融合技术

“智能神经接口”（INI）项目。旨在开发神经接口维护和应用的决策方法，通过模拟和利用生物神经电路信息来提高带宽与计算能力，解决中枢和外围神经接口的有关问题，建立第三代人工智能方法的概念原型，以改进和扩大下一代神经技术的应用空间。主要包括两个技术领域：一是神经接口维护，研究神经接口的可持续发展和维护决策，以提高鲁棒性和可靠性；二是信息内容的最大化，对生物神经电路的信息内容进行建模和最大化，以增加神经接口的带宽和计算能力。

“人工智能科学和开放世界新奇学习”（SAIL－ON）项目。旨在研究和开发必要的基础科学原理以及通用工程技术和算法，以创建在开放世界中发生的新颖情况下适当且有效地起作用的人工智能系统。SAIL－ON在人工智能的多个子领域寻求专业知识，包括机器学习、计划识别、知识表示、异常检测、故障诊断和恢复、概率编程等。项目主要包括3个目标：一是制定科学原则，量化和描述开放世界的新奇性类型和程度；二是创建可在开放世界中适当和有效运作的人工智能系统；三是在选定的国防部领域进行系统演示和评估。该项目旨在奠定相关技术基础，使无论什么领域的机器，都能自主进行军事OODA循环过程，即观察形势、根据观察内容进行调整、决策最佳行动方针、最终采取行动。

④推理决策技术

推理决策是指计算机程序模拟人类智能，为达到一定目标，按照某种策略从已有事实和知识推出结论、做出决策并付诸实施的过程。推理决策技术包括确定性推理决策和不确定性推理决策，人工智能系统的智能水平主要体现在求解不确定性问题的能力上。2019年，DARPA启动了“以知识为导向的人工智能推理模式”（KAIROS）项目，旨在建立复杂现实事件的图谱结构和知识库，构建能够对事件进行分析和预测的人工智能模式识别能力。

（2）陆军

C4ISR 网站 2021 年 8 月 13 日报道，美国陆军未来司令部人工智能集成中心发布广泛机构公告，概述了未来 5 年美国陆军感兴趣的 11 个应用广泛的人工智能研究领域，重点是数据分析、自主系统、安全和决策辅助。

①分布处理（DPHTE）计划

2019 年 1 月，美国陆军研究实验室（ARL）与 Technica 公司签署了合作协议，以支持异构战术环境中的分布处理（DPHTE）计划。根据此项协议，Technica 公司将研发一个带有人工智能的雾运算平台，该平台可以集成不同的智能边缘设备数据，并将其提炼成一个通用平台。Technica 公司的工程师将利用该公司的智能雾平台来搜集、关联与分析数据有限的功率及带宽环境，以便在对抗性、不通行的环境中为作战人员提供更多的态势感知。智能雾平台利用分布处理与机器学习工具来创建和维护可操作情报。

② VOXL 平台

2019 年年初，美国陆军授予人工智能模式公司（ModalAI）一份合同，为陆军作战用的一组无人机系统（Group 1 Unmanned Aerial Systems）设计硬件架构。该公司正在为国防部开发基于其人工智能 VOXL 平台的轻型空中计算系统，可以实现避障、任务路径规划和自主操作。VOXL 是一个导航单元，它利用智能手机生态系统，为室内外、空中和地面机器人创建一个高度集成的、基于机器视觉的自主导航系统。与依赖 GPS 不同，基于 VOXL 的无人机可以为部队提供基于计算机的视觉导航，使无人机可以在任何地方作战。目前，人工智能模式公司正在开发一种飞行控制器，将高通骁龙 820 CPU 与机载电机控制单元，以及一个 4G 地面站相结合，使部队能在战场上控制多架无人机。这些技术使轻小复杂的无人机具备安全远程通信能力。

③自主网络项目

美国陆军正在寻找能够利用人工智能和机器学习开发战术网络和通信自主网络防御的公司。2019 年 1 月 14 日，美国陆军合同司令部官员发布了一份关于自主网络项目的信息征集（W56KGU 19 R AUTO CYBER）。研究人员正在寻求一种网络技术，能够在确保自动网络决策安全性的同时，以机器速度自适应自主防御网络攻击。该相关网络和可信计算支持技术将用于自主检测和修补已知网络漏洞；自主识别和纠正网络及主机错误配置的方法；自主检测已知和未知恶意软件样本的方法；红队自主决策引擎的工具和方法；提高自主决策引擎控制攻击者的鲁棒性的方法；针对特定战术网络、数据流和消息集，量身定制的基于机器学习的网络代理，以检测和推断攻击意图；利用循环中的人反馈到自主决策引擎的接口，来提高人机团队的性能和效率；基于现有网络工具和网络事件，将网络应对建议相互关联并生成行动方案的新方法。

（3）空军

美国空军新推出的《2030 年新科技战略》力推无人机群和智能导弹的发展。2018 年，美国空军实验室公布了一段模拟 2030 年美国空军作战的视频，“忠诚僚机”无人机、“小妖精”蜂群无人机、反电力微波导弹、吊舱激光炮等先进智能武器配合 F－35 战斗机，展示了美国空军的一系列全新战法，这是美国军方对其当前武器装备体系及战法应用的较全面的展示。美国空军还与麻省理工学院签订了合作，开展人工智能研究合同，重点是通过计算智能、推理、决策、自主和相关社会影响的基础研究来加速人工智能技术。

① “天空博格人”人工智能僚机项目

2019 年 3 月，美国空军首次公开“天空博格人”（Skyborg）项目，并于 2020 年 5 月正式发布项目提案。“天空博格人”项目旨在开发一种软件系统，实现基于人工智能的辅助决策和自主驾驶等核心功能，最终部署在有人机或无人机上，实现虚拟副驾驶和自主无人作战飞机的能力。项目的核心目标是提高任务规划效率和人机协同配合能力，以应对高对抗作战环境下的各类威胁。项目主要聚焦于以下 4 方面的能力：

1）自主起飞和降落。

2）可在飞行中避开其他飞机、地形、障碍物和恶劣天气。

3）将有效载荷（传感器）和飞机的机身分离，允许模块化调整，实现快速的配置更换。

4）采用开放式架构，可以兼容现有和未来的飞行平台。“天空博格人”项目开发的系统可通过两种模式参与空战：第一种模式是作为虚拟副驾驶集成在有人战斗机中，减轻人类飞行员的负担；第二种模式是集成在无人平台上，实现无人飞行器自主驾驶。其中，“天空博格人”无人机原型能够自主感知迫近危险并确定打击方案，实现基于人工智能的辅助决策，使其能与有人战斗机协同执行作战任务，以提升未来作战能力。

②自主集群弹性网络（DPAA - SEA）项目

2019 年 5 月，美国空军与智能自动化公司签订了一份价值 140 万美元的合同，用于自主集群弹性网络项目的分布式相控阵天线系统。智能自动化系统将使用全向无线电系统进行协同，形成一个具有分布式单元的伪相控阵，使全向天线能够在更远的范围内引导其信号，从而实现无人机编队之间的集群行为和协同。

③ iNeuraLS 项目

2020 年 8 月 12 日，美国空军研究实验室（AFRL）公开旨在使用神经技术帮助飞行员快速掌握知识和技能的“个体化神经学习系统”（iNeuraLS）项目。iNeuraLS 是一个新型增强型学习平台，将通过技能获取过程中认知状态的闭环调制来实现快速学习，该项目已开展 3 年并获得资金资助。作为研究的一部分，大脑的神经信号将用于开发算法，确定人员可以接收信息的最佳状态。研究团队将使用脑电图（EEG）和磁脑电图（MEG）两种技术开发混合的脑机接口，收集有关大脑活动的数据。

(4) 海军

2019 年 9 月 29 日，美国海军分析中心（CNA）受美国海军作战部委托编制并发布了《海军人工智能框架》报告，为人工智能在海军的有效使用奠定基础。2020 年年初，美国海军分析中心发布专题报告《人工智能技术安全性——对海军的行动方案建议》。该报告提出了海军乃至整个国防部系统在军事领域接收采用新兴技术手段的总体态度与思路。2021 年 7 月，海军部发布《智能自主系统”(IAS) 科技战略》，该战略重点关注智能自主系统，旨在融合自主性、无人系统和人工智能，使无人系统成为海军力量结构中可信赖和可持续的一部分。

①TOPGUN 项目

美国海军研究办公室（ONR）委托查尔斯河分析（CRA）公司为美国海军全球化无人船上光信息处理（TOPGUN）项目建造一个海事防御工具。根据该项目，CRA 公司将继续支持 TOPGUN 的自主开发，扩展探测和分级能力，使用高效的深度学习算法来探测更远的目标，识别更多种类的舰船，并在水上展示其性能。TOPGUN 软件将获得增强，以满足信息保障要求，并在海上进行测试。

②蜂群战术（SWARM - Tac）系统

美国海军水面作战中心正在开发“蜂群战术”系统，旨在利用机器学习和人工智能，为大型战舰制定战术，提高其成功防御这类集群攻击的可能性。“蜂群战术”是一种软件。这种人工智能驱动的技术利用海军舰艇上已有的传感器信息，如雷达及其他用于让舰员了解战场态势的设备，以及舰艇本身的信息，其可用的武器和攻击者的数量。该软件将所有这些信息综合进解决方案，并判断这些解决方案的成功概率。研究人员称，尽管“蜂群战术”仍处于研发阶段，但在之前举行的一次海上试验中取得了相当不错的结果。

(5) 海军陆战队

2020 年，五角大楼宣布对美国海军陆战队（USMC）的重组中明确表示，陆战队的未来建设发展以太平洋为主的战略作战方向。

在数十年来的伊拉克、阿富汗等“反恐”行动后，随着海军陆战队战略目标的重大转型，撤编了大量的坦克装备，全力以赴开发远程射击和无人机系统（UAS），并着手进行为期十年的战略发展目标，重新成为以太平洋为目标的“越岛战略”主导力量。同时，随着海军陆战队向分散作战和远程打击的方向发展，着眼于人工智能如何为部队提供新的作战能力，以及如何利用人工智能技术制约潜在对手的崛起变得尤为重要。

美国海军作战实验室正与DARPA合作开发一个称作“X班组”（Squad X）的项目，旨在为徒步士兵和海军陆战队员提供增强的态势感知能力。“X班组”采用了机器人、无人系统和自主系统，并为这些系统提供某种程度的人工智能，使它们能与海军陆战队步兵班、步兵排协同作战。2019年夏天，美国海军陆战队在密集城市作战实验中为部队配备无人系统和自主系统，以测试大量机器人、无人系统、自主系统在高密度城市环境中与步兵编组行动的能力。这些测试的目标是减轻海军士兵的认知负担。目前，海军陆战队操作无人系统、自主系统、机器人等装备的士兵已被大量无线电设备、用户界面弄得力不从心，急需简化操作设备，而人工智能可以提供辅助决策，减轻士兵的认知负荷。海军陆战队的克里斯蒂安沃特曼准将表示，美军必须考虑在没有优势的情况下，在电磁频谱空间进行竞争，因此提高自主能力至关重要，人工智能技术可以压缩需要传输的数据量，并灵活选择何时传输，为决策提供支持。

（二）美军武器装备领域人工智能技术应用

1. 武器装备智能化关键技术应用

人工智能在军事领域的应用离不开新技术的支撑，模式识别、深度学习、人机协同、自主技术等技术的发展为人工智能的军事作战赋能提供了基础。

（1）模式识别

模式识别是计算机模拟人类感觉器官，对外界产生各种感知能力的技术途径之一，包括语音识别、机器视觉、文字识别等。模式识别技术有助于武器装备获得自动目标识别（ATR）能力。模式识别中的机器视觉，可通过光学非接触式感应设备，自动接收并解释真实场景的图像，以获得系统控制的信息。例如，DARPA 的“心眼”项目和“图像感知、解析、利用”项目开发的机器视觉系统，具有“动态信息感知能力”，对动态物体的解构，利用卷积神经网络图像识别技术，将图片中的信息转化成计算机的“知识”。在实际作战中，模式识别系统通过观察目标的视频动态信息，借助神经网络、专门的机器视觉硬件，可在复杂的战场环境下，自动识别出潜在威胁，为目标打击提供参考信息。

（2）深度学习

深度学习技术基于多层网络的神经网络，能够学习抽象概念，融入自我学习，收敛相对快速。它模仿人脑机制，可以完成具有高度抽象特征的人工智能任务，如语音识别、图像识别和检索、自然语言理解等，深度学习具有多层的节点和连接，经过这些节点和连接，它在每一个层次会感知到不同的抽象特征，且一层比一层更为高级，这些均通过自我学习来实现。代表项目有 DARPA 启动的应用于合成孔径雷达“对抗环境下的目标识别与自适应”项目，应用深度学习领域最新研究成果，有望在合成孔径雷达图像中自动定位和识别目标，增强飞行员的态势感知能力。

将深度学习技术应用于武器装备的目标识别和定位，有望实现武器装备的自动目标识别和实时态势感知。采用了包含多个隐藏层的深层神经网络模型，利用隐藏层，通过目标特征组合的方式，逐层将目标信息的原始输入转化为浅层特征、中层特征和高层特征，直至最终实现对目标的定位和作战态势感知。

（3）人机协同

在当前技术条件下，机器仍然无法完全取代人类，人机协同的目的是实现人类和机器的智能平衡。人机组合的能力依赖于人类和机器如何进行交互，因此人机组合是动态的。根据人工控制到完全自主的连续性，人机组合的模式主要包括以下几类：

1）人在环路内（Human - in - the - loop）：在该模式下，人类控制特定的功能，防止智能机器人在未获得人类授权的情况下做出动作。

2）人在环路上（Human - on - the - loop）：智能机器人控制所有的操作，而人类监视其操作并且能够进行干预。在对目标作战等关键点上，机器会通知人类将要采取的行动或者等待人类的授权。一些导弹防御系统采用人在环路上的技术，系统在人类不进行干预的情况下自行处理。

3）人在环路外（Human - out - of - the - loop）：该模式又称为自主模式，机器算法控制系统运行，无须人类指导或者干预。例如，如果智能系统没有足够时间请示人类授权，那么反导弹系统在探测到敌方高速导弹之后，会进行自动作战。美国海军密集阵进程武器系统的算法在探测到威胁后，会对敌方的导弹进行搜索和交战。人在环路外的模式也可以用于陆地攻击导弹系统，该系统能够从数千千米外进行发射，独立导航至目标区域并且搜索目标建筑进而进行攻击。

4）机器对机器（Machine - to - machine）：机器对机器的模式日益重要，是进行高速战场行动、快速实现战场效果的基础性因素。然而，由于战场涉及高速通信，不可预见的错误可能会快速引起系统失控的现象。虽然机器能够较好地完成某些任务，但是机器在某些情况下会发生故障。如果机器能够与其他智能机器进行耦合，那么发生故障的概率会降低。

（4）自主技术

自主实施包括系留、遥控、半自主及全自主 4 种模式。系留系统通过有线方式与控制器或者用户设备连接，不需要供电系统。但是，该模式成本较高，机器人设备运动有限。该系统可以用于爆炸物、军火品的探测和处置、海底地图测绘、水透明度测量等军事作战领域。遥控设备（RCV）通过射频链路、红外链路进行操作或者通过无线方式控制。半自主系统在执行避障、边界巡逻等任务方面具有一定的自主性。此类系统装备计算机系统，可以收集信息并且将信息发送到控制站进行处理。操作者可以控制整个任务的执行，从而更加倾向于采用此种模式。具有全自主模式的系统能够感知、集合、整理、处理和接收周边的信息，系统根据内部的算法类型执行任务。

自主系统和无人系统是美国海军研究的科技战略重点关注的领域之一，其发展的目的是获得有人无人综合能力，能够感应、理解、预测、通信、规划、决策、协同行动完成作战目标任务。美国国防科学委员会（DSB）将自主定义为“一项或者一组可以使系统的一个专门行为进行自动化或者自我调节的能力”，并推荐研发长航时、自主、网络化 UUV，以获取作战优势。自主系统可以降低人工操作员的伤害风险、减少人工工作量、吸收和同化海量数据，及时做出决策。“蜂群”机器人能够进行广域和长时警戒等任务，从而提高工作效率、分布式行为精度及容错能力。

2. 航空航天装备人工智能技术应用

（1）六代机

2019 年 1 月，随着美国空军开始为第六代战斗机进行早期原型设计，其当前探索的主要技术领域包括无人战斗机、高超声速攻击机、人工智能、激光武器、电子战以及先进机载传感器，预计第六代战斗机将在 21 世纪 30～40 年代面世。美国空军当前为新一代战斗机开展“穿透型制空”（PCA）项目尚处于概念性阶段，从目前的原型设计和演示验证中可以看出部分发展趋势：作为未来战争的决定性因素，通信技术在“穿透型制空”项目中受到极大重视。随着计算机处理能力不断提升，为人工智能的引入提供了有利条件。引入后，将能使战斗机在收集、编译、处理 ISR 数据的能力提升到新的高度，并有效进行即时分析决策。这种分析决策将通过传感器获取的信息与海量数据库信息进行比较来实现，有效提升飞机的目标识别与攻击指挥能力，从而使六代机的作战能力相较于现役战斗机产生革命性变化。

(2) 无人机作战平台

随着无人机技术与实战化应用的迅速发展，美国针对无人机智能作战平台开展了诸多研究，其中，典型的智能武器平台包括空战演进项目、忠诚僚机（Loyal Wingman）项目、小精灵（Gremlins）项目、低成本无人蜂群技术（LOCUST）项目等。

“忠诚僚机”（Loyal Wingman）项目旨在通过为 F-16“战隼”战斗机设计和研制一种人工智能模块，增加无人机的自主作战能力，确保美国空军在未来战争中实现无人驾驶的 F-16 四代战斗机与 F-35A 五代战斗机之间形成高低搭配，通过有人-无人编队协同作战，有效摧毁空中和地面目标。在未来技术成熟后，可以实现更智能的无人机与有人战机配合作战。命令将通过安全数据链发送给无人机，无人僚机能够达到高度自主的程度，仅需少量的飞行员操作。但是，由于信号干扰和其他复杂因素的威胁，美国空军研究实验室正在探寻一个系统，可以使无人僚机高度自主并仅需少量飞行员控制。

小精灵项目旨在对空中分布式作战模式进行技术集成验证。小型、低成本无人机作战半径小，无法进行远距离作战，该项目通过研究空中发射和回收技术，利用大型运输机对小型无人机进行远程投送，完成使命后能够快速回收，在 24 小时内完成重置并等待下次使用。在投送后，每架“小精灵”能够随时调整，以承载不同的有效载荷（最高 150 磅），一旦联网在一起，所发挥的效能将超过其部件的总和。安全的视距数据链通信和自动化水平使群体能够立即对其战术环境做出反应。成群的无人机可以很容易地作为分布式传感器节点，在相当短的时间内在广阔的区域内收集图像或其他情报。携带干扰系统或模拟大型飞机的信号时，它们也可能会在较大的作战行动之前混淆或以其他方式扰乱敌人的综合防空体系。

2019 年 7 月，DARPA 启动“空战演进”项目，旨在研发可执行空中格斗任务的人工智能，无人战机有望成为空战主体。在瞬息万变的空战环境下，相比人类飞行员，基于人工智能的机载战斗管理系统可以更准确、快速地进行态势感知、快速响应、战术选择、武器管理和使用。2020 年 8 月 20 日，在 DARPA 组织的“阿尔法格斗”（Alpha Dog Fight）人机挑战赛中，洛克希德·马丁等 8 家公司团队参加。其中，苍鹭系统公司（Heron Systems）研发的空战人工智能，以 5∶0 的压倒性优势战胜人类飞行员夺冠。

（3）导弹武器系统

美国在导弹武器装备领域使用人工智能技术的尝试和探索起步较早，战术战斧导弹 BlockⅣ、美国第三代反坦克导弹黄蜂、海尔法，都可以看到人工智能技术的应用。战术战斧巡航导弹配备智能化巡航导弹的实时再瞄准系统，该型导弹被认为是最具有智能化控制能力的导弹系统。美国的远程反舰导弹（LRASM）在自主感知威胁、自主在线航迹规划、多弹协同、目标价值等级划分、目标识别等方面具有很强的智能化的特征。LRASM 之间通过数据链进行通信，可在 GPS 拒止的条件下正常工作并在线规划路线。在飞行过程中，可自主感知威胁，并对威胁自主进行建模，实现在线路线规划，以绕过威胁。LRASM 飞到末端时，首先使用被动远距离探测目标，完成虚假目标剔除、高价值目标识别和锁定，并降低高度进行超低空突防，在距离目标较近时使用成像导引头实现目标薄弱部位识别，最终完成打击任务。

人工智能技术在导弹武器装备上的应用反映出美国对于人工智能技术所能为导弹武器装备产生的作战赋能抱有很大的野心。虽然，迄今为止并没有研制出完全意义上的智能化导弹，比如，战术战斧导弹与 LRASM 的智能化作战能力主要得益于其先进的智能化控制系统，但可以预见在不远的将来，导弹武器装备中将会有更多的人工智能技术应用场景，比如，智能发动机，智能材料，智能战斗部，智能变形技术等。

（4）高超声速武器

高超声速武器是未来战场上的重要力量，但其作战使用仍需要建立高效的杀伤链，只有具备快速决策、快速响应能力，才能将高超声速武器的速度优势发挥彻底，为此势必需要智能化技术的引入。目前，高超声速飞行器智能化技术仍处在较为初期的探索阶段，更深程度的体系智能化探索仍需时日。

桑迪亚国家实验室（SNL）是为数不多的明确提出将人工智能运用在高超声速领域的国外机构。2019 年 4 月，SNL 发布多份说明文件与媒体报道，阐述其构想与工作进展。SNL 指出，目前主要工作围绕对高超声速飞行器自主规划的探索，希望到 2024 年完成新自动飞行系统的基础技术开发。SNL 的人工智能引入首先以高超声速助推滑翔飞行器为应用对象（未来延伸到吸气式高超声速飞行器及其他航空航天领域），由于这种飞行器以很高的速度飞行，再入阶段还要面对复杂而剧烈的大气湍流，对控制的稳定性和精度等要求极高，因此其飞行任务的规划与编程工作需要花费数周时间，是“一项缓慢而艰苦的工作”；而人工智能引入后，理论上可在几分钟内完成高超声速飞行任务规划。这种实时飞行规划能力具有人工规划所无法相比的优势，利用人工智能的模式识别能力，将当前飞行器的位置信息与飞行器实时收集到的数据相结合，进行弹道预测与飞行路径选择，将原本需要几分钟才能完成的工作缩短到毫秒量级。具备这种能力后，高超声速飞行器可在飞行中进行自主校正，从而补偿在飞行中遇到的意外情况，也可适应目标位置出现的变化（飞行监控人员还可以通过随时关闭航向校正功能来重新获得对飞行器的控制）。

3. 兵器装备人工智能技术应用

（1）无人地面作战平台

作为陆战场的重要力量，无人地面作战平台能在复杂环境下保存有生力量，并完成多样化任务，对提高作战效能具有重要意义。无人地面作战平台包括无人车辆、地面机器人和无人炮塔等多种地面无人系统。无人车辆（UGV）作为一种陆地移动机器人平台，延伸了人类的作业范围和持续时长。自主 UGV 能够适应全地形，且不需要考虑人体的生理极限长航时持续工作，同时，还可通过环境感知技术对地面目标进行探测，识别并跟踪感兴趣的对象。

美军无人地面作战平台发展迅速，并通过历次局部战争的作战使用不断优化改进，其典型成果包括粉碎机高机动无人战车、班组任务支援车与阿特拉斯双足机器人等。另外，还有能在巷战中精确侦察狙击手的背包机器人，能灵敏地发现爆炸物的嗅弹机器人，美军部署的首个获得安全认证的利剑武装机器人，该机器人可以担当机枪手，能以强大的火力消灭侦测到的敌方车辆和人员。

（2）单兵武器装备

单兵武器装备是美军部署最为广泛的战斗系统，也是美军武库中最重要的装备。近年来，美军“士兵”项目执行办公室通过开发、采办、部署和维护等现存的单兵武器装备，同时大力发展智能化单兵武器装备，实现了将“士兵作为一个系统”加以管理，着力打造未来战场上的超级战士。

一体化视觉增强系统（IVAS）。美国陆军采用微软公司的第二代全息透镜头戴显示设备的改进版本来提升士兵训练效果。微软公司和其他 12 家公司获得了价值 4.8 亿美元的合同，在未来 2 年内将为美国陆军提供 2 500 个改进版的第二代全息透镜。改进版的全息透镜被称为 IVAS，该系统可将数字图片投放到头盔显示屏上，并具备磷和热成像能力，它可以帮助士兵在夜里或烟幕场景下获得视野。IVAS 还可以在士兵训练期间收集士兵的训练压力等级和反应情况，以改进士兵的训练效果。目前，IVAS 正处于研发阶段，虽然该设备体积较大，难以配合标准头盔使用，但是来自士兵的反馈可以帮助改进该系统。

背包型外伤治疗技术（TRACIR）。美国陆军已经授予卡耐基梅隆大学和匹兹堡大学医学院一份为期 4 年、价值 720 万美元的合同，以开发一种自主外伤治疗系统——TRACIR。该系统可帮助士兵在战场上受伤时获得紧急自主治疗，以避免错过治疗的黄金时机。TRACIR 的设计构想是让外科、紧急药物、肺部和关键治疗领域的专家提供治疗外伤的数据，然后由数据工程师利用这些数据来创建人工智能算法，以开发 TRACIR。TRACIR 在设计过程中的困难是该系统需要足够小，以便士兵在战场携带，并需要能够有效治疗重伤士兵的人工智能技术。

4. 船舶装备人工智能技术应用

(1) 无人水面作战平台

无人航行器以其自主性和灵活性，在海战中体现出越来越重要的作用，被广泛应用于执行水面与水下战场侦察监视、通信中继、有效载荷预置、水声对抗、猎雷/布雷、目标探测识别与跟踪打击以及后勤支援保障等作战任务。美国的无人航行器发展迅猛，已经列装的第一代无人潜航器（UUV）主要用于侦察隐蔽水雷。同时，拥有智能攻击能力的新一代无人潜航器正在研制。

大直径无人潜航器（LDUUV）项目。该项目旨在解决无人潜航器的长期自主水下作业、利用传感器实现安全自主导航等问题。LDUUV 能够搭载不同传感器和任务模块，灵活配置，自动控制能力更高，能够数月、远距离执行任务。具有扫雷、跟踪、情报侦察、自主工作、智能化攻击的能力，可搭载各种类型的导弹、炸弹甚至核弹，进行自主攻击；既可独立使用，也可在包括巡航导弹核潜艇、弗吉尼亚级攻击核潜艇和水面舰艇等多种平台上部署，预计在 2020 年形成作战能力。

持续追踪无人反潜艇（ACTUV）项目。该项目旨在应对未来安静型柴电潜艇的威胁。该无人艇采用光电传感器、远程/近程雷达，以及光探测/测距设备，利用人工智能与艇载传感器进行导航，具有探测、跟踪、警告、规避功能，能够进行无线和卫星等多种通信。艇体采用复合材料，具有隐身性能；该艇暴露在水面以上的部分体积不大，雷达反射截面面积较小，其主艇体潜行在 10 米以下，整艘艇的隐蔽性和浅海航行能力均较好；航速达到 27 节（1 节＝1 海里/时），作战半径达到 3 000 千米，续航时间为 3 个月，机动性能较强，具有极佳的前沿部署能力及大范围反潜能力。

(2) CLAWS项目

美国海军于2021财年启动了CLAWS项目，旨在开发自主无人水下武器系统，能够在第一岛链内作为作战司令部司令（CCDR）的进攻补充。CLAWS项目将扩张无人潜航器的活动范围，并为任务区域增加运用方式。项目将交付算法，使所有无人潜航器系列都能在复杂、动态和降级的环境下运行。项目将演示在拒止水域的自主任务，开发并演示大型无人潜航器生存自主技术，并开发特种任务载荷的自主性和发射能力。CLAWS将能够针对实力接近的对手的防御工事，完成相应作战任务，并维持与海军指挥控制、火力的关键通信，提供关键的ISR信息。

(三) 美军作战行动领域人工智能技术应用

1. 情报领域人工智能技术应用

随着传感器和采集平台能力的显著提高，作战人员对战场态势的理解更加丰富和准确。但是，由于获取的数据量过于庞大，现有技术难以将其转化为有效的战场态势情报，支持作战行动。人工智能技术可以较为有效地解决上述问题：首先，人工智能技术可以在传感器平台识别信号和物体的基础上，筛选特定情况和威胁，提高预警能力，提高打击的针对性；其次，人工智能技术可以在大规模、异构数据中寻找相关性，形成有价值的情报。

(1) 强化开源情报

开源信息的无序性、复杂性和数量庞大，成为信息时代开源情报手段发展的主要限制因素，其本质是开源信息精确抓取与筛选困难。为情报界提供服务的国防承包商Electrif Ai公司推出了一种名为Signal Sensor的算法，该算法可以利用机器学习在数据量庞大的社交网络平台和在线论坛等网站检测和识别威胁，并可根据威胁严重程度对目标进行排名。从美国陆军开源情报专家内森·麦克尔丁的讲话中可知，人工智能已经与美国开源情报及传统军事领域相交织，在整个情报周期当中存在大量人工智能驱动的实体无人机和传感器，也有大量网络空间中的网络爬虫和蜘蛛程序，它们持续地搜集大量数据，并形成针对目标的自动和半智能传播机制，实现人工智能加快情报周期的作用。

（2）强化信号情报

众所周知，美国情报界已经通过各种形式的人工智能技术来提升其情报工作效率，伴随通信技术的发展，信号情报能够搜集来自全球各地发出的电子信号和通信信号，其作为传统的情报手段也逐渐深入网络攻防领域，成为信息化时代情报工作的重要组成部分。CIA 很早就通过 InQ－Tel 基金布局网络安全领域的人工智能应用，InQ－Tel 投资的 Palantir 公司开发了 Palantir Gotham 和 Palantir Foundry 两大平台，它们帮助情报机构识别虚假信息、理解并抵御网络攻击。作为美国情报界的专业信号情报机构，国家安全局（NSA）也正在探索使用人工智能来检测漏洞，NSA 局长 Paul Nakasone 在《联合部队季刊》采访中表示："NSA 正在开发和试验'自我修复网络'，在该网络中我们可以发现漏洞，并且可以迅速识别该漏洞并对其进行处理和修补。"

（3）强化地理空间情报

美国地理空间情报局（NGA）的前身国家图像测绘局（NIMA）在很早就开始研究图像情报中的人工智能解决方案。NIMA 的研究表明，在执行任务期间，建立准确、及时的态势感知至关重要。而人工智能可以将目标区域（AOI）的可用信息集成到一副态势图中，生成 2D 或 3D 影像，并实现动态通用操作画面（COP）的构建。此外，DARPA 的许多人工智能项目也都与自动目标识别（ATR）和地理空间目标分析紧密相关。DARPA 在 2020 年 7 月公开了"移动目标识别"（Moving Target Recognition Program）计划，其目的就是要通过开发处理算法和收集技术，从而解决使用合成孔径雷达（SAR）对地面移动目标进行检测、成像和地理定位的难题。

（4）辅助情报培训

近年来，美国情报界开发了多款专门用于辅助情报人员培训的人工智能软件，以情报高级研究计划局（IARPA）为首的研究机构，通过开发军事游戏和虚拟仿真环境等软件，为情报人员提供沉浸式的逼真虚拟体验。IARPA 正在开发的 CREATE 程序，就是开发结构化分析技术，来改善分析推理的系统，该程序旨在训练情报人员更好地理解支持或与结论冲突的证据和假设，同时还能帮助用户更好地传达其推理和结论。

2. 指挥控制领域人工智能技术应用

美国军方正积极谋求人工智能技术在指挥控制领域的应用。人工智能技术可以整合陆、海、空、天和网络等多个作战域的传感器数据，进行集中分析处理。随着人工智能技术的不断发展，有望能够实现针对实时战场数据和情况，提供一系列的可行行动方案，供指挥官选择，提高作战决策质量，加快决策速度。

(1)“深绿”项目

2007 年，由美国 DARPA 牵头成立了“深绿”项目，计划在现有美国陆军旅级 C4ISR 中整合战时指挥决策支持系统，用于对作战中可能遇到的各种情形进行预测，并给指挥员提供作战决策辅助支持。就设计思路而言，“深绿”项目旨在进行军事领域智能化研究，在指挥控制系统中运行，并能够从 C2（指挥与控制）系统中对信息进行处理，具备实时态势感知、敌我态势汇总、多变量模拟、决策辅助输出等能力，强调“人在环上”的运作模式，突出指挥员主导决策的作用，并确保辅助指挥员做出正确的决策。

“深绿”项目能够大幅度缩短“博伊德循环”运作周期的时长，其作用的节点聚焦于观察（Observe）和调整（Orient），用以应对未来战争瞬息万变的战场环境。“深绿”项目的核心技术本质上是基于实时态势的动态仿真，这也是“平行仿真”的核心要义，其运作主要由“指挥官助理”“闪电战”“水晶球”3 个模块组成。其中，“闪电战”和“水晶球”模块是主导核心，在后台运行，“指挥官助理”模块在前台运行。同时，“深绿”项目具有系统集成功能，用于将辅助决策系统，也就是深绿，集成进未来指挥所（Command Post of Future）中。未来指挥所是 DARPA 牵头推出的一个先进指挥控制系统，其主要技术包括了人机互操作技术、情报处理和决策支持技术、网络管理技术等。“深绿”项目本身具有多模式的人机交互能力，不仅能够识别输入的代码和指令，也能够识别指挥员的口令和手势，提高了辅助决策的便捷性，为更高效地服务奠定基础。

（2）“指挥官虚拟助手”项目

2015 年，美国陆军通信电子研究、开发与工程中心下设的指挥、力量和集成局开始规划 CVS（Commander’s Virtual Staff）——“指挥官虚拟助手”项目，并计划于 2016 年正式启动。“指挥官虚拟助手”项目的设计理念也是为了服务美军的战场需求。为配合美国维护霸权的需要，美军提出全球到达理念，要求军队能够在短时间内到达全球任何地域并展开行动。这不仅对投送能力提出极高要求，更对复杂信息处理和计划制订等一系列流程提出极高要求。为了达到快速高效决策的目的，简化决策流程，提高决策效率成为指挥官虚拟助手的主攻方向。通过借鉴苹果公司的“Siri”、谷歌助理、亚马逊的“Alexa”和微软的“Cortana”等产品，指挥官虚拟助手被打造为集应用认知计算、人工智能和计算机自动化等技术于一体的综合决策支持系统，能够从海量情报信息及复杂战场态势中自动进行信息获取和处理，并反馈给指挥员，为其提供决策建议，缩短“博伊德循环”周期。与“深绿”项目相似，“指挥官虚拟助手”项目也能够根据指挥员的个人偏好进行人机交互，降低了“端到端”的技术复杂程度，从而为指挥官和参谋人员提供支持，帮助其制定决策。作为辅助决策系统，“指挥官虚拟助手”项目能够实现信息处理和报警自动化，节省人力和时间成本，直接向指挥员反馈处理过的信息，方便其快速做出决策。

（3）“指南针”项目

2019 年 12 月，美军印太司令部夏威夷总部情报与作战部试用了 DARPA“指南针”（COMPASS）项目研发的辅助决策工具。“指南针”项目旨在利用先进人工智能技术提高指挥官面对复杂破坏活动的决策效能，最终为战区级作战人员和规划人员提供强大的决策辅助分析工具，分析海量数据，识破对方的身份和企图。这些破坏活动是指在不爆发全面武装冲突的前提下，为实现地缘政治目标采取的暴力或非暴力行动，如部队调动频繁、网络入侵、暴乱等。现有数字化辅助工具大多用于分析历史演变规律，而“指南针”项目研发的辅助决策工具能够帮助分析人员鉴别正在发生的事是否正常。

3. 信息作战领域人工智能技术应用

（1）人工智能在卫星通信中的应用

随着太空环境的迅速变化、新用户和新功能的增加，以及日益复杂的威胁的扩散，遏制威胁和保护太空资产已成为确保国家安全的当务之急。通过提高太空域意识，加快指挥和控制决策，使卫星及其网络更具弹性等措施，人工智能解决方案的采用可为保护、改进和增强太空任务能力。

一是人工智能和机器学习可协助操作人员管理大型卫星星座，完成“低认知任务”。美国超级巨人工业公司正测试基于机器学习的轨道预测算法，可高精度预测低地球轨道卫星和碎片的位置；通过卷积神经网络对卫星实施目标检测、分类和定位，使卫星通过星载传感器数据对其观测到的物体进行识别并做出反应；利用地面站接收卫星遥测数据，并对异常情况进行分类和预测。

二是使用人工智能增强网络安全。洛克希德·马丁公司在卫星热真空等测试期间，使用 T - TAURI 人工智能系统，可在极短时间内分析异常结果，缩短测试时间；通过“探路者”等智能卫星任务增强太空能力；研究自主指挥各种规模的卫星星座，使卫星自主进行轨道变化，对提示或威胁做出反应。

三是使用人工智能执行天基作战任务。美国雷声公司正进行先进的星载处理工作，能够承载强大的人工智能和机器学习应用程序，使卫星成为数据收集器、开发者和传播者（大脑和神经系统），直接传送情报信息；还开发了先进的算法执行专门的天基作战管理、指挥、控制和通信任务，该算法能以机器速度处理大量数据。

四是将人工智能用于可变调制解调器接口。美国休斯网络系统公司（Hughes Network Systems，HNS）于 2018 年 12 月成功向美军高层展示了一种新的基于人工智能的业务管理和控制技术。这项名为“可变调制解调器接口（Flexible Modem Interface，FMI）”的软件成果可实现不同卫星通信技术之间的协同操作，是空军某项计划的一部分，该计划旨在探索新的协同操作能力。据悉，FMI 采用了一种名为“规则引擎”的人工智能技术，即利用一套人为策划的规则来做出决策。这次所展示的软件同时实现了新的人工智能技术和规则引擎功能，可总体掌握当前终端哪些卫星可用，哪些服务提供商可用，哪些调制解调器可用，从而做出正确的选择。

（2）网络空间战

网络空间作战是一种新型作战样式，其在态势感知、作战规划、战损评估和行动执行等方面都与传统作战截然不同。为了像主导陆海空天一样主导网络数字战场，美国国防部近年来先后开展了 X 计划及 IKE 项目，从顶层上研究网络战场体系架构及相关革新性关键技术，用以为网络空间作战提供基础性感知、计划、实施和评估平台。

X 计划是美国 DARPA 2013 年启动的基础性网络作战项目，旨在为国防部开发用于计划、实施和评估网络作战的平台。该项目持续时间约为 6 年，总投资超过 1.1 亿美元。该项目寻求为理解、规划和管理网络战创造革命性技术，并研究能够主导战场的基本战略和战术，具体涉及网络战系统体系架构、网络战损伤监测、网络战规划和执行、网络战场的可视化和互动等领域。2016 年 6 月，该项目首次交付作战人员，并成为年度“网络卫士”与“网络旗帜”联合网络演习的重要组成部分。2017 年 9 月，X 计划交付美国陆军试用，旨在加快该项目由试验样机到战场部署应用的进程。

IKE 项目是 X 计划的接棒延续。据美国国防部消息，美国空军和美国国防部战略能力办公室（SCO）2019 年已接棒开展已经持续 6 年的 X 计划研究项目，并将其重新命名为 IKE 项目（Project

IKE)。2019 年 3 月，美国空军授予 Enlighten IT Consulting 公司针对“威胁感知和共享概念”（TASC）的一个研发合同，该项目为期一年，关注于扩展网络威胁数据共享自动化和可视化的原型研究。同年 7 月，美国空军研究实验室（AFRL）向 2-6 实验室（Two Six Labs）授予了价值 9 500 万美元的相关研发合同。美国空军已计划在 2020 财年向该项目投入 1 100 万美元的研发资金，而后到 2024 年每年投入 1 200 万美元。

4. 作战保障领域人工智能技术应用

（1）美军装备维护领域关键技术及应用

美军认为，在 21 世纪的后勤装备保障中，保障速度比保障资源数量更重要。在“持强思变”谋求绝对优势军事思维的牵引下，为了提高后勤装备保障效益和效率、缩减后勤规模、降低装备使用与保障费用，应对信息化战争给后勤保障提出的新要求，近年来美军在后勤装备保障中先后研发了模块化技术、远程故障诊断与维修技术和基于状态的维修等一系列全新的装备保障技术，并实际应用。

①美军装备维护领域关键技术

一是远程故障诊断与维修技术。为了更好地保障 21 世纪的主战装备，有效地支持未来的信息化战争，美国海军率先提出了“以网络为中心”的维修思想，成为美军各军种装备维修保障的指导思想，为适应未来数字化战场和数字化部队作战保障的需要，实现精确保障和主动保障，美军开发了远程故障诊断与维修系统，该系统能够及时预测保障需求，实现适时适地提供保障。

远程故障诊断与维修技术是维修人员与远方人员或信息源之间进行资料或信息的电子传输，以便外场维修人员根据远程实时传送的信息现场接受维修培训和指导，使前方维修人员能从后方获得技术指导和维修信息，可与后方维修中心的技术专家直接联系。其实现手段主要是借助于可穿戴计算机系统、交互式电子技术手册和网络通信。远程维修的优点是能保证在第一时间完成高质量修理，并且在有效时同内通过分享经验而提高维修人员技术熟练水平，同时降低对培训的要求，从而显著减少装备在现场修理时间和停用时间，提高装备的战备完好性，降低使用与保障费用。这种先进的装备维修思想能在更高层次上对装备维修保障进行整体筹划。远程故障诊断与维修系统主要由装备保障现场单元和远程故障诊断中心两部分组成，它们之间主要通过军用网络实现远程通信。首先，在装备的关键设备处设置检测点，在线监测设备的运行状况，采集故障信息，然后经信息中心进行数据处理后传送到远程故障诊断中心，由远程故障诊断中心的专家或专家诊断系统进行诊断，并及时给出相应的解决方案，对现场设备进行及时维护。

二是模块化技术。装备保障力量模块化就是依据一定的规则设计装备保障力量模块，并按照任务需求将模块进行组合的过程。美军认为，模块化与多功能化是后勤保障力量的最佳模式，建立规模较小、功能综合的“保障单元”，以适应 21 世纪的需要，这种“保障单元”可以相互轮替，“即插即用”。

模块化是部队的一种架构方法，为部队提供了可互换与可扩展的架构方式，可根据部队的需求变化对结构进行调整。模块化可以让部队架构具有灵活性，加强战斗勤务保障部队的调节能力，优化战斗勤务保障机构的任务分配。

三是基于状态的维修技术。与周期性维修保养相比，美军更加重视零部件和子系统的监测，这样可以在系统需要时进行维修，而不超前维修，内置传感器预警，装备在需要进行维修保养时会报警提示，这种方法和技术称为基于状态的维修（Condition Based Maintenance，CBM），目的就是优化维修保养工作进程、节省开支和改进装备运行状态。

CBM 首先要对维修保养要求和优先级进行分析。CBM 还涉及电子方面的关键子系统和负责信号处理部件的在线监测、早期的故障检测以及剩余使用寿命的预报。CBM 系统使用监测设备健康状况的系统传感器，可以在事故发生之前识别和预报故障，提供采取恰当处理的手段。CBM 包括收集平台数据、平台数据移入数据库、分析数据和操作数据。CBM 能给陆军的系统提供空前的可视性。

②美军装备维护领域典型人工智能技术应用

一是 CBM 系统在美国海军陆战队的应用。CBM 系统目前已经覆盖了海军陆战队 400 多个主要系统，并从以下 3 个方面进行了评估：CBM 如何提高海军陆战队的系统运行能力，怎样达到海军陆战队指定的经费级别，在实践中指导如何改进 CBM。使用 CBM 技术的平台必须加装传感器，如“阿帕奇”直升机和 F-35 联合攻击机在生产时就植入相关传感器，一些装甲车在改装时也安装了传感器。研究显示，武器系统 70%～80%的费用支出是用在运行和维护上，仅 20%～30%的费用是用于研发设计和采购阶段，CBM 通过削减整体费用中最大的支出点，从而对成本进行优化控制。

二是综合状态评估系统（ICAS）在美国海军的应用。舰船综合状态评估系统主要由以 Windows NT 为基础的数据采集设备和可执行机械状态评估与维护规划的应用软件组成。另外，还可通过陆地网络或卫星与岸基美国海军维护数据库相连，以实时接收舰艇状态数据，为海军岸基的保养规划提供参考，功能如下：

在线评估功能：采用先进的传感器和分析模块，可进行在线的机械振动、柴油气缸压力和润滑油的分析，测量出有关于压力、流速和温度等参数，并且对机械设备进行持续不断的状态评估。

信息传输处理功能：通过使用便携式数据终端进行“无纸化”信息传输。与以前相比（手工输入信息，形成舰船工程记录，并存储在文件柜），现在可使用在线传感器利用便携式数据终端所采集到的数据进行电子化处理，从而大大减少了值班员的工作量。

对比预测功能：可对性能和效率进行评估，并与设计值进行比较，了解设备运行的老化曲线图。这样就可以在发生重大事故之前，通过隔离老化设备的方式，及时规划维修任务。

三是 PHM 系统在美国空军的应用。PHM 系统由机上和机下部分构成一体化系统，采用分层推理、空地联合的故障诊断、预测架构，便于从部件级到整个系统级综合应用故障诊断和预测技术，如

图 1 所示。

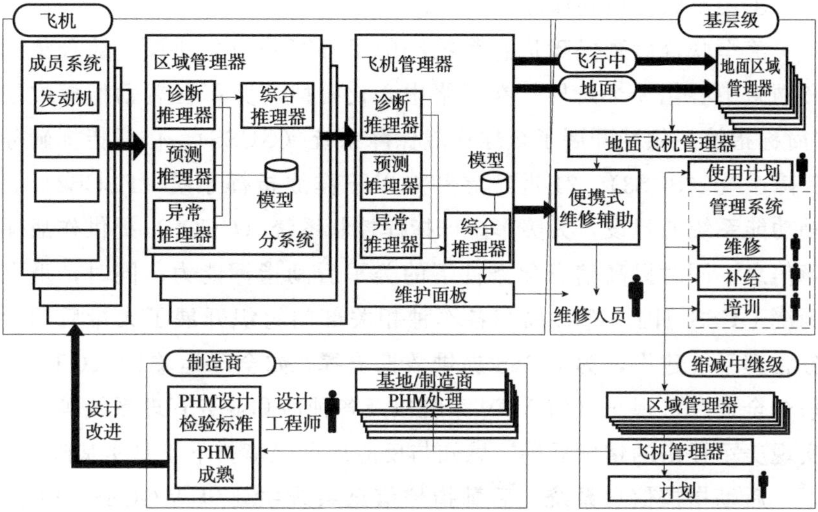

图 1　先进飞机用机载 PHM 系统架构

PHM 系统主要分布在飞机、基层级、缩减中继级和制造商中。飞机与基层级通过空地数据链或无线通信网络连接；基层级与缩减中继级、缩减中继级和制造商之间通过因特网络连接。机载 PHM 系统划分为 3 层：一层是成员系统；二层是 PHM 区域管理器；三层是 PHM 飞机管理器。地面 PHM 划分为地面 PHM 区域管理器和地面 PHM 飞机管理器两层。制造商 PHM 主要用于 PHM 的分析、试验和成熟改进，并及时更新。

飞机在空中一旦发生故障或即将发生故障，机上 PHM 就会检测故障所处位置或预测故障件的剩余使用时间，确认飞机是否有必要立即返回地面或继续执行任务。同时，机载数据链将故障信息通知指挥员和地面技术人员。地面技术人员在飞机返回前已经接收到相关故障信息，通过使用携带的便携式辅助维修装置立即查找故障原因、故障件位置、更换方法，得知联网管理部门相关备件详细信息并通过电邮或短信的形式发出备件领取申请。

（2）美军作战后勤保障领域人工智能技术及应用

①美军联合后勤保障典型信息系统

美军联合后勤保障信息系统经历了各军种独立建设、综合集成和网络中心化 3 个阶段。在网络中心化阶段，美军在后勤指挥控制（简称指控）领域开展了全球作战保障系统（GCSS）、作战指挥勤务保障系统（BCS3）、21 世纪旅和旅以下作战指挥系统（FBCB2）后勤功能系统的建设，为美军全球指挥控制系统（GCCS）提供作战保障信息，同时提高信息化条件下的美军后勤指挥能力；同时，重点围绕 GCSS，国防部各局和各军种相关部门组织开展了大量后勤业务管理系统建设，为 GCSS 提供数据支撑，如全球运输网（GTN）、联合全资产可视化（JTAV）系统以及各种后勤业务管理系统等，为实现美军提出的精确后勤、感知与反应后勤保障打下了坚实基础。

后勤指控信息系统。后勤指控信息系统主要包括 GCSS、BCS3 和 FBCB2 后勤功能系统等，美军后勤机关与作战机关融为一体，在筹划与指挥上紧密耦合，故后勤指控系统一般为作战指控系统的分系统，实现了作战与保障的一体化融合。其中，GCSS 是美军 GCCS 的后勤分系统，是美军实施总部级后勤指控的重要手段，可实现后勤保障数据与作战及情报数据的一体化融合，使各作战保障系统能够互操作，为各级指挥官提供战略、战役和战术级财务、运输投送、物资补给、人事、医疗、工程和维修等方面的综合后勤保障信息，改善和加速决策过程；BCS3 是美军后勤勤务指控系统，能够提供后勤共用作战态势和在运可视性信息，快速处理大量后勤、人事和医疗信息，为作战指控提供信息支持，主要列装在战区到旅各级；FBCB2 是一个数字化的作战指控信息系统，为战术级作战、作战保障和作战勤务保障指挥员提供动态、实时或近实时的作战指挥信息。

后勤业务信息系统。GCSS 的作战保障数据主要来源于美军后勤业务信息系统，主要包括物资运输、运输保障和后勤保障等业务系统，其中，最典型的业务系统主要有 GTN 和 JTAV。GTN 是美军运输司令部进行运输指控与运输业务管理的综合信息系统，搜集并集成来自各军种、国防部和商业机构相关系统的运输信息，运用大数据分析和处理技术，对采集的运输信息进行融合处理，提供在运资产的可视监控能力，为国家指挥当局、各战区司令部、运输司令部、运输司令部下属司令部以及国防部各用户平时和战时的运输规划与决策提供信息支撑。JTAV 系统是美军研制的一个重要的后勤信息管理系统。该系统综合运用物联网（RFID、二维码和条码等）、联合资源信息融合和决策支持等先进技术，使各级指挥官可以近实时掌握后勤保障资源与动态等情况，全程跟踪人员流、装备流和物资流，对后勤物资和装备的接收、分发和调换进行指控。

②美军供应链管理关键技术

一是 RFID 技术。对于美国国防部供应链来说，其预期达到的最终状态是形成一种一体化的、自适应的实体，在最少人力干预的情况下，使用最先进的使能技术和高级管理信息系统，来自动完成日常功能，并实现精确的、实时的在途、在存和在修资产的可视化。而 RFID 技术是实现这一目标的基础，图 2 描述了基于 RFID 使能技术的美国国防部供应链，它描述了利用 RFID 技术美国国防部是如何预见物资从工厂和供应商到最终部队用户的过程。供应链中物理节点的主要活动包括船运、接收和运输过程，基本上都能够得到体现。利用 RFID 技术，美国国防部能够自动地获取大量细粒度数据，便于在各种层次上使用更成熟、更先进的技术。而这将使物资在仓库之间的流动更加合理，增加库存的准确性，从而改善装备的保障能力。

二是签名 DNA 标识技术。签名 DNA 标识和鉴定平台目前已经摆上了产业发展工作日程，美军认为该项技术对于保持装备供应链健康具有十分重要的意义。2012 年，美国国防后勤局（DLA）已经将 DNA 标识列入了国防后勤采办指令条款中，要求其所属的微电子电路供应商所提供的产品必须安装 DNA 标识。签名 DNA 技术成熟、可用性强，在军事产品防伪方面已经表现出较高的效率。目前，美军已经能够在 DNA 标识中加载产品的型号、产地和生产、有效期

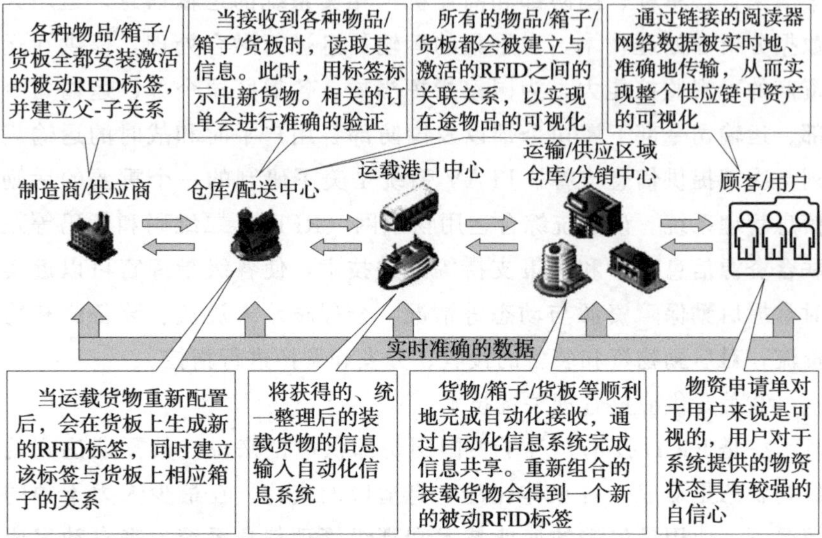

图 2　基于 RFID 使能技术美国国防部供应链

等信息，且难以被破解、复制和伪造，失效率极低，产品的任何翻新和改动都会造成 DNA 序列破坏，具有无可比拟的防伪能力。而且，DNA 标签可以在产品制造的任何环节加入，对现有生产流程和成本几乎不产生任何影响。在 DLA 对供应商所提的 DNA 标识要求中，已经设有一些开放性的计划，用于帮助保护军事供应链，主要是通过 DNA 标识有效防止假冒伪劣产品进入军事供应渠道。

③美军持续性后勤研究

美国陆军在“多域战”概念下提出的一个后勤理念是“蛛网式”持续保障（Spider Web Sustainment）。“蛛网式”持续保障是一种综合运用新老方法实施后勤保障的方法，它把各种保障模式、保障节点、保障路径和供应商集成为一个复杂的网络。其内涵包括自给自足的部队、精确后勤、与伙伴的协作、配送、远征持续保障、地区性资源、广泛分散、用企业资源计划实现任务指挥、聚焦旅级部队等内容。“蛛网式”持续保障概念将在未来对美军的持续保障行动起到指引方向的作用，为此，美军已针对这方面进行了技术研发。

自主配送系统。自主配送系统既包括航空自主系统，也包括地面自主系统。其中，联合战术自主航空再补给系统（JTAARS）是无人化飞行系统技术的代表。JTAARS是一项美国陆军与海军陆战队的联合倡议，可实现向分散部队提供可扩展的自主运输能力，该项技术预计10年内投入使用，这种配送方法可提供在需求点的精确再补给，实现半独立作战。

智能后勤信息系统。洛克希德·马丁公司与IFS公司和Beast Code公司合作，共同为美国海军开发了后勤信息系统解决方案。该解决方案最初将在美国海军10个基地部署，约有10 000名用户，可为超过20万名人员提供增强的态势感知、维护、补给后勤和任务的规划、执行和管理能力。洛克希德·马丁公司表示，借助人工智能和预测分析技术驱动的新信息系统，这种系统可以使船员降低飞机与舰船维修时间。据悉，该系统将20多个独立的应用程序进行了数字化重新设计，组成了一个集成系统，使维护人员能够预测并解决飞机、舰船和其他系统上的潜在维护问题或部件故障。该系统是完全现代化的响应迅速的解决方案，简化了用户界面和工作流程，减少了维护时间。该解决方案的高级软件功能使用了美国国防部批准的最新运维开发服务一体化（Dev Sec Ops）工具，其更新可以在几天或几周内完成，而无须花费数月或数年，从而实现了海军的“24小时内作战”的愿景。

（3）作战模拟与训练领域人工智能技术及应用

①美军作战训练领域

一是美国陆军人工智能工具计划。C5ISR中心与MITRE正在联合研发名为“人工智能行动路线推荐器”的人工智能工具。它允许士兵设定任务目标和优先级，随后给出采取最佳行动的建议。“人工智能行动路线推荐器”是一个集指挥、控制、计算机、通信、网络防御、情报、监视和侦察于一体的工具，旨在根据作战人员的任务目标和优先级推荐最佳行动方案。

该工具目前还处于概念验证阶段，使用一种被称为“师级演习训练准备系统”的地面作战系统模拟，师级或以下单位都可以使用它。到目前为止，这个任务助手的功能主要还集中在地面行动上，但C5ISR中心计划扩大其应用范围。2020年，对该工具的测试表明，人工智能系统已经证明其可以在指挥官的行动计划中找到可改进的地方。该系统突出显示任务中存在失败风险的关键点，例如，军用车辆需要按时到达特定地点，或者一个单位何时会开始耗尽燃料等。2021年，工具研发团队正在寻求使该工具更具互动性，为指挥官提供一个更具互动性的系统，以快速可靠的方式突出关键任务点，使指挥官能够深入关注任务的不同部分。

除C5ISR中心外，美国陆军第18空降军和陆军未来司令部、国防部算法战特别工作组的技术专家，也在开发测试人工智能瞄准系统，并在3月的第一周举办实弹实验。这套系统利用人工智能在海军陆战队F-35、空军A-10、陆军制导式多管火箭系统和商业卫星之间共享目标数据。人工智能不仅有助于发现潜在目标，还能帮助评估敌人的战斗方式，评估不同目标在敌方计划中的重要性，以及某个目标是否值得花费“精致”（和昂贵）的精确制导武器，甚至可以帮助衡量是否应该杀死某个目标。这套系统能够使第18空降军无论在哪里部署，都能比以往更快速地打击更多目标。

二是美国空军PTN计划。PTN计划，即飞行员未来训练，由美国空军教育和训练司令部（AETC）负责人史蒂文·夸特斯中将直接领导，奥斯汀基地第560和第99飞行中队参与，是美军在前期技术摸索的基础上进一步发展的产物，是美国空军新训练计划的一部分。目的是要验证虚拟现实技术的实际训练效果，同时通过集成先进生理传感器、人工智能和数据分析等技术对训练系统进行逐步改良，构建美国空军虚拟现实训练系统，为后续融入包括红鹰T-7A教练机在内的美军新一代飞行员训练体系做准备。

PTN计划总体思路是将模拟训练与真机飞行结合，通过训练效率和效果比对进行技术验证。PTN计划通过单独配置一个训练教室开展实施，配置20台虚拟现实飞行模拟器，每个模拟器配置HTC

Vive 头显、驾驶杆、油门杆和高性能 PC，模拟器占地面积小，可机动部署，模拟器按照 T－6 教练机的座舱环境编程开发，并预留后续其他机型座舱环境整体替换的接口，模拟器之间可以联机训练，同时还布置了心律测试仪、眼动仪等生理监测设备，对学员的学习情况进行监测。

②美军兵棋推演领域

兵棋推演生态系统使用了生物学中“系统有机整体”的概念，是一类典型的复杂自适应系统。构建这类的系统需要遵循生态系统形成和发展的基本理念：“动态开放”协调保密与开放；“层次多样”多要素、多变量；“协同演化”智能性与人机交互。智能化兵棋系统的认知模型有以下两大类：

“内嵌”的认知模型。针对战争复杂系统的很多规律无法进行物理相似性模拟，通过引入智能认知模型来捕获隐性战争知识，以提升兵棋系统内部实体、行为、交互模型的性能和“拟真度”。因为智能无人系统本身就具有很强的自主认知决策能力，所以未来构建这类武器系统的兵棋模型，可以看成是内嵌模型的特例。认知建模在解决复杂系统问题中大放异彩，如 Philip Breen 构建了神经网络模型，模拟三体（指代天文学中的三体问题，该问题的基本性质是 3 个天体的运动毫无规则可循）复杂运动系统比传统最先进的解析模型快了 1 亿倍；Deep Mind 利用深度学习构建 AlphaFold 模型，解决了传统建模方法束手无策的蛋白质复杂结构建模难题；DARPA 正在开发兵棋系统中的人工智能程序，以打破复杂的模型所造成的不平衡，提高兵棋系统的模拟效率和精度。

“外挂”的认知模型。以辅助或者替代部分人类的指挥决策功能为目的，提高兵棋推演活动的智能化水平。这类认知模型在指挥对抗训练、作战概念开发等方面应用广泛。如美国空军构建了 Alpha AI 以及 Alpha Dog Fight 空战智能博弈程序，击败了人类王牌飞行员；美军通过雅典娜兵棋系统构建人工智能决策测试平台，用于马赛克战等新型作战概念的开发。

（四）美军典型智能作战样式

1. 马赛克战

2017 年 8 月，美国 DARPA 战略技术办公室（STO）提出“马赛克战”概念，该概念借鉴了马赛克拼图的思路，从功能角度将各类传感器、指控系统、武器平台、兵力编队等各种作战要素视为“马赛克碎片”，通过动态弹性通信网络将“碎片”链接形成一张物理和功能高度分散、灵活机动、动态协同组合的弹性作战效果网，利用人工指挥和机器控制，快速、灵活、自主地重组一支更加解耦合型的军事力量来创造己方的适应性，提升敌方的决策复杂度或不确定性。即便系统中部分组合被敌方干扰、摧毁或中和，仍能基于所能通信的资源快速做出响应。空中、网络、陆地、海洋和空间领域将侧重于在一个更综合的框架内运作，如图 3 所示。

图 3 “马赛克战”作战概念图（六边形代表“马赛克碎片”）

“马赛克战”的概念从根本上不同于之前传统的分布式杀伤链、“体系系统（System - of - Systems，SoS）”、适应性杀伤网等相似模式，如图 4 所示。在传统模式中，每个部分都经过专门的设计和集成，以填补特定的功能。而“马赛克战”集成现有多维度武器等其他作战要素，利用动态、协调和高度自治系统的力量将复杂性强加给对手，其构造的“杀伤网”形成一种新的非对称优势，使对手无法完成“观察、判断、决策、行动（OODA）”回路后做出反击，更能发挥“杀伤力”优势。同时，微电子和通信的进步使不同系统之间的网络化协调成为可能，攻击能力更强、开发成本更低、升级速度更快。

（1）马赛克战关键技术（图 5）

根据 DARPA 发布的针对“马赛克战”的资助计划文件，“马赛克战”的相关技术包括马赛克技术、马赛克效应网络服务和马赛克实验、基础战略技术和系统研究 4 个方面。

空间抓取技术。“马赛克战”解决分布式监管、集成和管理问题的算法类似于空间抓取技术（Spatial Grasp model and Technology，SGT）。第一种 SGT 模型方案是：在统一控制下，该模型实时将分散的资源集成为整体作战力量，以及对某些分布式资源进行分组，用于解决周围环境中集体性意外事件。大规模机器人技术和无人驾驶系统在 SGT 模型中扮演马赛克碎片的角色。该模型解释了如何使无人战斗机（UCAV）团队智能集合并自我重组、采集并命中发现的目标、协同观察领地。第二种 SGT 模型方案是：在没有外部控制的情况下，该模型组织无人机群（Aerial Swarm）自动战斗。此外，该模型还展示了由于道路状况，移动中的无人车队如何被分成“马赛克碎片”，并如何自我重组成一个标准的车队。

C5ISR/C6ISR 系统。该系统集成存档和实时数据等信息，为整个指挥作战链提供准确和高效的情报产品，保障了所有参与作战人员在现代战场空间中的态势感知。C5ISR/C6ISR 系统提供的功能包括数据融合、多情报集成、态势感知、现代作战空间管理、指挥控制、信号情报处理支持、大规模情报系统。C5ISR/C6ISR 系统的体系结构对空中、陆上、海军或空间设施的驻扎和多维防护具有重要意义。

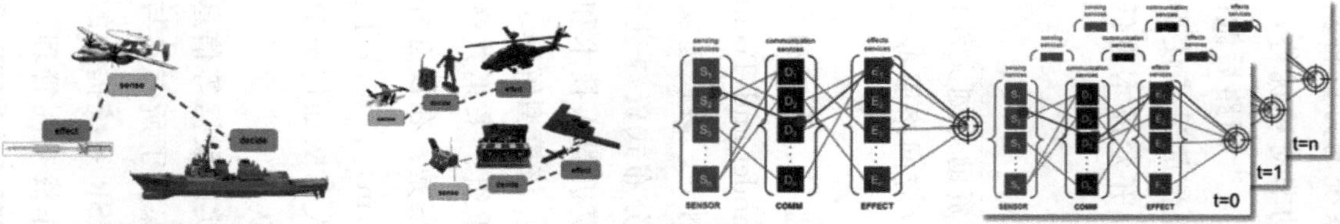

	分布式杀伤链	体系系统（SoS）	适应性杀伤网	“马赛克战”
示例	一体化防空火控（NIFC-CA）	体系综合技术和试验（SoSITE）项目	—	—
描述	人工整合现有系统	适应多种作战布局的系统	在任务开始前半自动化选择预定效应网络的能力	在战役期间构建新的效应网络的能力
优势	1) 拓展有效作战范围 2) 增加交战机会	快速整合多元杀伤链	1) 可以在任务开始前进行调试 2) 更具杀伤性，迫使敌人面对更大的复杂性	1) 可适应动态变化的威胁和环境 2) 可同时应对多场交战
挑战	1) 静态系统 2) 建设周期长 3) 难以操作，不易扩大规模	1) 静态架构导致兼容性有限 2) 无法动态增加新功能 3) 难以操作，不易扩大规模	1) 战术是静态的 2) 杀伤链有限 3) 可能不易扩大规模	规模受到人类决策者的限制

图 4　“马赛克战”的概念发展路径

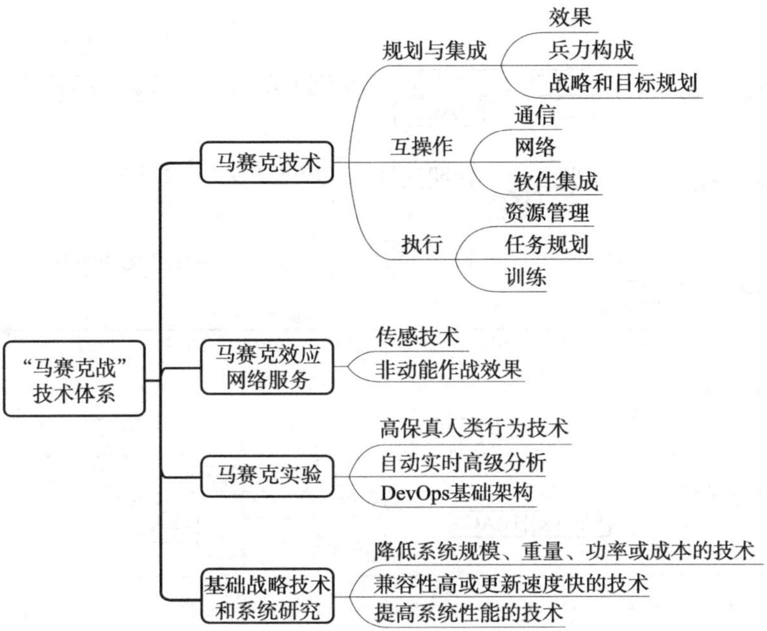

图 5 "马赛克战"技术体系

未来智能军事基地。"马赛克战"要求未来智能军事基地有威胁防护、保卫关键区域、随时存储大量数据和信息的作用。因此，五角大楼在 2018 年发起了一项关于未来智能军事基地的倡议。通过先进的数据分析系统、人工智能和机器人来提高战斗准备效率，并确保部队得到多维防护，从而高效支持新出现的作战任务。未来智能军事基地即使远离前线，也必须满足同样的标准，例如安全、恢复力、设施抗干扰防护能力、服务优化和提高设施效率。

(2) 美军马赛克战相关项目布局

"马赛克战"涉及大量的资助项目，以新项目和正在进行的项目为主。2020 年之前的项目如图 6 所示，近期相关项目也正在不断开展。

"小精灵"无人机将恢复空中回收试验。作为"马赛克战"体系中的无人机项目，2021 年 6 月，DARPA 资助的"小精灵"无人机项目的主承包商戴内提克斯公司已制定出应对无人机空中回收失败

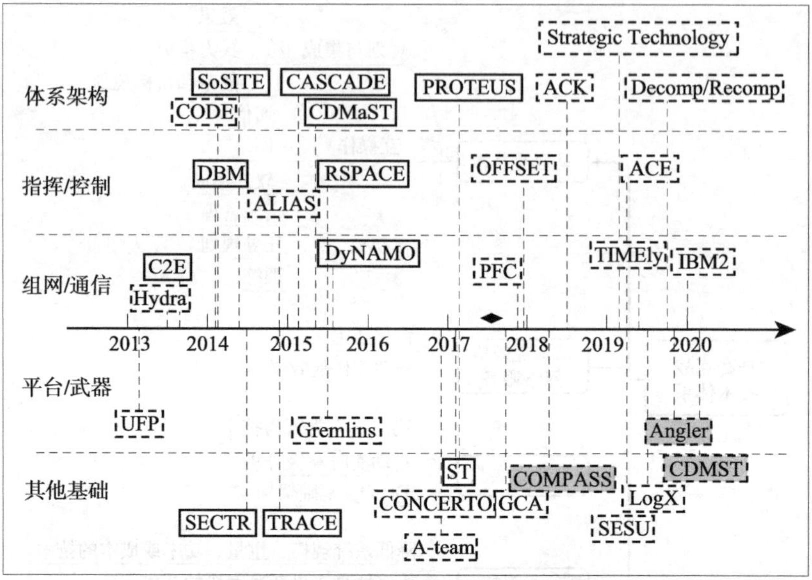

图 6 "马赛克战"相关项目分布情况（来源：《战术导弹技术》杂志）

的解决方案。"小精灵"计划的新一阶段测试于 2021 年 10—11 月进行，实现在 30 分钟内回收 4 架无人机。

MINC 项目。2021 年 4 月 29 日，DARPA 发布了任务集成网络控制（Mission - Integrated Network Control，MINC）项目征集公告。该项目是"马赛克战"的重要组成部分，旨在组装单个作战平台，构建一种安全网络层，通过控制机制对敏捷而可自愈的网络进行分布式管理，在激烈的动态环境中支持多域"杀伤网"。

ASTARTE 项目。该项目是 DARPA"马赛克战"的一部分，于 2021 年 1 月启动，分为 3 个阶段。第一阶段是组件技术开发，为期 14 个月；第二阶段是虚拟实验，为期也是 14 个月；第三阶段是现场实验，为期 18 个月。ASTARTE 项目帮助作战人员快速分类所需的大量数据，将跨空中、陆地、海洋、太空和网络空间域的所有传感器和射击装备连接起来，实时以低风险的方式消除冲突。

2. 算法战

2016 年 9 月，哈佛大学法学院发布了一份题为《战争算法问责》的研究报告，该报告将“战争算法”定义为“通过计算机代码表达、利用构建系统实现以及能在战争行动中运作的算法。”2017 年 4 月 26 日，美国国防部明确建立“算法战跨职能小组”，标志着美国军方对“算法战”这一概念的正式认可。算法战的本质是推动人工智能应用于军事领域，塑造新一轮军事优势。澳大利亚空军上校在其出版的《算法战：将人工智能用于军事领域》报告中指出，算法战对于军队的价值主要可分为以下两类：

第一类是“更好地做事”，即将人工智能算法嵌入侦察、信息、指挥和行动等作战网络，塑造己方的信息和决策优势，更快地完成“观察、判断、指挥、决策”这一 OODA 回路。这一思路沿袭着约翰·博伊德（John Boyd）理论视角，认为在任何级别的战争中获胜都需要比对手更快地完成“OODA”回路。

第二类是“做更好的事”，即通过战略层面的机器人战争和战术层面的机器速度决策和蜂群技术塑造出全新的军力结构和作战能力。自主的机器人战争可以显著降低战场人员伤亡，排除通信干扰，降低战争门槛。以智能机器速度决策可以瞬间协调大量传感器和武器平台，从而实现快速兵力集结、跨大区域机器攻击和快速重组，以重新分配任务。而蜂群技术则能够发挥其更大的群体、更快的反应速度、更强的协调能力、更高的智能等优势，塑造新的战场优势。

（1）算法战主要支撑技术

机器学习算法、大数据和云计算是“算法战”的三大支撑。数据、算法及算力是驱动第三次人工智能浪潮蓬勃发展的“三驾马车”，也正由于这三种关键的计算技术的进步，算法战的理念才能成为现实。

计算机处理能力的指数级增长，使高性能机器学习技术得以实现。机器学习是人工智能领域的一个专业术语，它经常使用数学统计方法使机器能够从数据中“学习”，而不需要明确给出如何学习的指令。这个过程被称为“训练”一个“模型”，使用一个学习“算法”，逐步提高模型在特定任务上的性能。目前，主要有监督学习和非监督学习两种典型的机器学习方法。

“大数据”的显著增长，为训练有学习能力的机器奠定了数据基础。大数据一般是指“可以通过计算分析来揭露数据模式、发展趋势和数据之间联系的超大数据集，尤其是与人类行为和交互有关的数据集”。大数据的主要特征通常可概括为“三个 V”，分别是大数据量、快数据流以及多信息源，如图像、音频、视频、文本等。

云计算的稳步发展，允许随时访问外部程序和数据。促进智能机器访问大数据集最有效的方式是使用云计算。“云”是在互联网上访问服务的一种隐喻，云计算则是指使用网络来存储和访问外部的数据和程序，而不是使用计算机自带的硬盘驱动器。与计算机硬盘存储或在小型局域网中使用硬件服务器相比，云计算在信息共享方面更具弹性、安全性、可扩展性、灵活性、响应性和支持性。

（2）美军算法战相关项目布局

为了推动人工智能快速嵌入军事领域，更为全面地推进算法战，2018 年 12 月，美国国防部出台《云战略》，强调获取数据和随时处理数据的能力将是确保虚拟世界战争胜利的关键，明确推动国防部朝着企业云环境的方向发展，建立一个由一般目的（通用云）和特定目的（定制云）的云平台组成的生态系统。美国国防部将人工智能的军事应用作为当前的优先任务之一，并出台了大量项目。

前美国国防部长詹姆斯·马蒂斯在 2018 年披露，美军目前约有 592 个与人工智能相关的项目。其中，不乏存在与“算法战”密切相关的一些项目。具有代表性的几个公开项目有对抗环境下的目标识别与匹配（Target Recognition and Adaption in Contested Environments，TRACE）、指挥官虚拟参谋（Commander Virtual Staff，CVS）项目、进攻型蜂群战术（Offensive Swarm - Enabled Tactics，OFFSET）、驾驶舱人员作业自动化系统项目（Aircrew Labor In - cockpit Automation System，ALIAS）等。与这些项目相伴随的是美国国防部大量的资金支持。2018 年 9 月，美国国防高级研究计划局宣布，拟投入 20 亿美元的资金投入“下一代人工智能”的研究。美国《2020 财年国防授权法案》为联合人工智能中心划拨 2 亿美元资金。《2021 财年美国国防授权法案》也特别强调对人工智能等关键技术进行投资，建议对人工智能投资 8.41 亿美元，对自主技术投资 17 亿美元。

3. 认知电子战

认知电子战的发展历程并不长，追溯根源，认知思想最早体现在认知无线电领域，其技术核心是能够对周边环境进行感知，并根据环境来调节优化自身工作参数。随后，美国科学家 Simon Haykins 将认知思想融入雷达设计领域，提出认知雷达的概念，然后从 2009 年开始，美军为提高现役装备的认知能力及作战效能，逐步将认知的概念引入电子战设备中，而这也就标志着认知电子战概念的形成。

认知电子战系统是在传统电子战系统的基础上，通过增加目标认知、智能决策、自主学习等系统认知能力，形成的智能化电子战系统。机器学习、智能决策等技术的引入，使认知电子战系统具备有效应对时敏目标、未知目标和认知型目标的能力。典型的认知电子战系统功能框架如图 7 所示，其中，与系统认知能力密切相关的模块为动态知识库、认知代理和资源调度与功能管理器。

(1) 认知电子战关键技术

根据认知电子战系统的功能结构和作战特点，初步得出，认知电子战系统技术体系结构主要包括认知电子战系统平台架构技术、基于机器学习的认知侦察技术、智能攻击策略生成技术、攻击效果评估与动态反馈技术、动态知识库技术 5 部分。

认知电子战系统平台架构技术。认知电子战需要具备灵活的认知对抗能力，主要体现在未知目标快速检测、智能攻击及策略优化、攻击效果评估、动态知识库管理等相关功能，需要基于软件无线电和理论，采用标准的技术协议规范，通过硬件通用化、功能软件化

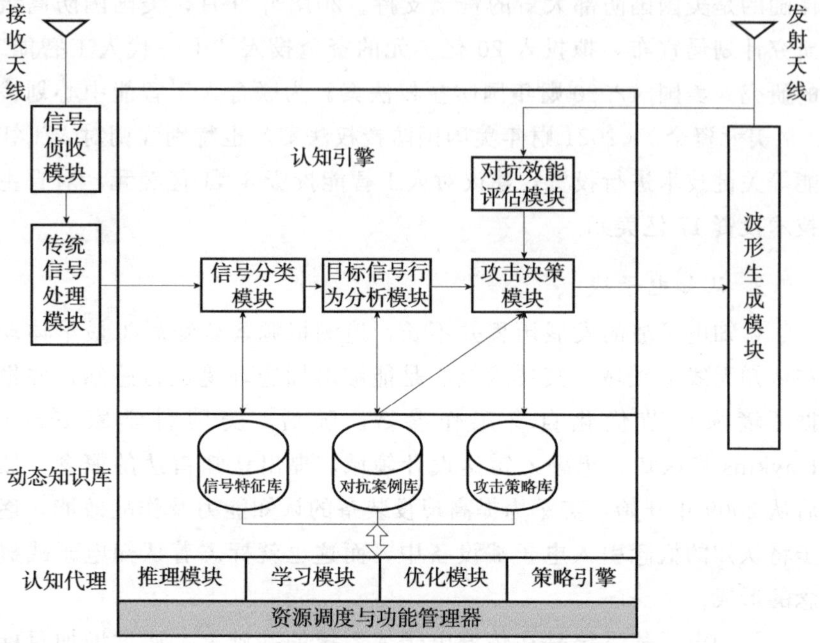

图 7　典型的认知电子战系统功能框架

和软件构件化设计，构建功能可重构的开放式系统架构，保证系统的灵活性和可扩展性。

基于机器学习的认知侦察技术。为更好地描述作战目标的战斗意图、运动特性和功能特征，电子战系统需要从复杂电磁环境中获取更多的信息，并根据更丰富的目标特征来侦收和分选出有效信号。通过威胁特征学习和自适应信号处理，获得目标信号特征。收集到足够多的未知信号特征后，通过模糊聚类、神经网络等机器学习算法，对目标信号进行分类和识别，从而构建具备实时认知能力的侦察技术。

智能攻击策略生成技术。根据作战目标的硬件、协议、运作方法、软件、固件的知识，制定最佳电子攻击策略的技术。具体说，该技术是一种干扰优化与决策技术，根据感知到的信息，在系统资源、用户需求等约束下，给出最优干扰策略。可采用蚁群优化、神经网络等算法解决非线性干扰资源分配问题，实现高效、稳健的多目标攻击。

攻击效果评估与动态反馈技术。对当前攻击策略的战损效果进行评估，并将评估结果反馈给系统，来判断上一次攻击策略的性能优劣，通过给定奖励值、惩罚值进行优化学习，从而确保系统功能进化。攻击效果评估模型可通过云模型、博弈论、灰色系统理论等进行构建。

动态知识库技术。动态知识库是认知电子战系统区别于传统电子战系统的关键模块，也是认知电子战系统其他功能模块高效实现认知功能的有力支撑。动态知识库包含信号特征库、对抗案例库和攻击策略库，分别以不同形式存储认知侦察、认知干扰和认知效能评估所取得的结果。动态知识库是系统进行学习和推理的基础，通过预先给定的先验知识和动态的积累，为系统各模块功能实现和优化提供依据。动态知识库系统可基于 Oracle 数据库系统进行构建，为方便数据信息的检索和维护，知识库需要预留人工接口。

(2) 美军认知电子战相关项目布局

目前，美军已经上马了一系列认知电子战项目：自适应电子战行为学习（BLADE，作战对象为通信和简易爆炸装置）项目、自适应雷达对抗（ARC，作战对象为雷达）项目、“城市军刀”（射频频谱控制）项目、认知干扰机（CJ，第一代认知干扰机体系结构）项目、电子战技术（应用自适应机器学习算法）项目、极端射频频谱条件下的通信（COMMEX，自适应抗干扰通信）项目、“破坏者SRx”（基于软件无线电）系统等。

“对抗综合传感器的多元素信号特征网络仿真”（NEMESIS，复仇女神）项目。NEMESIS 项目是美国海军近 5 年致力于完善的一个重要项目，不同于传统电子战诉求的个别或局部电子战能力的实现，该项目致力于将多种前沿电子战概念予以融合，即基于网络化协同电子战概念，将不同系统集成，利用无人分布式电子战平台/诱饵的集群实现大规模协同电子战。未来该系统将具备以下能力：能够提供火力和通信支持，还能够构造逼真的假目标，增加敌军必须交战的潜在目标数量；可模拟真实平台的射频辐射和雷达回波，包含红外诱饵和模拟部署部队计算机网络活动的概念和能力；还包括水下高保真声学诱饵，生成敌军必须识别或攻击的额外目标，水声诱饵包括无线电模拟器，将被用于模拟螺旋桨或其他推进系统以及水面/水下平台特定装备的噪声。

自适应雷达对抗（ARC）项目。ARC 项目由 DARPA 负责，其将基于软件无线电技术，主旨在于开发能够对抗敌方自适应雷达信号的电子战系统。未来一旦部署，嵌入 ARC 技术的平台既能独立工作，也能在具备 ARC 能力的网络化系统中工作。ARC 项目的最终目标是建立具有信号分析与表征、对抗措施综合、对抗措施效能评估功能的闭环系统，其能够针对新型、未知或自适应雷达信号，自动、近实时地生成有效对抗措施，不仅具备对抗新型雷达威胁的自我学习能力，还允许操作员接收系统的反馈。

自适应电子战行为学习（BLADE）项目。自适应电子战行为学习（BLADE）项目由 DARPA 负责，旨在开发一种能够在短时间内进行检测、分析并对抗的自适应无线通信系统。BLADE 项目不仅强调实现自主干扰功能，还强调了人机交互能力在系统中的重要性，即电子战作战人员应能够控制整个系统，并从中接收反馈信息，从而具备战场态势感知能力。此外，DARPA 称，BLADE 项目的软件程序将采用开放式标准进行编写，其相关算法均能集成到现有电子战设备中，其最终目标在于装备了 BLADE 所开发的算法的系统，不仅能够独立工作，还能够成为 BLADE 系统网络的一部分，系统的性能会随着网络节点数量的增加而不断提高，并将有望在多个电子战节点之间实现信息共享。

“破坏者 SRx”认知电子战系统。“破坏者 SRx”电子战系统是下一代电子战技术之一，是目前唯一达到商用现货成熟条件的认知电子战系统。“破坏者 SRx”电子战系统由美国 Exelis 公司开发，基于软件无线电技术，十分注重认知侦察环节，能够适应复杂多变的电磁环境，具备自适应、可编程功能，具备多功能电子战的特点，并且能够实现在各功能之间进行实时切换，使系统面对不断变化的任务需求能够立即做出响应。

“反应式电子攻击措施”（REAM）项目。是美国海军未来海军能力（FNC）项目之一，于2016年启动，旨在开发信号探测和分类技术，用于识别敏捷雷达威胁，并改造DARPA的“ARC”项目的机器学习算法，支持电子战支援、电子攻击能力。REAM项目还开展了获取频谱知识的技术、满足尺寸/重量/功耗限制的频谱学习技术、生成电子攻击方案的频谱推理技术，以及执行电子攻击措施的频谱攻击技术的相关研究。

三、发展趋势

人工智能技术一般可分为弱人工智能、强人工智能、超人工智能3个等级。人工智能经过60多年的发展已取得重大进展，但总体上还处于初级阶段。预计超人工智能技术可能在2050年前问世。

（一）人工智能技术总体发展趋势

未来，在新一代信息技术发展的驱动下，人工智能将进入新一轮创新发展期，呈现以下发展趋势：

一是感知智能向认知智能方向迈进。依托大数据驱动，以芯片和深度学习算法框架为基础，虽在感知智能方面已取得突破，但存在深度学习算法严重依赖海量数据，泛化能力弱且过程不可解释等问题；同时，随着摩尔定律的失效，支持人工智能发展的硬件性能呈指数增长将不可持续。因此，依托深度学习的人工智能发展将会遭遇瓶颈，以迁移学习、类脑学习等为代表的认知智能研究越发重要，追求人工智能通用性、提升人工智能泛化能力成为未来人工智能发展目标。

二是机器智能向群体智能方向转变。随着新一代信息技术的快速应用及普及，深度学习、强化学习等算法的不断优化，人工智能研究焦点已从单纯用计算机模拟人类智能、打造具有感知智能/认知智能的单一智能体，向打造多智能体协同的群体智能转变，这将是未来的主流智能形态。在去中心化条件下，通过“群愚生智”涌现更高水平的群体智能；计算机与人协同，通过融合人类智能在感知、推理、归纳和学习等方面的优势，与机器在搜索、计算、存储、优化等方面的优势，催生人机融合智能，实现更智能地陪伴人类完成复杂多变任务。

三是基础支撑向优化升级方向发展。人工智能的发展取决于三要素，即数据、算法、算力。面向未来，万物智联。数据获取将超高速率、超多渠道、超多模态、超大容量和超低延时，数据形态从静态、碎片化转向动态、海量化、体系化；数据处理从大规模并行计算向量子计算、从云端部署向边缘计算扩展，机器运算处理能力高效去中心化；算法模型将是深度学习算法优化和新算法的探索并行发展。提升可靠性、可解释性以及无监督学习、交互式学习、自主学习成为未来发展的热点方向。

（二）美军人工智能技术发展趋势

未来，美军智能化建设发展可能经历以下 3 个阶段：

2025 年前，美军重点是搭起智能化军队框架，总体水平处于弱人工智能阶段。美军建设主要围绕构建“全球监视打击体系”，以升级水下、网电、空天、全球快速打击和导弹防御作战系统为重点，突出发展无人化、隐身化、远程化作战平台，提升“全球公域”介入能力，确保可信的“拒止”和“惩罚”威慑。这一阶段，美军无人系统在数量上将逐步超过有人系统，自主无人系统将成为美军前沿作战的重要力量，无形、无人、隐形、灵巧等力量将成为美军事干预的主要手段。

2035 年前，美国初步建成智能化作战体系，总体水平进入强人工智能阶段。美军建设主要通过发展智能化作战平台、信息系统和决策支持系统，以及定向能、高超声速、仿生、基因、纳米等新型武器，对主要对手形成新的军事“代差”。在这一阶段，美军无人系统的投资将超过有人系统，无人系统建设规模及作战运用皆居于主导地位。

2050年前，美军智能化作战体系将更先进、更完善，总体水平达到超强人工智能阶段。美军在强人工智能、通用量子计算、可控核聚变、纳米机器人、再生、创生、脑联网等技术方面可能取得突破。作战平台、信息系统、指挥控制可能全面实现智能化、无人化，更多样的仿生、基因、纳米等新型武器走上战场，作战空间进一步向生物空间、纳米空间、智能空间拓展，人类进入“机器人战争时代”。

四、国防领域应用前景

随着人工智能技术的不断发展成熟及在国防领域应用的进一步拓展，将加速推动战争形态向智能化方向发展。未来智能化战争的体制编制将按战略、战役、战术不同层次和不同军兵种，组建不同类型、不同用途的小型多能智能化新型联合作战部队，更加强调编组能够执行多样化作战任务的“全域化”部队，通过智能化的作战网络，按照可重构性、可扩充性和自适应要求，能够依据敌情、战场环境等态势变化，将单个武器平台进行无缝链接、灵活编组，进而聚合形成体系优势，形成攻防一体的作战模块。

（一）重塑战争支撑体系

1. 战争的目的本质发生异化

一是战争目的和门槛发生深刻变化。军事智能发展催生出认知战、失能战等非杀伤性作战手段，战争不再以消灭对手为目的，而是以控制对方认知、行动等方式取胜。随着战争后台操纵人员的伤亡数量大大减少，战争更加“人道”，减轻了发动战争者的道义责任和政治压力；此外，由于网络、太空、深海等新型领域的对抗具有隐蔽性，难以判定谁是发起者，这使战争决策者更愿意冒险，使战争的门槛降低。

二是战争本质和伦理受到巨大冲击。人工智能的发展使战争出现“无人化”趋势，可能改写战争的定义；非国家行为体、恐怖组织甚至个人具备了与国家对抗的能力，将对战争是政治的延续的本质产生冲击；特别是不受人类控制、完全自主的武器系统，可能会出现反人类风险；人工智能催生的自主机器是否具有杀人的权利，将成为战争伦理探讨的核心。

2. 战争的武器装备高度智能

一是智能武器和弹药成为未来战场亮点。未来智能武器装备具有一定的思维、感觉、知觉以及分析和判断能力，能模仿人并代替人到战场上去冲锋陷阵，使战争的伤亡大幅减少，甚至实现“零死亡”。目前，世界上一些国家的机器人已经从军服役并投入战斗。美军在伊拉克战争中，把以往战场上用几小时才能做完的事，压缩到几分钟甚至几秒钟，做到了发现与摧毁几乎同步，智能化武器和弹药加载“智能大脑”，比普通武器弹药的精度提高 30～75 倍，使弹药变得更“聪明”。

二是智能化武器装备推动军事革命。军事智能技术的直接应用载体就是武器装备，通过智能化的软硬件，让传统武器装备“长眼睛”“有耳朵”“会判断”“能自主”，大幅增强武器装备的生存力、突防力和毁伤力；空中的“蜂群”、水中的“鱼群”、陆上的“狼群”等无人作战集群将大量涌现。有专家预测，人类进入 21 世纪中叶，与蝴蝶、蜻蜓、苍蝇、蝗虫等一模一样的机器人将会大批面世。

3. 战争的决策指挥人机融合

一是传统决策指挥方式被颠覆。信息化战争强调围绕人的决策指挥提升系统支撑能力，是信息系统辅助人。未来智能化战争决策指挥将具有自主地数据挖掘、态势感知、智能决策、指挥控制能力。

这将在一定程度上形成了信息系统辅助人向智能系统代替人的深度融合转变。

二是未来决策指挥智能高效。随着大数据分析、虚拟现实、云计算服务等技术的发展和运用，有效弥补了人类在物理和心理空间的缺陷和不足，将快速夺取“观察-调整-决策-打击”循环链主动权。早在2007年，美国国防部就启动了“深绿计划”，以期保证指挥员快速准确判断和预测战局发展，定下作战决心，形成对敌决策优势，为实现人机融合快速决策赢得制胜先机。

（二）重构军队组织形态

1. 智能化军队规模结构——“小型联合、新质主导”

一是军队的总规模将大幅度缩小。小规模的智能化军队即可完成过去由数量庞大的军队才能完成的战略使命。目前，美国的军队规模已从20世纪90年代初的200万人减少到138万人，俄罗斯也将军队总员额从原来的280万人减至101万人。未来军、师的编制将可能最终消亡，旅、营或更低级别的战术单位将成为主要的作战单元，并可能出现按作战职能编成的小型联合体。

二是新质无人作战力量将成为未来智能化战争的主导力量。太空、网络、电磁和智能弹药等新质无人作战力量将直接参与未来战争，实现从战略到战术的无缝链接，形成多维一体、全域攻防、快速突击的整体合力。目前，美国的X-37B、X-51A、HTV-2等新式无人空天打击武器，能够从太空对敌实施快速的“超越打击”和“跨域作战”，从而夺取战场综合制权。

2. 智能化军队编成模式——“联合集群、自主适应”

一是智能化军队的编成模式将高度联合集群化。智能化战争将面对的不再是有血有肉的士兵，而是成群结队的智能机器人联合集群。2018年1月6日凌晨，驻叙利亚境内的俄军防空系统发现13个小型无人机接近俄军事设施展开袭击，其中，10架无人机飞近赫梅米姆空军基地，另外 3 架飞近塔尔图斯港补给站，这是无人机集群首次用于实战。

二是编组方式向“自主适应”转变。在智能化战争形态下，作战任务千变万化、复杂多样，这就要求部队编组更加灵活、富有弹性，具备自主适应能力。未来智能化军队将拥有数百个作战单元进行差异化“机机编组”“人机编组”，能根据不同作战需要，执行陆、海、空、天、电、网等多域作战任务。

3. 智能化军队力量构成——“多方联合，聚力创新”

战争制胜机理和武器装备内涵的深刻变化，催生了军民技术兼容、产品互通、标准共用时代的到来。只有加快建立联合创新体系，大力推动科技基础要素融合，才能掌握军事竞争的战略主动权。只有将地方的优质资源、创新成果纳入国防和军队建设领域，军队才能成为具有创新力、竞争力和战斗力的武装力量。

（三）重建战争交战规则

1. 突破人对传统时空的认知

随着人工智能技术能够全时、全域、全维对作战力量的各种行动进行动态感知、数据挖掘、仿真计算、推理决策、评估预测，使人类能够突破思维的逻辑极限、感官的生理极限和存在的物理极限，大大提高人对时间空间的认知范畴，能够实时精准地掌控所有力量的所有行动，在多维空间、多维领域实现优势作战资源快速地跳转、聚集和攻击，任何时间上的任何空间都有可能成为夺取战争胜利的时空点。

2. 重建人与武器装备的关系

智能化的武器装备和作战体系不仅能够被动、机械地执行人的指令，而且能够自主、能动地执行特定任务，甚至超出人类的认识范畴、创造性地完成作战任务，未来战争难以区分是人在发挥作用还是机器在发挥作用，人们惊呼“人与武器将成为伙伴关系”。因此，在智能化战争中，人虽然仍是战斗力中最主要的因素，但人与武器结合方式的改变丰富了战斗力的内涵，人与武器的传统关系也将在此基础上进行重建。

3.“制智权”将成为智能化战争夺取的制高点

人类最早的作战空间主要在陆地，“陆权论”不仅是影响最深远的战略思想，而且决定了战争的交战规则。随着人类作战空间向海洋、空中、太空、电磁领域拓展，“制海权”“制空权”“制天权”“制电磁权”相继成为作战争夺重点，并不断改写战争规则。在智能化作战中，“制智权”将成为新的战略制高点 。它既是智能化战争夺取的制高点，又是改变战争规则的驱动力。“制智权”一旦丧失，其他空间的制权也就失去了意义。

量子信息技术发展及其在国防领域的应用

21世纪以来，随着世界电子信息技术的迅猛发展，以微电子技术为基础的信息技术逐渐达到经典物理极限，以量子效应为基础的量子信息技术已成为未来信息技术的重要基础。量子信息技术的发展将推动整个信息产业的技术革命，对人类社会经济发展产生难以估量的影响，是当前世界各国战略竞争的焦点之一。

一、概念内涵

目前，量子信息技术已成为应对信息化战争挑战，实现武器装备信息技术跨代升级的颠覆性技术，其军事化应用是量子物理学不断成熟后的必然发展方向。由于量子物理与传统物理在机理与现象方面的重大差异，因此，从技术层面为军事防务领域提供了一条全新的发展思路，为解决制约武器装备发展的重大前沿科学技术问题提供了新途径。随着基于量子效应的新原理、新方法不断涌现，量子信息技术有望对未来武器装备的导航、探测、通信、计算等产生革命性的改变，其强大的技术优势将直接作用于武器装备总体性能的提升，对军事防务领域的跨越发展产生巨大的推动作用。

量子信息技术主要包括量子测量、量子通信、量子计算三大领域。

一是量子测量（也称为量子传感或量子探测），主要利用微观粒子体系的量子特性突破经典探测手段瓶颈，实现对目标及其运动状态高精度高灵敏感知，主要包括惯性测量、磁场测量、时频测量、电场测量、雷达等技术方向。发展量子测量技术，预期可实现高精度高灵敏传感与测量，可有效提升自主导航、目标探测和环境感知等能力。

二是量子通信，基于量子叠加和量子纠缠等基本量子特性，并以量子态作为载体实现信息传递的新型通信技术，主要包括量子密钥分发、量子互联等技术方向。发展量子通信技术，预期可在实现高速高动态快速组网、宽带可靠信息传输的同时，确保信息化武器装备与国防信息系统的可靠性、安全性和抗截获能力。

三是量子计算，以量子态作为信息编码、存储和处理的基本单元，通过量子比特的受控演化完成超并行计算的新型计算技术，主要包括量子计算物理系统、量子计算算法等方向。发展量子计算有望显著提升高速飞行器流场分析、海量卫星数据挖掘、核反应模拟及各类复杂系统的数值计算、试验模拟等能力，从而快速解决关系到国防科技发展的战略性、前瞻性和基础性重大理论和前沿技术问题，促进国防科技创新能力整体提升。

由于量子信息技术在确保信息安全、提高运算速度、提高检测精度等方面具有突破现有信息系统极限的能力，在情报侦察、军事通信等领域潜在应用前景广阔，是目前最具吸引力的前沿技术领域之一，已成为美国、欧盟、日本等国家和地区竞相发展的焦点。

二、发展动向

近年来，世界各国纷纷出台了量子技术方面的国家级规划。英国自 2014 年起陆续发布了《英国量子技术路线图》《量子技术国家战略》和《量子时代的技术机遇》。欧盟自 2016 年陆续出台了《量子宣言》《量子技术旗舰》《欧洲量子技术路线图》。美国于 2018 年颁布了《国家量子计划法案》，正式开启了国际量子技术战略博弈的新局面。2021 年通过了《无尽前沿法案》，5 年内投入 1 000 亿美元支持量子技术等十大新兴技术的前沿研究。2022 年 3 月，美国发布了量子传感器国家战略报告《将量子传感器付诸实践》，加速量子传感器工程应用。日本、德国、法国也陆续宣布启动国家级量子技术规划。在投入方面，除了美国高达数百亿美元的计划外，日本计划10年内在量子计算领域投资3.6亿美元，加拿大已投入2.1亿美元资助滑铁卢大学的量子研究，德国、法国计划在未来5年内分别投资20亿欧元和18亿欧元。

各国在量子测量、量子通信、量子计算方面都有涉及。在量子测量方面，美国军方研究计划对量子测量及其相关技术高度重视。美国国防部包括空军科学研究办公室、陆军研究办公室、海军研究办公室以及国防部办公室均对量子信息相关技术的基础和应用研究进行了积极的支持。美国DARPA持续支持量子传感器、量子辅助感知与读出等项目。在量子通信方面，美国明确提出为加强量子网络战略地位的技术及方案建议；英国完成首个工业量子安全网络测试，在英国电信的商业光网络上使用QKD共享远程生成的实时数据；欧盟正在研究未来欧洲量子通信网络的设计。在量子计算方面，北约提出拟利用量子优化、量子神经网络算法等来为军方和企业提供决策边界，或模拟新化学物质和材料的量子结构和行为，应用在化学-生物-放射-核的检测中；美国DARPA推进量子机器学习和模拟的研究，以实现量子计算在模拟多体物理、分类等领域中的机器学习任务的效用；同时，美军着眼利用量子计算机推动机器学习的发展，提升模式识别和目标识别能力，从而推动精确致命性自主武器系统的发展。

（一）量子测量技术

目前，国际量子测量应用研究主要聚焦量子惯性测量、量子磁场测量、量子时间测量、量子重力测量、量子电场测量、量子成像、量子雷达等领域。

1. 量子惯性测量技术

2005年，美国DARPA设立了Micro-PNT（微型定位导航与授时技术）项目，提出了不依赖卫星的美军下一代自主定位导航授时体系，针对现有陀螺难以在微小体积下实现高精度的技术瓶颈，发展了核磁共振陀螺技术。诺斯罗普·格鲁曼公司自2005年起获得该项目的连续支持，已研制成功零偏稳定性0.01（°）/h与表头体积10 cm^3的核磁共振陀螺成为世界上达到导航级精度中体积最小的陀螺；2016年，该公司研制成功了精度1n mile/h、体积200 cm^3的核磁共振陀螺惯导系统，正在美军装备中试用。基于核磁共振陀螺突出的高精度、微小型特点，2013年DARPA启动了C-SCAN（芯片级原子导航器）项目，拟研制体积20 cm^3的导航系统，内部包含3只芯片级尺寸、精度1×10^{-4}（°）/h的核磁共振陀螺，目前已实现技术验证，如图1所示。

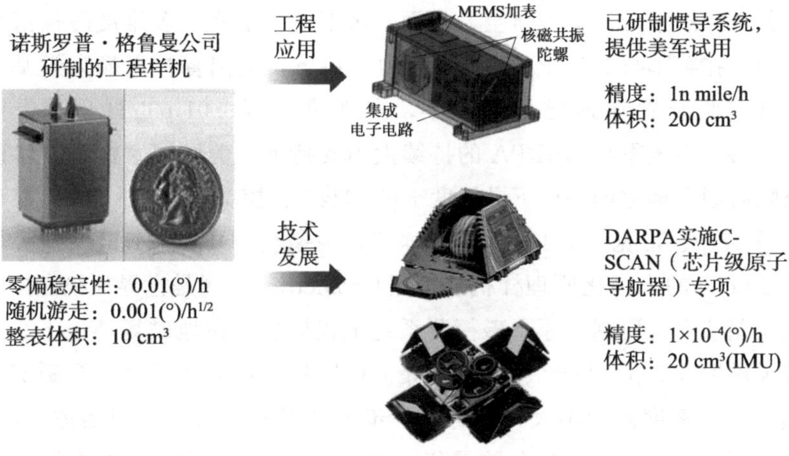

图1　美国诺斯罗普·格鲁曼公司核磁共振陀螺技术发展现状

美国DARPA认为，核磁共振陀螺及系统可以满足美国97%的武器装备自主导航应用需求，可为美军形成不依赖卫星的新一代自主定位导航新能力提供核心支撑，从而实现武器装备导航系统的升级换代，对军用导航定位领域带来变革性影响。

量子惯性导航技术已经成为继机电、光学、微机电之后的第四代惯性技术，不仅可将现有系统性能提升2个数量级以上，而且在精度/体积/重量/成本等指标的统筹最优方面具有巨大潜力，将提供不依赖卫星的自主定位导航新手段。从国外发展趋势来看，核磁共振陀螺已经成为目前世界上达到导航级精度中体积最小的陀螺，一方面正在积极面向工程形成典型的导航级应用产品，提升新一代武器装备自主导航能力；另一方面正在向芯片化集成和战略级精度方向发展，提供不依赖卫星的高精度、小体积自主导航定位新途径。

2. 量子磁场测量技术

(1) 量子磁探潜技术

近年来，美军针对传统磁探潜技术瓶颈，积极探索磁探潜新途径。美军重点发展了可实现轴频/静磁复合探测的小体积、高灵敏原子磁强计，拟广泛应用于有人/无人机、有人/无人水下航行器、浮标、潜标等各类探潜平台，实现航空、水面、水下的多层次、多维度磁探潜新能力。在美军与DARPA的持续大力支持下，美国普林斯顿大学基于大型实验装置在地磁场环境下，实现灵敏度0.01 $pT/Hz^{1/2}$、带宽100 Hz；在美军与DARPA的持续大力支持下，美国国家标准技术研究院研制了地磁场环境下灵敏度1 $pT/Hz^{1/2}$、探头体积20 cm^3、探头质量18 g、带宽100 Hz的演示样机，灵敏度0.1$pT/Hz^{1/2}$、探头体积20 cm^3的小型化原理样机。美国Geometrics公司是世界顶级磁探测系统制造商，研制了原子磁探测系统工程样机，在地磁场环境下，实现灵敏度0.5 $pT/Hz^{1/2}$、质量1 kg，它与P-3C装备的氦光泵磁探仪相比，灵敏度差距不大，并有进一步大幅提升的潜力，但是体积/质量/功耗均降低了近2个数量级。验证了原子磁探潜系统兼具高灵敏、小体积、轻重量的技术优势。

基于原子磁探仪突出的小体积、高灵敏、轴频/静磁复合探测等特点，美军发展了以下一系列磁探潜作战新样式：

在航空作战样式方面。美军新一代反潜机P-8A的尾部不再装备磁探仪，发展了反潜机可投掷的小型低磁性无人机“磁鹰”进行低空磁探潜，P-8A保持高空巡逻，以降低敌方潜空导弹的威胁。DARPA发展了“磁风暴”系统，通过小型低磁性无人机的蜂群智能协同，大幅提升磁探潜效能。在2016年“无人战士”演习期间，DARPA采用了数十个无人机联合磁探潜，成功探测到常规潜艇，演示了组网无人系统高效的磁探潜能力。

在水面作战样式方面。美军发展了磁浮标，在声呐发现疑似目标后投掷布撒，实现对潜艇的快速确认与精确定位。传统航空磁探潜遂行该任务须往复多次飞行、过顶定位潜艇，存在耗时长、效率低等难题。基于磁浮标的作战样式大幅缩短了确认时间，并提升了定位精度，可在反潜机、反潜导弹等装备广泛应用。

在水下作战样式方面。美军发展了声/磁复合探潜系统，弥补单一声学探测虚警率高等缺陷，形成水下预警监视新能力，可在水下航行器、港口警戒、水下预警等装备广泛应用。

基于原子磁强计突出的高灵敏、小体积特点，“原子磁强计＋低磁性无人机＋组网智能协同”的量子探潜系统具有大范围、远距离、高效率等优点，克服了传统磁探潜系统瓶颈，打开了新一代探潜系统发展空间，将从根本上改变航空探潜等作战模式，对现有反潜探测装备产生颠覆性影响。从国外发展趋势来看，一方面正在加快关键技术攻关，提升现有标量型原子磁强计及探潜系统的技术成熟度，尽快形成应用能力；另一方面正在大力发展矢量型原子磁强计及探潜系统技术，形成全张量量子探潜，实现更远的探潜距离、更低的虚警率。

（2）量子脑机接口技术

2009 年，普林斯顿大学研制了 SERF 原子磁强计实验研究系统，实现灵敏度 0.16 $fT/Hz^{1/2}$，成为目前人类磁场测量灵敏度的最高水平。美国 QuSpin 公司研制了原子磁强计原理样机，实现了10 $fT/Hz^{1/2}$ 的磁场灵敏度、探测器尺寸 5 cm^3，是全世界第一个可商品化的原子磁强计。英国诺丁汉大学采用美国 QuSpin 公司的原子磁强计原理样机，用于脑磁的磁源成像研究，构造了简单的可移动的脑磁图仪，实现了点头、伸懒腰等生理活动的脑意识辨识，成果发表于《Nature》。

量子脑/心磁探测技术近年来获得美国国防部、卫生部大力支持，2017 年、2018 年，DARPA 启动了 AMBIIENT（原子磁强计脑成像技术)、N3（下一代非手术神经技术）项目，发展超高灵敏、小体积原子磁强计技术，通过阵列式布局进行脑磁成像，形成新一代脑机接口与脑磁图仪。以诺丁汉大学、麻省总医院为代表的国际顶级生物磁科学与医学研究机构已转向量子脑/心磁探测方向；以芬兰医科达医疗器械等为代表的国际顶级医疗器械企业已开展量子脑/心磁探测相关产品技术开发。

基于 SERF 原子磁强计突出的超高灵敏、小体积特点，量子脑机接口技术具有空间与时间分辨率高、无创伤功能探测等优点，已成为新一代脑机接口技术的发展方向。在民用领域，正在发展原子磁强计脑磁图仪，克服传统 SQUID 磁强计脑磁图仪信噪比低、体积庞大、制造和维护成本高的难题，形成新一代脑磁图仪并推广应用，对认知神经科学发展和临床神经系统疾病的研究诊断做出重大贡献。在军用领域，正在发展便携式的原子磁强计脑机接口技术，通过对士兵大脑进行磁源成像，形成具有非侵入、高空间分辨率、高时间分辨率、便携式的大脑信息传感新能力，催生新型脑控武器和智能化装备的发展，提升武器装备智能化能力。

（3）量子甚低频导航与通信技术

美国 DARPA 针对 GPS 拒止或降级情况开启了 STOIC 项目，该项目寻求为各军种开发一种备用的定位、导航和授时系统，以便在 GPS 拒止条件下使用。STOIC 系统使用的是甚低频信号，甚低频站点分布在世界各地的固定地点。2019 年，基于甚低频原子接收机完成了海上试验验证，实现定位精度 40 m。在甚低频原子接收机方面，美国普林斯顿大学基于实验装置实现了 0.18 $fT/Hz^{1/2}$ 的技术验证；美国国家标准技术研究院（NIST）获得海军和陆军项目支持，开展了小型化原理样机研制。

3. 量子电场测量技术

2018 年 5 月，美国陆军研究实验室和马里兰大学研究团队利用里德堡（Rydberg）原子进行单兵超宽带数字通信研究，其频率范围覆盖理论值达到 1 Hz～1 THz，并在 17 GHz 载频条件下实现了近光子散粒噪声极限的 8 态相移键控数字通信协议和微波编码数据的读出，单个信道容量达到 8.2 Mbit/s，证明了室温里德堡原子可以用于高灵敏、高带宽的微波通信。2019 年 12 月，美国国防科学委员会发布《量子技术应用》报告，指出“量子电场计（例如：里德堡原子天线）是一种具有显著国防应用潜力的小型化天线”。2020 年 1 月，美国陆军研究实验室采用 Floquet 模型对微波量子传感器的频响范围和灵敏度进行了计算，结果显示其频响达到1 kHz～1 THz、灵敏度达到 1 μV/m 量级。2020 年 10 月，美国国防部高级研究计划局发布《量子孔径》项目提案者日活动，旨在开发利用量子传感器作为接收元件的新型无线电接收机和孔径系统，该系统将由接收元件的微波相敏阵列（10×10）、可编程传感器（数字阵列）和读取无线电信号的激光器芯片、处理电子元件组成。DARPA 要求，2 年内实现开发的里德堡原子传感器在 10 MHz～40 GHz 范围的灵敏度优于－165 dBi/Hz、0.15 μV/m（相对基于传统天线的灵敏度－160 dBi/Hz 提升 5 dB）。2021 年 8 月，美国国家标准技术研究所（NIST）和科罗拉多大学联合研究团队将灵敏度提升到 3.0 μV/m。2021 年 8 月，DARPA 宣布选择了霍尼韦尔、诺斯罗普·格鲁曼、Cold Quanta 和 SRI 国际等 4 个研究团队，来支持“量子孔径”项目，并于 2021 年 11 月增加 BAE 系统公司 FAST 实验室，组建了系统层面的微波量子雷达国家队，目标是：灵敏度或带宽提高 100 倍，大幅减少美军作战平台上天线的尺寸和数量。2021 年 9 月，美国 DARPA 宣布选择科罗拉多大学、Cold Quanta 公司等 8 个高科技量子公司和高校开展新型原子蒸气科学（SAVaNT）项目，组建了器件层面的微波量子雷达国家队，挑战室温原子蒸气的量子测量性能极限（2023 年，0.1 μV/m ；2025 年，0.01 μV/m）。

2012 年，美国俄克拉荷马大学的 J. P. Shaffer 小组首次报道了利用里德堡原子 EIT - AT 效应实现微波电场的测量，并实现了灵敏度约 30 $\mu V \cdot cm^{-1} \cdot Hz^{-\frac{1}{2}}$ 的微波场强测量，之后通过构建马赫-曾德干涉仪实现零差探测，将微波电场测量的灵敏度提升至

5 $\mu V \cdot cm^{-1} \cdot Hz^{-1/2}$。美国国家标准计量研究所 C. L. Holloway 等研究人员实现了 104.77 GHz 的电场成像，空间分辨率约为 100 μm。英国杜兰大学实现了对 0.55 THz 电磁波的实时成像，最小探测功率为190 fW/（40×40）μm^2，成像帧频达 3 000 Hz。2018 年，马里兰大学开展了基于里德堡原子电场探测的数字通信技术，实现了 8 位正交相位编码的实验验证，通信容量达 8.2 Mbit/s。

4. 量子雷达技术

量子雷达自 2010 年起，凭借其反隐身、超灵敏等特性，得到了广泛的关注，并逐渐由实验室研究转向工程化应用。量子雷达的形式主要有照明式量子雷达、单光子探测雷达、原子雷达、金刚石测量雷达等。

在照明式量子雷达方面，2012 年 12 月，美国罗切斯特大学率先完成了照明式量子雷达实验，证实将量子信息原理应用到雷达中，如图 2 所示。2015 年，德国量子信息中心与美国计算中心联合实验，利用 EOM 转换器使微波光子产生纠缠，研制了量子照射雷达。2019 年，加拿大滑铁卢大学在此基础上提出了一种量子增强噪声雷达，进一步推动了量子噪声雷达的发展。2020 年 5 月，奥地利科学技术研究院的物理学家成功发明了一种通过使用量子纠缠作为目标检测方法的新雷达原型，能够在传统雷达系统经常发生故障的嘈杂热环境中进行物体检测。

在微波单光子探测方面，目前仍处于初步阶段，2015 年《Science》上发表双量子点脉泽给出了一个重要技术途径。美国麻省理工学院林肯实验室于 2000 年左右开始有意识地将单光子探测等量子技术应用至传统的激光成像中，并经过十余年的研发先后研制出了三代 Gen 系列的单光子成像系统，为民用、商用、军用等各方面需求提供数据保障和支撑。

坦克目标 3D 激光雷达图像如图 3 所示。

在原子雷达方面，2012 年，美国俄克拉荷马大学和德国斯图加特大学研制采用 EIT（电磁感应透明）和 AT 效应（Autler -

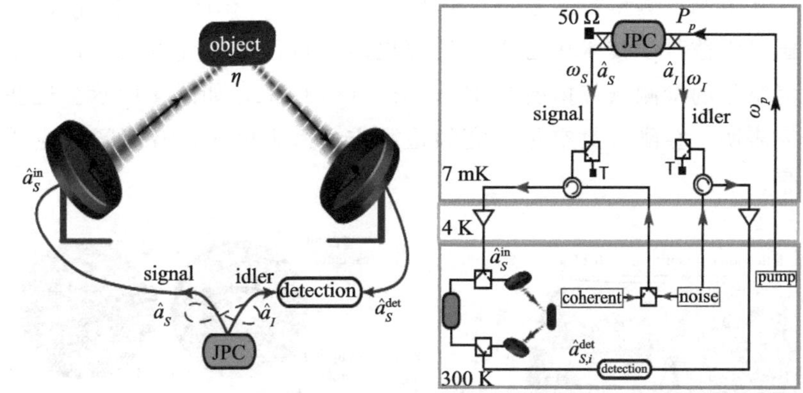

(a) (b)

图 2 微波量子照明雷达实验系统

图 3 坦克目标 3D 激光雷达图像

Townes effect，欧特莱-汤斯效应）的原子传感器（铷原子蒸气腔），在普通室外条件下对 1～500 GHz 微波段电磁场进行超灵敏的电场强度测量。2014 年，美国国家标准技术研究院在俄克拉荷马大学工作的基础上，将原子传感器应用于电磁场亚毫米成像和电场高精度测量领域。2018 年 5 月，美国陆军研究实验室和马里兰大学研究团队利用里德堡原子进行单兵超宽带数字通信研究，证明了室温里德堡原子可以用于高灵敏、高带宽的微波通信。2021 年年底，DARPA 启动了“量子孔径”项目，试图开发一种全新的接收射频波形的方法，以提高国防应用的灵敏度和频率敏捷性。

在金刚石测量雷达方面，美国南加州大学、德国斯图加特大学、法国泰雷兹科学技术中心等单位都提出了自己的研究方案，将金刚石氮空位的检测频带拓展至 30 MHz～115 GHz，如图 4 所示。这些研究表明，金刚石氮空位在宽频检测方面潜力巨大，有广阔的应用前景。

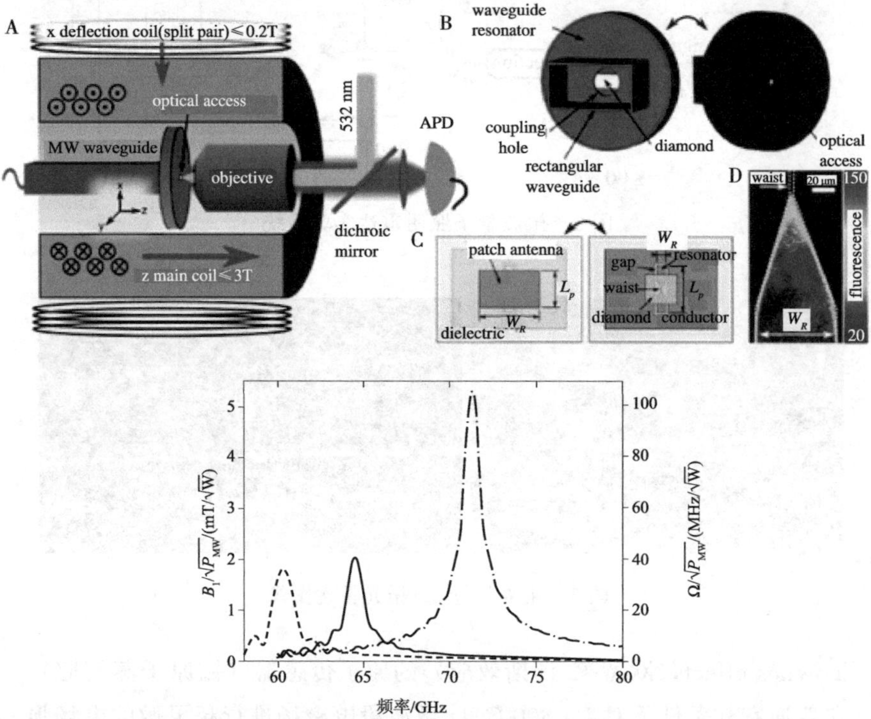

图 4　金刚石氮空位的宽频检测结果

5. 量子成像技术

近年来，计算关联成像技术发展迅速，其应用方向不断拓展丰富，包括且不限于单像素成像、光谱成像、非均匀分辨成像，以及与深度学习结合的计算成像等研究方向。

在计算关联成像实现单像素成像应用方面，2007 年 RICE 大学研制出的基于数字微镜阵列的单像素相机，采用压缩感知实现超分辨率重建。2013年，英国格拉斯哥大学的B. Sun等人通过使用3个甚至更多个不同空间位置的同型号单像素探测器，在相同的结构光照明系统下，借助于使用阴影分布进行面形重构的技术可以实现单像素的三维图像。

在计算关联成像实现光谱成像方面，杜克大学的Brady组通过使用阵列探测器配合光谱-空间调制手段，提出了基于压缩感知原理的高光谱关联成像技术，实现了相较于传统经典光学更高效的2维空间＋光谱成像。

在计算关联成像实现非均匀分辨成像方面，2017年，英国格拉斯哥大学的Phillips与Mingjie Sun等人提出了仿视网膜中央凹结构分辨率分布的成像方法，通过只提升重要局部的分辨率兼顾对成像质量与速度的需求，其中的仿视凹分辨率分布由DMD的矩阵调制选择实现，可以根据需要改变视凹中心位置，进而实现成像注意力对目标物体在视场内的追踪。

在计算关联成像与深度学习结合方面，针对计算鬼成像中成像时间长和成像信噪比低的问题，2018年，英国格拉斯哥大学的Higham提出基于深度学习的单像素实时成像系统。该系统利用深度学习，实现了一种自动编码的卷积网络，利用单像素压缩感知，可以实现30帧的实时成像速率，相机的采用率仅为2%。

6. 量子时间测量技术

当前，基于卫星的时间同步技术被广泛应用于各类系统，但这些系统容易受到破坏和干扰。量子时间测量有望成为一种更好的替换技术。其中，光学时钟、原子钟是前沿研究的热点。量子时间测量的发展趋势主要为高精度、小型化和低成本。

2020年1月，德国联邦物理技术研究院实现了对高电荷态离子的精确光学测量，可用于精密光谱学及具有特殊性能的未来时钟。同年8月，由英国兰卡斯特大学、英国伦敦皇家霍洛威大学伦敦分校、美国耶鲁大学和芬兰阿尔托大学组成的国际研究团队首次观察到了“时间晶体”的相互作用，其有望改善当前的原子钟技术，提高陀螺仪性能。

7. 量子重力测量技术

量子重力测量可用于土木工程、公用设施和运输基础设施例行监测等领域，并能降低成本。超高精度和小型化是量子重力测量的两个方向。大型超高精度喷泉式冷原子重力仪有望成为基础科研的有力工具，小型化下抛式冷原子重力仪有望应用于各类可移动平台；但目前，冷原子重力仪的工程化研发还处于起步阶段，设备可靠性和环境适应性等方面还需要进一步提升。

2020 年 7 月，英国伦敦大学、荷兰格罗宁根大学和英国华威大学的研究人员联合提出了一种中频引力波量子探测器，该探测器的体积仅为目前使用探测器体积的 1/4 000。同年 8 月，英国伯明翰大学和 Nemein 公司的研究人员开发出了基于原子干涉测量的量子重力传感器，该传感器已经被用于石油和天然气领域。

（二）量子通信技术

量子通信是利用物理实体粒子（如光子、原子、分子、离子）的某个物理量的量子态作为信息编码的载体，通过量子信道将该量子态进行传输达到传递信息的目的，是量子信息科学的重要研究分支。其核心在于以量子态来编码信息并传输，其通信过程服从量子不确定性原理、量子相干叠加和量子非定域性等量子力学的基本原理。量子通信主要包含量子保密通信技术、量子隐形传态技术、量子密集编码技术等研究分支。

1. 量子保密通信技术

量子保密通信可以细分为量子密钥分发、量子秘密共享、量子安全直接通信，其中，量子密钥分发获得关注最多，同时也最为成熟。目前，量子密钥分发主要分为离散变量量子密钥分发和连续变量量子密钥分发。在离散变量量子密钥分发方面，1984 年，美国国际商用机器公司的 C. H. Bennett 和加拿大蒙特利尔大学的 Brassard 提出如何使用量子态通过一个不安全的公开信道在通信双方之间安全地交换密钥，被称为“BB84 协议”。BB84 协议的提出标志着量子密码学的诞生。继 BB84 协议后，1991 年，牛津大学的 Artur Ekert 提出了一个利用 EPR 纠缠关联进行密钥分发的 Ekert91 协议。1992 年，Bennett 等人提出了基于非正交态的 B92 协议。在连续变量量子密钥分发方面，2000 年，M. Hillery 把光场的正则振幅和正则相位作为量子信号的载波，提出了基于压缩态的连续载波离散调制量子密钥分发方案。2002 年，F. Grosshans 和 P. Grangier 提出了基于相干态的、采用正向协调的高斯调制连续变量量子密钥分发方案，即 GG02 协议。同年，Beige 提出了第一个确定的量子安全直接通信协议。日内瓦大学的 Gisin 小组于 2009 年在 250 km 的光纤中实现了时间编码的量子保密通信。2010 年，日本东芝公司剑桥研究所利用相位调制在 50 km 的光纤中进行了长时间的量子保密通信，安全通信速率达到 1 Mbit/s。

在产品开发方面，国际上具有强大基础研发能力的公司（如 IBM、AT&T、英国电话电报公司、西门子、NEC、日立、东芝等）在量子通信领域投入了大量的研发资本，抓紧开展量子通信技术研发，瑞士的 IDQ、美国的 MAGIQ 以及 BBN 等知名量子通信企业已经能够提供商业化的量子密钥分发系统器件、量子随机数发生器。空客公司早在 2012 年便开始接触量子通信领域，其目标是基于增强安全性的量子信息技术（算法、身份验证、密钥）为航空航天平台开发建设安全通信基础设施。最近，韩国视讯公司 Seetalk 推出一款量子安全增强网络视频电话，搭载有量子安全增强密码模块，该模块集成了 KCS 公司的视频加密芯片和 IDQ 公司的量子随机数发生器（QRNG）芯片，能够为实时语音及视频通话提供量子安全增强的加密密钥。2021 年 8 月，东芝公司与日本东北大学医院等机构合作，利用远程光纤 QKD 技术演示了整个人类基因组在 600 千米光纤上的安全传输。整个过程在 20～30 分钟内完成，该技术可以长期保存机密备份数据，有望为基因组研究、医疗领域的安全数据管理做出贡献。

2. 量子隐形传态技术

量子隐形传态是以实现量子态的远程传输为目的的一类量子通信。1993 年，Bennett 等人首先提出了基于纠缠光子进行隐形传态的理论协议，随后更多的隐形传态的理论协议陆续被提出。1994 年，Kidman 提出了利用量子光学中的连续变量纠缠，来实现量子态隐形传态的理论协议。1997 年，Bouwmeester 首次实现了基于纠缠光子的隐形传态。在 1998 年，Kimble 小组提出实现连续变量量子态隐形传送的具体实验方案，被评为美国当年的十大科技进展之一。2003 年，Furusawa 小组又成功演示了实现对于压缩态的隐形传送。2012 年，奥地利 Zelinger 研究团队实现了长达 134 千米的量子隐形传态。2018 年，欧盟量子旗舰计划成立了量子互联网联盟（QIA），采用囚禁离子和光子波长转换技术探索实现量子隐形传态和量子存储中继，计划在荷兰四城市之间建立全球首个光纤量子隐形传态实验网络，基于纠缠交换实现量子态信息的直接传输和多点组网。

3. 量子密集编码技术

量子密集编码指的是，通过传输一个量子比特，从而传输两个比特的经典信息。第一个量子密集编码通信协议也是 Bennett 于 1992 年提出的。1996 年，Mattle 小组基于光学系统，首次在实验上验证量子密集编码通信协议，信道容量为 1.13。1999 年，Ban 等人提出了基于连续变量纠缠的量子密集编码理论方案。该方案于 2005 年被日本的 Mizuno 等人实验实现，该量子密集编码方案的信道容量优于相干光和压缩态的经典方案。2008 年，Barreiro 等人基于超纠缠，将量子密集编码的信道容量提升到 1.63。2017 年，Williams 等人基于贝尔基测量，将信道容量提升为 1.665。

4. 星地量子通信技术

2008 年，欧洲的研究团队进行了星地量子通信实验，将地面站发出的弱光脉冲发射到轨道高度 1 485 km 的低轨道卫星，由卫星上的角反射器反射回地面接收机，验证了卫星和地球之间的单光子传输的可能性。

5. 量子通信网络技术

量子保密通信网络核心设备包括量子密钥分发产品、信道与密钥组网交换产品等。目前，能够实现的量子保密通信网络，包括局域网、城域网和骨干网。其中，局域网实现一个单位或一处地点内多个终端的接入，对距离要求不高；城域网负责城市范围内不同区域的连接，上联骨干网，下联局域网；而骨干网实现跨省、跨城的连接（包括地面光纤和卫星-地面站两种实现方式），现阶段以地面光纤为主，对距离要求高。

目前，国外已经建立了一系列小规模的局域网、城域网以及城际网等网络。1997 年，Towsend 等人完成了第一个多用户量子通信网络实验。2004 年，美国国防高级研究计划局建成了全球第一个量子通信网络。DARPA 2007 年建立了 10 节点的城域 QKD 网络，其中，4 个节点通过地下光纤连续 24 小时运行，4 个节点通过自由空间传输，2 个节点基于偏振纠缠光纤量子密钥分发。2008 年，欧洲联合建立了 SECOQC 维也纳量子通信网络，包括 6 个节点，8 条链路（最长 85 千米光纤，包括一条 80 千米自由空间信道），欧洲日内瓦与马德里也建立了小型量子通信网络。2010 年 10 月，有日本多家公司和东芝欧洲研究中心、瑞士 ID Quantiique、奥地利 All Vienna 研究组合作建立了东京量子密钥分发网络，最远光纤距离 90 千米，90 千米密钥生成速率 2 kbit/s。近年来，各个国家纷纷在量子通信网络构建方面加强布局规划，并进一步加大支持投入力度。2014 年 6 月，巴特尔研究所和瑞士 IDQ 公司合作，利用可信中继技术在美国哥伦比亚市的总部和华盛顿地区办公室间建立长达 650 千米的量子通信线路。2020 年 9 月，韩国内务和安全部发起国家融合网络项目，规划建设长达 2 000 千米的 QKD 网络。而在 2020 年 11 月，韩国电力公司（KEPCO）和瑞士 IDQ 公司合作建成基于 QKD 的电力安全通信网络。2020 年 11 月，荷兰计划在兰斯塔德建立起第一个功能齐全、可编程的量子网络；加拿大在多伦多建设首个三节点的量子网络，于2021年启用，其长期目标是建设覆盖加拿大全国范围的量子互联网。2021年5月，俄罗斯电信运营商TransTeleCom公司完成了莫斯科和圣彼得堡间的量子通信干线的建设工作，正在进行调试。2021年6月，七国集团（G7）峰会上，七国领导人宣布将联合建设量子通信卫星网络。

（三）量子计算技术

量子计算是指利用纠缠的量子态作为信息载体，利用量子态的线性迭加原理进行信息并行计算的方案；量子计算对某些问题的处理能力大大超越经典计算。量子计算是重要的颠覆性和战略性技术方向，对未来社会的科技、经济、金融，以及国防安全等产生革命性影响，存在技术突袭风险。

目前，主流的技术路线有超导、半导体、离子阱、光量子以及拓扑量子这5个方向，见表1。每种路线各有优劣势，尚无任何一种路线能够完全满足实用化要求，并趋向技术收敛。目前，前4种路径均已制作出物理原型机，但拓扑量子这一微软重注的方向尚无物理层面的实现。

1. 超导量子计算

超导量子比特一般由无损耗的电路元件，包括电容、电感和约瑟夫森结组成，通过调整各电路参数的相对大小，可以设计出不同的哈密顿量，从而形成不同的能级结构。谷歌、IBM、英特尔等巨头目前都押注超导方向，除此之外，还有Quantum Circuits、Rigetti等公司使用此技术路线来对量子计算进行研究。2019年，Google研制出53个量子比特的量子计算机“悬铃木”，宣布实现量子霸权。2021年，IBM研制出127个量子比特的量子计算机“鹰”，是迄今全球最大的超导量子计算机。

表 1　量子计算主要技术路线对比

品质因数＼技术路径		超导	半导体量子点	离子阱	光学	拓扑量子
比特操作方式		全电	全电	全光	全光	NA
量子比特数		50＋	4	70＋	48	从 0 到 1 的过程中
相干时间		～50 μs	～100 μs	＞1 000 s	长	理论上无限长
两比特门保真度		94%	92%	99.9%	97%	理论上可达 100%
两比特门操作时间		～50 μs	～100 μs	～10 μs	NA	NA
可实现门数		$\sim 10^3$	$\sim 10^3$	$\sim 10^8$	NA	NA
主频		～20 MHz	～10 MHz	～100 kHz	NA	NA
业界支持（列举典型）	国外	谷歌、IBM、英特	英特尔、普林斯顿、代尔夫特	IonQ、NIST	Nanadu、MIT	微软、代尔夫特
	国内	本源量子、浙大、南大、北京量子研究所	本源量子、中科大	清华、中科大	中科大	清华、北大、中科院物理所
优势		可拉性强，可扩展性优良，可依托成熟的现有集成电路工艺	可扩展性好，易集成，与现有半导体芯片工艺完全兼容	量子比特品质高，相干时间长，量子比特制备和读出效率较高	相干时间长，操控简单，与光纤和集成光学技术相容，扩展性好	对环境干扰、噪声、杂质有很强的抵抗能力
需突破点		极为苛刻的物理环境（超低温）	相干时间短，纠缠数量少，低温环境	可扩展性差，小型化难	两量子比特之间的逻辑门操作难	尚停留在理论层面，无器件化实现

2. 半导体量子计算

量子点（Quantum Dot）是在把激子在 3 个空间方向上束缚住的半导体纳米结构。通过向纯硅中加入电子，科学家们造出了硅量子点这种人造原子，运用微波控制电子的量子态。自 2017 年开始，英特尔先后推出 17 量子比特和 49 量子比特的超导芯片，随后在 2018 年 2 月展示了一个 2 量子比特自旋量子计算机，它可以实现执行两个简单的量子算法的编程。2019 年 5 月，新南威尔士大学实现了保真度为 98%的双比特逻辑门。本源量子成功研制半导体 2 比特量子处理器玄微。2020 年，新南威尔士大学的量子计算研究人员在一篇论文中描述了他们如何在一个硅量子点中创造人工原子，Andrew Dzurak 表示拥有更多电子的人造原子，其量子比特的强度比之前认为的要大得多，这就意味着它们可以可靠地用于量子计算机的计算工作。

3. 离子阱量子计算

离子阱的技术原理是利用电荷与电磁场间的交互作用力牵制带电粒子体运动，并利用受限离子的基态和激发态组成的两个能级作为量子比特，是一种将离子通过电磁场限定在有限空间内的技术。2018 年 12 月，IonQ 实现 79 位处理量子比特和 160 位存储量子比特。作为工业巨头的霍尼韦尔，在 2018 年宣布进军量子计算领域，采用离子阱技术实现量子计算，并于 2020 年 6 月推出了 64 量子体积的量子计算机。8 月，美国杜克大学和马里兰大学的研究者设计出了在低温下运行的全连接的 32 比特离子阱量子计算机寄存器，相比霍尼韦尔 6 比特全连接提高了 5 倍，是目前公开的最多量子比特全连接的技术架构。10 月，霍尼韦尔将量子体积提升为 128，但 IonQ 宣布，在 32 量子比特离子阱量子计算机上实现预期超过 400 万量子体积。

4. 光量子计算

光量子计算是量子计算中的一种，其原理是使用光子进行“多粒子纠缠的操纵”。利用简单的线性光学元件，量子比特能够以非常高的精度（99%量级）被制备和操纵。2001 年，Knill、Laflamme 和 Milburn 证明了采用线性光学器件配合辅助光子，利用单光子探测器进行后选择测量能够实现普适量子计算。这一重大发现，为多光子纠缠态的应用开辟了广阔的空间，诸多国际知名小组在光量子计算机的研究方面取得了显著的进展。2020 年 12 月，QuiX 推出了 12 量子模式的光量子处理器。自 2021 年以来，QuiX 为欧洲的多个客户提供量子处理器，目前 QuiX 已售出了 5 台 12 量子模式的光量子处理器。但是目前，光量子计算机并不是国外在量子计算领域的研究重点。

5. 拓扑量子计算

拓扑量子比特通过基本粒子的拓扑位置和拓扑运动来处理信息，并对局部的微扰免疫。拓扑量子比特的构建需要马约拉纳费米子，它的反粒子就是自己本身，状态非常稳定，2018 年，代尔夫特理工大学的 Leo Kouwenhoven 团队（微软资助）在《Nature》发文，给出了马约拉纳费米子存在的强有力证据。然而，在 2021 年 3 月研究团队已经撤回了该篇有争议的论文，原因是研究团队称这项研究遗漏了关键数据，没有足够的科学严谨性证实马约拉纳费米子的真实存在。目前尚未形成拓扑量子计算机。

三、发展趋势

（一）量子测量技术发展趋势

整体上量子测量技术仍处于初步探索阶段。量子导航的工程化应用离不开高精度、微型原子陀螺仪、原子钟等技术的发展，量子雷达的发展需要克服量子纠缠光源、高效探测器等技术难题。量子测量技术的发展趋势主要体现在：

一是研发高精度、小型原子陀螺仪。惯性技术是各类武器装备自主导航定位、制导控制的核心，原子陀螺仪是惯性技术的核心敏感器件，从本质上决定了惯性系统性能。发展超高精度、小型原子陀螺仪，提高量子导航系统定位能力。

二是实现高精确度、紧凑型光学原子钟。光学原子钟是实现时间精确计量的工具，较微波原子钟的时间稳定性更好。在量子导航系统中采用光学原子钟，可提高导航定位精度，降低长期飘移误差。未来，将重点改进光学原子钟的精确度、体积、功耗等性能，推进其实用化。

三是提高量子导航集成度、计量精度。当前实现高集成度、高计量精度量子导航系统的主要途径有两种：一是利用原子干涉仪结合高精度原子钟实现；二是利用原子陀螺仪结合微型加速度计、芯片级原子钟实现。这两种方案将推进量子导航系统向高精度和微型化两个方向发展。

四是攻克量子雷达关键技术难题。量子雷达反隐身能力强、生存能力强，是未来雷达技术发展的重要方向。但量子雷达对包含大量的虚假位置和时间信息的干扰源，仅通过光子的偏振状态还难以识别出信息真假。量子雷达将重点攻克以下难题：一是开发高品质量子纠缠源；二是对非经典信号进行调制；三是开发高品质单光子探测器、超导探测器。

（二）量子通信技术发展趋势

量子通信技术主要开展实用化光纤/自由空间量子密钥分发系统，利用量子中继器实现远距离量子通信，以及通过星地量子通信实现全球量子通信等研究，并取得重要技术成果。随着光电子集成技术、新材料研发的进步，量子通信技术的发展趋势主要体现在以下几方面：

一是提高量子密钥分发系统实际安全性。量子密钥分发系统虽然在理论上是无条件安全，但受设备非完美性、超级计算机等影响，实际系统可能遭受量子黑客攻击。为确保量子信息传输安全，需要分析实际量子密钥分发系统中存在的潜在安全漏洞，通过修改协议或者改进实验系统防止窃听者利用漏洞获取信息；开发独立探测器消除通信漏洞，保护传输的加密信息不受黑客攻击。

二是实现量子密钥分发系统小型化。当前光子集成技术、平面光波电路技术是实现量子密钥系统小型化的主要途径。美国和日本分别采用光子集成技术、平面光波电路技术完成量子密钥分发实验，欧盟正在积极开展利用光子集成技术实现量子密钥分发系统小型化。但这些工作尚未完成光源和探测器的集成，未来将进一步提高整个量子密钥分发系统的集成能力。

三是继续开发高性能量子中继器。受通信链路衰减和噪声等影响，直接进行量子通信的节点距离存在限制。量子中继器可将多个通信节点相连，是远距离量子通信中必不可少的关键器件。研制出能对量子态进行连续操控、具有可扩展性、可室温工作的高性能量子中继器，有望为远距离量子通信的实现奠定基础。

四是构建实用化全球量子密钥分发网络。构建光纤量子密钥分发网络、利用量子中继器实现远距离量子通信网络、搭建星地量子通信网络，这些工作使量子密钥分发网络走向实用化，以及建立全球量子密钥分发网络成为可能。虽然 BB84 协议研究比较成熟，但其在码率、通信距离等方面还存在不足，因而还需开发新协议，提高码率、系统简单性，延长通信距离；提高量子密钥分发网络的可靠性、抗环境噪声、安全性等能力。

(三) 量子计算技术发展趋势

当前，量子计算技术已在量子比特构建、量子器件、量子算法等方面取得丰硕成果，随着重大基础科学问题的解决和实验技术的迅速发展，国外量子计算技术的未来发展趋势主要体现在以下几方面：

一是突破大规模通用量子计算机研发瓶颈。量子比特数量上的增长还无法满足大规模通用量子计算机的制造要求。当前，大规模通用量子计算机仍面临着延长量子相干保持时间、实现更多粒子的量子纠缠，以及制备高精度量子态等挑战。为解决上述挑战，需凝聚更多研发力量，取得核心技术突破，为研发大规模通用量子计算机奠定基础。

二是开展量子计算机关键部分研究。量子存储器、基于量子芯片的比特集成部分是构建量子计算机的基础和关键。量子存储器重点在延长存储寿命和提高读出效率两方面；基于量子芯片的比特集成，重点开展半导体体系、离子阱体系的多量子比特逻辑门操控。

三是改善现有量子算法性能并开发新的量子算法。一方面，增强现有量子算法的实用性。降低 Shor 大数质因子分解算法的复杂度；改进 Grover 量子搜索算法，提高其搜索率。另一方面，继续开发适用于通用量子计算机的新型量子算法，以及针对专用计算机计算模型的算法，以满足实际应用。

四是推进量子计算机与人工智能协同发展。当前，战场数据呈爆发式增长，经典计算机数据运算速度、存储容量、算法等已无法满足数据的计算需求，极大地限制了人工智能的发展。一方面，量子计算机采用优异的量子算法，具有高速并行计算能力和强大的信息存储容量，可满足人工智能对计算能力的需求。另一方面，人工智能使用的算法、计算体系结构也有望推动量子计算机研发。

四、国防领域应用前景

（一）量子测量技术

量子测量在国防安全方面具有极其重要的作用：量子导航可显著提高导航定位精度；量子雷达可突破成像系统衍射极限限制，实现高分辨率、全天时、全天候成像。

一是可突破经典噪声极限限制，提高目标探测精度。量子雷达具有灵敏度高、穿透性强的优点，能够实现对单光子量级回波信号的探测，为空军作战提供超远距离目标以及隐身目标探测能力。

二是可显著提高导航定位精度。芯片原子钟和原子陀螺仪转动角速度精度高、体积小、功耗低，有望在单兵装备、水下/地下作战、无人作战平台、微型卫星等领域发挥重要作用。

三是可显著提高分辨成像能力。量子雷达可实现全天时、全天候成像，成像分辨率可突破成像系统衍射极限，且具有较强抗干扰能力，能够大幅提升现有军事装备的水平与能力。

四是可提升导航系统稳定性、安全性和抗干扰能力。量子导航隐蔽性好，特别适用于潜艇、水下无人航行器等需要隐蔽作战的武器平台，可有效保护武器平台不被敌方发现。即使敌方截获导航定位信号，也无法获取导航定位数据。

（二）量子通信技术

量子通信利用量子力学的基本原理或物体的量子特性实现信息安全传输的一种通信方式，具有超大容量、绝对安全等优势，在信息安全、密钥管理等方面具有重要作用。量子通信对武器装备和未来作战的影响具体体现在以下几方面：

一是有望突破经典通信容量限制，实现超大容量、低复杂度通信系统。量子通信具有并行通信能力，可以突破经典通信理论容量限制，大幅度提高通信容量，结合隐形传态技术，可显著减少对通信频道资源占用，降低通信网络复杂度。

二是有望从根本上提升密钥管理保障水平。与传统密钥保障相比，量子密钥不仅具有可证明的物理安全性，而且具有“生成即分发”的特点。密钥一体化制作与分发，可减少密钥保障的技术环节，实现无人工预配密钥条件下的密码通信，提高密钥远程分发的自动化水平和安全性。

三是有望为军用安全通信网络提供全新的技术解决方案。通信双方经光量子调制、传输和探测等流程生成随机码流，对语音、传真等低速率通信业务进行实时加密，不再需要设计复杂密码算法。

四是有望为水下通信提供新的技术途径。目前，水下通信面临着规模庞大、抗毁性能差、成本高、通信效率低等问题，岸基同深海之间的通信已成为军事通信的难题。将量子通信技术应用于对潜通信，为深海远洋通信提供新的技术途径，也是对潜通信概念、理论与技术的创新。

（三）量子计算技术

量子计算机具有超高速并行计算能力，计算能力远超经典计算机，可满足未来战场呈爆发式增长的数据计算能力需求，在海量信息处理、复杂战场模拟、新型武器装备研制等军事领域具有重要作用，军事应用前景主要体现在以下几方面：

一是实时分析处理海量战场信息数据。量子计算机可快速分析从雷达、侦察卫星、无人机等装备中获取的大量情报数据，提高军事信息系统的分析能力，有助于全面掌握战场态势，为战场决策提供有力辅助。

二是快速破译基于传统数学复杂度的密码。量子计算机破译RSA密码体系所需时间随密码长度线性增加而非指数级增加，减少了复杂密码破译时间。

三是缩短武器装备研发时间，降低武器装备研发成本。量子计算机可缩短核爆模拟时间，降低制备成本。此外，量子计算机还在隐身材料设计，作战飞机机身与舰艇设计、模拟方面也具有广阔应用前景。

四是为无人作战与复杂战场模拟提供低能耗、高性能计算手段。作战规划和复杂战场模拟涉及大量的无结构搜索、启发式搜索、约束满足、组合优化、模式匹配等问题，利用量子计算机求解上述问题的能耗较低，且不随量子比特数目的增加而急剧增加，是实现低功耗、高性能计算的新途径。

微系统技术发展及其在国防领域的应用

微系统技术是微电子技术和系统技术发展到新历史阶段的必然结果，也是技术创新与应用创新融合发展的典范。微系统概念自20世纪90年代出现以来，就以其强大的生命力强力推动专业整合和产业融合，被公认为21世纪的革命性技术之一，将越来越显著地改变甚至颠覆人类社会生活方式。未来武器装备系统将更加依赖于高集成度的封装器件，并将广泛采用可以执行各种功能的微系统器件来改善其性能，以实现轻量化、小型化、精确化。

一、概念内涵

（一）微系统的基本概念

微系统通常是指在很小的尺度内实现的系统，这个尺度通常是指一个芯片内部或者封装的内部。具体而言，微系统技术是以微电子技术、微光电技术、微机电技术为基础，通过系统架构技术和算法软件技术，将传感、通信、处理、执行和微能源等功能单元集成为多功能一体化系统的技术。

与传统集成电路对比可以发现，集成电路实现的主要是如计算、信号处理、信号存储等单一功能，微系统是在智能体系构架下的多功能（信号感知、信号处理、信令执行、通信和电源）集成的形态，将从器件芯片级异构演进到基于器件材料异构的多器件集成芯片，进而最终发展成类似系统级芯片，具备跨域应用能力的智能信息处理平台芯片。微系统只采用传统组装技术的系统体积的百分之一，而性能却提高100倍，因此赋予了信息系统在传感、处理、通信、能源和执行等方面的新能力，并符合信息、系统在新兴应用方面小尺寸、低成本、高性能的需求。

(二) 微系统的发展背景

集成电路自 1958 年诞生后，到 20 世纪 70 年代互补金属氧化物半导体（CMOS）集成电路进入大规模集成电路发展阶段，其特征尺寸达到微米量级，微电子技术应运而生。

20 世纪 80 年代后期，基于 CMOS 的两维工艺开发出硅基的三维加工工艺，实现了芯片上包含微电路的精致的微型机械系统，如微型电动机、谐振器等。美国 DARPA 据此提出微电子机械系统的新概念，日本将其称为微机械，欧洲则将其称为微系统技术。

20 世纪 90 年代初，微电子发展到超大规模集成电路阶段，单芯片上的晶体管数达几百万，可将 32 位 CPU、内存控制器、寄存器和总线接口电路集成在一个芯片上，标志着芯片上系统（SoC）时代的开始。

进入 21 世纪，微电子的特征尺寸达到 90 纳米，与固体电子的德布罗意波长相当，微电子跨入了纳米加工的时代。一方面更小的特征尺寸可进一步提高 CMOS 的性能，另一方面两维集成的芯片电路构架随着尺寸按比例缩小规律，在未来系统应用中将会遇到热耗散、互连电容、时钟同步和设计验证等限制。针对 CMOS 两维集成电路的不足，2004 年 DARPA 提出了集成微系统这个新概念，并将其称为基础技术的革命。

集成微系统的提出迅速引起全球半导体界的响应，在 2006 年国际半导体发展路线图中，业界提出了集成电路发展的两条路线，一是继续按照摩尔定律按比例缩小尺寸发展：特征尺寸依 0.7 的比例依次从 90 纳米、65 纳米、45 纳米、32 纳米、22 纳米、14 纳米，至 2016 年发展到 10 纳米。二是按功能集成的超越摩尔定律的路线发展微系统。

然而，由于以中央处理器（CPU）为代表的硅集成电路因为硅材料本身的性能所限、微缩能力受限，发展速度已不如 20 世纪后期，摩尔定律的同步标准也趋缓，业界开始进入后摩尔时代。

基于应用面对微电子器件的多功能综合能力、超大数据量处理能力、更低单项功能成本等要求，后摩尔时代的技术发展出现了两个垂直方向：以更多新型器件实现诸如独特功能和性能为主要内容的超越摩尔，以持续微缩为核心内容的延续摩尔。介于这两支方向之间的是融合两种技术方向、以功能集成和系统集成为核心技术内涵的系统封装（SiP）和系统级芯片（SoC）技术，SiP 和 SoC 的更高级形式是微系统。

（三）微系统的分类

从微系统的功能特点来看，可将微系统分为以下 4 类：

一是信息处理微系统。信息处理微系统是信息处理组件的二次集成系统，依托于以 TSV 3D 微纳集成技术，有机地实现信息处理系统的软硬件超高密度集成，具备超大容量的存储能力、超强的计算能力、超高的数据并行吞吐能力，以及完善的用户软件开发环境。

二是导航微系统。导航微系统是基于 3D－WLP、3D－TSV、三维堆叠等先进封装制造技术将硅基惯性器件、微型气压计、微型磁强计及卫导芯片等微型导航器件进行微尺度的集成，输出位置、速度、姿态、角速率及加速度等导航信息，形成适用于宇航领域空、天飞行器的微型化导航部件。

三是射频微系统。射频微系统是采用三维射频系统微组装与封装技术，对波段数模混合射频微系统模块的三维高密度组装，通过使用容阻埋置技术、裸芯片高密度组装技术、倒装技术和多层基板布线技术及基于三维结构的微信号传输阻抗匹配技术将滤波器、耦合器、开关、可变电容、电感谐振腔等三维高密度组装，使组装的样品在保持原有功能不变的情况下，体积大大减小，重量大大减轻。

四是光电微系统。光电微系统是采用微系统集成工艺，对微光学器件、光波导器件、半导体激光器件、光电检测器件、红外模组、信号处理等进行的二次集成，采用晶圆级真空封装技术、立体集成技术等，将现有的光电系统体积、重量和功耗大幅降低，系统性能大幅提升。

二、发展动向

（一）先进处理器

美国普林斯顿大学研制出世界首个集成硅光子学神经网络硬件。该硬件以光作为信号传输载体，大幅提升了神经网络信息处理能力，为神经形态芯片研究开辟了全新技术途径。

神经网络硬件采用并行光子神经网络互联集成架构：马赫-曾德尔电光调制器作为神经元，4 个并联微环谐振滤波器构成神经网络权重分配单元，与平衡光电二极管、激光二极管、波分复用器等器件硅基单片集成为神经网络节点。在每个节点，由激光二极管产生连续光波，经马赫-曾德尔电光调制器调制后输出光脉冲信号，然后通过波分复用器为该信号分配特定波长的光载波，再通过光纤传输至其他神经网络节点。权重分配单元对光信号进行权重分配，光信号传入平衡光电二极管进行加权求和及解调，得到的电信号输入至马赫-曾德尔电光调制器，构成完整信号处理回路。

集成硅光子学神经网络硬件将催生新型神经形态芯片，有望实现战场高频、高带宽信号处理和复杂模式识别，将对智能情报分析与图像识别、智能电子战、智能仿真、智能无人作战装备等的发展产生深远影响。

澳大利亚新南威尔士大学量子计算与通信技术中心已设计出世界首个硅基互补金属氧化物半导体量子计算芯片可行性架构。该架构可利用现有硅基半导体标准化工艺流程实现，采用基于自旋量子位的三维垂直结构设计和先进的六量子位表层编码计算误差校正系统，有望将单片量子位集成度提升至数百万以上，是向实现大规模、通用量子计算迈出的关键一步。

大规模通用量子计算系统能在短时间内解决电子计算机难以解

决的极具挑战性的问题，如气候变化预测、复杂疾病研究等，但尚无法满足大规模、通用的应用要求。阻碍大规模、通用量子计算发展的主要原因在于量子位数量的大规模扩展以及对量子系统退相干特性的抑制。为此，量子计算与通信技术中心开展了硅基互补金属氧化物半导体量子计算芯片可行性架构研究，旨在利用硅基互补金属氧化物半导体技术实现大规模、通用量子计算。

目前，量子计算与通信技术中心研究团队已与新南威尔士大学、澳洲电信、联邦银行和新南威尔士州政府共同筹资创办了澳洲首家量子计算公司——硅基量子计算公司，促进硅基量子计算专门技术的开发及商业化。该公司将完成硅基互补金属氧化物半导体量子计算芯片原型的开发，为构建世界首台硅基大规模、通用量子计算机奠定技术基础。

2022 年 9 月，AMD 公司宣布推出锐龙嵌入式 R2000 系列，这款第二代中端片上系统处理器针对广泛的工业与机器人系统、机器视觉、物联网和瘦客户机设备进行了优化。与前代产品相比，锐龙嵌入式 R2000 系列的核心数量翻倍并提供了显著的性能提升，新款 R2514 型号的 CPU 和显卡性能较之同类 R1000 系列处理器提升高达 81%。借助“Zen+”核心架构和 AMD Radeon™显卡，单位功耗性能效率也得到了优化，从而带来丰富且灵活多用的多媒体功能。锐龙嵌入式 R2000 处理器能支持多达 4 台具备 4K 分辨率的独立显示器。

（二）下一代存储器

美国硅谷的 4DS 存储有限公司宣布已成功将接口转换电阻式随机存取存储器单元架构调整到存储级存储器水平，其读取速度与动态随机存储器相当，且不需要速度限制的纠错。同时，4DS 存储有限公司决定与 IMEC 合作研发电阻式随机存取存储器新工艺，以调整存储器几何形状精细化图形结构，提高产量、速度和耐用性。

电阻式随机存取存储器工艺对于电阻式随机存取存储器技术发

展至关重要。尽管电阻式随机存取存储器技术在存储级内存市场能否成功还有待观察，但这项技术也可用于其他领域，尤其是神经形态系统应用领域。但神经形态系统需要级联多个堆叠的电阻式随机存取存储器，控制难度很大。

美国水星系统公司表示，其开发出一种可提升精确制导武器电子防御能力的新型三维微型数字射频存储器。该器件采用三维堆叠技术制造，具有优化的模拟电路和数字电路结构，可满足在小型智能武器内集成所需的机械完整性和尺寸、重量、功耗要求，有望大幅提升精确制导武器的电子防御能力，为发展下一代智能武器奠定基础。为制造出符合武器集成要求的全新数字射频存储器，美国水星系统公司采用了集三维堆叠技术、先进微型化及器件加固技术于一身的全新、模块化制造方案，分别对器件模拟电路和数字电路进行了优化。

这种全新的、模块化制造方案具有以下优势，一是有助于在器件垂直堆叠结构中添加新的电路板，以实现更高的器件性能或在未来增加新的功能。这种灵活的器件升级和扩展能力，将提升器件应对未来新技术威胁的能力。二是将对噪声敏感的射频组件与数字组件分离，可使整个传感器链条达到最优性能。三是有助于提前发现和解决制造过程中可能出现的异常问题，以防止这些异常问题在数字射频存储器全部组装完成后造成无法挽回的严重后果。这对于缩短制造周期、提高生产效率和节约制造成本具有非常重要的意义。

三星电子公司宣布，已经开始批量生产超大容量、超高速度第五代 NAND 三维堆叠闪存。该芯片采用 96 层堆叠设计，是目前行业最高纪录，内部集成了超过 850 亿个三维多层电荷撷取闪存存储单元，这些单元以金字塔结构堆积，并在每一层之间贯穿仅几百微米宽的极微小垂直通道孔洞，每单元可保存 3 比特数据，单芯片容量达 256 吉比特。三维 NAND 存储技术的发展速度越来越快，96 层堆叠产品量产，将进一步激发各大厂商追求最先进三维 NAND 存储技术的热情，美光、东芝、西数、SK 海力士等存储器巨头都在加快推进三维 NAND 的技术演进，以便加高自身的技术壁垒，拉开与竞争者的差距，为下一波市场争夺做好准备。

2022 年 8 月，三星公司在 2022 年闪存峰会期间推出了一系列下一代内存和存储技术。为了在数据驱动的世界中最大限度地提高数据中心的效率，三星公司推出了下一代存储技术——“PB 存储”。新的解决方案将允许单个服务器单元打包超过 1PB 的存储空间，使服务器制造商能够在相同的占用面积内以最少的服务器数量大幅增加其存储容量。高服务器利用率也将有助于降低功耗。三星公司宣布其“内存语义固态硬盘”结合了存储和 DRAM 内存的优势。利用 Compute Express Link（CXL）互联技术和内置 DRAM 缓存，“内存语义固态硬盘”在用于人工智能和机器学习应用程序时可以将随机读取速度和延迟提高 20 倍。三星的“内存语义固态硬盘”针对以极快的速度读取和写入小型数据块进行了优化，将非常适合越来越多的需要非常快速地处理较小数据集的人工智能和机器学习工作负载。

（三）先进封装技术

台积电提出的 SoIC 是一种创新的多芯片堆叠 3D 封装技术，SoIC 基于台积电的 CoWoS 与多晶圆堆叠封装技术开发，可以达到无凸起的键合结构，把很多不同性质的临近芯片整合在一起，而且其接合材料能直接透过微小的孔隙沟通多层的芯片，使芯片 I/O 具有强大的可扩展性，实现了高密度的芯片到芯片互连。其实现了在相同体积内性能的大幅提升，从外观上看，新集成的芯片就像一个通用的 SoC 芯片，其尺寸缩小，性能提高，但嵌入了所需的且异质的集成功能。它具有超高密度垂直堆叠，是推进异质芯片集成领域的关键技术支柱。

Amkor 公司基于 SWIFT 技术开发了 HDFO 技术，是下一代异构芯片封装的发展方向。SWIFT 技术是先将有微凸点的芯片互联至 RDL 预布线的介质层，切单后再倒装至 FCBGA 基板，以完成异构芯片封装。该技术保持了高密度连线，出色的信号质量，且无须TSV，因而可以进一步降低封装成本。HDFO异构芯片封装已成功用于多种应用，包括网通设备、服务器以及多种GPU和FPGA等结构。

Intel公司于2019年首次推出Foveros技术。该技术中Intel公司首次引入了3D堆叠的优势，可实现在逻辑芯片上堆叠功能芯片。主要特点是通过直径为36微米的微凸点进行面对面的芯片对芯片粘接。目前，Intel公司已经有了Foveros技术的芯片样品，并已经做好了规模量产的准备，Intel公司称为“混合 x86处理器（Hybridx86CPU）”。这颗芯片的长宽尺寸只有12毫米×12毫米，高度仅1毫米，内部3D堆叠封装了多个芯片，待机功耗只有2毫瓦，最高功耗也不超过7瓦。

2022年8月，在HotChips34上，英特尔重点介绍了支持2.5D和3D基于切片的芯片设计的最新架构和封装创新，这将带来芯片制造的新纪元，并在未来几年推动摩尔定律向前发展。该公司的MeteorLake、ArrowLake和LunarLake处理器将通过基于tile的芯片设计改变个人计算机，从而提高制造效率、功率和性能。这是通过使用英特尔的Foveros互联技术以3D配置堆叠的离散CPU、GPU、SoC和I/O块来完成的。业界对开放式通用规范的支持加强了这一平台转型，使不同供应商采用不同工艺技术设计和制造的小芯片在与先进封装技术集成时能够协同工作。英特尔数据中心GPU由多个显示在瓷砖中的复杂设计组成，使用嵌入式多芯片互连桥和Foveros先进封装技术的组合进行连接。高速MDFI互连允许封装扩展到两个堆栈，允许单个封装包含超过1 000亿个晶体管。

（四）新材料器件

美国普渡大学研究人员开发出基于下一代电力电子半导体材料氧化镓（$\beta-Ga_2O_3$）的全新耗尽/增强型场效应晶体管，可用于制造电网、军用舰船和飞机中的超高效开关。普渡大学研制的高性能耗尽/增强型绝缘体上氧化镓场效应晶体管凭借氧化镓材料的超宽禁带特性，具有更高击穿电压，将在军用或民用大功率高压开关领域拥有广阔的应用前景。此外，采用基于氧化镓的晶体管开关替代当前效率低、体积大的传统硅基电力电子开关，还有助于降低全球能源使用量，减少温室气体排放。

美国麻省理工学院开发出基于石墨烯的远程外延技术，实现了以Ⅲ-Ⅴ族单晶材料为衬底、以单层石墨烯作为中间层的范德瓦尔斯外延生长。研究人员首先采用密度泛函理论，借助平面波赝势程序，对石墨烯中间层存在条件下闪锌矿立方晶系砷化镓衬底沿（001）晶面的范德瓦尔斯外延生长过程进行模拟计算，发现石墨烯中间层厚度小于 9 埃时砷化镓范德瓦尔斯外延生长不受影响，验证了以单层石墨烯（厚度小于 9 埃）作为中间层对砷化镓衬底实施范德瓦尔斯外延生长的理论可能性。

IBM 研究中心宣布制造出基于碳纳米管的先进 p 沟道晶体管，尺寸仅 40 平方纳米，比最先进的硅基晶体管小一半以上，且工作电压更低。制造该晶体管的关键技术有两点：一是使用直径 1 纳米的碳纳米管代替硅作为晶体管沟道，使器件栅极长度可以减小到 10 纳米，且器件性能不受到短沟道效应影响，运行速率更快；二是采用端接触点，可将碳纳米管晶体管的接触点长度从 300 纳米缩小到仅 10 纳米，且不会增加接触电阻。碳纳米管晶体管尺寸更小，工作电压更低，有望替代传统硅基互补型金属氧化物半导体晶体管应用于下一代电子设备中。

日本国家材料科学研究所成功研制出全球首个金刚石基金属氧化物半导体场效应晶体管，可工作在两种不同工作模式下的逻辑电路中，向研制可在极端环境下工作的金刚石集成电路迈出关键一步。日本研究团队通过使用由该团队开发的阈值控制技术在同一衬底上实现了耗尽型和增强型金刚石金属氧化物半导体场效应晶体管，并成功研发出分别采用耗尽型和增强型模式的金刚石金属氧化物半导体场效应晶体管逻辑电路。金刚石基晶体管逻辑电路有望应用于研发可稳定工作在高温、强辐射等极端环境下的数字集成电路，对于军用卫星、航天器等空间军事应用系统装备的可靠性提升具有重大影响。

美国西北大学麦克科马克工程学院开发出多端子忆阻晶体管。该器件集忆阻器和晶体管的特性于一身，含有多个端子，能以与人类大脑神经元近乎相同的方式运行，可同时执行记忆存储和信息处理任务，为实现更加高效和复杂的类脑计算带来新的希望。

为实现更复杂的类脑计算，需要含有多个端子的新型忆阻器件，构成更接近于人脑结构和功能的复杂神经网络。近年来，虽已涌现出三端子威德罗-霍夫忆阻器、纳米离子栅场效应晶体管、悬浮栅场效应晶体管等新型多端子器件，但它们始终无法使晶体管产生有效的记忆性阻态转换。为此，西北大学麦克科马克工程学院在美国国家标准与技术研究院和美国国家科学基金会的支持下，开展了多端子忆阻晶体管研发，旨在开发出性能超越传统双端子忆阻器的新型忆阻器件。

西北大学开发的多端子忆阻晶体管具有类似于普通场效应晶体管的基本结构，由栅极、介电层、沟道层、金电极端子层 4 部分构成。与普通场效应晶体管不同，多端子忆阻晶体管的栅极位于器件最底层，由经过掺杂的多晶硅衬底构成。栅极上方是 300 纳米厚的热二氧化硅介电层。介电层上方是利用化学气相沉积法得到的单层二硫化钼多晶薄膜沟道层。金电极端子层分布在沟道层上方，由金质源/漏极和位于两者之间的多个内电极组成。

经 475 次连续性循环测试试验后，多端子忆阻晶体管高低阻态电流比和漏极电流大小稳定且均未发生明显改变，证明器件耐久性良好。此外，经电脉冲模拟实验验证，忆阻晶体管对正、负电脉冲信号的反应时间分别为 2 毫秒和 6 毫秒，已达到人类大脑神经元突触水平。

西北大学的多端子忆阻晶体管具有与人类大脑神经元接近的多端子结构，能实现有效的记忆性阻态转换且耐久性良好，是忆阻器件研究领域的突破性成果，有望成为未来新式类脑计算的基本电路元件。

（五）特种功能器件

美国范德堡大学开发出可自分解电路板，该电路板包含导电迹线和电容器，系统中包括一系列通过聚合物保持在一起的银纳米线，聚合物在室温或较高温度下具有疏水性，但较低温度是亲水性，所以必须保存在 32 ℃以上的温度环境中才能正常工作，当温度低于 32 ℃时，将被冷却并迅速溶解。利用该技术可制成安全军事应用芯片，避免敌方通过截获的武器装备或人员所携带的专用电路板获取关键军事信息。此外，该技术也有很多普通应用价值。金属纳米粒子在很大程度上是无毒的，甚至是抗微生物的。因此，使用该技术可制成射频身份标签植入病人体内，甚至家畜中，作为跟踪监测生物健康状态的方法。

美国耶鲁大学与 IBM 华生研究中心合作开发出新型可自愈封闭式相变存储器。该器件颠覆了传统相变存储器结构，采用封闭式相变介质，具备可自愈功能和超强耐久性，有望取代静态随机存储器、动态随机存储器和闪存，成为未来非易失性存储器的主流产品。

为进一步改善相变存储器耐久性，加速相变存储器大规模应用，耶鲁大学与 IBM 华生研究中心，在美国国家科学基金会新兴前沿领域研究创新计划中二维原子层研究与工程子项目的资助下开展了强耐久性新型相变存储器研究。与传统相变存储器相似，耶鲁大学与 IBM 华生研究中心开发的新型相变存储器同样以锗-锑-碲合成材料作为器件的核心相变介质。不同之处在于，传统器件的核心相变介质呈伞状结构，而新器件则采用了颠覆性的封闭式纳米柱状结构。

美国耶鲁大学和 IBM 华生研究中心通过对锗-锑-碲相变介质结构的颠覆性全封闭式设计，使相变存储器拥有了超强的可自愈能力，极大地改善了相变存储器的耐久性，对相变存储器在未来的大规模推广和应用起到了强有力的推动作用，为下一代非易失性存储技术的实现奠定了基础。

三、发展趋势

当前，微系统技术正从平面集成到三维集成、从微机电/微光电到异质混合集成、从结构/电气一体化到多功能一体化集成等方向发展，并正与生命科学、量子技术、微纳前沿交织融合。微系统相关产品也正从芯片级、组部件级向复杂程度更高的系统级（微型飞行器、片上实验室）等发展，成为聚集前沿科技创新发展的重要领域。

在微系统的下一步发展中，可以预期外军将持续秉承系统化、整体化、平台化发展理念；重视多种功能的异质、异构集成，然后在此基础上实现小型化和微型化，而非一味追求减小体积；通过将多个电子元器件系统化整合，打造成微型作战化平台；采用模块化、开放化发展模式，实现先进技术的更快融入和集成，并降低系统研发调试的难度和成本；加入自主学习和自主决策能力，提高自适应能力，扩大微系统的作用范围和能力。

（一）不再一味追随摩尔定律的步伐

英国《自然》杂志撰文曾表示，摩尔定律终结，全球半导体产业也将不再追逐摩尔定律；英特尔公司表示，已无力跟随摩尔定律的原定步伐，现有著名的“嘀嗒”两步走发展策略也将放缓为“制造工艺—架构—优化”三步，特征尺时节点的更替也由原来的两年变为三年。上述迹象表明，随着晶体管尺寸接近原子尺度，摩尔定律放缓已成为产业共识。面对半导体工艺技术不断微缩所增长的成本和复杂性，企业正在转向新的技术，以继续提升性能的增长，如封装工艺和计算机设计等领域的一系列新方法，即持续努力缩小特征尺寸已变为存储器等一小部分半导体企业的发展方向，更多半导体企业将更加注重产品的多功能化和对多种技术的综合应用，如在芯片中集成新一代传感器，电源管理电路，用于 GPS、移动网络和 WiFi 网络的模拟器件，陀螺仪和加速计等 MEMS 器件等。

（二）重视系统发展观和加强软件的作用

对于美国国防部提出的全新抵消战略，DARPA 的很多项目都将成为全新抵消战略的组成部分，并不局限于特定的技术，而是一套研究技术的新方法，再用之前的速度和方式处理问题是不可能实现全新战略目标的，如在之前制造的功能集成作战系统中，各子系统之间通过硬连接方式组合在一起，出故障时甚至不知问题点在哪里。而且功能集成型作战系统研制时间、排故时间和升级时间都太长，导致这些型号不能跟上敌方快速现代化的装备，因此，DARPA 目前把“重塑复杂军用系统”当作一项至关重要的研究方向，其中最重要的改变就是从设计之初就从系统的角度出发进行统一设计，而非此前的各部分单独设计然后再拼凑在一起；并加强软件、算法等软性实力在其中发挥的重要作用。

（三）持续推进系统组成的模块化和开放化

类似战斗机或舰船等传统的武器项目经常需要花费数年或数十年把各种定制的软件和硬件集成到一起。每一个部件都与其他部件息息相关，这经常使例如软件调试等工作困难重重。相比于功能集成的定制系统，美国下一步注重研究模块化和开放式架构的系统，在该系统中替换某些软件或硬件并不会影响系统的其他部分，更容易实现多种类型的融合和规模的调整。DARPA 将从大的武器装备到小的微系统都贯彻该理念，进一步强化微系统的平台化发展理念。

（四）具备更多的自适应和自主能力

随着人工智能的快速发展，微系统中也将搭载更多自主能力，并最先体现在频谱利用和数据处理两个方面。在频谱利用方面，随着联网武器装备数量的持续快速增加和军用频谱资源的减少，频谱拥挤问题显著突出，从开始的可编程射频器件到现在的软件无线电、数字射频器件和频谱利用自主学习算法等，美军在频谱领域的自适应能力日益增强，并将在未来持续保持这种优势。在数据处理方面，随着视频自主处理算法的成熟，以及神经形态芯片的快速发展和不断完善，将赋予无人机等无人装备更多自主数据处理、自主分析和决策能力。

四、国防领域应用前景

(一) 微系统技术可用于颠覆传统作战样式

未来战争将向着自主化、集群化的方向发展，而微系统技术将对此产生巨大的推动作用。自主化依赖于丰富的传感器信息实现对自身及周围环境的感知，而集群化既依赖于对信息的感知，也对单个作战单元的成本提出了要求。微系统技术使导弹可以安装原本无法安装的传感器，重构技术提高了导弹抗干扰性能，这些都显著增强了导弹的信息获取能力。微系统技术使传感器体积更小、性能更高、成本更低，将为自主化、集群化提供强有力的支撑。武器系统一旦发展到可以采取自主、集群的攻击与防御作战模式，传统作战模式将被颠覆，战争形态将被改变。

(二) 微系统技术可用于降低武器成本

2004 年的伊拉克战争是信息化现代战争的代表，战争中大量使用精确打击武器让美国取得了巨大成功，但巨额战争费用对美国的经济构成了沉重负担，有学者甚至指出，重创美国的金融危机，其“罪魁祸首”就是伊拉克战争和阿富汗战争。数据显示，2001—2008 年，美国军费增加绝对数额高达 12 387 亿美元，接近 2008 年美国金融危机 7 000 亿美元救市资金的两倍。可以看出，现代战争某种意义上来讲，比拼的就是经济实力，而微系统技术的一个显著特点是量产后成本呈几何数量级下降，在精确打击武器上广泛采用，将大幅降低战争费用，高精度低成本导弹武器将显著改变战争生态，在技术实力相当的情况下，成本占优的一方将对另一方构成压倒性的优势。此外，微系统技术产品生产速度快、可靠性高，对提高导弹产能有所帮助，也将对战场态势产生影响。

（三）微系统技术可用于提升导弹武器系统性能

导弹武器系统对导航系统的质量、功耗和体积有着严格要求，传统的姿态测量传感器虽然测量精度较高，但其体积、质量和功耗较大，且造价昂贵，不利于导弹武器系统的小型化和集成化发展。惯性测量单元作为微系统技术在导弹武器系统中最早也是最成熟的应用方向，具有体积小、成本低、抗振动和抗冲击能力强、可靠性高等优点。伴随着隐身飞机、临近空间高超声速进攻武器等新兴威胁目标的出现和光电干扰对抗手段的发展，导弹武器探测系统面临着日益严峻的挑战，微系统技术能为导弹武器系统提供高性能、可重构的探测系统，在插入损耗、线性特性、隔离度、工作频带、功耗、灵活性等方面均有显著优势。随着新一代导弹武器系统对机动性、敏捷性的追求，对于导弹空气动力学性能的要求越来越高，基于微系统技术的主动流动控制器件能够显著改善导弹气动效率，增强导弹作战能力。

大数据技术发展及其在国防领域的应用

所谓大数据（Big Data）技术，就是对海量数据进行科学分析和有效处理的一种先进技术形式。该技术的优点主要在于可以对各种风格和类型的海量数据进行处理。相较于网络数据的传统处理技术，大数据技术的应用不仅可以实现数据处理量显著扩大，还可以实现各种复杂类型数据的快速处理。因此，随着大数据技术在当今社会各个领域的应用，各行各业的发展及其经济效益的提升都拥有了足够的技术支撑。基于此，大数据技术的应用现状及其在未来的发展趋势越来越受到当今社会各个行业的关注与重视。

一、概念内涵

（一）大数据

早在 1980 年，阿尔文·托夫勒在《第三次浪潮》中就称大数据为“第三次浪潮的华彩乐章”，但大数据首先被学术界关注是在 2008 年 9 月《Science》上刊登专题文章《Big Data：Science in the Petabyte Era》之后。而在 2009 年，大数据才成为 IT 行业的流行词汇。大数据的概念最早在 Apache 公司的开源项目 Nutch 中被使用，其被描述为用来更新网络搜索索引以及需要同时进行批量处理和分析的大量数据集，但是业界关于“什么是大数据”仍然没有公认的统一界定，目前有以下 4 种比较典型的定义：

研究机构 Cartner 认为：大数据是指需要借助新的处理模式才能拥有更强的决策力、洞察发现力和流程优化能力的具有海量、多样化和高增长率等特点的信息资产。

全球知名咨询公司麦肯锡的定义为：大数据指的是在一定时间

内无法用传统数据库软件工具采集、存储、管理和分析其内容的数据集合。

维基百科的定义为：大数据指的是需要处理的资料量规模巨大，无法在合理时间内通过当前的主流软件工具采集、管理、处理并整理的资料，它成为帮助企业经营决策的信息。

互联网数据中心（Internet Data Center，IDC）的定义为：大数据一般会涉及两种或两种以上的数据形式，要收集超过 100 TB 的高速、实时数据流，或者数据量每年会增长 60%以上的小数据。

大数据并不是一种新的产品，也不是一种新的技术，它只是数字化时代出现的一种现象，就如同 21 世纪初提出的“海量数据”概念一样。从组成的角度看，海量数据包括结构化和半结构化的交易数据，而大数据除此以外还包括非结构化数据和交互数据。有研究学者进一步指出，大数据意味着包括交易和交互数据集在内的所有数据集，其规模或复杂程度超出了常用技术，按照合理的成本和时限捕捉、管理及处理这些数据集的能力。可见，大数据由海量交易数据、海量交互数据和海量数据处理三大主要的技术趋势汇聚而成。

（二）大数据的来源

大数据集大小可达 PB（1 PB＝1 024 TB），甚至 EB（1 EB＝1 024 PB）量级。这些数据集有各种各样的来源：传感器，气候信息，公开的信息，如杂志、报纸、文章，还包括购买交易记录，网络日志，病历，军事监控，视频和图像档案，及大型电子商务等。当前，根据来源不同，大数据大致分为以下 3 种类型：

来自人类活动：人们通过社会网络、互联网、健康、金融、经济、交通等活动过程所产生的各类数据，包括微博、病人医疗记录、文字、图形、视频等信息。

来自计算机：各类计算机信息系统产生的数据，以文件、数据库、多媒体等形式存在，也包括审计、日志等自动生成的信息。

来自物理世界：各类数字设备、科学实验与观察所采集的数据。

如摄像头所不断产生的数字信号，医疗物联网不断产生的人的各项特征值，气象业务系统采集设备所收集的海量数据等。

（三）大数据的特征

不管各领域的专家、学者对大数据怎样定义和划分，其都具备“4V”的特点，即数据体量巨大（Volume）、数据种类繁多（Variety）、流动速度快（Velocity）和数据价值密度低（Value）。

数据体量巨大。大数据通常指 10 TB（1 TB＝1 024 GB）规模以上的数据量。之所以产生如此巨大的数据量，一是由于各种仪器的使用，使我们能够感知到更多的事物，这些事物的部分甚至全部数据就可以被存储；二是由于通信工具的使用，使人们能够全时段的联系，机器-机器（M2M）方式的出现，使交流的数据量成倍增长；三是由于集成电路价格降低，使很多东西都有了智能的成分。

数据种类繁多。随着传感器种类的增多以及智能设备、社交网络等的流行，数据类型也变得更加复杂，不仅包括传统的关系数据类型，也包括以网页、视频、音频、Email、文档等形式存在的未加工的、半结构化的和非结构化的数据。

流动速度快。我们通常理解的是数据的获取、存储以及挖掘有效信息的速度，但我们现在处理的数据是 PB 级代替了 TB 级，考虑到“超大规模数据”和“海量数据”也有规模大的特点，强调数据是快速动态变化的，形成流式数据是大数据的重要特征，数据流动的速度快到难以用传统的系统去处理。

数据价值密度低。数据量呈指数增长的同时，隐藏在海量数据的有用信息却没有相应比例增长，反而使我们获取有用信息的难度加大。以视频为例，连续的监控过程，可能有用的数据仅有一两秒。

大数据的“4V”特征表明其不仅是数据海量，对于大数据的分析将更加复杂、更追求速度、更注重实效。

（四）大数据处理流程

从大数据的特征和产生领域来看，大数据的来源相当广泛，由此产生的数据类型和应用处理方法千差万别。但是总的来说，大数据的基本处理流程大都是一致的。大数据的处理流程基本可划分为数据采集、数据处理与集成、数据分析和数据解释 4 个阶段，如图 1 所示。经数据源获取的数据，因为其数据结构不同（包括结构、半结构和非结构数据），用特殊方法进行数据处理和集成，将其转变为统一标准的数据格式方便以后对其进行处理；然后用合适的数据分析方法将这些数据进行处理分析，并将分析的结果利用可视化等技术展现给用户。

1. 数据采集

数据采集是大数据处理流程中最基础的一步，目前常用的数据采集手段有传感器收取、射频识别（RFID）、数据检索分类工具，如百度和谷歌等搜索引擎，以及条形码技术等。并且由于移动设备的出现，如智能手机和平板电脑的迅速普及，使大量移动软件被开发应用，社交网络逐渐庞大，这也加速了信息的流通速度和采集精度。

2. 数据处理与集成

数据的处理与集成主要是完成对于已经采集到的数据进行适当的处理、清洗去噪以及进一步的集成存储。通过数据处理与集成这一步骤，首先将结构复杂的数据转换为单一或便于处理的结构。另外，因为这些数据里并不是所有的信息都是必需的，故还需对这些数据进行“去噪”和清洗，以保证数据的质量以及可靠性。常用的方法是在数据处理的过程中设计一些数据过滤器，通过聚类或关联分析的规则方法将无用或错误的离群数据挑出来过滤掉，防止其对最终数据结果产生不利影响；然后将整理好的数据进行集成和存储，考虑到数据访问和数据取用的问题，目前会针对特定种类的数据建立专门的数据库，将不同种类的数据信息分别放置，可以有效地减少数据查询和访问的时间，提高数据提取速度。

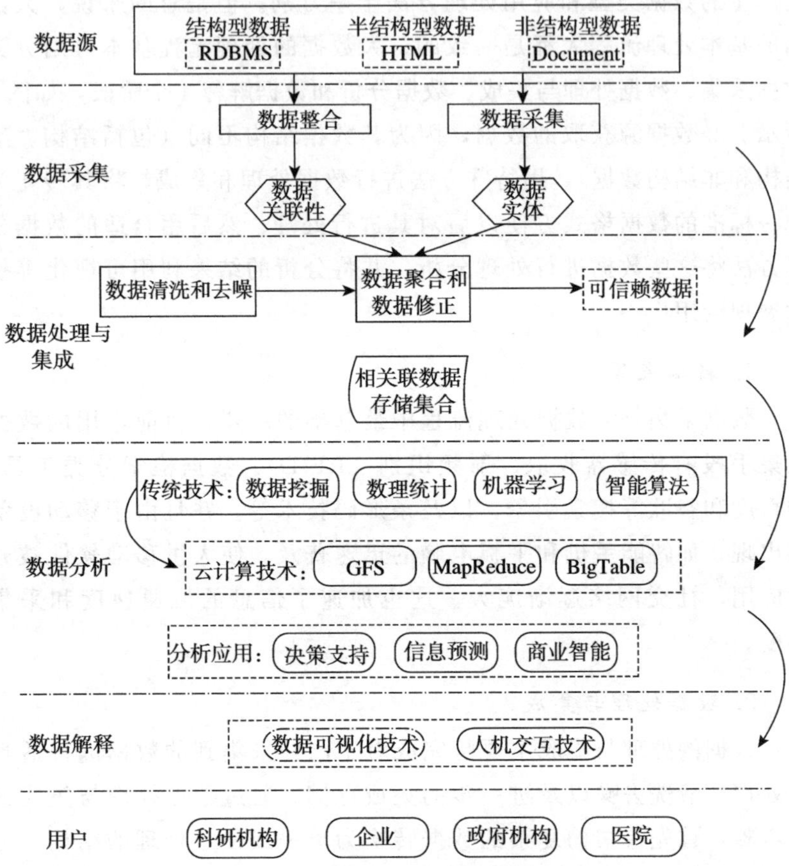

图 1　大数据处理基本流程

3. 数据分析

数据分析是整个大数据处理流程里最核心的部分，因为在数据分析的过程中，才会发现数据的价值所在。传统的数据处理分析方法有数据挖掘、机器学习、智能算法、统计分析等，而这些方法已经不能满足大数据时代数据分析的需求。谷歌作为互联网大数据应用最为广泛的公司，于 2006 年率先提出了“云计算”的概念，其内部各种数据的应用都是依托谷歌自己内部研发的一系列云计算技术，例如分布式文件系统 GFS、分布式数据库 BigTable、批处理技术 MapReduce，以及开源实现平台 Hadoop 等。

4. 数据解释

对于广大的数据信息用户来讲，最关心的并非是数据的分析处理过程，而是对大数据分析结果的解释与展示，因此，在一个完善的数据分析流程中，数据结果的解释步骤至关重要。若数据分析的结果不能得到恰当的显示，则会对数据用户产生困扰，甚至会误导用户。传统的数据显示方式是用文本形式下载输出或用户个人计算机显示处理结果。但随着数据量的加大，数据分析结果往往也越复杂，传统的数据显示方法不再适用。为了提升数据解释和展示能力，“数据可视化技术”应运而生。通过可视化结果分析，可以形象地向用户展示数据分析结果，更方便用户对结果的理解和接受。常见的可视化技术有基于集合的可视化技术、基于图标的技术、基于图像的技术、面向像素的技术和分布式技术等。

二、发展动向

“云计算”是大数据处理的基础，也是大数据分析的支撑技术。分布式文件系统为整个大数据提供了底层的数据储存支撑架构；为了方便数据管理，在分布式文件系统的基础上建立分布式数据库，提高数据访问速度；在一个开源的数据实现平台上利用各种大数据分析技术可以对不同种类、不同需求的数据进行分析整理得出有益信息，最终利用各种可视化技术形象地显示给数据用户，满足用户的各种需求。

（一）云计算和 MapReduce

1. 云计算

谷歌作为大数据应用最为广泛的互联网公司之一，2006 年率先提出“云计算”的概念。所谓“云计算”，是一种大规模的分布式模型，通过网络将抽象的、可伸缩的、便于管理的数据资源、服务、存储方式等传递给终端用户。根据维基百科的说法，狭义云计算是指 IT 基础设施的交付和使用模式，指通过网络以按照需求量的方式和易扩展的方式获得所需资源；广义云计算指服务的交付和使用模式，指通过网络以按照需求量和易扩展的方式获得所需服务。目前，云计算可以认为包含 3 个层次的内容：服务（IaaS）、平台即服务（PaaS）和软件即服务（SaaS）。云计算是大数据分析处理技术的核心原理，也是大数据分析应用的基础平台。谷歌内部的各种大数据处理技术和应用平台都是基于云计算，最典型的就是以分布式文件系统 GFS、批处理技术 MapReduce、分布式数据库 BigTable 为代表的大数据处理技术以及在此基础上产生的开源数据处理平台 Hadoop。

2. MapReduce

MapReduce 技术是谷歌公司于 2004 年提出的，作为一种典型的数据批量处理技术被广泛应用于数据挖掘、数据分析、机器学习等领域，MapReduce 因为它并行式数据处理的方式已经成为大数据处理的关键技术。MapReduce 的数据分析流程如图 2 所示。

由图 2 可以看出，MapReduce 系统主要由 Map 和 Reduce 两个部分组成。其核心思想在于“分而治之”，即首先将数据源分为若干部分，每个部分对应一个初始的键值（Key/Value）对，并分别给不同的 Map 任务区处理。Map 对初始键值对进行处理后产生一系列中间结果键值对，中间过程 Shuffle 将所有具有相同 Key 值的 Value 值组成一个集合传递给 Reduce 环节；Reduce 接收这些中间结果，并将相同的 Value 值合并，形成最终的较小 Value 值的集合。

MapReduce 系统的提出简化了数据的计算过程，避免了数据传输过程中大量的通信开销，在公布之后获得了极大的关注，在各个领域均有广泛的应用。

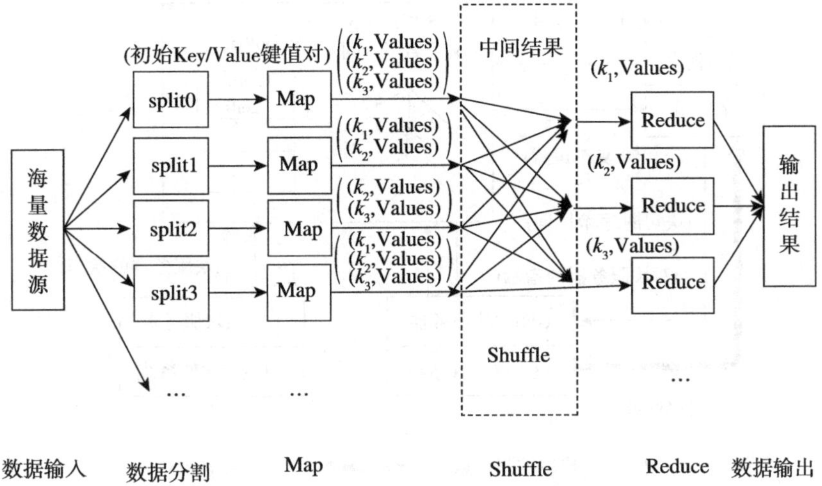

图 2 MapReduce 的数据分析流程

(二) 分布式文件系统

谷歌公司结合自己的实际应用情况，自行开发了一种分布式文件系统 GFS（Google File System）。该分布式文件系统是基于分布式集群的大型分布式处理系统，作为上层应用的支撑，为 MapReduce 计算框架提供底层数据存储和数据可靠性的保障。GFS 采用廉价的组成硬件并将系统某部分出错作为常见情况加以处理，因此具有良好的容错功能。从传统的数据标准来看，GFS 能够处理的文件很大，尺寸通常都是 100MB 以上，数 GB 也很常见，而且大文件在 GFS 中可以被有效地管理。另外，GFS 主要采取主从结构（Master - Slave），通过数据分块、追加更新等方式实现海量数据的高速存储。GFS 体系结构图如图 3 所示。

随着数据量的逐渐加大、数据结构的愈加复杂，最初的 GFS 架构已经无法满足对数据分析处理的需求，谷歌公司在原先的基础上对 GFS 进行了重新设计，升级为 Colosuss，单点故障和海量小文件存储的问题在这个新的系统里得到了很好的解决。除了谷歌的 GFS

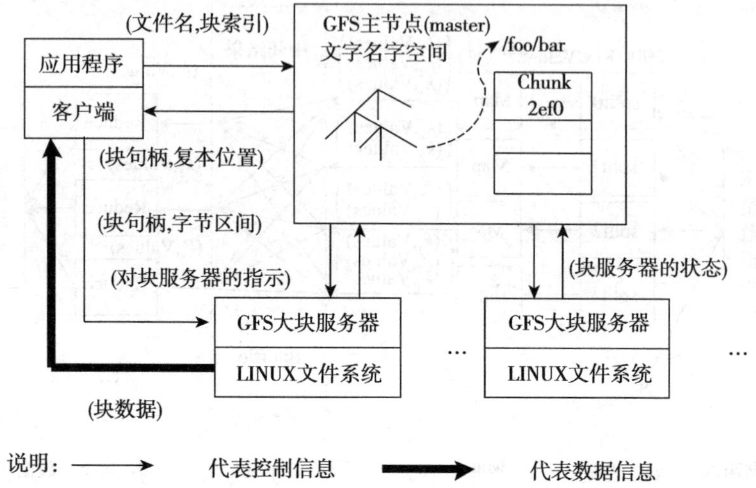

图 3 GFS 体系结构图

以及 Colosuss，HDFS、FastDFS 和 CloudStore 等都是类似于 GFS 的开源实现。由于 GFS 及其类似的文件处理系统主要用于处理大文件，对图片存储、文档传输等海量小文件的应用场合则处理效率很低，因此，Facebook 开发了专门针对海量小文件处理的文件系统 Haystack，通过多个逻辑文件共享同一个物理文件，增加缓存层、部分元数据加载到内存等方式有效地解决了海量小文件存储的问题。此外，淘宝也推出了类似的文件系统 TFS（Taobao File System），针对淘宝海量的非结构化数据，提供海量小文件存储，满足了淘宝对小文件存储的需求，被广泛地应用在淘宝各项业务中。

（三）分布式并行数据库

由上述数据处理过程可以看出，从数据源处获得的原始数据存储在分布式文件系统中，但是用户的习惯是从数据库中存取文件。传统的关系型分布式数据库已经不能适应大数据时代的数据存储要求。为解决这一问题，谷歌公司提出了 BigTable 的数据库系统解决方案，为用户提供了简单的数据模型。该方案主要是运用一个多维数据表，表中通过行、列关键字和时间戳来查询定位，用户可以自己动态控制数据的分布和格式。BigTable 的基本架构如图 4 所示。

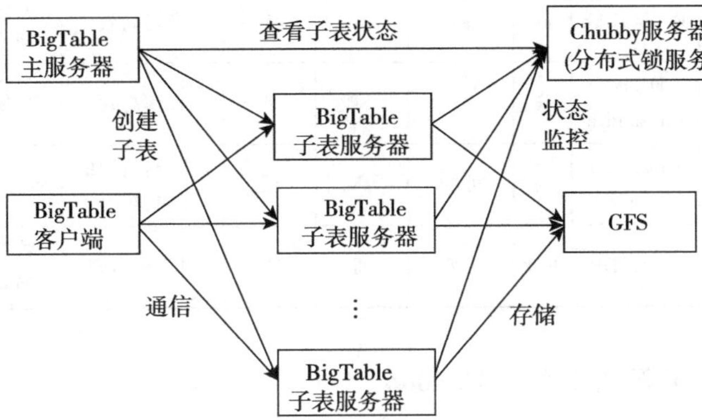

图 4　Big Table 的基本架构

BigTable 中的数据均以子表形式保存于子表服务器上，主服务器创建子表，最终将数据以 GFS 形式存储于 GFS 文件系统中；同时，客户端直接和子表服务器通信，Chubby 服务器用来对子表服务器进行状态监控；主服务器可以查看 Chubby 服务器，以观测子表状态检查是否存在异常，若有异常则会终止故障的子服务器，并将其任务转移至其余服务器。

除了 BigTable 之外，互联网公司也研发了其他可适用于大数据存储的数据库系统，比较知名的有 Yahoo! 公司的 PNUTS 和 Amazon 公司的 Dynamo。这些数据库的成功应用促进了对非关系型数据库的开发与运用的热潮，这些非关系型数据库方案现在被统称为 NoSQL（NotOnly SQL）。目前，对于 NoSQL 没有一个确切的定义，但其普遍具有以下特征：模式自由（Schema - free）、支持简易备份（Easy Replication Support）、简单的应用程序接口（Simple API）、一致性、支持海量数据（Huge Amount of Data）。目前典型的 NoSQL 分类见表 1。

表 1 目前典型的 NoSQL 分类

类别	相关数据库	性能	可扩展性	灵活性	复杂性	优点	缺点
Key - Value	Redis Riak	高	高	高	无	查询高效	数据存储缺乏结构
Colunn	HBase Cassandra	高	高	一般	低	查询高效	功能有限
Document	CouchDB MongoDB	高	可变	高	低	对数据结构的限制较少	查询性能低
Graph	OrientDB	可变	可变	高	高	图算法精密	数据规模相对较小

（四）开源实现平台 Hadoop

大数据时代对于数据分析和管理都提出了不同程度的新要求，许多传统的数据分析技术和数据库技术已经不足以满足现代数据应用的需求。为了给大数据处理分析提供一个性能更高、可靠性更好的平台，Doug Cutting 模仿 GFS，为 MapReduce 开发了一个云计算开源平台 Hadoop，用 Java 编写，可移植性强。现在 Hadoop 已经发展为一个包括分布式文件系统（Hadoop Distribute File System，HDFS）、分布式数据库（HBase、Cassandra）以及数据分析处理 MapReduce 等功能模块在内的完整生态系统，现已经发展成为目前最流行的大数据处理平台。

（五）大数据可视化分析

由于大数据分析结果具有海量、关联关系极其复杂等特点，采用传统的解释方法基本不可行。目前，常用的方法是可视化技术和人机交互技术。

可视化技术能够迅速和有效地简化与提炼数据流，帮助用户交互筛选大量的数据，有助于用户更快更好地从复杂数据中得到新的发现。用形象的图形方式向用户展示结果，已作为最佳结果展示方式之一率先被科学与工程计算领域采用。常见的可视化技术有原位分析（In Situ Analysis）、标签云（Tag Cloud）、历史流（history flow）、空间信息流（Spatial information flow）、不确定性分析等。可以根据具体的应用需要选择合适的可视化技术。目前，也有专家、学者提出通过数据投影、维度降解和电视墙等方法来解决大数据显示问题。

以人为中心的人机交互技术也是解决大数据分析结果的一种重要技术，让用户能够在一定程度上了解和参与具体的分析过程。这个过程既可以采用人机交互技术，利用交互式的数据分析过程来引导用户逐步进行分析，使用户在得到结果的同时更好理解分析结果的由来，也可以采用数据起源技术来追溯整个数据分析的过程，帮助用户理解结果。

三、发展趋势

随着科学技术与各行各业的发展，大数据技术也将获得进一步的发展，以满足时代发展所需。从大数据技术的应用及其发展需求来看，该技术在未来的发展趋势主要体现在以下 3 个方面：

（一）数据库框架的融合

在大数据技术的发展中，除了结构化查询语言（Structured Query Language，SQL）数据库，NoSQL 数据库发展也十分迅速。而在各类大数据平台上，图形、内存、列数以及关系等数据库将会实现有机融合。通过这样的方式，便可让各种场景条件下的数据处理需求得以全面满足，实现大数据技术良好发展。

（二）数据技术的产业化应用

随着大数据技术不断发展与转变，其应用也逐渐朝着资源化方向发展。在此过程中，数据技术的发展将会趋于产业化，这样便可以让大数据技术为企业发展提供更好的数据支撑。同时，随着大数据技术不断发展，其数据应用也应该按照不同类别进行整合，这样才可以让数据技术实现应用性能的全面提升，以此确保大数据技术在未来的应用效果。

（三）数据的深度挖掘

在大数据技术未来的应用和发展中，数据挖掘深度化是一项核心技术。随着当今数据挖掘技术在各个领域的广泛应用，大数据也实现了更加准确的应用，而大数据业务增加也使其与用户更加贴近，让用户需求得到更好的满足。在大数据技术的发展中，通过数据挖掘技术对用户进行深度标签的创建越来越成为当今大数据挖掘技术应用的热点内容。在大数据场景中，通过数据挖掘技术的合理应用，将会对用户行为进行更加深入的分析，并以此为依据进行深度标签的多角度、多层次创建。

四、国防领域应用前景

美国政府在 2012 年 3 月 29 日发布了《大数据研究与发展计划倡议》，意图以其先进信息技术为基础，争夺世界信息霸权，扩大与其他国家之间的信息化差距，这意味着大数据技术在世界经济、政治和军事等领域的应用将全面展开。针对大数据技术的研发将从以往的企业行为扩大为国家行为，标志着大数据作为一种新型的战略资源，已成为世界主要国家争相展开研究的又一战略重点。

在美军大数据研发计划中，国防部及其下属 DARPA 开展的大数据项目达数十个，包括网络内部威胁项目、洞察力项目、机器读取项目、心灵之眼项目、面向任务的弹性云项目、加密数据的编程运算项目、影像检索和分析项目、X 数据项目、数据到决策项目等。其中，典型的项目是网络内部威胁项目、影像检索和分析项目、X 数据项目和数据到决策项目。此外，美国海军在大数据技术的应用研究方面也处于领先地位，成立了海军战术云项目。

网络内部威胁项目。通过采用大数据技术和全新威胁判断技术分析以往的网络数据，网络内部威胁项目致力于尽早发现和防范敌方的攻击行为，确保自身的网络处于安全状态。相比于前期的项目，该项目旨在探寻新方法，来更加准确、快速地发现计算机网络中隐藏的间谍活动或者攻击行为。

影像检索和分析项目。当前，针对图像和视频检测分析所采用的方法需要耗费大量人力和物力，为解决这一问题，美军设立了影像检索和分析项目。该项目旨在开发一套面向影像的自动化系统，用于提升军事图像分析员快速分析和开发海量图像和视频资料的能力，使其能够为整个军事活动提供信息支持。

X数据项目。由于当前的数据处理技术大多数只能处理结构化数据，对半结构化数据和非结构化数据的处理能力非常有限。但不容忽视的是，在无人机、卫星、雷达等各类数据源所收集的数据中，大约有80%的数据都属于半结构化数据或者非结构化数据。针对这一矛盾，美国国防高级研究计划局将投入1亿美元，专门用于开发能够分析海量半结构化数据和非结构化数据的计算技术和软件工具。该项目一旦成功，美军将具备快速分析海量、分布式、半结构化、非结构化数据以及不完整数据的能力。此外，通过开发相应的可视化界面和人机接口，还可以使这些数据以更直观的方式呈现在用户面前，使操作过程更加便捷。

数据到决策项目。数据到决策项目的设立是为了将作战过程中所收集的海量数据转换为可以用于决策的知识，并进一步地实现自主决策。针对该项目，美国国防部正致力于开发一种新的技术，专门用于提升分析人员从语言文本数据中获取信息的能力，进而为他们分析敌方目的和活动规律等提供支持。

美国海军战术云项目。通过整合系统数据和作战过程中的传感器数据，美国海军发现只有10%的数据被真正利用了起来。因此，为利用大数据技术增强作战能力，美国海军研究办公室在2014年发布了白皮书，规划了在大数据领域的重点研究方向。在这一背景下，集海量存储、运算、开发和分析预测为一体的海军战术云（DF-NTC）项目应运而生。目前，该项目已经完成了一体化防空和航母反潜两个关键领域的总体设计，使美国海军在上述两个领域中具备了在大数据环境下的数据分析和综合态势感知能力。

近 5 年来，美军和主要军事强国的有关机构，支持了一批大数据研发项目，如从科学阐述中预知和理解、文本深度挖掘和过滤技术（DEFT）。2019 年，北约启动监视与控制（AFSC）大数据支撑项目，针对复杂 ISR 系统产生的大数据研制高效挖掘算法和应用技术。美俄军队还组织开发了以"冲突-安全-平衡-环境"为代表的大数据预测推理模型和数据驱动软件工具，对全球和区域性的领域及开源大数据进行全面分析，挖掘关联性实体和事件，以期预测性评估区域安全局势，对全球重大恐怖事件和热点冲突实时或近实时地进行监控。大数据技术在军事领域的应用与进展体现在以下几个方面：

（一）促进军队信息化模式由任务驱动向数据驱动转变

应用大数据分析技术对超海量数据进行处理、挖掘、推理，从数据中挖掘规律、发现知识、支持决策，生成对态势或趋势的预判。大数据已经成为战斗力的新增长点。通过大数据的积累和有效利用，可以支撑实现对关注目标及其关系的长期跟踪，分析相关的战场背景情况和目标活动规律。军事大数据为决策提供了重要的参考指标，有利于解决信息不全面、不完整、不及时等问题，并对潜在风险做出预判和评估。同时，通过大数据分析对各种方案计划反复对比，可以做到好中选优、精准决策。

（二）为战略形势研判提供全新的有力手段

综合主要对手政治、军事、经济、科技、社会和外交等信息，开展数据挖掘、知识发现，实现战略态势分析智能化和可视化，可以应用于战争形势研判、全球安全局势研判、军事冲突数据推演预测、重大突发事件监测预警等关键问题，提高决策对抗的实力。此外，还可应用于深度分析对手的技术实力和战争潜力等。研究对手，是战争制胜的关键。大数据从宏观层面支持快速发现、识别、跟踪战略目的和战役目标，可以预测对手军力的演化趋势和发展走势。

（三）为战场态势融合和快速深度的威胁分析提供全新途径

通过融合多源信息与开源数据，可以精准掌握战场及关键目标实时动态，准确研判战役重心态势；通过超高速分析、全方位刻画目标实体特征规律，可以实现发现威胁、跟踪目标、标注异常标识等。此外，从微观层面支持挖掘情报线索、发现潜在强关联，实现各方作战实力、指挥特点与弱点的挖掘发现，分析对手隐藏的战争潜力；对各类突发性危机以及热点争端事件进行趋势研判。

（四）大幅提高军事训练和建设管理水平

利用模拟仿真、虚拟现实等技术，通过大数据支撑，可以提供复杂战场环境和作战场景的沉浸式训练环境，从而全面提升实战环境真实感。大数据助力弄清内外情况，通过大数据跨域分析与模拟推演，能够提高建设决策的可靠性和可校验性，推进军队管理与建设的精准规划、精确落实、精细检查。此外，军事大数据还能对战略规划、方案指南、建设计划、主要项目、经费预算、进度管理等信息，与建设环境和作战运用进行深度比较、关联、分类、评级，找出可能存在的问题或矛盾，进一步针对资源分配控制提出相关决策建议。

（五）加强专业情报深度分析能力

利用大数据工具，可提高对多维战场空间情报的关联发现和深度认知能力。从广泛的传感器消息源中提取关键数据，以多视角可视化形式呈现情报结果数据，提供更加专业化的情报大数据专用平台，显著增强作战实体数据识别、事件关系定位、知识发现理解的能力，更有可能发现潜在的高价值情报线索、推出关键性情报产品。

（六）优化作战筹划能力

在指控知识发现、指挥规则自主学习、指挥筹划计划与作战任务的关联分析等方面，已逐步实现对实时战场态势、作战体系等大数据进行比较、分析和推理，能够部分提供自主化目标选择、计划生成、方案评估等处理能力，促使作战筹划更合理、更高效。大数据智能感知能力通过分析指挥系统中大数据流向变化和关联性改变，可实现对作战系统和重要作战任务执行情况的自主化评估和推测性展现。基于大数据推理支持模型，可为作战危急态势处置方案生成提供决策支撑。

区块链技术发展及其在国防领域的应用

区块链技术自诞生以来，以其“新理念、新架构”在世界范围内引起了广泛的关注，被认为是下一代价值互联网的核心技术。

一、概念内涵

近年来，世界主要国家加快区块链布局，不断推动区块链技术创新发展。

（一）区块链的概念和基本属性

1. 概念理解

（1）区块链定义

区块链首先是一项应用协议，构建在互联网 TCP/IP 基础协议之上，将全新加密认证技术与互联网分布式技术相结合，提出了一种基于算法的解决方案，推动互联网从“信息”向“价值”的转变。其次，区块链是一种记录方式，是一种按照时间顺序将数据区块以顺序相连的方式组合成的一种链式数据结构，并以密码学方式保证的不可篡改和不可伪造的分布式账本。在区块链中，数据信息是按照时间顺序被记录下来的，区块链是对达到指定大小的数据进行打包形成区块并链接进入往期区块形成数据链的数据记录方式。再次，区块链是一种技术方案。类似云计算、大数据、物联网等新一代信息技术，区块链技术并不是单一的信息技术，而是依托于现有技术加以独创性的组合及创新，从而实现以前未实现的功能。其关键技术包括 P2P 网络技术、非对称加密算法、数据库技术、数字货币等，通过综合运用这些技术，区块链创造出新的记录模式与管理方法。

最后，区块链是一种管理范式，即一种去中心化的、无须信任积累的信用建立范式。任何互不了解的个体通过一定的合约机制可以加入一个公开、透明的数据库，通过点对点的记账、数据传输、认证或是合约，而不需要借助任何一个中间方来达成信用共识。

（2）本质内涵及其理解

区块链技术本质在于允许个体不经过权威第三方的认证而开展有效可信的合作，是一种安全透明、共识容错的数字交易账本系统。作为分布式存储和传输、共识机制、智能合约、加密算法等计算机技术的融合应用模式，区块链提供了安全、稳定、透明、可审计且高效的交易记录和数据信息的交互，既能存储数据，也能运行应用程序。区块头存储结构化的数据，大小是 80 B；而区块主体则利用一种树状结构，记录区块挖出的这段时间中所有交易的信息，所需空间比较大，如图 1 所示。区块头比区块主体小，但大部分功能皆由区块头实现。

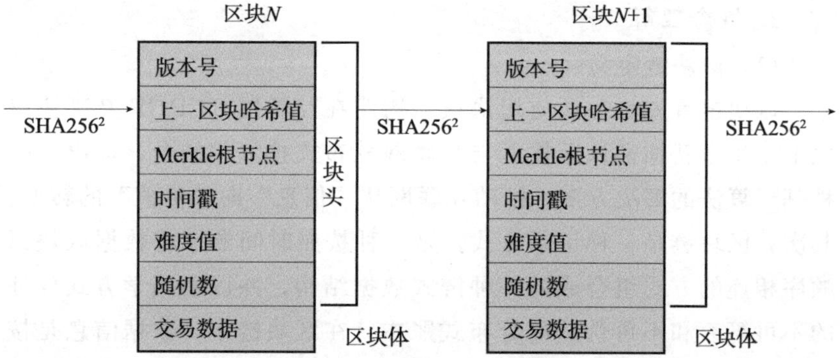

图 1　区块数据结构

目前，尚未形成行业公认的区块链定义，在狭义上可以理解为一种按照时间顺序将数据区块以链条的方式组合成特定数据结构，并以密码学方式保证的不可篡改和不可伪造的去中心化共享总账(Decentralized Shared Ledger)，能够安全存储简单的、有先后关系的、能在系统内验证的数据。广义的区块链技术则是利用加密链式区块结构来验证与存储数据、利用分布式节点共识算法来生成和更新数据、利用自动化脚本代码（智能合约）来编程和操作数据的一种全新的去中心化基础架构与分布式计算范式。

2. 核心技术

总体来看，区块链主要解决交易的信任和安全问题，主要包括分布式账本、记账共享算法、智能合约及安全密码机制四大核心技术。

（1）分布式账本技术

分布式账本技术（Distributed Ledger Technology，DLT）本质上是一种可以在多个网络节点、多个物理地址或者多个组织构成的网络中进行数据分享、同步和复制的去中心化数据存储技术。对比传统分布式存储系统执行受某一中心节点或权威机构控制的数据管理机制，分布式账本往往基于一定的共识规则，采用多方决策、共同维护的方式进行数据的存储和复制等操作。其去中心化的数据维护策略恰恰可以有效减少系统臃肿的负担。在某些应用场景，甚至可以有效利用互联网中大量零散节点所沉淀的庞大资源池。

传统分布式存储系统会将系统内的数据分解成若干片段，之后在分布式系统中进行存储，普通用户无法确定自己的数据是否被服务商窃取或篡改，在受到黑客攻击或发生安全泄露时更加显得无能为力。而分布式账本中任何一方的节点都各自拥有独立的、完整的一份数据存储，各节点之间彼此互不干涉、权限等同，通过相互之间的周期性或事件驱动的共识达成数据存储的最终一致性。无论是服务提供商在无授权情况下的蓄意修改，还是网络黑客的恶意攻击，均需要同时影响分布式账本集群中的大部分节点，才能实现对已有数据的篡改，否则系统中的剩余节点将很快发现并追溯到系统中的恶意行为。

（2）记账共享算法

公链系统为了鼓励更多节点参与共识，通常会发放代币（token）给对系统运行有贡献的节点。无论是工作量证明（PoW）

算法，还是股权证明（PoS）算法，其核心思想都是通过经济激励来鼓励节点对系统的贡献和付出，通过经济惩罚来阻止节点作恶。而联盟链或者私链与公链的不同之处在于，联盟链或者私链的参与节点通常希望从链上获得可信数据，这相对于通过记账来获取激励而言有意义得多，所以他们更有义务和责任去维护系统的稳定运行，并且通常参与节点数较少，PBFT 及其变种算法恰好适用于联盟链或者私链的应用场景。

（3）智能合约协议

智能合约（Smart Contract）是一种旨在以信息化方式传播、验证或执行合同的计算机协议，允许在没有第三方的情况下进行可追踪且不可逆转的可信交易。因此，智能合约可以提供优于传统合同方法的安全，并减少与合同相关的其他交易成本。基于区块链的智能合约包括事件处理和保存的机制，以及一个完备的状态机，用于接受和处理各种智能合约，数据的状态处理在合约中完成。事件信息传入智能合约后，触发智能合约进行状态机判断。如果自动状态机中某个或某几个动作的触发条件满足，则由状态机根据预设信息选择合约动作的自动执行。

智能合约作为一种计算机技术，不仅能够有效地对信息进行处理，而且能够保证合约双方在不必引入第三方权威机构的条件下，强制履行合约，避免了违约行为的出现。智能合约具有合约制定的高时效性、合约维护的低成本性、合约执行的高准确性的优点，已经在以太坊、Hyperledger Fabric 等影响力较强的区块链项目中得到广泛应用。虽然智能合约较传统合约具有明显的优点，但对智能合约的深入研究与应用仍在不断探索中。

（4）安全密码机制

信息安全及密码学技术是整个信息技术的基石。在区块链中也大量使用现代信息安全和密码学的技术成果，主要包括哈希算法、对称加密、非对称加密、数字签名、数字证书、同态加密、零知识证明等。这些现代加密机制主要实现以下三方面技术要求：

一是确保完整性。区块链采用密码学哈希算法技术，保证区块链账本的完整性不被破坏。哈希（散列）算法能将二进制数据映射为一串较短的字符串，并具有输入敏感特性，一旦输入的二进制数据发生微小的篡改，经过哈希运算得到的字符串将发生非常大的变化。此外，优秀哈希算法还具有冲突避免特性，输入不同的二进制数据，得到的哈希结果字符串是不同的。

二是确保机密性。加解密技术从技术构成上分为两大类：一类是对称加密，另一类是非对称加密。对称加密的加解密密钥相同；而非对称加密的加解密密钥不同，一个被称为公钥，另一个被称为私钥。公钥加密的数据，只有对应的私钥可以解开，反之亦然。区块链尤其是联盟链在传输数据时，采用 TLS（Transport Layer Security）加密通信技术，即通信双方利用非对称加密技术，协商生成对称密钥，再由生成的对称密钥作为工作密钥，完成数据的加解密，从而同时利用了非对称加密不需要双方共享密钥、对称加密运算速度快的优点。

三是身份认证。单纯的 TLS 加密通信，仅能保证数据传输过程的机密性和完整性，但无法保障通信对端可信（中间人攻击）。因此，需要引入数字证书机制，验证通信对端身份，进而保证对端公钥的正确性。数字证书一般由权威机构进行签发。通信的一侧持有权威机构根 CA（Certification Authority）的公钥，用来验证通信对端证书是否被自己信任（即证书是否由自己颁发），并根据证书内容确认对端身份。在确认对端身份的情况下，取出对端证书中的公钥，完成非对称加密过程。

3. 基本属性

区块链公开账本是可访问性的公开，并不代表信息本身的公开，系统记录的账本应处于所有参与者被允许访问的状态，为了验证区块链记录信息的有效性，记账参与者必须有能力访问信息内容和账本历史。区块链技术可以理解为分布式存储和传输、共识机制、智能合约、加密算法等计算机技术的融合应用模式，总体上具有去中心化、时序数据、集体维护、可编程和安全可信等核心属性和能力。

（1）去中心化

区块链数据的验证、记账、存储、维护和传输等过程均是基于可信任的分布式系统结构，采用纯数学方法而不是中心机构来建立分布式节点间的信任关系。在典型的区块链网络中，每一个节点都能够存储全网发生的历史交易记录的完整、一致账本，即对个别节点的账本数据的篡改、攻击不会影响全网总账的安全性。在处理仅涉及链内封闭系统中的数据时，区块链本身能够创造参与者之间的信任。

（2）时序数据

区块链采用带有时间戳的链式区块结构存储数据，从而为数据增加了时间维度，具有极强的可验证性和可追溯性。区块链系统各节点通过一定的共识机制选取具有打包交易权限的区块节点，该节点需要将新区块的前一个区块的哈希值、当前时间戳、一段时间内发生的有效交易及其梅克尔树根值等内容打包成一个区块，向全网广播。

（3）集体维护

区块链系统采用特定的经济激励机制来保证分布式系统中所有节点均可参与数据区块的验证过程（如比特币的“挖矿”过程），并通过共识算法来选择特定的节点将新区块添加到区块链。区块链的记账参与方由多个利益不完全一致的实体组成，并且在不同的记账周期内，由不同的参与方主导发起记账（轮换方式取决于不同的共识机制），而其他的参与方将对主导方发起的记账信息进行共同验证。

（4）可编程

区块链技术可提供灵活的脚本代码系统，支持用户创建高级的智能合约、货币或其他去中心化应用。例如，以太坊（Ethereum）平台即提供了图灵完备的脚本语言，以供用户来构建任何可以精确定义的智能合约或交易类型。区块链系统中的应用是已编码的、可自动运行的业务逻辑，通常有自己的代币和专用开发语言。有虚拟机用于执行智能合约编译后的代码。

（5）安全可信

作为区块链最为显著的特征，安全不可篡改性是区块链系统的必要条件，而不是充分条件，区块链的不可篡改基于密码学的散列算法，以及多方共同维护的特性。区块链技术采用密码学原理对数据进行加密，账户体系由非对称加密算法下的公钥和私钥组成，若没有私钥，则无法使用对应公钥中的资产。同时，借助分布式系统各节点的工作量证明等共识算法形成的强大算力来抵御外部攻击、保证区块链数据不可篡改和不可伪造，因而具有较高的安全性。

（二）区块链类型和发展模式

1. 区块链主要类型

（1）公有区块链

公有区块链是指对全世界所有人开放的，任何人都可以读取数据、发送交易且交易能够获得有效确认的共识区块链。它是最早产生且应用最为广泛的区块链，各大比特币系列的虚拟数字货币均基于公链，世界上有且仅有一条该币种对应的区块链。一般情况下，公有区块链会通过代币机制鼓励参与者竞争记账，确保数据的安全性，它被认为是“完全去中心化”的，不存在任何准入机制，账本完全公开透明，公有区块链系统中数据的读写是不受任何人控制和篡改的。

公有区块链具有 3 个方面的基本特点：一是访问门槛低，任何一个有计算机并且能联网的人都可以访问；二是所有数据公开透明、无法篡改，公有区域链是高度去中心化的分布式账本，任何节点的行为都是可以查看的，而且篡改交易数据几乎不可能实现；三是免受开发者影响，程序开发者无权干涉用户。公有区块链数据的读写是不受任何人控制和篡改的。在应用方面，除了比特币、以太坊之外，还有量子链、万维链和金融链等项目。

（2）私有区块链

私有区块链是指写入权限完全被一个组织掌握的区块链，其公开程度由该组织决定，所有参与到这个区块链中的节点都会被严格控制。私有链的参与者一般是大型企业各内部实体，或政府各职能部门；其具有一定的中心化协调机制，通常应用于协调成本过高的业务，如机构内部的技术验证、存证和审计。

私有区块链的基本特点也包括3个方面：一是交易速度非常快，由于私有区块链少量的节点也都具有很高的信任度，交易不需要所有网络节点的确认，所以其交易速度比任何其他的区块链都快；二是给组织自身隐私更好的保障，由于读取权限是由该组织决定的，参与者难以获得私有区块链上的数据，因此组织自身的隐私保障更好；三是交易成本大幅度降低，如果所有的交易都由一个机构处理，那么他们就不需要为工作而收取费用。在应用方面，私有区块链一般更偏向于企业内部以及数据管理、审计等金融场景的应用。

（3）联盟区块链

联盟区块链是指由多个机构共同参与管理的区块链，每个组织或机构管理一个或多个节点，其数据只允许系统内不同的机构进行读写和发送。在这个群体系统内部，多个预选的节点被指定作为记账人，每个块的生成由所有的预选节点共同决定，即预选节点参与共识过程；其他接入节点可以参与交易，但不过问记账过程。联盟区块链可以看成是私有区块链的一种，只是私有程度不同，权限设计要求也更复杂，可信度更高。

在应用方面，联盟区块链适合组织机构之间的交易和结算，一般由企业联盟或者政府机构发起；其通常具有准入和权限控制机制，账本具备隐私保护功能。联盟区块链是目前最贴近企业和政府实际应用场景的组织形态，而且更加便于监管。

2. 区块链发展模式

按照目前的发展脉络，区块链技术会经历以可编程数字加密货币体系为主要特征的区块链1.0模式、以可编程金融系统为主要特征的区块链 2.0 模式和以可编程社会为主要特征的区块链 3.0 模式。

（1）区块链 1.0：可编程货币

区块链 1.0 的典型特征主要包括以区块为单位的链状数据块结构、全网共享账本、非对称加密及源代码开源。这些技术的组合是区块链 1.0 的典型实现。区块链技术伴随比特币的产生而产生，其最初的应用范围完全聚集于数字货币。可编程货币使价值在互联网中直接流通成为可能。区块链构建了一种全新的、去中心化的数字支付系统，随时随地进行货币交易、毫无障碍的跨国支付以及低成本运营的去中心化体系。这种新兴数字货币的出现，强烈地冲击了传统金融体系。

（2）区块链 2.0：可编程金融

区块链 2.0 的典型特征主要包括智能合约、分布式应用（DAPP）和虚拟机。区块链 2.0 的技术架构与区块链 1.0 相比，在共识层加入了股权证明机制（POS）和授权股权证明机制（DPOS）；同时，应用层变为智能合约层。受到数字货币的影响，区块链技术的应用范围逐渐扩展到其他金融领域。基于区块链技术可编程的特点，计算机从业者尝试将“智能合约”的理念加入区块链中，形成了可编程金融。有了合约系统的支撑，区块链的应用范围开始从单一的货币领域扩大到涉及合约功能的其他金融领域，得以在股票、清算、私募股权等场景崭露头角。

（3）区块链 3.0：可编程社会

随着区块链技术的进一步发展，其“去中心化”功能及“数据防伪”功能在其他行业逐步受到重视，可以扩展到任何有需求的领域中，陆续被推广至公证、仲裁、审计、域名、物流、医疗、邮件、鉴证、投票等方面，其应用范围扩大到了整个社会。在这一阶段，区块链被试图用来颠覆互联网的最底层协议，探索区块链技术运用到物联网中，让整个社会进入智能互联网时代，形成一个可编程的社会。可编程社会正是现阶段很多公链和应用链要实现的。

需要注意的是，区块链技术普遍被认为处于 2.0 模式的初期，股权众筹和P2P借贷等各类基于区块链技术的互联网金融应用相继涌现。然而，上述3种模式实际上是平行而非演进式发展的，区块链1.0模式的数字加密货币体系仍然远未成熟，距离其全球货币一体化的愿景还有一大段艰难的距离。

二、发展动向

（一）区块链发展情况概览

近年，区块链技术在不断迭代和进化中取得了长足发展；区块链已在多领域创新应用，应用融合不断深入；区块链产业生态初步形成，助推数字经济发展；区块链国际标准初成体系。

1. 区块链技术体系长足发展

从比特币为代表的区块链1.0时代到以太坊为代表的区块链2.0时代，再到区块链应用探索普及的3.0时代，经过不断的迭代和技术更新，区块链技术体系取得了长足的发展。分布式账本存储、共识机制、智能合约、密码算法和对等网络等核心技术已基本形成并日趋成熟，高性能计算技术、跨链协议、侧链、分片、DAG、子链等扩展技术也在加速突破，随着边缘计算、量子计算、人工智能、大数据等技术的发展，区块链与新一代信息技术融合也成为一个重要方向。

2. 区块链应用融合不断深入

目前，区块链技术在食品药品溯源、医疗健康、金融支付、司法存证、交通运输、商品零售等领域已有较多落地案例。国际上，马士基航运公司基于区块链的全球贸易数字化平台，让全球贸易更加安全和高效；沃尔玛基于区块链的食品供应链平台，实现庞大的供应链准确追踪。

3. 区块链产业生态初步形成

开源生态初步形成，国外典型开源项目包括比特币（Bitcoin）、以太坊（Ethereum）、超级账本（Hyperledger）、Facebook 主导 Diem 数字货币项目。

4. 区块链标准体系建设加快

在国际标准方面，截至 2020 年年底，ITU、ISO 和 IEEE 三大组织已发布区块链/分布式账本技术相关标准 23 项，涉及隐私安全、数据管理、物联网、互操作/跨链技术等方面。

（二）区块链前沿技术进展

区块链作为下一代互联网的核心技术，能够带动产业变革，推动数字经济发展，成为数字经济重要基础设施。区块链技术最新研究方向包括隐私计算、共识机制、跨链通信、抗量子密码、新型区块链框架等方面。

1. 隐私计算技术保障数据主权安全

利用隐私计算技术可以在保护数据本身不对外泄露的前提下实现数据分析计算。隐私计算首先由图灵奖获得者姚期智提出，发展到现在主要分为可信计算技术和基于密码学的安全多方计算技术，以及联邦学习等隐私计算派生技术。2021 年，隐私计算领域相关的零知识证明、同态计算等密码协议和算法，在学术和技术研究领域取得重大突破。2021 年 5 月，匈牙利数学家和以色列计算机科学家因为零知识证明的研究，获得数学界的阿贝尔奖。同年，Google 开源了首个 FHE 通用全同态加密的转译器，将明文运算转换为全同态密文运算。未来，还需突破协同计算等技术难题，进一步保障数据主权安全。

2. 可扩展性是区块链共识机制发展主线

共识机制是区块链系统的关键组成部分，是区块链网络中各节点对交易的执行顺序和执行结果达成一致的实现方式。共识机制最早源于 Lesille Lamport 在 1982 年提出的拜占庭将军问题（BGP），随后又出现了分布式系统中的一致性问题，即 BFT（拜占庭容错）

算法。

2019年，HotStuff协议对BFT算法进一步优化，通过三阶段共识的方式，有效压缩了节点轮换时的消息复杂度，彻底为BFT类算法在区块链中的应用铺平了道路，已成功应用在了Facebook的Diem中。

研究设计高效可扩展、灵活可配置的高性能分布式共识机制，保证分布式节点就底层交易状态达成一致是支撑区块链系统上层业务开展的关键。

3. 跨链技术实现数据互联互通及价值转移

跨链技术可解决链间数据通信、价值转移和价值孤岛问题，是当前区块链领域研究的前沿技术和热点之一。

目前，主流的跨链技术包括公证人机制、哈希锁定、侧链/中继技术等。在公证人机制方面，2015年10月瑞波实验室提出的Interledger协议旨在实现不同支付系统间的互通，解决了分类账之间的安全转账问题；中继技术是目前跨链主流技术，Cosmos项目于2019年上线，大幅降低了开发者的开发难度，允许大量自主且易开发的区块链互相扩展和交互。Polkadot（波卡）项目于2020年上线，将多个专用区块链连接到一个统一网络，实现了链上治理自动升级；航天信息于2020年提出“超级链”跨链，实现基于中继技术的跨链服务。

跨链技术未来的发展趋势是统一提出一种标准化的数据接口通信技术，抽象出典型的互操作服务，发展出类似于互联网的标准化接口或通信协议，实现各区块链的广泛互联以及数据和价值流通。

4. 后量子密码成为未来区块链安全防护保障

密码是保障区块链安全的核心技术。区块链系统使用哈希算法、数字签名、同态加密、零知识证明等密码技术，保障账本安全、交易授权、链上隐私、节点鉴别、通信链路安全、消息完整性等。

随着量子计算技术的发展，区块链公钥密码系统受到了严重威胁，当前的区块链密码体系面临被攻破的危险。学术界开展了后量子密码算法研究，1998 年由美国布朗大学三位数学教授提出的 NTRU 公钥算法，算法简洁、计算速度快、占用存储空间小；在后量子密码算法标准制定和产业推广方面，美国国家标准技术研究所（NIST）走在最前面，NIST 于 2009 年发布了后量子密码算法的综述，2012 年正式启动后量子密码算法标准项目，2016 年发布后量子密码算法征集公告，在收到的 69 份提案中，NewHope、NTRU 等 26 种算法成功抵抗了量子攻击进入第二轮评估，预计 2024 年之前完成第三轮评估。2019 年，Corda 区块链项目尝试开展 SPHINCS 后量子算法研究。后量子密码未来将成为区块链主流密码支撑算法。

5. 基于 DAG 的新型区块链架构具备发展潜力

传统的区块链架构是一种基于链式区块的单链架构，打包交易出块以及交易验证无法并发执行，限制了系统的性能和可扩展性。于是业内开展了区块链新架构的研究，DAG 是区块链新架构的典型代表和最具发展潜力的新架构。DAG 改变了区块的链式存储结构，变成 DAG 网状拓扑结构，区块并行验证和写入，速度快，吞吐量高。

2013 年，以色列希伯来大学的一个学者把 DAG 引入区块链，局部解决区块链性能等问题。2015 年，DagCoin 论文里提出了 DAG - Chain 的概念，将区块链链式架构演变成网状架构，实现了架构上的飞跃。2016 年出现的 IOTA 项目及 Byteball 项目则是 DAG 架构的真正技术实现。

DAG 作为面向未来的新一代区块链，架构从单链进化到网状、存储从串行到并行，都将带领区块链技术的革新。

（三）国外区块链战略设计和国防应用

1. 推动区块链战略落地，加强应用层面监管力度

作为以比特币为代表的数字加密货币体系的核心支撑技术，区

块链的主要优势在于能够运用数据加密、时间戳、分布式共识和经济激励等手段，在节点无须互相信任的分布式系统中实现低信用成本的点对点交易、协调与协作。世界主要国家强化区块链战略导向，美国和欧洲作为技术引领者出台专项法案和条例，基于技术思维和产业思维相融合的路径推进区块链顶层设计与发展，同时也保持严谨的监管态度。

(1) 美国区块链领域发展快速推进

美国区块链领域发展水平较为领先，不论在数字货币、金融市场，还是监管法规层面，已经成为区块链领域的全球领导者。政府着力打击加密货币领域的违法行为的同时，对区块链的应用也呈现出愈加积极的态度。各州之间政策不一，总体区块链创业活动仍然处于热潮。

早在 2013 年，美国参议院国土安全及政府事务委员会就召开有关比特币的听证会，首次公开承认比特币的合法性，认可区块链技术并鼓励其发展，但对这种新兴技术一直保持着严谨的监管态度。由于涉及较为敏感的金融证券领域，区块链在美国面临的政策环境比较严格。区块链技术监管主要依托于美国证券交易委员会(SEC)、美国商品期货委员会（CFTC)、美国金融情报机构(FinCEN）等机构之间的相互协作，美国国家税务总局（IRS）在特定时间也会发布相关准则。

近三年来，美国政府对区块链技术应用的支持态度较为鲜明。美国联邦政府和各州政府于 2018 年出台区块链相关立法，国会、商务部 NIST 等部门先后发布了《2018 年联合经济报告》《区块链：背景和政策问题》《区块链和在政府应用中的适用性》《区块链技术概述》等报告，初步阐明了美国政府对监管和发展的思路。美国食品与药物管理局计划推出一个药物追踪的试点项目，《药物供应链安全法案》提出 2023 年启动用于检测药物的客户操作跟踪系统；卫生与公众服务部投资价值 700 万美元的“智能采购”区块链计划，以响应行政管理与预算局备忘录对政府机构效率的要求。2019 年 6 月，世界首家互联网巨头推出新型虚拟加密货币 Libra，Visa、Mastercard、Uber 等机构都参与其中，引发美国国会频频举行听证会。4 个月后，以法国为首的欧盟五国联手抵制该加密货币进入欧洲市场，PayPal 也放弃参与 Libra 项目。然而，超越主权范围的加密币符合网络信息时代的特点，能够对货币政策、金融监管、金融安全、世界货币格局甚至国际政治经济竞争格局带来不可估量的影响。2019 年 7 月推出的《区块链促进法案》，要求成立政府层面的区块链工作组，注重技术定义、标准的统一及其非金融领域应用。近期，国会召开了"变革的基石：区块链技术对小企业的利益"听证会，探讨区块链整体监管问题。

在国防领域，2018 财年《国防授权法案》要求国防部长和有关联邦部门首长对区块链技术的网络应用开展调查，2020 财年更是明确国防部研究与工程副部长负责进行深入研究，利用区块链技术提高电力、供水和交通网等脆弱关键基础设施的网络安全，减少突发和灾难事件决策过程的单点失效问题，并强化基于共识的指控决策，提升国防供应链和军事物流效率，提高国防采办审计的透明度。2019 年 7 月发布的《美国国防部数字现代化战略》高度评价了可靠且蕴含巨大潜力的区块链技术，将利用其高透明性和安全性进一步加强网络安全，有望极大推动未来的军事安全。首先，区块链网络是去信任的网络，从根源上杜绝了内外部人员可能破坏网络的风险；其次，区块链是透明安全的，它利用块链式数据结构来验证与存储数据，数据难以被篡改。2020 年 5 月 20 日，美国非营利机构价值技术基金会发布了《美国国防部区块链潜在应用》报告，认为网络安全削弱了美国在全球经济和军事领域的主导地位，重点论述国防部应采用区块链作为多因素认证的一部分。

（2）欧洲区块链领域发展相对积极

欧盟及其成员国对区块链发展态度较为积极，在 2018 年 2 月已成立欧洲区块链观察论坛，主要职责包括政策确立、产学研联动、跨国境 BaaS 服务构建（Blockchain as a Service）、标准开源制定等，当年底向 Horizon 2020 项目投入 500 万欧元作为区块链研发基金，预计 3 年内在区块链方面投资 3.4 亿欧元。欧盟委员会组织 22 个国家签署了《建立欧洲区块链合作伙伴关系宣言》，克罗地亚、匈牙利等国之后也纷纷加入，共同为区块链的开发创造国际空间，在整个数字单一市场推出欧盟范围的区块链应用程序，建立欧洲区块链服务基础设施，以支持提供跨境数字公共服务。该基础设施的首个比利时节点已投入使用，为用户提供安全、分散的数据存储和传输方式，致力于让欧洲公民享有更好的跨境公共服务。欧洲议会新公布了《区块链与〈通用数据保护条例〉(GDPR)：分布式账本技术是否符合欧盟数据保护法律的规定》报告，主要就区块链技术与 GDPR 合规性之间的冲突进行探讨，论述如何使区块链技术的使用符合 GDPR 的规定，提出了制定监管指南、参照认证机制、提供研究资金等政策措施，化解区块链与 GDPR 之间的张力。

英国在大型金融支付实验方面最为开放，最先提出并公开其数字法币模型，也研究区块链在保障政府隐私和安全领域的集成应用。政府办公室于 2016 年 1 月发布由政府首席科学顾问马克·沃尔波特(Mark Walport)牵头完成的《分布式账本技术：超越区块链》报告，强调分布式账本技术可实现完全透明的信息更新与共享，减少欺诈、腐败，降低错误率和用纸成本，提升效率，并重新定义政府与公民在数据共享、透明性和信任方面的关系。2017 年 3 月，英国文化媒体和体育部发布了《英国数字化战略》(UK Digital Strategy for 2017)，强调“数字弹射中心”(Digital Catapult Center)工作能让政府官员探索“以新的方式增加个人数据处理的可控性和可信度，以及区块链和智能合约的应用”，支持该技术在医疗卫生、创造性内容领域的应用开发。2017 年 12 月，上议院建议探讨区块链或分布式账本技术在政府服务方面的潜在应用，通过分权信任机制改变政府与公民之间的关系，众议院补充提议，政府应研究在国家安全和公共安全、医疗保健、网络安全以及海关和移民等领域使用该技术的可能性。英国政府部门与科技部门将进一步推动密切合作，加大公共部门、私有部门对区块链技术的交流时间和资金投入。政府在区块链发展方面给予了良好的发展条件，伦敦的渣打银行（Standard Chartered）已完成首个基于区块链的联合供应链融资交易，还有一家保险公司也采用亚马逊（Amazon）服务推出首个针对大宗养老金交易的区块链系统；YB 基金会牵头推出的 DomarToken（DMR）主要用于资产链上交易、匿名支付以及资产交割，未来在与多家实业达成战略共识的基础上将涉及影视拍摄、酒店连锁、新零售和匿名社交等。

德国侧重区块链风险控制，政府在 2019 年 2 月 20 日至 3 月 30 日发起了《国家区块链战略》(Blockchain - Strategie der Bundesregierung) 意见征求工作，根据最终提交建议形成了 1 048 页文档。2019 年 9 月 18 日，德国经济与能源部和财政部联合发布区块链战略正式版，其中明确了推进数字创新、促进安全投资、保障金融稳定、加强可持续发展、实现公平竞争、深化数字单一市场、扩大国际合作、整合利益相关者、保障 IT 安全和数据保护、制定适应措施等实施指导原则和路线图。2020 年 1 月，德国智库 dGen 发布了《欧洲区块链发展研究报告（2020）》，收集了德国、瑞士、法国、英国、马耳他、荷兰等 20 余国家 1200 多个创业公司、非政府组织的区块链项目，并对区块链发展生态进行多层面评级。随着欧盟和欧洲各国政府在行政系统中采用区块链技术，创业公司推动的技术创新和应用创新与日俱增，同美国竞争西方区块链项目的中心地位。

此外，法国国家频谱管理机构试验非货币服务的联盟链技术，以实现对 2.4 GHz、5 GHz 等频段管理。意大利、德国、法国、立陶宛和罗马尼亚联合启动“欧洲 B 节点”项目，促进区块链技术的推广和创新。未来在多平台共存情况下，跨平台多链互联、实现跨链价值转移和数据交换会成为区块链技术的一个重点。

(3) 俄罗斯区块链暗中发展

俄罗斯对于加密货币的认同度并不高，由于之前将加密货币视为非法货币，所以成为比特币最大的受限市场之一。2019 年，俄罗斯央行表示反对任何“货币替代品”，近期在国家杜马会议上重申了这一监管态度，并在官方推特上公开发布相关信息。联邦信息技术和通信部也曾计划推出“实施去中心化登记和合法证书中技术应用管理的监管法案”。2020 年 3 月，央行完成用于数字版权发行和转让的平台试点项目，旨在对商品、服务、证券和其他资产进行数字化；国家经济寡头弗拉基米尔·波塔宁也获得央行批准，推出基于超级账本的 Atomyze 区块链试用平台，能够降低客户购买金属和机票的成本，提高交易效率。

俄罗斯政府和中央银行尽管对加密货币的发展秉持中立态度，但一直在关注着蓬勃发展的区块链行业，十分重视区块链技术的创新发展及其应用。俄罗斯总统提出，不能在区块链领域落后于别国。2019 年，中央银行在其测试平台框架内成功完成了 ICO 测试，金融市场发展部认为，尽管许多法律问题仍未得到解决，但从技术角度来看，这个测试已经取得了成功。2019 年 10 月，政府公布了作为“端到端”数字化技术之一的区块链发展路线图，为国家数字技术的发展重点和前景提供了战略工具，对 2024 年前社会进步、经济发展和技术领先地位进行了评估。政府计划在 2024 年前投入 4.5 亿美元开发区块链技术，其中 1.5 亿美元来自预算资金，其余来自预算外。

2. 关注国防区块链前景，先行先试争夺发展机遇

美国和俄罗斯等世界军事大国主动研究区块链前沿技术与现代化国防体系的融合，通过区块链技术创建单一、安全、共享、永久的可审计记录，确保相关信息系统或数字资产不被操纵，积极布局国防区块链技术研发及相关落地应用，赋能国防领域高度敏感数据的可信安全治理。

（1）关键信息基础设施

美国国防部在数字现代化战略文件中提出“区块链网络安全之盾”计划，利用区块链技术创建的分布式数字账本系统，在降低网络黑客入侵可能性的同时增加了敌方侵入系统的成本，即使某个数据中心节点遭到打击，其余部分也不受影响，具有完备的防篡改能

力和容错性。分布式共识协议技术因其在加密货币和区块链技术中的突出作用而发生了革命性变化，对关键数据存储和计算任务的安全性和弹性具有重大意义。信息系统局将 IBM、微软和亚马逊开发的区块链技术部署于国防部系统，在经认证的基础设施内建立安全灵活、可扩展的操作方式；能源部已启动其基于区块链电网安全项目的第二阶段，旨在利用分布式总账技术保护现代电网免受网络攻击。俄罗斯国防部组建实验室开发区块链智能系统，检测和抵抗对重要数据库的网络恶意攻击；国家电网运营商 Rosetti 在年初开始测试适用零售电力部门支付的区块链解决方案，以实现能源生产商、供应商和消费者之间的透明自动化交易。

（2）国防指挥控制与通信

DARPA 很早便发布了“安全消息平台”项目，构建基于区块链的安全、顽存信息交互系统，以有效解决在复杂环境下的安全通信问题。第一阶段在现有区块链框架上建立一个特定的分布式信息平台，第二阶段开发、测试和评估具有特定功能的工作原型，其中包括一个分布式区块链应用后台，第三阶段重点关注平台的商业化及部署情况。美国印第安纳技术和制造公司（ITAMCO）受 DARPA 资助，采用区块链技术为军方开发“不可入侵的消息传递和交易平台”，该平台将信息创建和信息传输分离，确保发送和接收的数据无法破解，实现总部与地面部队、国防部与情报官员之间的安全通信。作为推动国防部数字现代化战略的一项措施，DARPA 正尝试使用区块链技术搭建更高效、更强大、更安全的通信平台，改进任何指挥、控制和通信系统的信息安全传输，并允许工作人员通过分布式账本的渠道进行交易追踪，促进未来各部队与总部之间、情报官员与国防部之间的通信安全。空军采用敏捷软件开发模式，开展多级多类指挥机构并行确认目标的区块链实验，已委托星座网络公司建立自动化区块链数据平台，确保战机、无人机以及卫星等数据源的安全与互操作性。

(3) 军工物流供应保障

北约通信与信息处很早便举办区块链创新竞赛，征寻适合军事级区块链的相关项目，以提高军事后勤、采购和财务的效率。洛克希德·马丁公司与其他区块链技术领域先进小型企业等达成合作协议，将区块链技术整合到系统工程流程、供应链风险管理和软件开发等关键业务流程中。美国海军采用区块链技术提高增材制造系统的安全性，记录组件的设计、原型制造、试验、生产到最终处理全流程，方便用户查看任何特定数据，并在组件损坏或生命周期结束时发出警报。美国国家制造科学中心资助“适应增材制造的区块链技术”项目，验证零部件产地和交易追溯、智能化合同安全履行、数字资产和产权保护，已在海军、陆军、空军部分基地成功演示。国防后勤局部队改进办公室以波多黎各飓风灾害援助为鉴，研究区块链技术应用于灾害应急响应，改善原材料采购供应链交易和物流、驳船运输途中的可见性，该办公室正与美国运输司令部、丹麦马士基航运公司合作，而马士基已同 IBM 合作建立了基于区块链的供应链平台。美国空军还授权辛巴链公司在海外战场和美国本土内进行增材制造供应链的全寿命跟踪与安全管理。

此外，在前沿交叉领域，俄罗斯量子中心和科学院成功测试首个量子区块链系统，该系统采用量子密钥分发形式取代原有私钥结构，能够监测任何干扰和窃听，弥补了当前区块链系统有可能被量子计算机破译的漏洞，未来有可能用于目前正在发展的军用区块链系统，势必产生信号截获、破译和侦收的颠覆性影响。通用电气公司针对增材制造开发量子区块链平台，具备高度加密通信的数据集成工具和基于量子通信通道、超快量子密钥分发技术的数据存储，抵御量子计算机攻击。

三、发展趋势

区块链的技术创新，是信息从自由传输到自由公证的质变，极有可能成为未来网络基础协议和信用范式的“颠覆性”技术，在信息时代创造新的应用价值。本文对区块链的技术原理、应用层级及其在军事领域的潜在应用进行了分析，但该技术真正在军事领域获得推广应用，未来还需重点解决以下几个难题：

一是信息保密问题。军事信息密级较高，并要求在一定范围内可控。尽管可以使用非对称加密技术获得较强的信息安全性，但仍然面临信息密级与承载网络密级间不对等的问题。

二是网络构建问题。区块链技术应用需运行在一个去中心化的对等网络之上，参与者的数量和兴趣是系统正常和可靠运行的基本前提，构建具有一定规模的对等网络尚存在困难。

三是监管控制问题。在对等网络中，用户之间点对点即可完成事务处理，绕开了中心服务器，信息流转是自主分散的，因而应用中面临着信息自由交互与集中监管控制的矛盾。

四、国防领域应用前景

目前，世界主要大国积极推进区块链技术的成熟化和标准化，除在金融领域应用较为广泛，对于在工业、政治等领域的应用也开展了深入研究，在国防等领域的应用处于探索尝试阶段。基于区块链技术的特点，其在国防领域应用的主要方向包括以下几个方面：

（一）实现安全、便利和可信的武器装备全寿命管理

武器装备全寿命管理需要对全寿命周期内的设计方案、试验结果、战技状态等大量数据资料进行记录备案，目前通常采用纸质或电子媒介作为存储介质，这种传统方式存在以下缺陷：

1）安全难以保障，纸质或电子档案通常是集中保存，没有容灾备份机制，一旦出现不可预见的重大灾难，数据极易永久丢失。

2）转移交接困难，装备转隶时，需要将大量的档案材料一并交接，容易损毁或遗失。

3）缺乏有效监管，除了装备使用方的相关人员以外，其他人无法对档案封存状况进行监督，难以避免篡改和删除等非法操作。

如果引入区块链技术，可使相关部门形成一个分布的、受监督的档案登记网络，各方均保存一个完整的档案副本，就可以有效解决上述几个问题，提高档案的安全性、便利性和可信度。

（二）打造智能化军用物流平台

现代化的军用物流正向智能时代迈进，全过程包括智能仓储、智能包装、智能运输和智能配送等环节。要真正实现智能化，离不开后勤部门、仓库、物资、工具（包括包装、装卸、运输和拆解等）和物资需求方等参与者的智能化（或手段的智能化）。这样一个由人和物连接的网络事实上构成了小型的物联网，利用中心化的管理策略实现系统的运转是不可行的，主要的原因如下：

1）物流链条形成了一个地理上时刻变化的动态系统，难以在固定位置建设信息服务中心，构建可移动的信息服务中心不仅需要投入大量资金，而且存在系统维护和数据交换等难题。

2）过分依赖于信息服务中心的可靠性，一旦信息服务中心出现故障，将影响整个物流系统的正常运转，而军事应用更强调系统的健壮性和战时抗毁伤能力。

区块链技术可以有效解决智能化军用物流面临的组网通信、数据保存和系统维护等难题。系统中的人和物动态、自主组网，构成一个去中心化的对等网络，无须中心服务器，分布式的结构提高了系统的生存能力；接入网络的节点之间可以直接或以中继的方式进行通信，实现信息自由交互；物流链条中的重要数据信息，如用户需求、仓储货品、装载运输、配送中转等，统一保存在各区块中；区块链的维护须接受全网节点监督，个别节点的非法操作不仅会遭到大多数节点的拒绝和抵制，而且会降低自身信誉级别，保证了系统的有序高效运转。

（三）构建广域覆盖、容灾性强的安全通信

基于区块链技术的分布式特性，可以构建广域覆盖、容灾性强、安全性高的通信系统，实现在任意时刻、任意地点的安全通信。以美国 DARPA 为典型代表的国防机构，已积极与企业开展密切合作，探索研究用于通信安全、网络安全等领域的区块链技术解决方案。2016 年 9 月，DARPA 支持 Galois 计算机安全公司签署了价值 180 万美元的合同，用于测试使用区块链技术的“无密钥签名基础设施”（KSI）的准确性。KSI 适用于快速检测先进持续性威胁，同时还可减轻系统所受攻击程度，维护系统的完整性。因此，即便是黑客能突破漏洞、修改系统日志文件，甚至是调整安全软件白名单，使用区块链技术仍然能及时跟踪到系统被查看或被篡改的情况。如果项目测试顺利，DARPA 将进一步在军事领域推广区块链技术的应用。通过使用区块链技术，消除单点故障的风险，提供端到端的隐私和加密。区块链解决了网络安全的根本缺陷，将人为因素从中剔除，而这通常是最薄弱的环节。2017 年 5 月 25 日，俄罗斯量子中心和俄罗斯科学院共同测试了首个量子区块链系统，该系统采用量子密钥分发形式取代原有的私钥结构，将量子密码中防窃听防截获特性应用于区块链网络，一旦侦测到非法用户的干扰或窃听，区块链将在全网作废该量子密钥，即使量子计算机也无法破译，安全系数极高。量子区块链技术是区块链技术与量子信息技术的一次成功结合，能大幅提升区块链网络安全性，为军事应用奠定基础，对现有信号截获、破译、侦收等手段带来颠覆性影响。

（四）构建自主化、安全的任务指挥与控制体系

基于区块链技术分布式、共识与可靠数据库特性，可以构建跨部门、跨层级的任务指挥与控制体系，提高任务效率。美国国家航空航天局和欧洲航天局等机构均对区块链技术在航天任务等领域的应用开展了相关研究。NASA 在 2017 年 9 月发布《比特币、区块链

和有效的分布式航天器任务控制》研究文件，对区块链技术在航天任务中的应用场景等进行了分析概括。分布式航天器任务（DSM）是多个航天器执行一个或多个共同目标。将区块链技术应用于DSM，可带来许多优势，主要包括：降低成本；增强可靠性；只需一个区块链接口（类似于自主车载诊断 OBDⅡ标准），就可以减少联合构建星座的成本；支持自动审计跟踪，如提供数据来源、进行调试、为人工智能工具提供数据、记录数字权限以加强数据共享、使测试变得更加容易等；以更低成本的方式促进任务更加便捷、更加自主化，如对资源中断自动报警等。例如，用户基于互联网，通过区块链发布获取北美地区场景的需求；区块链每小时通过“跟踪与数据中继卫星系统”（TDRSS）进行数据同步（100 千比特/秒）；卫星可向地面站提供卫星在该地区的过顶时间和观测时间；区块链将根据需求自主排定第一颗可用卫星的成像时间和下行链路时间，并记录运行错误和中断等信息；然后向地面站传送成像完成时间和下行链路时间；为用户按需提供指定地点的数据，并将结果信息记录在区块链中。

（五）构建高效、可靠的供应链管理及保障系统

基于区块链技术的信息无法被非法篡改和破坏的优势，可构建高效的供应链管理平台以及实现装备、后勤保障等安全管理，增进管理协同与统一监管。主要军工巨头以及国防部门已在国防制造以及供应链管理方面尝试探索性应用。美国军方长期以来高度关注增材制造的发展潜力，但是增材制造的数字属性决定了这种制造方式容易被分享和转移，这使区块链与增材制造的结合有着某种契合的属性。2017 年，美国国防部就曾提出将增材制造与区块链技术相结合，以解决知识产权相关问题。2017 年 5 月，为解决嵌入武器体系的赛博物理系统存在的网络安全威胁，洛克希德·马丁公司与其他区块链技术领域先进小型企业等达成合作协议，将区块链技术整合到系统工程流程、供应链风险管理和软件开发等关键业务流程中。

洛克希德·马丁公司成为美国首个将区块链技术应用到开发程序中的国防承包商，将向联邦政府提供更高效、有保障的产品。2017 年 6 月，美国海军表示将采用区块链技术提高增材制造系统的安全性。2018 年 4 月 2 日，美国国家制造科学中心（NCMS）和穆格（Moog）公司签署合作协议，共同研究/评估区块链技术对关键任务和老旧零部件增材制造及数字化数据供应链流程的适应性。基于区块链技术建立的分布式交易系统 VeriPart™可将增材制造零部件订购、制造、使用、维修等全寿期所有交易环节记录在共享的分布式账簿上，形成安全的数字供应链环境，并可查询交易记录和追溯来源，同时能够减少闲置库存，显著优化供应链效能，提高战备能力。2018 年 6 月，美国专利商标局（USPTO）发布了通用电气（GE）公司提交的一项专利，旨在使用区块链技术验证供应链中的增材制造零件。这种基于区块链技术的增材制造装置，能够创建增材制造的历史数据记录，可对增材制造零件进行追溯和验证，以此解决由于缺乏对增长制造零部件历史数据验证的系统，而导致的生产安全问题。

5G技术发展及其在国防领域的应用

第五代移动通信系统（5G）是新一代宽带无线移动通信系统，能极大增强无线通信能力，并正在与人工智能、大数据等信息技术紧密融合，以“5G+”的形式与工业、交通、医疗、金融、建筑等垂直领域相结合，催生“改变社会”的新移动互联模式。5G技术不仅在国民经济与社会发展中扮演着关键角色，还对军事安全至关重要。

一、概念内涵

（一）定义

5G是由国际电信联盟组织（ITU）制订的第五代移动通信标准，正式名字IMT-2020。国际电信联盟无线电通信部门（ITU-R）发布的《5G愿景》（ITU-R M.2083建议书）定义5G系统将满足增强的移动宽带、海量的机器间通信、超高可靠和超低时延通信三大类主要应用场景。在系统性能方面，5G系统将具备10～20 Gbit/s的峰值速率，100 Mbit/s～1 Gbit/s的用户体验速率，相对4G系统提升3～5倍的频谱效率、百倍的能效，500 km/h的移动性支持，1 ms的空口时延，100万/km^2的连接数密度以及10 Mbit/s/m^2的流量密度等关键能力指标。

（二）各国频率规划

1. 美国

美国联邦通信委员会（FCC）分别在高、中、低频段开放频谱资源用于5G技术。

规划丰富高频资源。2016年7月14日，美国全票通过将24 GHz以上频谱用于无线宽带业务的规则法令，共规划10.85 GHz高频段频谱用于5G无线技术，包括28 GHz（27.5～28.35 GHz）、37 GHz（37～38.6 GHz）、39 GHz（38.6～40 GHz），共3.85 GHz许可频谱和64～71 GHz共7 GHz免许可频谱。同时，2017年11月16日，FCC发布新的频谱规划，批准将24.25～24.45 GHz、24.75～25.25 GHz和47.2～48.2 GHz频段共1 700 MHz频谱资源用于5G业务发展。至此，美国FCC共规划了12.55 GHz的毫米波频段的频谱资源。

重视中频频段共享。2015年4月，美国FCC为公众无线宽带服务（CBRS）在3.5 GHz频段（3 550～3 700 MHz）提供150 MHz的频谱，建立了3层频谱共享接入体系（SAS）监管模式，并允许进行试验。SAS在保护已有业务的基础上发挥市场机制，引入公众无线宽带服务。AT&T已经正式向FCC提出在3.5 GHz频段进行SG设备测试的特殊临时权限。

释放低频资源。美国在WRC15会议上通过添加脚注的方式标识了2阶段数字红利频段470～698 MHz为IMT系统使用，2017年4月完成600 MHz频段的拍卖，T - Mobile成最大赢家，并计划用于5G部署。

2. 欧洲

2016年11月10日，欧盟委员会无线频谱政策组（RSPG）发布欧洲5G频谱战略，明确提出，3 400～3 800 MHz频段将作为2020年前欧洲5G部署的主要频段，1 GHz以下700 MHz将用于5G广覆盖。在毫米波频段方面明确将26 GHz（24.25～27.5 GHz）频段作为欧洲5G高频段的初期部署频段，RSPG建议欧盟在2020年前确定此频段的使用条件，建议欧盟各成员国保证26 GHz频段的一部分在2020年前可用于满足5G市场需求。此外，欧盟将继续研究32 GHz（31.8～33.4 GHz）、40 GHz（40.5～43.5 GHz）频段以及其他高频频段。

3. 日本

2016 年 7 月 15 日，日本总务省发布了面向 2020 年无线电政策报告，明确 5G 候选频段：低频包括 3 600～3 800 MHz 和 4 400～4 900 MHz，高频包括 27.5～29.5 GHz 频段和其他 WRC－19 研究频段。面向 2020 年 5G 商用，日本主要聚焦在 3 600～3 800 MHz、4 400～4 900 MHz 和 27.5～29.5 GHz 频段。

4. 韩国

2016 年 11 月 7 日，韩国未来创造科学部宣布原计划为 4G 准备的 3.5 GHz（3 400～3 700 MHz）频谱转成 5G 用途，2017 年回收已发放的 3.5 GHz 频谱，后续作为 5G 频谱重新发牌。2018 年韩国平昌冬季奥运会期间，3 个运营商在 26.5～29.5 GHz 频段部署 5G 试验网络，展示 5G 业务。

5. 德国

德国于 2017 年 7 月 13 日宣布了国家 5G 战略，发布更多 5G 频谱规划，具体涉及 4 个频段。

2 GHz 频段，即 1 920～1 980 MHz/2 110～2 170 MHz，该频段在德国主要用于 3G 业务，目前的许可将在 2020 年或者 2025 年到期。到期回收以后，德国计划继续用于移动通信，作为 5G 的工作频段；3.4～3.8 GHz 频段用于移动通信；对于 700 MHz 频段，德国已经在 2015 年 6 月完成拍卖，下一步将继续把 738～753 MHz 作为 SDL（补充下行链路）划分给 5G 使用。对于 26 GHz 和 28 GHz 频段，与欧盟不同，德国已经确定采用 28 GHz 频段作为 5G 频段，具体为 27.828 5～28.444 5 GHz 和 28.948 5～29.452 5 GHz。同时，德国也没有完全将 26 GHz 频段排除在外，继续将其作为研究频段。

6. 英国

Ofcom 在 2017 年 2 月发布的 5G 频谱规划报告中，表明其 SG 频谱将与欧盟无线频谱政策小组一致，选择 700 MHz、3.4～

3.8 GHz，24.25～27.5 GHz 作为高、中、低频段频谱。目前，英国已经完成了 3.4～3.6 GHz 频段的清理工作，并开展 700 MHz 频段的清理工作。

(三) 关键技术

1. 技术指标

5G 技术的关键指标主要包括峰值速率、连接数密度、时延、移动性、能效、用户体验速率、频谱效率、流量密度。相对 4G，5G 的八大关键指标进一步优化和增强，提供大容量、大宽带、高性能、高可靠、高速率、低延时、低功耗的网络性能，见表 1。

表 1　4G 与 5G 指标对比

关键指标	4G	5G
峰值速度	1 Gbit/s	20 Gbit/s
连接密度	10 万/km^2	100 万/km^2
时延	空口 10 ms	空口 1 ms
移动性	350 km/h	500 km/h
能效	1 倍	100 倍提升
用户体验速度	10 Mbit/s	100 Mbit/s～1 Gbit/s
品频谱效率	1 倍	3～5 倍提升
流量密度	0.1 Mbit/s/m^2	10 Mbit/s/m^2

2. 5G 网络技术的关键内容

(1) 高频传输技术

当前所使用的 3G 与 4G 移动通信网络中，其频段范围基本在 3 GHz以下。然而用户数量的猛烈增加，需要传递的信息资源也越来越多。故而用户对网络流量的需求更加旺盛，现有频段已无法满足用户基本需求。5G 网络技术将为人们带来更加高效的传输体验，将现有频谱提升至少 10 倍，且不断完善技术方案，以满足频段需求。在研究中，不仅要求SG网络技术能够提供高效覆盖范围，且必须以环保为前提。应利用众多数量的天线，提升网络信号的抗干扰能力，为用户提供稳定的网络传输质量。在研究发展中，5G网络技术需要不断克服众多外界因素为其带来的影响，尤其是天气环境的诸多问题，均会导致通信信息质量下降，这也是其发展的核心所在。

（2）网络虚拟化

该研究将为运营商带来巨大好处，并为其提供众多网络配置资源，以最低成本开发并优化网络管理能力。虚拟化后的硬件平台将使系统升级、维护、扩容等工作更加便利，进而使运营商提供多种网络标准，适应不同地区的不同业务。网络虚拟化在日本和欧美等国家的研究较为广泛，且基本进行了虚拟中心的部署。当前，解决虚拟化功能的方案主要有软件定义网络（Software Defined Network，SDN）和网络功能虚拟化（Network Function Virtualization，NFV）两种。

SDN是一种新型的网络构架，将网络控制平台与数据转发并分离，以满足可编程的目的。众多具有标准的组织已经开展了关于该方案的标准制定工作，其中开放式网络基金会（Open Networking Foundation，ONF）所提出的该架构定义较为准确。在现有无线网络构架中，将平面控制、无线资源管理等融入进去。但分布式的控制功能无法使无线接入进行优化，同时各厂商的配置接口均有所不同，复杂的配置参数要求运营商只能自行控制，导致业务创新能力受到限制。SDN能够实现增强现有网络能力，并加速网络演化、云计算协同等众多功能，且其将传统软件一体化的网络转变为相对较为灵活的构架，使其要求更加简单，但功能却越加强大，越加智能。因此，SDN将是5G网络技术未来的发展方向。

NFV由运营商联盟提出，主要应用于运营商网络中。NFV利用IT技术，将网络功能虚拟化，根据业务需求的差异，在相应的功能模块进行编排与连接。在众多机构的研究中，欧洲电信标准化协会（ETSI）对其定义较为完善。其基本框架结构中包含计算虚拟化、存储虚拟化、网络虚拟化，并配合硬件基础设施，最终实现网络功能上的管理与安排，达成虚拟化的基础设施管理。

网络虚拟化将数据与控制平台相分离，使众多移动网络设备中的软件按照自身需求进行安装、卸载、修改，进而实现其基本业务需求。实则，其基本理念与 SDN 相一致，该种方案也将为运营商带来便利条件，使其运营成本低廉，效益灵活。在某种程度而言，NFV 能够与 SDN 相连接，共同为运营商提供服务，进而有效控制数据与网络功能。

（3）云计算

云计算是当前社会迫切需要的一项网络功能，其能够为用户提供具有弹性特点的资源配置。云计算形成的数据中心能够包含上百个服务器，且规模越大的公司其业务平台也越多。云计算具有强大的计算与存储能力，只需要运营商投入少量管理便得到大量回报，或与服务商参与很少的互动，便能够快速且大量地获取所需资源。

对于运营商来讲，云计算将为其提供更具有针对性的客户服务。5G 网络技术相关报告中曾指出“接入云、控制云、转发云”。也就是说，通过云端将人与无线网络相连接，利用其职能特点将内容传输于网络中，进而有效降低网络运行建设的管理成本，实现 5G 网络与无线蜂窝网络的统一。

（4）C－RAN

在实现数据与控制相分离的基础上，逐渐趋向于摆脱传统网络的软硬件，以实现集中控制的目的。而云计算的强大功能实现了业务与网络的集合，使 5G 网络提升用户行为与业务感知能力。因此，基于云计算与虚拟化的基本功能，将有效提升 5G 网络的开放性、可编程性以及扩展性等要求。从长远角度来看，其为运营商提供了绿色网络框架，使用户享受 QoS 的终端业务，实现云计算与协作式无线电等接入。

（四）重要意义

1.5G 对经济发展的影响

移动通信技术每十年演进升级、代际跃迁。每一次技术进步，都极大地促进了经济社会发展。从 1G 到 2G，实现了模拟通信到数字通信的过渡，降低了应用成本，使移动通信走进千家万户。从 2G 到 3G、4G，实现了语音业务到数据业务的转变、窄带通信到宽带通信的跃升，促进了移动互联网的全面普及和繁荣发展。5G 具备超高带宽、超低时延、超大规模连接数密度的移动接入能力，其性能远远优于 4G，服务对象从人与人通信拓展到人与物、物与物通信，不仅是量的提升，更是质的飞跃，在支撑经济高质量发展中必将发挥更加重要的作用。

发展 5G 有利于提升产业链水平。与 4G 相比，5G 的高速率、高可靠、大连接、低功耗等性能，对元器件、芯片、终端、系统设备等都提出了更高要求，将直接带动相关技术产业的进步升级。

发展 5G 有利于传统产业转型升级。与 4G 相比，5G 应用场景从移动互联网拓展到工业互联网、车联网、物联网等更多领域，能够支撑更大范围、更深层次的数字化转型。5G 与实体经济各行业各领域深度融合，促进各类要素、资源的优化配置和产业链、价值链的融会贯通，使生产制造更加精益、供需匹配更加精准、产业分工更加深化，赋能传统产业优化升级。欧盟将 5G 视为“数字化革命的关键使能器”。国际咨询公司马基特预测，到 2035 年，5G 有望在全球各行业中创造 12.3 万亿美元的经济价值。

2.5G 对大数据应用的影响

大数据在传统行业的应用过程中，产生了规模庞大的数据，也对数据时效性与传输速率提出了更高要求，5G 的实现恰能弥补 4G 移动通信的不足，满足了大数据产业对于海量数据传输、存储、处理的需求。全新的 5G 时代对大数据将产生深远影响。

（1）数据规模的急剧增长

5G 使单位面积的联网设备数量可以达到 4G 联网设备的 100 倍，海量物联网的感知层将产生海量的数据，同时，5G 通过提升连接速率、降低时延，使数据采集会更加快捷方便，这些将极大驱动数据量的增长。据 IDC 研究报告表明，2020 年全球新建和复制的信息量将超过 40ZB。

（2）数据维度的进一步丰富

从连接的类型看，目前的数据维度多为人和人的关联，5G 带来物联网的发展，使人和物、物和物之间的连接产生的数据类型进一步丰富，数据采集增加，如联网汽车、可穿戴设备、无人机、机器人等。从连接的内容看，5G 催生的车联网、智能制造、智慧能源、无线医疗、无线家庭娱乐、无人机等新型应用将创造新的丰富的数据维度，AR、VR、视频等非结构化数据的比例也将进一步提升。

（3）大数据处理平台性能的提升

随着数据体量、种类和形式的爆发增长，单一的大数据平台难以有效应对复杂、多样、海量的数据采集、处理任务，海量、低时延、非结构化的数据特点将进一步促进数据处理和分析技术的进步。不论是混搭式的大数据处理平台，还是推动流式处理技术，都是为了进一步提高平台的数据处理能力。

（4）边缘计算的兴起

有数据显示，5G 时代下将有 45％的物联网数据通过边缘计算进行存储、处理和分析，以此优化数据中心的工作流程。尽管边缘计算可以减缓部分负载压力，但物联网设备不断增加的数据流入依然要求数据中心增加安全性和稳健性，完成数据中心的重塑。

（5）人工智能的赋能

人工智能离不开大数据，只有在数据足够多时才能训练出足够聪明的人工智能。自动驾驶公司通过购买、采集各种驾驶的、道路的、天气的、行人行为的数据，强化人工智能的处理能力，从而让自动驾驶成为可行。而要对大数据进行处理，则需要云服务，只有数据足够多、云服务器处理能力足够强，才能训练出足够好的人工智能。5G的作用不仅是让汽车获取自动驾驶的判断，还有将各种传感器、手机上收集的数据，快速发送到服务器，让服务器做更快速的判断。

二、发展动向

（一）美国

1. 开展5G军事应用评估

2019年4月，美国国防部国防创新委员会发布《5G生态系统：国防部面临的风险与机遇》报告，认为5G为重塑国防部网络和信息流程、提高战场态势感知和决策效能提供了机遇，然而由于传播和成本限制，目前美国侧重的毫米波（mmWave）方案在大规模部署、广域组网方面存在较大难度，6 GHz以下（Sub-6 GHz）的中频频谱（3～4 GHz）将成为未来几年广域网的全球标准（图1）。

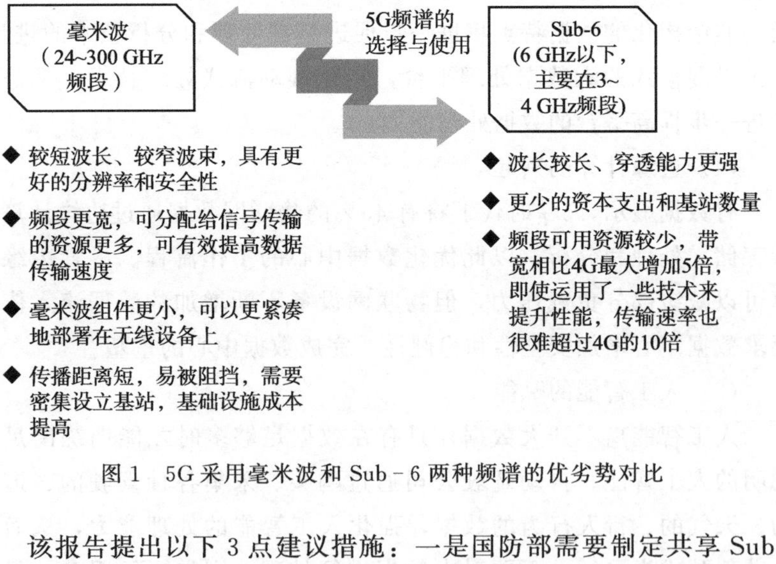

图1 5G采用毫米波和Sub-6两种频谱的优劣势对比

该报告提出以下3点建议措施：一是国防部需要制定共享Sub-

6频谱的计划，以塑造未来的5G生态系统，包括评估需要共享多少带宽和哪些带宽，在什么时间范围内进行共享，以及共享将如何影响国防部系统；二是国防部必须做好在“后西方”移动通信生态系统中运作的准备，应制定包括工程和战略层面的系统安全性和弹性的研发投资计划；三是国防部应倡导美国调整贸易政策，以遏制可能将国家安全资产和任务置于危险之中的供应链漏洞。

2019年6月，美国国防部国防科学委员会发布了《5G网络技术的国防应用》报告，认为5G最大的应用潜力在于对未来战争或军事网络的潜在影响，并对5G国防应用前景及潜在风险进行了评估。该报告认为，5G网络技术在国防领域具有巨大应用前景：其大容量、高速率、低功耗、低延时等优势可强化美国国防部当前任务能力，并实现能力创新，网络功能虚拟化、安全增强、新型无线电技术能满足多样化的应用场景和通信需求。

该报告还针对美国国防部拟制定的5G战略提出了10条建议，主要归纳为5方面：一是在频谱资源方面，根据即将出台的《国家频谱战略》制定国防部频谱战略规划，建立新的频谱共享机制，保障5G频谱资源需求；二是在关键技术方面，加强5G核心技术——毫米波通信技术的发展与转化，制定并执行为期3年的5G科技路线图，重点关注卫星通信、人工智能、大规模多天线阵列系统、雾计算（Fog Computing）、毫米波芯片等技术与5G的融合；三是在标准方面，加快制定5G器件、技术、应用等标准；四是在网络应用方面，在低强度竞争环境中实现5G应用，并为高强度竞争环境及关键领域开发有针对性的安全5G系统，同时建立测试环境，以探索创新应用场景；五是在网络安全方面，与相关机构合作开展5G网络脆弱性评估，制定安全评估程序和风险降低计划，制定5G供应链管理战略，对5G网络安全性、供应链可靠性和安全性进行全面把控。

2. 启动5G技术军事应用试验

2019年6月，美国国会通过《2020财年国防授权法》草案，批准国防部新设立“下一代信息通信技术”项目，计划斥资1.75亿美元，加速推进 5G 军事应用研究。

同年 10 月，美国国防部宣布选定首批 4 个军事基地用于 5G 技术相关原型平台的部署和软件测试，分别是：空军希尔基地，主要构建动态频谱共享测试平台，以演示在使用大功率中频雷达的竞争环境中采用 5G 的能力；陆军麦考德基地，主要利用 5G 将增强现实和虚拟现实集成到训练靶场内，测试虚拟和实时环境中的任务规划和训练；海军陆战队佐治亚后勤基地、海军圣地亚哥基地，主要测试智能仓库利用 5G 能力来增强后勤运作的能力。这些基地可提供便利的频谱资源利用途径、成熟的光纤和无线基础设施、关键设备的访问权限，能为基础设施改进和更新需求提供支持，具备使用动态频谱共享进行可控实验的能力。

2020 年 2 月，美国国防部公布 2021 财年国防预算需求文件，强调将研究投资集中在四大新兴技术领域，其中，5G/微电子领域的 2021 财年预算申请是 15 亿美元。美国国防部希望通过 5G 技术来实现“无处不在的连接性”，并表示将加速推进 5G 军事应用的探索和实践。

3. 积极探索毫米波通信技术军事应用

毫米波通信技术是 5G 核心技术之一，可实现热点区域超高速覆盖，美国已经开展其军事应用的先期探索。

DARPA 于 2013 年启动 100 Gbit/s 射频骨干网项目，旨在开发工作于 70～80 GHz 毫米波频段的机载无线骨干网传输系统，实现数据率达 100 Gbit/s 的空-空和空-地通信，如图 2 所示。2018 年 1 月，在项目第二阶段测试中，DARPA 联合诺斯罗普·格鲁曼公司在城市环境中（20 千米范围内）操作演示了速率为 100 Gbit/s 的数据链路，树立了无线传输速度新标杆。在 2018 年 6 月开始的第三阶段飞行测试中，又演示了速率为 100 Gbit/s、通信距离达 100 千米的空-地链路，如果降低数据率，距离还可进一步延伸。该项目的完成将使美军空中通信迈上新台阶。

图2 DARPA的100 Gbit/s射频骨干网项目构想

4. 加速推进军事应用落地

2021年，美国从顶层规划和演示验证等方面，加速推进5G军事应用落地。1月，美国国防部发布《5G战略实施计划》，制定了5G技术的应用发展路线图；6月，美国国防部“从5G到下一代计划”进行首次成果演示，使用380 MHz频率和毫米波频率构建了专用于智能仓储等后勤应用的5G网络，实现1.5 Gbit/s的高速下载和低于15毫秒的延迟；12月，美国空军希尔基地首次部署5G网络，将开展一系列实验，最终目标是实现空军雷达与3.1～3.45 GHz 5G蜂窝网络的频谱共享。这些进展表明，美国5G军事应用进入快速实施阶段，将加速推动军事移动通信网络乃至作战样式的变革发展。

（二）欧洲

2018年7月，欧洲空客公司推出安全空中军事通信网络解决方案——“天空网络”（NFTS）。NFTS将多种技术进行整合，包括卫星链路（地球同步轨道和中、低地球轨道卫星）、战术空-地/地-空/空-空链路、话音链路、激光通信连接和5G移动通信单元，以形成弹性全球网状网络。空客公司的通信网络解决方案可在飞机、卫星、指挥中心和地面/海上部署的移动部队之间实现互操作，从而解决单架飞机在分离网络中运行时面临的问题，这就更好地发挥了5G在通信速率以及传输可靠性上的优势。

NFTS项目启动后，分别于2018年9月和2019年6月进行了两次比较重要的演示测试。在第一次测试中，空客公司成功演示了利用高空气球作为空中节点，实现5G网络对ISR数据的高速传输；在第二次测试中，空客公司以多功能加油运输机（MRTT）作为空中节点，模拟在MRTT、战斗机、地面部队和地面联合空中作战中心之间建立宽带通信链路的场景，成功展示了跨多个异构网络和多种技术的端到端安全通信的实时运行。

（三）日本

日本2020年东京奥运会以及残奥会也成了日本发展5G的重要助力。为配合2020年东京奥运会和残奥会的举办，日本各运营商在东京都中心等部分地区启动5G的商业利用，随后逐渐扩大区域。日本三大移动运营商NTT DoCoMo、KDDI和软银计划于2020年在一部分地区启动5G服务，预计在2023年左右将5G的商业利用范围扩大至日本全国，而总投资额或达5万亿日元之多。

（四）韩国

2019年4月，韩国军事学院与韩国SK电讯公司签署了一项商业协议，将成立一所智能军事学校，融合人工智能、增强现实和虚拟现实、物联网、云计算、大数据等与5G相关的技术，用于军事训练，以促进新一代信息技术融入国防和军事领域。例如，在基于虚拟现实和增强现实的战斗实践项目中引入5G技术，以其低延迟、快速和超连接性提高训练效率，增强训练效果。

三、发展趋势

（一）物联网

“万物互联”为网络技术发展的理想化结果，从其概念的实现基础进行分析，5G移动通信技术下一阶段的发展应用趋势为物联网。物联网的发展，对于降低人力劳动强度、提升劳动效率、发挥技术价值及实现社会经济与技术的融合发展意义重大。5G移动通信技术的发展，则从理论及实践的角度为物联网技术的发展奠基。

（二）汽车自动驾驶

从当前移动通信技术与工程机械通信技术的融合发展现状进行分析，5G移动通信技术的发展应用趋势之一为汽车自动驾驶。当前汽车自动驾驶技术的发展，基于有线通信技术、无线通信技术及智能技术进行应用，从理论的角度进行分析，实现了较为完善的汽车自动驾驶技术。从实际应用的方面进行分析，汽车自动驾驶技术的应用为：在复杂通行环境下，实现的“自动识别，自动驾驶，自动避险，自动控制”技术，而实现“自动化”驾驶运行的基础逻辑，为移动通信技术和无线通信技术。因此，从普遍的行车安全以及全面普及5G技术的角度进行分析，通过5G移动通信技术对汽车自动驾驶中通信技术的升级，实现了数据延迟减少、数据传输效率提升、“车与车”之间的硬件沟通避险以及三维宏观角度的自动化驾驶技术，从技术的角度进一步增强汽车自动驾驶技术应用的安全性，促进其技术的成熟化发展。

（三）智能电网

基于当前电力技术的发展现状以及未来科技的发展趋势，5G移动通信技术在智能电网架构中的应用也是未来5G移动通信技术发展的主要趋势。通过5G移动通信技术在智能电网架构中的应用，对于实现高效的电力故障处理、智能的供电优化以及电力设施的运行能耗控制发挥了积极的作用。此外，5G 移动通信技术在智能电网中的应用，将有效降低电力企业的中间运行成本以及电网运行成本，对于电力企业的实际收益提升发挥了重要的作用。

（四）云技术融合

随着当前科技的快速发展、市场经济的深化发展及市场行业类型的深度改革，5G 移动通信技术与云技术的融合发展也是未来 5G 技术的主要发展趋势。受限于带宽因素、环境因素及数据传输因素的影响，云技术在实际运行中还存在客观性的安全问题以及可靠性问题。从 5G 移动通信技术的基础架构特点以及技术运行中的数据传输特点进行分析，其融合云技术进行发展，从根本上解决了数据传输延迟、可靠性低以及安全性不足的问题。此外，5G 移动通信技术在云技术中的融合应用，对于降低云技术的基础运行成本以及网络成本，也发挥了重要的作用。

（五）硬件直接通信技术

数据的传输应用逻辑为：发送装置发射信号—基站中转—接收装置接收信号。在实际运行中，用户间的信号传输质量因设备的运行功率不足以及单位时间内的传输量过大造成的数据传输延迟、数据丢包现象。5G 移动通信技术通过同频全双工、多载波、多天线以及密集网络架构技术的应用，实现了近似于“端对端”的直接通信效果。端对端通信功能的实现，对于数据的传输效率、传输质量提升发挥了重要的作用。5G 移动通信技术在媒体传播中的应用，实现了“全实景”效果，对于单位时间内的传输信息量提升以及传输效率提升发挥了重要的作用。此外，5G 移动通信技术的应用对于考古学的发展、基建勘察行业的发展以及传媒行业的发展起到了重要的促进作用。

（六）安全技术

在实际发展中，安全性为影响移动通信技术应用质量的主要因素。因此，5G移动通信技术在安全技术中的应用也是未来技术发展的主要应用趋势。5G移动通信技术在安全技术中的应用主要为远程安全管理、安全装置集成化管理、消防安装装置智能控制、建筑安全管理及政府安全管理方面。此外，5G移动通信技术的应用，可有效提升对违法犯罪活动的监管效果，同时对于相关安全数据的处理效率提升以及办公效率的提升也发挥了重要的作用。

四、国防领域应用前景

与以往移动通信系统相比，5G是一种技术和运用上的革命性变革，各项关键能力指标相比4G均有大幅提升：用户体验速率提升10倍，峰值速率提升20倍，流量密度提升100倍，能量效率提升100倍，连接数密度提升10倍，时延缩短到之前的1/10，频谱效率提升3倍，移动性提高近1倍。5G对通信能力的极大增强，将与人工智能、云计算、大数据、边缘计算等新信息技术紧密融合，推动军事移动通信网络乃至作战样式的快速变革发展。

（一）推进毫米波通信技术实用化，实现大容量、高速率、抗截获军事移动通信

毫米波通信技术因其通信容量大、安全保密和抗干扰能力强、传输质量高等突出特点而备受青睐，但也由于传播距离短、损耗大、易受阻挡等短板，应用受限。5G网络的大量小基站、大规模天线系统（M－MIMO）和波束成形技术为毫米波通信技术实用化提供了解决方案。5G网络通过部署大量小型基站的方式加强传统蜂窝网络，间接弥补了毫米波穿透性差、传播距离短的缺陷；M－MIMO以128个收发单元以上的大规模天线阵列解决了毫米波发射和接收

的问题，可大幅提高信号传输速度，增强信号强度；波束成形技术使发射出去的毫米波聚焦到一个精准指向，波束周围的信号强度成指数衰减，具有较强的抗干扰、抗截获能力，特别适合保密通信。

在未来战场上，为实现实时态势感知和高效辅助决策，需要有大量数据信息被传输交换，而高清图像、视频等军事数据的爆炸式激增已经给现有军事通信网络造成极大挑战。美国 DARPA 分析称，仅一架全球鹰无人机进行数据传输所需的带宽就高达 500 Mbit/s，相当于美军在第一次海湾战争中所使用的全部带宽；DARPA 研发的商业时标阵列（ACT）先进相控阵雷达数据传输量预计达到 108 Gbit/s，大大超过目前军事通信网络的承载能力。5G 毫米波通信技术为解决这一挑战提供了途径，在战术指挥控制、作战平台点对点通信等方面有着广阔的应用前景。

（二）采用新型网络架构，促进战场移动网络深度融合、灵活适变

当前，战场移动通信基础设施平台基于专用硬件实现，网络功能与硬件的紧耦合和网络拓扑架构的紧耦合，导致设备复杂度高、资源配置能力不强、灵活性及协同性缺乏。5G 基于 SDN 和 NFV 技术构建新型网络基础设施，使 5G 网络成为“柔性”网络，可满足多样化的应用场景和通信需求。此外，5G 实施异构网络资源切片统一控制，可有效增强战场信息通信网络的深度融合，支持战场平台全域互联和战场信息充分共享，从多方面深刻改变未来联合作战模式，提升感知、决策、交战、保障等资源的网络化、服务化、体系化协同运用能力。

（三）支撑人工智能技术军事应用，助力智能作战样式形成

5G 的新型网络架构、网络切片、边缘计算等技术与人工智能技术相融合，将大大促进人工智能技术的深度军事应用。在基于 5G 技术的海量终端接入、海量数据传输、全要素互联、高实时协同的网

络支撑下，将会由实体向虚拟拓展覆盖整个战场空间的智能化作战网络。特别是在无人机集群控制方面，可根据任务场景对带宽、时延等的不同需求灵活配置网络资源、敏捷重构网络功能，满足面向任务的差异化应用需求，将对有人-无人协同作战和无人蜂群作战研究起到极大的推动作用。

五、结束语

5G 将直接推动通信技术和产品的体系跃升，牵引材料、芯片、器件、软件等基础产业的快速发展，将带动人工智能、云计算、大数据等领域的纵深应用，已成为新一轮信息技术和产业革命的战略制高点，也已成为当前大国博弈的焦点。对于 5G 军事领域应用探索，有以下几点认识：

（一）加深 5G 军事应用需求研究

5G 基于其核心技术优势，通信能力和服务能力得到极大增强，对军事通信领域起到强力推进作用，可以更好地支撑新的作战应用。但是，军事通信网络具有与民用网络不同的特性，如缺少大规模固定基础设施支撑、网络拓扑动态变化、电磁环境和传播条件复杂等。以高速移动场景通信为例，民用 5G 移动通信支持最高 500 千米/小时的移动速度，可以满足地面车辆、高铁等移动设施的需求，而在舰机通信、机间通信、无人机集群、巡飞弹编队等军事应用场景下，设备与设备、平台与平台间的移动速度将达到 1 000 千米/小时，甚至更高。军用 5G 相关技术上还面临着一些问题需要解决，具体军事应用场景也有待深化论证。应深入研究 5G 技术在相关军事应用场景的可行性，对潜在应用场景进行分类，提出功能和指标要求。

（二）充分借鉴民用 5G 技术发展军用 5G 网络

5G 技术具有很好的军民两用性，如商用 M－MIMO 经过适度改造后即可移植到军事应用中。应充分利用、借鉴商用5G技术、标准、系统和网络，成体系布局军用网络的关键技术、核心装备、典型系统，同时开展相关标准规范的研究和制定工作。

（三）提前布局6G、毫米波、太赫兹等前沿技术研发应用

按照移动通信技术的更迭时间，一代技术从研发到应用大概需要10年。在5G即将投入商用时，各国已经纷纷启动6G技术概念的设计和研发工作。目前，世界上对6G的研究处于探索阶段，6G的技术方案、性能特征、应用场景、建设运行等都未形成定论，但可以肯定的是，6G将在5G的基础上进一步变革信息网络，实现万物互联和泛在连接，实现人与机器、机器与机器的无距离感互动，使人类社会进入泛在智能化信息时代。6G的军事应用将促成军事信息体系的根本性变革，对军事组织形式、对抗方式及装备体系等产生难以估量的影响。此外，毫米波、太赫兹、区块链、量子计算等对通信能力和信息安全有重大影响的前沿技术也应积极研究、超前布局，以避免技术突袭，确保发展优势。

增强现实技术发展及其在国防领域的应用

增强现实技术是将计算机生成的虚拟信息叠加到用户所在的真实世界的一种新兴技术，是虚拟现实技术的一个重要分支。近些年来，增强现实技术作为一项革新意义的基础性技术越来越引起各国的高度重视，在单兵作战、后勤保障、作战演练、靶场试验、联合作战等国防应用方面都有了深入的发展。

一、概念内涵

（一）基本定义

增强现实（Augmented Reality，AR）的定义有两种，一种是由Milgram P和Kishino F提出的，将真实环境与虚拟环境放置在两端，其中靠近真实环境的叫作增强现实，靠近虚拟环境的叫作增强现实虚拟，位于中间的叫作混合现实；另一种是Azuma定义的，以虚实结合、实时交互、三维注册为特点，利用附加的图片、文字信息对真实世界进行增强现实的技术。与虚拟现实不同，增强现实技术利用三维跟踪注册技术来计算虚拟物体在真实环境中的位置，通过将计算机中的虚拟物体或信息带到真实世界中实现对现实世界的增强现实。它提高了用户对现实世界的感知能力，提供了人类与世界沟通的新的方式。

增强现实技术主要的优势在于，通过真实世界和虚拟世界相互结合，使真实世界得到增加与加强，从而以新的方式大幅提升人们认知和改造真实世界的能力，出现了从“人适应世界”到“世界适应人”的重大变化，主要具有以下3个特点，一是虚实结合性。通过将虚拟环境与实际环境融为一体，几乎感觉不到真假融合所产生的不和谐；二是实时交互性。用户可通过交互设备直接与虚拟物体或虚拟环境进行交互，增强了使用者对环境的感知；三是 3D 定位性。例如，视频式增强现实系统，一方面由摄像机拍摄所得的视频直接显示在显示器中，使用户看到真实场景，另一方面由虚拟摄像机拍摄到的虚拟视频被送到显示器，通过虚、实两个摄像机的全方位对准，使虚、实场景融合一体，可在三维空间中自由增添、定位虚拟物体。

一个典型的增强现实系统结构由虚拟场景生成单元、透射式头盔显示器、头部跟踪设备和交互设备构成。其中，虚拟场景生成单元负责虚拟场景的建模、管理、绘制和其他外设的管理，透射式头盔显示器负责显示虚拟和现实融合后的信号，头部跟踪设备跟踪用户视线变化，交互设备用于实现感官信号及环境控制操作信号的输入输出。首先，透射式头盔显示器采集真实场景的视频或者图像，传入后台的处理单元对其进行分析和重构，并结合头部跟踪设备的数据来分析虚拟场景和真实场景的相对位置，实现坐标系的对齐，并进行虚拟场景的融合计算；交互设备采集外部控制信号，实现对虚实结合场景的交互操作。系统融合后的信息会实时地显示在头盔显示器中，展现在人的视野中。

（二）发展历程

增强现实技术的研究最早可以追溯至 1968 年美国麻省理工学院研制的世界上第一台采用了阴极射线显像管的光学透明头戴式显示器，用于实时显示计算机生成的图形。此后，20 世纪 70—80 年代期间，在美国空军基地阿姆斯特朗实验室、NASA 艾姆斯研究中心和北卡罗来纳大学的实验室都开展了增强现实技术的研究。各国的增强现实技术研究发展程度不同。美国已将增强现实技术应用于众多军事领域，德国工业应用领域的增强现实技术处于从实验研究到实际应用推广的阶段，日本索尼公司研制的“穿透视觉”增强现实系统可以实现多个设计者共同参与产品虚拟样机的设计和修改。

（三）关键技术

1. 显示技术

增强现实系统设计最基本的问题就是实现虚拟信息和现实世界的融合。显示技术是增强现实系统的基本技术之一，主要包括头盔显示器显示、视网膜显示、投影式显示、手持式显示器显示和普通显示器显示等。

头盔显示器：用于增强现实显示系统的头盔为透视式头盔显示器，能使用户看到周围的真实环境，获得较强沉浸感。透视式头盔显示器分为光学透视型和视频透视型两类。视频透视型头盔显示器的优点在于虚拟对象能完全掩盖住实际对象，运用大量图形特效使两者完美结合，但由于采用摄像机采集环境图像牺牲了人眼自身的大视场、直观感及对色彩的高分辨率，所以只适用于对成像要求不太高且目标距离较远的场合。光学透视型头盔显示器的优势在于能够完全体现真实场景，可让用户按人眼对外界的直观感觉看到真实视野下的现实世界，适合于较近距离的侦察、观瞄场合，但存在虚拟对象不能完全掩盖其后的物体及透过率偏低的问题。

视网膜显示：视网膜显示技术可以弥补头盔显示器的不足。Micro - vision 公司开发的低能耗激光头可直接在视网膜上扫描成像。华盛顿大学人机界面实验室利用虚拟视网膜显示技术，将低功率的激光直接投射到人眼视网膜上，将虚拟物体添加到现实世界中。

投影式显示：投影式显示主要分为两种，一种方式是将虚拟的信息直接投影到要增强现实的物体上，另一种方式是采用放在头上的投影机进行投影。后者的系统由微型投影镜头、戴在头上的显示器和双面自反射屏幕组成。由计算机生成的虚拟物体在微型显示器上显示，虚拟物体通过投影镜头折射后，再由与视线成 45°的分光器反射到自反射的屏幕上面，自反射的屏幕将入射光线沿入射角反射进入眼中，实现虚拟物体与真实环境的重叠。

手持式显示器：手持式显示器具有小型和便携等特点。美国华盛顿大学人机界面技术实验室设计的便携式增强现实系统，采用手持式显示器与基于视觉的跟踪方法，把虚拟的模型重叠在真实的书籍上，产生增强现实场景，且支持多用户协同工作。

普通显示器：增强现实系统也可采用普通显示器。在这种系统中，通过摄像机获得的真实世界图像与计算机生成的虚拟物体合成之后在显示器输出，用户也可佩戴立体眼镜观看三维立体图像。

2. 注册技术

注册技术是将计算机生成的虚拟物体和真实环境中景像对齐的技术。注册必须先确定虚拟物体与观察者之间的关系，通过正确的几何投影将虚拟物体投射到观察者视野中。注册一般分为动态注册和静态注册，可分别在摄像机与真实物体相对运动、静止的情况下，确定两者的相对位置。目前的增强现实系统多数采用动态注册。动态注册技术一般可分为 3 种，基于跟踪器的注册技术和基于视觉的注册技术以及结合前两种优势的复合注册技术。

3. 交互技术

增强现实系统需要实现用户与真实环境中虚拟物体自然直观的三维交互，这就需要设计针对增强现实系统的交互工具，并能够跟踪定位到交互工具的位置信息，执行用户对空间物体实施的指令。目前，增强现实交互手段的研究主要有两个方向，一是使用不同的设备，利用各自的优势实现交互；二是通过切实可行的界面，使虚拟对象与自然界成为一个整体。

4. 跟踪与定位技术

要实现虚拟和现实物体完美结合，必须将虚拟物体合并到现实世界中的准确位置，因此增强现实的跟踪定位系统必须能够实时检测观察者在场景中的位置、视觉角度以及运动方向，帮助系统决定显示何种虚拟物体，并按照观察者的视场重建坐标系。增强现实系统通常采用视频检测技术。视频检测使用模式识别技术，识别视频图像中预先定义好的标记、物体或基准点，根据其偏移和转动角度计算坐标转换。用视频检测方法定位不需要其他设备，且定位精确。

5. 大数据技术

实现对信息的增强现实，需要运用大数据技术，以迅速挖掘数据信息的内在规律，提供更高效率的决策支持，是增强现实虚实融合展现信息的基础。例如，增强现实技术在军事领域应用中，需要给指挥战斗人员在复杂战场上利用显示头盔等设备实时展现战场动向、建筑结构、武器性能、决策信息等。这些信息的展现需要对海量多源异构数据进行及时、快速和准确的分析，为正确决策和指挥提供高价值信息。

6. 智能专家系统技术

实现对知识和智力的增强现实，需要运用智能专家系统技术。智能专家系统是一个以知识工程为核心，综合应用人工智能与计算智能原理与方法、现代设计理论与方法、先进建模与仿真技术以及相关应用领域专业技术的复杂智能化系统。专家系统是一个具有大量专门知识的智能程序，应用人工智能技术，根据一个或多个专家提供的专门知识进行推理，模拟专家做出决定的过程。智能专家系统能够满足增强现实技术对基于知识的智能化工程技术需求，继承和重用已有的经验，建立基于知识工程的先进设计技术体系。运用智能专家系统技术，能够为增强现实系统建立不同层级的推理模型，综合考虑各种因素，运用专家知识，逻辑推导预判相关情形，辅助选择推送优化结果。

二、发展动向

（一）改变传统军事训练模式

俄罗斯开发“实况-虚拟-构造”训练装备。2019 年，俄罗斯展示首批军用虚拟现实眼镜，该眼镜使用三维模型和真实照片级的圆形全景图，这些信息被集成到一套军事训练设施中，能在统一信息空间内供军队训练使用，适用于虚拟现实、增强现实和混合现实场景。2020 年，俄罗斯为建设固定和实战教学训练基地推出一套新的虚拟现实设备，可使虚拟和真实无线电网络相连接，能让一半受训者处于现实环境中，另一半受训者处于虚拟环境中。

美国开展杀伤性武器防御等高风险场景训练工具。2019 年，美国国防降低威胁局启动杀伤武器虚拟训练工具相关项目，希望利用虚拟现实技术训练士兵、水兵、海军陆战队和飞行员应对从脏弹到核武器的放射性威胁。该工具模拟在核战场环境中作战，或执行发现、拦截放射性威胁目标的任务，让军事人员通过在虚拟现实或增强现实环境中寻找放射性的迹象来寻找脏弹，而不需要实际使用放射性材料进行训练。美国海军研究署和海军水面战司令部共同开展“战术可重置人工作战增强现实”项目，开发增强现实作战训练仿真器，利用增强现实技术辅助海军士兵训练。“战术可重置人工作战增强现实”项目的训练仿真器主要侧重反恐和远征作战仿真，模拟现实中难以复制的场景。

美国开发低成本、便携式增强现实训练工具。2019 年 7 月，美国雷文斯伍德公司开发用于为火力观察员和战术空管员提供增强现实训练系统。该系统采用可穿戴式设计，包括双目模块、头戴式显示器、传感器和图形模块以及用于控制系统的平板电脑，具有低能耗、低成本且便于携带的优势，使训练不受靶场、天气、战机或弹药因素制约，也不必像虚拟现实训练系统必须使用特定教室。该系统可用于实际靶场，提供近距离空中支援、火炮攻击、伤员撤离等场景训练，也可在城市和禁飞区等非传统区域使用。2019 年 8 月，美国海军试验了一个基于增强现实技术的、能够显著改善作战训练的“战术可重构人工作战增强现实”平台（简称“追踪者”）。该平台能够提供精确的武器和运动跟踪能力，并实现高度沉浸式的模拟视觉、听觉和触觉反馈，将为海军士兵提供动态的、有吸引力的、不可预测的训练场景，大幅节省创建真实训练场景的金钱和时间成本。2019 年 12 月，美国雷声公司推出“综合训练环境士兵虚拟训练器”。该训练器在使用真实和虚拟武器的同时，利用虚拟现实技术在多种场景下对士兵进行训练，具有强大的真实感和可访问性，可随时随地为士兵提供高效训练，大大降低高强度训练任务的成本与后勤负担。当前，士兵所使用的房间大小的模拟器将被由笔记本计算机供电的增强现实/虚拟现实耳机取代，彻底改变士兵军事训练的方式。

（二）提高战场态势感知能力

以色列、法国为德国“透明战场”项目提供支持。2019 年 12 月，以色列拉斐尔高级防御系统公司与法国阿托斯信息技术公司合作，为德国“玻璃战场”（也称为“透明战场”）项目提供技术支撑。该项目由德国军事装备、信息技术与作战支援办公室负责，将持续到 2025 年，旨在利用无人航空系统和作战车辆创建模拟机动作战的实时三维场景，融合人工智能、计算机视觉、增强现实等技术，以获取更精确的战场环境信息，支持辅助决策。

美国开展“综合视觉增强系统”项目。美国陆军计划在 2021—2025 财年耗资 20 多亿美元采购 40 219 套“综合视觉增强系统”。“综合视觉增强系统”是以微软公司 HoloLens 头戴式显示器为基础的一种混合现实（虚拟现实＋增强现实）装置，可帮助使用者与数字内容交互，并与周围真实环境中的影像进行互动，可实现作战前规划支持、资源分配、路线选择、与“符合目标的行为”相关的战术决策等功能。2022 年 1 月，美国陆军第 3 步兵师第 1 装甲旅战斗队在加利福尼亚州罗伯茨营地，对布拉德利战车内外的集成视觉增强系统护目镜进行匹配试验，设备可以无线方式连接布拉德利战车等车辆系统，允许士兵将数据上传到连及以上级别的共享云中，并且首次让配备护目镜的士兵看到驾驶员和炮手从其所在位置观察到的景象。2022 年 8 月，美国陆军地面作战系统项目执行办公室在华盛顿州刘易斯-麦科德联合基地使用“斯特赖克”装甲车“综合视觉增强系统”。

美国开发基于增强现实技术的夜视装备。2022 年 11 月，L3 哈里斯公司完成增强型夜视镜-双目（ENVG－B）系统初期 10 000 个系统订单的任务。ENVG－B 系统集成了强大的夜视能力和平视态势感知能力，使士兵能够在现代复杂战场上以最佳状态进行导航和执行任务。ENVG－B 系统还配备了高性能白磷图像增强管，以改善场景对比度，为士兵在黑暗中以及在有雾、灰尘或烟雾时提供更好的态势感知。该系统包括与士兵步枪热武器阵地的无线连接和增强现实覆盖，能够在各种战场条件下快速捕获目标并提高态势感知能力。

（三）开发人工智能医疗援助与指导工具

美国 DARPA 开发用于人工智能医疗援助与指导增强现实眼镜。2022 年 5 月，美国 DARPA 与雷声 BBN 公司合作开发一种人工智能医疗援助与指导工具，将为医务工作者提供 50 种常用医疗技能的实时免费指导，提高医务人员技能娴熟度，降低挑战性环境下的医疗失误概率。这种工具使用安装了感知驱动任务指导程序的增强现实眼镜，使用视觉和听觉传感器跟踪任务进展，引导启动人工智能程序，指导现场医务工作者的医疗工作。增强现实眼镜的集成摄像头观察并记录用户的行为，通过人工智能技术验证步骤是否正确，在必要时使用设备中的听觉建议或视觉覆盖获得帮助。

（四）提升装备维护维修能力

德国基于增强现实技术提供军用运输机飞机维护训练。2021 年 12 月，莱茵金属公司获得德国联邦国防军设备信息技术和在役支持机构价值数百万欧元的合同，为位于温斯托夫空军基地的德国空军北部技术训练中心配备高保真训练设备，包括增强现实设备。2022 年 5 月，莱茵金属公司为德国空军维护训练 A400M 军用运输机提供专业的训练设备。莱茵金属公司开发的设备专用于空军，通过将训练装置与辅助增强现实系统相结合，实现了一种全面、集成的训练方法，涵盖了相关的维护程序，包括所有工作步骤；能够对维护和修理人员进行高度逼真的有效训练，无须占用实际的飞机；通过增强现实系统进行不能在训练设备上练习的活动，确保维护人员在各种训练情况下对飞机状态有更好的整体理解，同时将在单个设备上进行的任务置于适当的环境中。除了该训练设备和增强现实系统外，莱茵金属公司还向不同的 A400M 用户国家提供额外的训练设备。其中，包括 A400M 货舱零件任务训练设备、不同的高级货舱训练器增强系统以及装载主工作站训练设备。

美国在维修技术演习中使用增强现实技术提供支持。2022 年 8 月，美国海军在加利福尼亚州文图拉县海军基地开展了第一次维修技术演习 REPTX - 2022，基于增强现实技术开展演示和评估舰船维修技术。REPTX - 2022 由海上系统司令部海军系统工程和后勤局技术办公室资助，全球 60 多家科技公司、政府和学术实验室的团队参加，旨在测试并了解对运营中舰船进行维护和战损维修的可行性，全部活动均在美国海军退役的“斯普鲁恩斯”号驱逐舰上开展。演习中，美国海军增援维修计划中约 20 名预备役人员现场操作了遥控机器人，利用增强现实视频了解维修程序，并开展了超声波金属损伤测量、结垢螺旋桨处理以及狭小空间检查等作业。

（五）增强应对太空威胁能力

美国开发太空操作可视化增强现实应用程序。2019 年 9 月，美国空军开发利用增强现实的太空操作可视化应用程序“PICASSA”分析工具集，以提高美军太空威胁检测能力，支持空间资产的维护，帮助作战人员提高态势感知能力。该应用程序将成熟的人机交互技术与下一代增强现实显示器相结合，作战人员可以更快、更自信地做出决策，同时程序还提供直观的可视化和以工作流为中心的图形用户界面，使作战人员能够快速了解本公司及第三方公司开发的新型人工智能、机器学习和其他先进分析工具的输出。开发太空操作可视化应用程序是美国 DARPA“标记”计划的一部分，该计划的目的是开发实时系统和应对太空领域意识挑战的能力。

（六）搭建5G增强/虚拟现实网络

美国海军开发5G智能仓库。智能仓库技术可为后勤作业中改善流程、提高效率、准确性和保真度的关键赋能技术，以支持作战人员战备。2019年10月，美国国防部选定4个军事基地用于5G相关智能仓库原型平台部署和软件试验，发布公告寻求“5G增强/虚拟现实”，为刘易斯·麦考德联合基地搭建5G增强/虚拟现实网络，支持利用增强/虚拟现实技术的实际训练。2022年6月，在加利福尼亚州海军基地，成功建立了一个5G私有网络，数据传输速度达到每秒3.9千兆比特，延迟不到10毫秒，可支持各种虚拟现实或增强现实实验，高清视频监控以及基于云的人工智能等应用。2022年10月，加拿大ATTABOTICS公司为美国海军陆战队后勤司令部的5G智能仓库试验台安装自动存储和检索供应链系统，提供一种低延迟和高带宽的解决方案，与KPMG公司开发的5G智能仓库原型系统相集成，利用自动存储和检索技术改进海军陆战队智能仓库的自主库存管理以及增强现实和虚拟现实应用程序的开发，提高仓库的工作效率。

（七）降低射频波暴露位置风险

2019年8月，美国海军信息战中心大西洋团队开发一种基于增强现实的免提系统，目的是使作战人员免于通过射频波暴露位置，保护其自身安全。该系统被称为“光谱猎人”，采用射频发射检测和定位技术，配备头戴式全息用户界面，可引导作战人员朝向射频发射源，确保其将注意力集中在现实世界中，从而避免危险的发生。作战人员使用装有该系统的平板电脑和手持式传感器定位自身的无线电波源，并通过行进和挥动手持传感器使射频源更精准化。同时，作战人员可在行走或驾车过程中，通过语音命令或手势对系统进行操作，获得检测射频波的相关信息。

三、发展趋势

(一) 增强现实技术将加速在智能穿戴设备方面的转化应用

未来，增强现实技术的应用，特别是在便携式、智能化装备上的应用将会大量涌现。军用智能穿戴设备能更便捷地发挥增强现实技术优势，可以更好地帮助作战人员感知自身所处的外部环境，在计算机、网络或者其他设施的辅助下更为高效地处理信息，实现无缝交流，为作战人员创造更为真实的虚实融合世界。随着各国综合国力竞争愈演愈烈，国防军事力量的角逐呈现多样化、科技化，军用智能可穿戴设备在军事领域的应用将面临复杂的需求，同时列装部队的需求量也会很大。

(二) 增强现实技术将深度融入军事模拟训练领域

增强现实技术发展迅猛，已逐步应用于各军兵种的单兵训练、作战指挥训练、战役战术训练、武器装备操作训练等各个层级中。未来，随着军事需求的增加、战场样式的变化，增强现实技术将成为解决军事训练周期长、成本高等难题的重要途径，为作战人员提供更丰富、更生动的信息用于态势感知和决策，更好地战斗和训练。

(三) 增强现实技术将进一步与人工智能等技术融合发展

在未来战场上，作战人员需要更准确、更及时地进行决策，借助于云计算等相关技术，人工智能技术将会迎来快速的发展，增强现实技术与人工智能、机器学习等领域的最新研究成果相结合，将为作战人员带来全新的混合现实体验，可大幅提升决策和行动效率。

(四) 增强现实技术将促进塑造分布式远程协同的虚实融合世界

通过增强现实装备平台，来自不同地理位置的士兵可以同时参与同一项训练，美国及其盟友、合作伙伴积极开发分布式远程式协同装备。通过增强现实/虚拟现实技术，分布式训练可以传输给作战人员的装备数据、作战环境、指挥控制数据、受训人员传输到共享仿真环境的信息。过去，成本效益是军事增强现实/虚拟现实军事训练的主要驱动力，但未来将聚焦在从单个数据点生成多个反馈。未来的增强现实将会构建一个可共享的虚实融合世界，远程协同式的增强现实应用将会是军事领域内的重要研究热点。

四、国防领域应用前景

由于增强现实技术可以将真实世界与虚拟世界融合起来，同时允许用户实时交互，其被应用于军事领域的多个方面，在数字化战场上发挥了巨大作用。

（一）应用于军事演习训练

在军事演习训练中，对战场的真实性有很高的要求；同时，很多环节需要反复多次，对装备消耗大。增强现实技术可以为军事训练提供比实战演习更加真实的战场环境，还允许士兵在进行反复操作、增加训练次数的同时减少对装备的消耗。士兵训练时通过随身携带的增强现实系统，不仅可以看到真实场景，还可以观察到场景中各种增加的虚拟物体，使军事训练更加实战化。目前，各国将增强现实技术应用于武器训练和战术训练，使武器训练的逼真度不断提高。

（二）应用于武器装备研制

将增强现实技术应用于武器装备研制中，加快了新武器或武器平台的开发速度和效率。增强现实技术可以使不同地域、不同单位的设计人员参与设计，形成合力完成大型复杂系统的研制，同时通过身临其境的可视化和交互以运行试验，将装备的模型及各种可能的设计方案融合在一起以可视化的形式提供给使用部门，使用部门可以通过增强现实系统全面比较各种方案，将修改意见直接反映到系统的模型上，大大提高研制的效率以及作战的实用性。

(三) 应用于战场环境增强

增强现实技术可以增强战场环境信息，在真实环境中融合虚拟物体，增强真实的战场场景。向系统中输入部队的位置信息，系统不仅能向部队显示真实的战场场景，还能通过增加虚拟物体强调肉眼无法看见的环境信息以及敌方或己方的隐藏力量，增强真实战场场景的显示，真正实现各种战场信息的可视化。美国海军研究中心研制的“战场增强现实系统”样机已实现了指挥中心与各个战斗员之间的战略和战术信息传输，可作为多人使用的分布式增强现实系统。配备有该平台的战场指挥员和士兵可以通过透视式头盔显示器在观察战场实际景物的同时，看到叠加在其上的各种信息。

(四) 应用于作战指挥控制

增强现实技术运用于作战指挥控制，主要体现在以下 3 个方面，一是作战指挥系统应用增强现实技术，可以使指挥员实时掌握各个作战单元、任务部队的情况，有利于指挥员快速正确地理解上级意图，及时做出决策；二是应用于作战指挥网系中，可以使各级指挥员同时观看、讨论战场以及与虚拟场景交互，实现整个战场信息的高度共享，有利于各级指挥员统一认识、密切协作；三是将增强现实系统应用于多用户、多终端协同工作，可为各用户、终端建立一个共享的、可理解的虚拟空间，允许各用户、终端共享战场信息、实时交流互动，有利于指挥部队加强配合、协同作战。

(五) 应用于军事医疗救治

军事医务人员经常在传统模拟中遇到很难或者无法复制的极端情况，通过增强现实技术，受训者有机会体验到仿真的环境和场景，并在有效的反馈系统下进行工作。增强现实技术运用于军事医疗救治中，可将伤病员的各类信息叠加在伤病员身体或实物人体模型上，帮助医生进行手术方案制定、手术时的精确定位与辅助指引、模拟的手术训练等。

（六）应用于装备维修保障

增强现实技术运用于武器装备维修中，主要通过在实际设备中添加各类维修辅助信息，可指导维修人员按步骤实施维修，能够精确定位不直接可见的零部件并将其可视化，从而确认要进行测试的零部件并进行修理或替换，这不但能够帮助维修人员迅速熟悉和掌握各种武器装备的维修技术，也保证了整个维修过程的标准化和规范化，极大减少了维修人员的培训成本，降低了装备拆装、保养、维修的难度，提高了维修保障效率，并有助于技术与经验的传承。

数字孪生技术发展及其在国防领域的应用

“数字孪生”（Digital Twin）又称为“数字镜像”“数字双胞胎”“数字映射”。数字孪生，是充分利用物理模型、传感器更新、运行历史等数据，集成多学科、多物理量、多尺度、多概率的仿真过程，在虚拟空间中完成映射，从而反映相对应的实体装备的全生命周期过程。数字孪生以数字化的方式为物理对象创建虚拟模型，来模拟其在现实环境中的行为，可用来模拟、监控、诊断、预测、控制物理实体（产品）在现实环境中的形成过程、运行状态和变化过程。通过搭建整合制造流程的数字孪生生产系统，能实现从产品设计、生产计划到制造执行的全过程数字化，将产品创新、制造效率和有效性水平提升至一个新的高度。

一、概念内涵

（一）数字孪生的基本概念

数字孪生被定义为一个物理事物的虚拟代表。该事物可以是一架喷气式飞机，一辆汽车，一座建筑或一座桥梁。连接到这些物理资产的传感器收集的数据被映射到虚拟模型上。数字孪生使人们能够看到关于物理事物在现实世界中如何运作的重要信息。数字孪生是一种从物理系统收集数据、再对结果进行记录与操作的技术，其目标就是建立起与真实系统高度契合的数字化副本。有了数字孪生，我们才能深度研究对象、机器、原型设计或流程的功能表现。

关于数字孪生的设想首次出现于2003年前后，迈克尔·格里夫斯教授在美国密歇根大学的产品全生命周期管理课程上，提出了“产品生命周期管理的理想型概念”，该设想中数字孪生的基本思想已经有所体现，即在虚拟空间构建的数字模型与物理实体交互映射，忠实地描述物理实体全生命周期的运行轨迹。

2011 年 3 月，美国空军研究实验室首次明确提到了“数字孪生”这一概念。2011 年，美国空军学者提出了利用高性能数字计算技术（数字孪生）重新设计飞机结构寿命预测过程的方法，通过分析飞机飞行的历史数据，可以适当调整飞机材料，以适应飞行条件。

从 2013 年开始，数字孪生被美国国防部及工业界接受并广泛引入。2013 年，美国空军在“全球地平线”顶层战略规划中，将数字孪生视为“改变游戏规则”的颠覆性技术，从 2014 财年起，组织洛克希德·马丁公司、波音、诺斯罗普·格鲁曼公司、通用电气、普惠等公司开展了一系列应用研究项目，并已陆续取得成果。美国空军实验室结构科学中心与通用电气和诺斯罗普·格鲁曼公司签订了价值 2 000 万美元的商业合同，开展基于数字孪生的飞机结构寿命预测，实现对制造性、检测性和保障性的评价与优化，支撑航空航天装备生产、使用和保障。

借助数字孪生技术，我们能够摆脱现实的束缚，在虚拟环境下开展一系列纯数字形式的研究。数字孪生就是根据实物资产建立的数学模型，由相关资产的历史与实时数据组合而成。管理者与分析师可以借此评估潜在情境，模拟设备、生产线与流程可能面临的种种状况。这些包括人工智能、机器学习、深度学习、物联网、传感器、模拟、连接和大数据在内的技术已经可实现复杂的数字孪生。

（二）数字孪生的特点及元素

数字孪生主要有以下 5 大特点：

连接性：数字孪生是以连接为基础的，它实现了物理元素和其数字对应物之间的连接。传感器创造了物理产品的连接性，利用各种集成技术获得、集成和交流数据。

同质化：数字孪生既是数据同质化的结果，也是其推动者。它允许信息与它的物理形式脱钩。

可重新编程和智能化：数字孪生通过传感器、人工智能技术和预测性分析自动实现了可重新编程。

数字轨迹：数字孪生技术会留下数字轨迹，这些轨迹有助于在机器故障的情况下诊断故障根源。

模块化：模块化指的是产品和生产模块的设计与定制。在功能模型中加入模块化有助于制造商获得调整机器和模型的能力。

数字孪生包括以下 3 个主要元素：

历史数据：它包括机器、特定系统和整体流程的历史性能数据。

当前数据：实时数据包括传感器数据、制造平台的输出和整个分布链系统。

未来数据：它是来自机器学习算法和工程师输入的预测数据和洞察力。

（三）数字孪生的建立

要建立数字孪生，首先要从待建模的资产中提取出大量运营数据——包括历史数据与实时数据两个部分。而数据收集的实现，自然离不开物联网，特别是物联网传感器技术。

物联网由大量接入网络的无线传感器组成，这些传感器不断收集并发送数据，借以实现监控。这部分数据可以利用边缘计算技术进行处理，再由云端进行存储和展示。

这项技术的优势，在于它能够持续对资产开展实时监控。传感器会随时更新信息，并通过编程方式在设备或流程发生变化时立即发送警报和附加信息。如此一来，运营状况分析将变得及时且详尽，帮助管理者快速发现负面因素，并采取补救措施。

对于数字孪生来说，物联网堪称是不可或缺的技术支柱。物联网将帮助我们发送用于更新数字副本的真实数据，并立足任意时间点对当前状况实施研究和操作。而在此期间产生及发送的大量数据，也将成为诊断及预测等大数据分析应用的必要素材。

数字孪生的创建分为以下 3 个阶段进行：

一是设计，数字孪生体的设计包括使能技术和信息两个主要因素。选择使能技术，将物理资产与其数字孪生体结合起来，以实现操作和交互信息的实时流动。明确所需设备的类型至关重要，需要建模软件来设计资产的三维表现。此外，关键是要知道谁将通过数字孪生访问信息并控制物理资产。了解整个资产生命周期所需的信息类型、信息的存储位置，以及如何访问和使用这些信息。以可重复使用的方式构建信息，在系统之间快速有效地交换。

二是操作，数字孪生体的操作主要是确定数字孪生体的目的和功能。它将执行资产监测、控制和资产改变，为预测性维护执行高级分析或进行模拟，确定数字孪生的范围和功能，并帮助确定附加到资产上所需的设备类型。

三是扩容，数字孪生体的实施通常从小处开始，如监测资产的一个组成部分，但随着时间的推移而扩大。扩张以两种方式进行：企业带来许多更小的数字孪生体，以提供整个资产的完整图像；企业在现有的数字孪生中加入更复杂的功能。无论哪种情况，组织都希望在数字孪生中增加功能，以满足不断变化的要求。需要的是，安全地增加这些功能，在保持性能的同时扩展数字孪生。

二、发展动向

（一）数字孪生技术不断推广应用于装备采办、设计研发、生产制造、交付及保障全过程

2018 年，美军发布数字工程战略，旨在将美军采办流程由以文档为中心转变为以数字模型为中心，完成以模型和数据为核心谋事做事的范式转移；在美军航空装备采办中，已经开始利用基于模型、数据驱动的手段和工具，在方案论证、研制生产、维修保障等阶段建立数字工程方法和流程，以支撑航空装备全生命周期数字工程转型。

在基于数字孪生的设计研发方面，2020 年，美国空军和波音公

司应用“数字孪生”技术推出了 ET－7A“红鹰”教练机，用不到 200 人的设计、制造和测试团队，在虚拟的风洞中完成了“红鹰”教练机的数千个小时飞行测试；同时，在没有进行任何实体制造的情况下，进行了数百次飞机组装，从而使系统设计成本、效能得到极大提高，仅 36 个月便实现验证首飞。2021 年 5 月，俄罗斯联合发动机公司宣布数字技术研制出首台 VK－1600V 直升机发动机演示机，这是俄罗斯历史上第一台无图纸化设计的发动机。该发动机演示机的所有制造工作都以数字格式进行，数字孪生模型提供了显著优势。

针对武器装备制造环节的流程越来越复杂，难免出现各种问题，并影响到产出，有时很难迅速找出问题所在等问题，洛克希德·马丁公司从 2017 年开始进行数字孪生技术在生产线上的应用实践，每架 F－35 战机生产周期由 22 个月压缩到 17 个月，成本降低 10%。面对海军公共造船厂设备老化、工作效率降低问题，美国海军 2017 年开展船厂基础设施优化计划。美国海上系统司令部利用数字孪生技术优化四家国有造船厂的厂区配置方案，以改善工作流程，并减少无效工时。珍珠港海军造船厂已于 2020 年年底完成数字孪生搭建，普吉特湾海军造船厂现已建立基准模型，朴次茅斯海军造船厂于 2021 年 4 月完成数据收集工作。

外军利用数字孪生技术提升装备故障预测与维修能力。美国陆军对 UH－60L“黑鹰”直升机的每个结构部件进行 3D 扫描，创建虚拟模型或数字孪生模型，一方面利用增材制造等先进技术增强零部件的生产能力，解决单一来源零部件所面临的供应问题，另一方面使维护人员利用数字孪生模型进行重复的模拟训练，来提升维护技能，从而提高直升机机队的持续保障能力，提升直升机的战备完好性，降低持续保障费用。美国海军开发了舰船电力系统的“数字孪生”系统，对电力和能源系统进行建模和机器学习研究，开发软硬件系统，以展示、测试和验证数字双向控制系统的有效性，实现了对电力系统有效控制和预测，维护能源网络功能，提高动力系统和平台的弹性、效率、适应性和自主性，加快建立对舰船上昂贵电气部件的健康监测和预测性维护模式。加拿大海军以“萨斯卡通”号近海防卫舰为试点，开展数字化海军转型，通过船舶专用结构传感器设计、传感器数据预处理及数据质量检查、全结构化数字孪生模型创建和分析，以及可靠性、可用性、可维护性分析等工作，监测舰船全寿命周期状态，识别异常情况，指导舰船检测和维护计划制订。

外军利用数字孪生技术对不同的制造策略进行仿真和评估，不断提升和优化生产制造能力。2019 年，美国海军利用数字孪生技术为“林肯”号航母开发了“全球海上指挥与控制系统”等 5 个系统，并通过“虚拟宙斯盾”系统的核心硬件，构建了“虚拟宙斯盾”系统，可执行全部的作战系统功能，并可直接随舰部署参加演习，在不影响被测舰艇实际作战系统情况下从本舰获取实战数据，对作战软件进行现场测试和评估，大幅缩短“宙斯盾”系统新能力的升级和部署周期，降低总成本。2021 年，美国空军开始利用数字孪生技术搭建 F-16 战机全尺寸模型，以支持维护和现代化改造，提升系统作战、保障、测试和升级能力，压缩系统作战能力升级周期。

（二）数字孪生技术助推数字工程在武器装备领域的创新发展与应用

美国国防部自 2018 年 7 月正式对外发布“国防部数字工程战略”以来，在各军种开展了上百个数字工程建设试点。如“虚拟宙斯盾”系统、“E 系列飞机”等，将舰载宙斯盾系统的升级部署周期缩短了至少 18 个月，F-22 战斗机风洞试验周期缩短了 60%，F-35 战斗机进气道加工缺陷决策时间缩短了 33%，有效地实现在虚拟空间进行武器装备的快速迭代、升级与验证。美军正在把数字工程融入所有事务流程，主要通过数字主线以及数字孪生技术，将全生命周期内的所有相关事务（如升级改造、维护保障等）都变得“事半功倍”且花费更少。

美国空军计划采用一个综合体系架构建设两个新型模拟训练场，

基于数字化模型，利用数字仿真、数字训练模拟等方式，同时对多个空军装备系统进行建模和仿真运行，开展联合的研发试验和作战试验。该方式具有部署灵活等特点，能够提升对先进空军装备的仿真训练、试验效果，并能够与美国海军及其他国际合作伙伴联合，推进美军体系多域作战能力的提升。

美国空军开发了“数字综合防空系统”，能够与微波暗室等系统连接，对F-22、F-35、B-2等隐身飞机，以及基本型和干扰型“微型空射诱饵”等电子战装备进行高优先级的测试和试验任务。

2020年，美国空军利用数字孪生技术构建了GPS Block IIR卫星的数字模型，对卫星数字模型、地面站以及通信链路开展漏洞扫描，实现在不损害在轨卫星的情况下，开展模拟网络攻击测试，以识别潜在漏洞，发现漏洞源头，采取改进措施，确保全球定位系统的网络安全。

2021年1月，美国空军负责采办、技术和后勤的助理部长威廉·罗珀博士撰文阐述了数字工程计划的14项原则，并强调，“e系列战斗机”将成为美国空军“下一代空中主宰”（NGAD）的主力机型。数字工程技术不仅能完成复杂系统的设计，而且能在高性能虚拟现实环境中完成系统的总装，甚至还能完成虚拟模型的物理性能测试。利用数字主线和数字孪生技术制作出来的虚拟工程模型可以取代真实工程模型，权威机构利用实体数据还能对工程模型进行虚拟测试。

2021年1月，美国空军研究实验室弹药管理局在虚拟弹药模拟平台上进行了“武器一号”（WeaponONE）演示验证工作，基于一年来的研究成果，初步验证了数字工程的重要价值。美国空军研究实验室表示，数字孪生技术代表数字工程学的未来，可为武器系统提供极大的灵活性和适应性。“武器一号”具备多种功能，如武器系统开发的数据源、软件开发/部署仿真环境、机上飞行软件/云环境技术栈等。“武器一号”提供了一种全面数字化、敏捷开放的生态系统，通过基于模型的武器系统基本架构，实现武器系统之间的灵活性、模块化、可复用、一致性，为武器协同提供了技术基础和标准，为空军开发易用、适应性强、高效精准契合目标需求的产品提供有益支撑。“武器一号”演示首次将武器系统引入数字工程时代。作为美国空军3个示范性数字工程计划之一，“武器一号”计划将进一步实施数字孪生原型，与先进作战管理系统平台、硬件在环/系统集成实验室集成测试等工作，对“数据驱动作战决策”概念进行进一步测试、验证、评估，充分推动武器应用领域数字孪生技术的创新发展与应用。

（三）数字孪生生态系统助推数字工程仿真支撑平台发展

数字工程使用模拟仿真、3D模型和数字孪生等工具来实现对真实世界对象的数字表达；数字孪生是真实世界实体的虚拟表示形式，代表了数字工程学的未来，可为武器系统提供极大的灵活性和适应性。此外，随着作战实验体系架构中虚实结合程度的提升，形成了以数字孪生技术为基础的虚实结合架构，能够利用数字化方式创建物理实体的虚拟模型，借助数据模拟物理实体在现实环境中的行为，通过虚实交互反馈、数据融合分析、决策迭代优化等手段，构建起实装模拟、数学模型和人工模拟相结合的“沉浸式”战场环境，从而帮助研究人员有针对性地开发新质作战能力。此类仿真平台支撑架构的不断深化，将有效支撑计算机仿真模型、半实物模型、实兵数据、全要素仿真等不同应用需求的大尺度复杂体系实验，最大化地实现复杂体系仿真实验多域联合、数据融合和资源综合的目标。

CAE公司国家合成环境（NSE）项目，作为互联数字孪生生态系统，成为政府和军方运作并获得成功的基础推动者，并协助国家政策和安全领域的决策。军方高层认为，数字沉浸式生态系统支持指挥官跨越多域环境通过使用单一的通用作战图进行安全行动。网络数字孪生解决方案的领导者SCALABLE网络技术公司发布新版EXata 7.3及网络数字孪生生态系统。Improbable公司获得英国国防部下一代通信网络数字孪生产品合同，应用单一合成环境（SSE）

平台实现国防数字部运营、规划、管理并优化其复杂的技术基础设施。美国空军拟成立工业界联盟“数字转型技术和流程”，以推进数字工程和制造及数字战役。洛克希德·马丁公司以“星驱动”数字工程工具集、“北极星”数字工程和先进装配演示验证项目等数字工程探索实践项目为契机，建设全流程、融合供应商的集成数字环境；与美国空军集成数字环境、CloudOne、PlatformOne 等平台链接可构筑更为庞大、线索交错的复杂数字生态系统。

2021 年，美国空军基于多个在研项目演示验证成果，如“武器一号”“灰狼”协同蜂群武器系统、“金帐汗国”网络化协同武器项目和先锋计划等项目，计划构建一种全面数字化、敏捷开放的数字孪生武器生态系统，以交付武器系统 LVC 试验和演示能力。该武器生态系统基于被称为“罗马竞技场”的数字武器生态环境，应用先进仿真、集成与建模框架（AFSIM）软件作为其建模仿真引擎，定期开展实装/虚拟武器装备数字孪生的新技术研发、快速集成和试验，可实现武器系统之间的灵活性、模块化、可重用和一致性，为武器协同提供技术基础和标准，为未来作战部队交付转型战略能力。

（四）数字孪生技术与人工智能、虚拟现实等技术深度结合

数字孪生技术与敏捷开发、人工智能、虚拟现实等技术相结合，提高模拟精度，缩短研发周期。数字孪生的成功应用使美国国防部深刻认识到，数字化战争时代更加全面、系统、深入地运用建模与仿真、云计算、大数据、人工智能等关键赋能技术，对提升应对全球复杂安全挑战能力，保持绝对领先军事优势的重要意义。

在人工智能、混合现实、自然计算等新兴技术的推进下，国外在基于模型的系统工程的数字孪生方面取得大幅进展。2019 年 10 月，美国海军信息战系统司令部完成了首个“体系数字孪生”模型“数字林肯”的开发。该数字孪生模型采用基于模型的系统工程技术开发，使用相关的集成数据字典、架构、需求框架，为“林肯”号航母上的 5 个互联系统开发了端到端数字模型，包含海军分布式通

用地面系统、下一代海军综合战术环境系统、海上战术指挥与控制系统、全球海上指挥与控制系统和快速核心服务系统。

2019年，美国空军成立先进飞机项目执行办公室，通过综合运用模块化开放系统架构、敏捷软件开发和数字工程的“三位一体”工具，对战斗机进行每四年一次的高频率升级，实现螺旋上升式研发；数字孪生正在与人工智能技术深度结合，促进信息空间与物理空间的实时交互与融合，以在信息化平台内进行更加真实的数字化模拟；数字孪生系统与机器学习框架学习结合，根据多重的反馈源数据进行自我学习，几乎实时地在数字世界里呈现物理实体的真实状况，并能够对即将发生的事件进行推测和预演；虚拟现实技术的使用解决了使用“数字孪生”获得的数据可视化问题，在设计阶段能够快速识别和纠正零件的几何错误，优化和检验数字孪生中使用的数学模型。

2021年2月，Plataine公司获得利用数字主线技术优化制造专利，利用基于云的人工智能技术实时创建工厂车间的数字孪生模型，实现对从原材料到最终产品的每个生产要素的跟踪，并创建全面可搜索的数字主线。

三、发展趋势

（一）数字孪生应用实践将不断深化

2018年6月，自美军发布《国防部数字工程战略》以来，进一步推动在新武器系统研究、开发、测试中应用数字孪生、数字主线等先进建模仿真技术，这一趋势或将随着各种挑战因素的进一步增加和快速变化而全面提速。美国海军希望更多的小型承包商参加海军的“数字孪生”计划，旨在创建组件、设备、系统的数字副本，用于在实验室或其他条件下，测试将安装到舰船或飞机上新的部件、作战概念或其他升级改造。利用数字孪生，研究人员可以开展大量不同的测试，发现潜在问题，并改进组件、设备和系统的性能。美国海军在舰上虚拟实验室中应用数字孪生技术，在 DDG 82“拉森”号上与现有 AN/SQQ－89A（V）15 声呐结合，对作战环境下潜艇和武器的传感能力进行了评估。DDG 116“托马斯·哈德纳”号利用被称为“虚拟宙斯盾”系统的数字孪生体，演示了发射标准-2 导弹拦截目标的能力。

（二）数字孪生技术促进装备全生命周期数字化转型推动新一轮信息化变革

数字化工程持续深入应用，促进装备全生命周期数字化转型，推动新一轮信息化变革。2020 年 12 月，美国航空航天学会的数字孪生领域专家团队给出了数字孪生的最新完整定义：模拟单个物理资产或一组物理资产的结构、环境和行为的一组虚拟信息构造，并在全生命周期中使用来自物理孪生体数据进行动态更新，以提供决策所需信息，实现价值。数字孪生的价值来自将工作从物理环境转移到虚拟或数字环境，利用数字模型预测真实世界事物的未来状况，能够在当物理条件不可达时利用数字模型进行分析，从而显著减少航空航天产品设计、生产和保障的资源需求。

（三）运用数字孪生技术构筑更庞大的、更复杂的数字生态系统

近年来，各国持续投资建设各类仿真基础设施，应用先进建模仿真技术并加速构建数字孪生生态系统，为部队、武器装备及其体系全生命周期活动带来了深刻变革，推进了数字工程仿真支撑平台的发展与演进，以支撑构筑更为庞大、线索交错的复杂数字生态系统。美国海军研究实验室开发舰船“数字孪生”系统，旨在将数字孪生系统用于美国海军电气系统的指挥、控制和预测，使美国海军舰船操作员能够充分利用舰船的电气系统来满足关键任务需求。南卡罗来纳大学将进行电力和能源系统的建模和机器学习研究，并开发“紧密耦合”软硬件，以演示、测试和验证“数字孪生”控制系

统的有效性。英国 BAE 公司基于计算流体动力学等专业支持，“暴风”战斗机的设计采用了最新的数字孪生技术，其概念机外形已完成模拟设计和测试。

（四）网络数字孪生技术助力美军联合全域指挥控制发展

未来战场形态日趋复杂，同时涉及陆、海、空、天、网络空间等多个领域，交战双方将在多个作战域展开多维、立体的高强度对抗。对于交战双方而言，及时的通信都是不可或缺的。然而，瞬息万变的战场空间必然会出现各种通信问题。如果这些通信问题未被精确建模，则会导致产生错误的作战演习结论。因此，平台须模拟出真实的网络和通信效果及网络攻击情况，以支持有效的战术、技术和规程的发展。高逼真度的网络数字孪生技术可快速识别和评估网络创新，充分考虑降级的网络运行和网络漏洞对任务整体结果的潜在影响。美军联合全域指挥控制的发展也有赖于此。

四、国防领域应用前景

（一）数字孪生应用于产品研发

大部分的产品研发成本都锁定在概念设计阶段，使早期快速迭代变得非常关键。通过执行快速的“假设”分析，用户可在研发过程早期了解产品特性，避免在不切实际的设计上浪费时间，并且防止在验证阶段重新进行设计。借助数字孪生技术，能帮助用户以更少的成本和更快的速度将创新技术推向市场。运用数字孪生技术，用户能够利用结构、热学、电磁、流体和控制等仿真软件进行单独的物理场和耦合的多物理场研究，从而实现设计产品的优化、确认和验证设计，以满足相关的需求。同时，用户可以构建精确的综合仿真模型，来了解实际的产品性能并持续创新，这些功能是传统设计方法所无法企及的。需要指出的是，传统的研发模式专注于产品生命周期与流程，实际运行数据的反馈很少，甚至没有。而数字孪生关注的是从需求到制造的当前模型，可以反馈现实世界产品实际的质量、性能和使用的数据，以及 BOM 维护情况，甚至用户、环境以及其他系统的影响都可得到有效反馈。此外，数字孪生技术还可以持续累积产品设计和制造相关知识，帮助研发人员不断实现重用和改进。

（二）数字孪生应用于工艺规划

随着产品制造过程越来越复杂，制造中所发生的一切需要进行完善的规划。而一般的过程规划是设计人员和制造人员基于不同的系统独立工作。设计人员将产品创意提交给制造部门，由其去思考如何制造。这样容易导致产品信息流失，使制造人员很难看到实际状况，增加出错的概率。一旦设计发生变更，制造过程很难实现同步更新。应用数字孪生技术，对所需要制造的产品，制造的方式、资源以及地点等各方面都可以进行系统的规划，将各方面关联起来，实现设计人员和制造人员的协同。一旦发生设计变更，可以在数字孪生模型中方便地更新制造过程，包括更新面向制造的物料清单，创建新的工序，为工序分配新的操作人员，在此基础上进一步将完成各项任务所需的时间以及所有不同的工序整合在一起，进行分析和规划，直到产生满意的制造过程方案。除了过程规划之外，生产布局也是智能制造系统需要解决的重要问题。一般的生产布局图是用来设置生产设备和生产系统的二维原理图和纸质平面图，设计这些布局图往往需要大量的时间精力。竞争日益激烈，企业需要不断向产品中加入更好的功能，以更快的速度向市场推出更多的产品，这意味着制造系统需要持续扩展和更新。但静态的二维布局图由于缺乏智能关联性，修改又会耗费大量时间，制造人员难以获得有关生产环境的最新信息，来制定明确的决策和及时采取行动。借助数字孪生模型可以设计出包含所有细节信息的生产布局，包括机械、自动化设备、工具、资源甚至是操作人员等各种详细信息，并将之与产品设计进行无缝关联。

（三）数字孪生应用于精益制造

产品制造环节的流程越来越复杂，难免出现各种问题并影响到产出，有时很难迅速找出问题所在。最简单的方法是在制造系统中尝试一种全新的制造策略，但是面对众多不同的材料和设备选择，清楚地知道哪些选择将带来最佳效果又是一个难题。应用数字孪生技术，可以对不同的制造策略进行仿真和评估，结合大数据分析和统计学技术，快速找出有空档时间的工序。调整策略后再模拟仿真整个制造系统的绩效，进一步优化实现所有资源利用率的最大化，确保所有工序上的所有人都尽其所能，实现盈利能力的最大化。利用数字孪生技术，可以直接生成详细的作业指导书，与制造全过程进行关联。如果发生任何变更，整个过程都会进行相应的更新，甚至还能从制造环境中收集有关制造执行情况的信息。此外，还可以利用大数据技术，直接从制造设备中收集实时的质量数据，将其输入数字孪生模型，对设计和实际制造结果进行比对，检查两者是否存在差异，找出存在差异的原因和解决方法，确保制造能完全按照规划来执行。

（四）数字孪生应用于装备维护

现场产品性能数据可与工程仿真的结果相结合，以预测产品在工作条件下的未来性能。这种预测性功能可优化维护进度，减少计划外设备停机，也能大幅提高运营性能。具体而言，通过对每一个设备的当前状态建模，进行基于现实应用的分析，以获得更高的运行效率、更低的热耗率、更长的寿命和更大的功率。数字孪生是实际运行设备的实时虚拟版本，可以用来提供产品的性能与维护信息。通过设备上的各种传感器将温度、振动、碰撞、载荷等数据实时输入数字孪生模型，然后，数字孪生的环境模型与实际设备工作环境的变化保持一致，通过数字孪生在设备出现状况前提早进行预测，以便在预定停机时间内更换磨损部件，避免意外停机。另外，用户还可以利用收集到的数据改进新一代机器的设计。

（五）数字孪生应用于试验训练

各国军方、组织、企业和用户等多方积极推进数字工程、数字主线、数字孪生等实践，以促进新一代建模仿真技术飞速发展。2020 年“国际训练技术展览和会议”以“数字孪生时代”为主题，从侧面反映数字孪生技术的实践转变。美国太空军加快数字军种的未来作战设计。初步的典型作战流程设计包括运用数字生态环境进行快速威胁评估、作战计划拟定、仿真推演试验、作战反制行动等。在可靠的联合兵棋推演仿真和综合数字孪生虚拟作战中心里，对作战人员训练、计划、试验、兵棋推演，并在一系列高保真模拟器上试验成功后赋能太空军守护者采取集体行动。

4D打印技术发展及其在国防领域的应用

1988年，美国3D Systems公司研发了世界上第一台基于光固化（Stereo Lithography Appearance，SLA）技术的3D打印机，标志着3D打印技术的正式问世，这种基于构件CAD模型的通过离散材料逐层叠加成型得到三维实体的技术在学术上称为增材制造（Additive Manufacturing，AM）技术，3D打印通常被认为是增材制造技术的"俗称"。因此，在很长一段时间内，很多人都认为"3D打印"和"增材制造"是同一概念，具有完全相同的含义。然而，增材制造技术经过30多年的发展，其含义逐渐发生变化，内涵逐渐丰富，随着2013年4D打印概念的提出，增材制造和3D打印"同一性"的固有思维被打破。4D打印技术被认为是3D打印在三维坐标轴基础上增加了"时空轴"，故也应纳入增材制造技术的范畴，并且由于其在生活、艺术、航空、航天、医疗和军事等领域有着巨大的应用潜力，围绕4D打印技术的研究热潮逐渐兴起。

一、概念内涵

（一）3D打印与4D打印

4D打印是指以"可编程物质"为打印材料，用3D打印的方式打印出三维物体。该物体能随时间，在预定的（水、气、风、烟雾或真空等）环境中或者在特定的（声音、气味、汗液、颜色、加热、加压、振动、通电或光照等）激励或刺激下，自我变换物体的物理属性或功能，包括它的尺寸、形态、结构、密度、颜色、亮度、弹性、硬度、导电性、光学特性或电磁特性等。其中，"可编程物质"主要是指能以编程方式变换物理属性的智能复合材料，如在电场激励下尺寸或形状都可以发生变化的柔性复合材料，具有形状记忆效应的记忆复合材料，浸水发生形变的亲水性复合材料等；而 4D 比 3D 多了一个时间维度，打印出来的物体其形状、尺寸或功能等可以随时间自我调整或变化。

显而易见，4D 打印本质上就是利用智能复合材料所进行的 3D 打印——先用 3D 打印机打印出由智能复合材料构成的简单形状的物体，之后在外界激励下该物体将按预先设定的路径完成形态的改变。所以相对于 3D 打印，4D 打印从理论上看不但能打印出任意复杂形状的三维物体，打印出的物体还会随着时间的推移，自我进行大小调整或形状、功能的变化，而且这种变化是事先在材料中用编程方式设计好的，是可预见和可控制的。因此，4D 打印的物体不再是静止的，它“就像被植入了智慧”是“活”的，能在一定条件下随时间动起来，实现自我组装或制造。

（二）4D 打印技术发展历程

2013 年，在美国加州举办的 TED（Technology，Entertainment，Design）大会上，来自麻省理工学院的 Tibbits 首次提出了 4D 打印技术概念并进行展示：将采用 4D 打印技术制作而成的聚合物链条置于水中，链条自动折叠形成预先设计的形状。这种链条由两种材料采用增材制造而成，一种在水中膨胀，另一种体积不变。遇水膨胀的部位压迫其他部位产生形变，形成预定的形状。此后，4D 打印开始逐渐受到不同学科研究人员的关注，在设备、材料、软件和设计等技术方面开展相关研究。

4D 打印技术的诞生可追溯至 2007 年美国 DARPA 开展的“可编程物质”项目研究，该项目旨开发出一种可在软件控制或外界刺激的条件下转变成理想或有用形态的智能材料，实现根据需求在现场快速制造物资，并使军事装备能够根据指令改变形状。DARPA 设想中的可编程物质是一种智能材料，包含驱动及传感机制，可以在软件控制或者外界条件的刺激下变形成为有用的形状。可编程物质的设想应用包括三维实体显示、可变形天线、可重构电子设备以及多功能现场制造设备等。

DARPA 计划从模块化机器人、新型材料、纳米技术、微机电系统等多个领域对可编程材料开展研究，共有包含麻省理工学院在内的 5 所大学的研究团队参与该项研究。麻省理工学院研究团队在此项目支持下开发出可编程物质执行机构，能够根据温度的变化展开或折叠，并以此为基础制造出可自动折叠成飞机或舰船形状的机器人。

此后，麻省理工学院在 DARPA 的资助下继续开展一系列可编程物质方向的研究，并于 2011 年建立了自组装实验室，最终促成 4D 打印技术的问世。

4D 打印的最初定义是“3D 打印＋时间”，指的是 3D 打印形态、性质或功能可以随时间而变。随着研究的深入，4D 打印的内涵拓展为 3D 打印结构能够在特定外界激励（如热、水、光等）下，发生形态、性能和功能的可控变化，可实现材料-结构-功能的一体化动态设计、制造与调控，具有时间相关性和可预测性等特点。

（三）4D 打印智能材料

4D 打印技术尚处于研究初期阶段，所涉及的研究内容主要关于智能材料增材制造工艺和性能、4D 智能结构设计和智能结构驱动机制 3 个方面。近年来，针对智能材料增材制造的研究呈现持续增长的趋势。

智能材料及其增材制造工艺是 4D 打印技术应用的核心，可用于 4D 打印的智能材料可感知外界的力、热、光、电、声和水等物理因素，主要为形状记忆合金、形状记忆聚合物、形状记忆陶瓷、形状记忆水凝胶、形状记忆复合材料、压电材料、磁致伸缩材料、电致活性聚合物和光驱动型聚合物等。在 4D 打印中应用最广泛的智能材料为形状记忆材料，包括形状记忆合金、形状记忆聚合物及其复合材料，可实现外界激励的快速响应和形状变形，以满足智能结构对响应速度和效率的要求。

1. 形状记忆合金

形状记忆合金通过温度诱导的正逆马氏体相变进行形状改变，兼具金属结构体的高强度和智能材料的激励响应，主要为NiTi、Fe基、Cu基和Ni-Mn-Ga形状记忆合金，其增材制造方式主要为选区激光熔化（Selective Laser Melting，SLM）和激光熔覆沉积技术（Laser Engineered Net Shaping，LENS）的金属增材制造工艺，4D打印形状记忆合金可应用于航空航天、生物医疗、土木工程和电气自动化领域。增材制造工艺过程涉及多次循环往复热循环，导致马氏体相变组织、相变温度和相变循环稳定性的不确定性和不易控制性，因此需深入进行快速凝固条件下的形状记忆合金凝固机理和组织性能研究，以得到可实现稳定智能控制的4D打印结构。形状记忆合金的记忆原理为通过在合金奥氏体温度以上进行金属3D打印并直接得到初始形状，在成形件工作服役过程中因受到外力而产生变形，材料内部则发生应力诱发马氏体相变，通过将变形后的成形件加热至奥氏体温度以上，变形后的成形件恢复至初始打印形状。

2. 形状记忆聚合物及其复合材料

形状记忆聚合物及其复合材料是能感知外部刺激驱动而变形的高分子智能材料，具有质轻、易加工、可恢复应变大、可生物降解性、生物毒性低和价格低廉等特点，4D打印形状记忆聚合物及其复合材料的增材制造技术主要为直接成形技术（Direct Ink Writing，DIW）、喷墨打印（Inkjet Printing）、选择性激光烧结（Selected Laser Sintering，SLS）、数字光处理技术（Digital Light Processing，DLP）、立体光固化成形技术（Stereo Lithography Appearance，SLA）、熔融沉积成形技术（Fused Deposition Modeling，FDM），4D打印形状记忆聚合物已应用于航空航天、组织工程、纺织材料、生物医疗及药物输送载体等多个领域。形状记忆聚合物的记忆原理为将形状记忆聚合物加热至玻璃化转变温度以上，并施加应力进行初始形状的编程，然后保持外力降低温度至玻璃化转变温度以下后卸载外力而变形，在再次加热至玻璃化转变温度以上后恢复至编程后的初始形状。

3. 凝胶材料及其智能演变

凝胶材料是当今材料研究的热点之一，其自身多为高分子材料，由于其独特的结构及优良的性能引起了众多学者的关注与研究，在4D 打印中具有重要地位。当前，凝胶材料主要包括水凝胶和气凝胶等，其中具有形状记忆特性的凝胶被称为形状记忆水凝胶（Shape Memory Hydrogels，SMHs）。凝胶材料得益于自身独特的三维网状交联多孔结构和生物性能，是良好的药物载体和缓释体，可应用于药物运输和组织培养等，在未来医学领域具有广阔的发展空间。pH 响应主要是针对凝胶生物质材料的特殊响应机制，其响应机理是依赖于材料内部的氢离子浓度对 pH 值的敏感响应。

（四）4D 打印智能结构的形状变形机制

4D 打印技术的智能材料具有丰富的外界驱动方式和驱动机制，包括热驱动、光驱动、电驱动、水驱动和磁驱动。

1. 热驱动

热驱动方式主要应用于形状记忆合金和热敏型形状记忆聚合物，其形状记忆效应分别来源于分子链组成单元的玻璃化转变或熔融转变和马氏体正逆相变。通过外界热条件对 4D 打印结构进行温度驱动，结构形状发生动态演变，可屈曲变形的二维蜂窝结构在热驱动作用下形成一个三维球形结构。

2. 光驱动

光驱动方式主要应用于光敏型形状记忆聚合物，聚合物通过吸收光波能量并转化为热量，热量集聚引起温度升高和形状记忆效应，外部光能触发 3D 打印结构从变形后的形状恢复至原始形状。光驱动的特点是具有区域性和灵活性，可有选择性地对成形件进行区域性的照射而产生局部驱动。光驱动形状记忆聚合物可应用于软体机器人、仿生机器人和微机电控制系统中，基于形状记忆材料变形机制的自折叠机构主要利用二维记忆材料的自动展开和折叠动作而形成三维空间结构，通过外界光驱动实现二维平面到三维空间的自动转换。

3. *磁驱动*

磁驱动方式主要应用于磁性形状记忆合金和形状记忆聚合物，通过在聚合物中区域性地添加磁性颗粒而实现精确变形控制，磁场驱动控制具有非接触性和可远程操作的优势，通过调整外部磁场的变化而进行 4D 打印结构的变化。相比于热驱动和光驱动方式，磁场驱动方式可实现 4D 打印结构的快速响应，该方式在生物医疗应用中具有很大优势，通过在体外进行磁场非接触式控制而实现快速精确驱动。

（五）4D 打印成型工艺

4D 打印所采用的成型技术目前主要有黏合剂喷射打印、熔融沉积成型、直写成型、立体光刻成型等，这些成型技术源于 3D 打印，现已在 4D 打印领域取得了一定应用。

黏合剂喷射打印是一种非接触式打印技术，通过喷射细小的黏合剂液滴成型结构，具有成型精度高、生物相容性好的特点，已在活细胞生物打印以及空间可调滤波器的 4D 打印中得到了应用。

熔融沉积成型技术采用喷嘴将熔融状态的热熔性材料逐层堆积固化成型，具有工艺简单、成本低的优势，已成功应用于自折叠、自卷曲超材料的 4D 打印。

直写成型技术采用高压喷嘴喷射粘弹性材料使其沉积成型，目前采用紫外光辅助的直写成型技术可应用于可伸缩、自愈合形状记忆材料的制造。由于弹性体材料具有自愈合的特性，该技术在生物医学方面应用前景广阔。

立体光刻成型技术采用激光逐层将材料聚合成型，具有打印精度高、材料选择多样等优势，是目前形状记忆聚合物最常用的打印方法之一。

二、发展趋势

（一）4D 打印材料种类不断拓展，功能更加多样

新型材料是 4D 打印中的关键要素之一，应用于 4D 打印的材料需要在环境改变的条件下实现自变形、自组装、自适应等多种功能。因此，材料的拓展成为 4D 打印技术的重要研究方向之一。经过数年的发展，目前 4D 打印材料的种类已经从水凝胶等聚合物材料扩展至复合材料、有机材料以及陶瓷材料等。

2014 年，麻省理工学院的研究人员研发出了更多种类的 4D 打印材料，包括木材、碳纤维、纺织复合材料、橡胶，这些材料进一步拓展了 4D 打印技术的应用范围。

（二）4D 打印成型技术持续创新，应用领域多方面发展

在 4D 打印技术中，采用合适的方式使打印出的智能材料能够按照设计预期实现自组装、自愈合、自变形等功能，也是不可忽视的一个环节。新型材料的不断拓展带来了更多成型方面的挑战，而先进的设计技术则需要实现多材料的同步精确打印，因此成型技术的推陈出新成为 4D 打印研究中的一个热门问题。

2016 年 8 月，麻省理工学院使用微立体光刻打印技术，首次实现了微米尺度可变形材料的 4D 打印，打印出的产品即使受到极端压力或扭转弯曲，只要将其置于适宜的温度下，即可在几秒钟内恢复原状。研究人员采用该技术制造出一种小型夹持装置，其在常温状态下处于张开状态，升温后转变为夹紧状态，借此实现抓取功能。该技术未来有望在航空航天结构件、太阳能电池、生物医学设备等领域获得应用。

2018 年 6 月，美国弗吉尼亚理工大学的研究人员开发出了一种集成树脂输送的多材料可编程增材制造技术，该技术具有树脂现场混合、输送和转换功能，并能够实现自清洁，可以进行微尺度多材料增材制造，并避免了不同材料间的交叉污染。该技术开辟了 4D 打印向微尺度发展的道路。

（三）4D 打印设计软件研发支撑创新产品设计

4D 打印技术直接将设计内置到材料中，简化了从设计理念到实物的制造过程。但是这种制造方式同时也为设计工作带来了新的挑战，设计人员需要提前预测材料在不同条件下的反应，并以此为基础开展设计工作，因此 4D 打印软件应运而生。

Autodesk 公司开发出名为 Cyborg 的设计工具软件，能够用于优化 4D 打印设计。该软件通过相互耦合的软硬件工具进行模拟，取代了传统模拟软件先模拟再构建或者先构建再调整模拟的模式，能够模拟 4D 打印过程中的实际形变，并允许使用者创建专用设计平台进行优化设计。

麻省理工学院计算机科学与人工智能实验室研发出名为 Foundry 的软件，可以帮助设计人员根据设计需要，为 3D 数字模型的不同部位分配不同材料，从而轻松实现多材料 3D 打印，为 4D 打印的设计工作提供了支撑。

三、国防领域应用前景

4D 打印在 3D 打印的基础上引入了时间和空间的维度，通过对材料和结构的主动设计，使构件的形状、性能和功能在时间和空间维度上能实现可控变化，满足变形、变性和变功能的应用需求。3D 打印技术要求构件的形状、性能和功能稳定，而 4D 打印技术要求构件的形状、性能和功能可控变化。4D 打印这种极具颠覆性的新兴制造技术在航空航天、汽车、生物医疗、软体机器人和军事等领域具备广阔的应用前景。

（一）航空航天领域

4D 打印技术不仅可解决航空航天领域部分构件结构复杂、设计自由度低、制造难的问题，而且其“形状、性能和功能可控变化”的特征在智能变体飞行器、柔性变形驱动器、新型热防护技术、航天功能变形件等智能构件的设计制造中将展现出巨大的优势。下面以航空领域的智能变体飞机和航天领域的人造卫星天线为例阐述 4D 打印技术在航空航天领域的典型应用。

美国国家航空航天局提出一种未来的智能变体飞机的设计构想。该智能变形飞机的外形可随外界环境而产生自适应变化，能保持整个过程中性能最优、舒适性高，同时成本降低。飞机在巡航、起飞、降落和盘旋的时候，可以自动响应环境的变化分别变形至最佳形状，以获得各种状态下最优异的性能。比如，适当改变展长可以使升阻比提高，从而增大航程和航时；改变弦长可以优化升阻比，提高飞行速度和机动性；改变机翼的弯度可以增强飞机的机动性。这是 4D 打印在航空领域典型的、极具前景的应用。

4D 打印技术还可用于成形折叠式卫星天线。形状记忆合金是一种具有变形回复能力的智能金属材料，常用于 4D 打印工艺，用来成形结构复杂的智能构件，这种折叠式的卫星天线就是一例典型应用。当卫星在地面尚未发射时，将用形状记忆合金丝 4D 打印成形的天线在冷却条件下揉成团状，等卫星发射后进入太空，天线受到太阳的辐射而温度升高，即能恢复到原来的初始形状。这种 4D 打印的折叠式可展开天线可具备复杂的空间结构，其性能能够人为定量控制，这是传统制造工艺无法实现的。并且天线可以在发射前以折叠的形式放在卫星舱体内，使卫星的空间可以得到很好的利用，关键是相对于传统卫星的太阳能电池板和天线，折叠式天线还具备体积小和重量轻的优点。

（二）机器人领域

软体机器人也是4D打印技术的典型应用之一。软体机器人广泛采用仿生结构设计技术，模仿自然界中的软体动物，由可承受大应变的柔软材料成形，可以在大范围内任意地改变自身形状和尺寸，具有无限多自由度和连续变形能力。4D打印软体机器人不需要复杂的驱动机构，并具有多种功能属性，包括传感、自修复和自组装等功能。哈佛大学在2014年采用高弹性硅胶材料成形的仿海星软体机器人，利用压缩空气提供软体机器人运动的驱动力；利用橡胶材料成形的气动肌肉可通过气泵对肌肉充气，使其发生形变。采用光固化成形的形状记忆光敏树脂，可通过加热至材料的玻璃化温度以上，具有形状记忆效应的高分子由于弹性势能的释放能从临时形状恢复至初始形状，从而实现一个抓取的动作，实现了软体机器人的雏形。

（三）后勤领域

4D打印技术在后勤领域的应用前景广阔。4D打印技术制造的自适应多功能纺织品有望自主改变尺寸，甚至颜色，因而其可被用于军用服装的开发。2013年，美国陆军部拨款研究具有隐身功能、防弹功能和自适应功能的“自适应伪装作战服”，这种作战服像变色龙一样可与周围环境相适应，其迷彩斑的颜色随着光线强弱的变化而自动调节，极大地增强了行动的隐蔽性，从而达到伪装的效果。另外，Piedrahita - Bello等人使用自旋翻转（Spin - crossover，SCO）络合物和光刻胶组成的复合材料打印出可变色构件，该构件能够在温度激励下实现紫色和浅黄色之间的可逆变换。4D打印技术还有望用于军事装备组装，所得装备可以在打印过程中呈压缩或者折叠状存放，到达目的地后再自动展开呈预先设计的形状，如野营帐篷、战场救护固定支架等，大大简化了组装的过程和步骤，减少了装配零件的成本，也便于携带和运输。另外，4D打印自修复材料在武器装备的原位快速打印修复上也具备广阔的应用前景。

四、结束语

4D 打印在 3D 打印的基础上引入了时间和空间的维度，通过对材料和结构的主动设计，使构件的形状、性能和功能在时间和空间维度上能实现可控变化，满足变形、变性和变功能的应用需求。3D 打印技术要求构件的形状、性能和功能稳定，而 4D 打印技术要求构件的形状、性能和功能可控变化。4D 打印这种极具颠覆性的新兴制造技术在航空航天、汽车、生物医疗、软体机器人和军事等领域具备广阔的应用前景。对 4D 打印的深入研究必将推动材料、机械、力学、信息等学科的进步，为智能材料、非智能材料和智能结构的进一步发展提供新的契机。4D 打印研究尚处于现象演示阶段，对构件变形、变性和变功能的可控应当成为 4D 打印研究的重点，日后 4D 打印技术领域研究将重点围绕 4D 打印智能构件的设计理论与方法、4D 打印仿真模拟技术、4D 打印数据处理与工艺规划技术、4D 打印材料并建立 4D 打印材料-工艺-性能-功能的关联模型、4D 打印工艺与装备、智能构件的有效评测方法和集成验证体系等方向开展。

超材料技术发展及其在国防领域的应用

超材料技术是通过在材料关键物理尺寸上的结构有序设计，突破某些表观自然规律的限制，获得超出自然界原有普通物理特性的超常材料的技术。超材料技术是一个具有重要军事应用价值和广泛应用前景的前沿技术领域，将对未来武器装备发展和作战产生革命性影响。此外，其对新一代信息技术、国防工业、新能源、微细加工等领域也将产生深远影响。

一、概念内涵

自然界中材料的电磁特性可以用介电常数（Permittivity）ε 和磁导率（Magnetic Permeability）μ 两个参数进行表征。按照材料介电常数和磁导率的符号将材料的电磁特性分为 4 个区间，自然界中的物质都处在Ⅰ、Ⅱ、Ⅳ象限，而在Ⅲ象限则没有对应的天然物质，如图 1 所示。

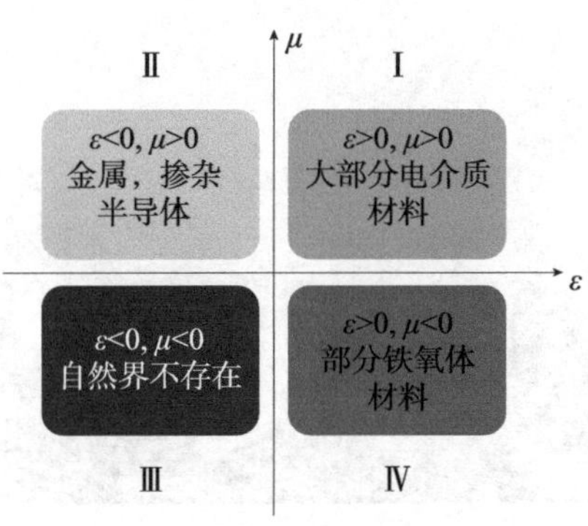

图 1　不同材料的电磁特性

1967 年，苏联科学家维克托·韦谢拉戈提出，如果有一种材料同时具有负的介电常数和负的磁导率，电场矢量、磁场矢量以及波矢之间的关系将不再遵循作为经典电磁学基础的“右手定则”，而呈现出与之相反的“负折射率关系”，故这种材料也被称为“左手材料”。左手材料在许多方面表现出有违常理的行为，例如光的负折射、“逆行光波”、反常多普勒效应、完美透镜效应等。然而，众所周知，同时具有负介电常数和负磁导率的材料在自然界中是不存在的，因此，韦谢拉戈的预言在相当长的时间内未能得到科学界的重视。直到 1996 年，英国帝国理工学院的 John Pendry 预言了由金属线构成的阵列可在谐振频率附近产生出宏观反常介电常数的性质，又于 1998 年提出通过人工设计具有开口的金属开口谐振环（SRR）结构阵列实现反常有效磁导率。基于上述思路，2001 年，美国杜克大学的 David Smith 教授利用电路板加工方法，制备了金属线与 SRR 结构阵列复合结构，直接观测到了微波频段的左手性电磁波透射通带和负折射行为，如图 2 所示。

图 2　基于金属线与 SRR 结构阵列复合结构的左手材料

至此，左手材料从设想变为现实。左手材料的出现改变了人们的一些固有观念，表明人们可以在不违背物理学基本规律的前提下，通过人工功能单元的设计，获得与自然界中的物质具有迥然不同的超常物理性质的“新物质”——超材料（Metamaterial）。

“超材料”一词最初由美国得克萨斯大学奥斯汀分校 Rodger M. Walser 教授提出，是指具有通过人工结构作为基本功能单元，能够实现自然材料不具备的超常物理性质的人工材料。超材料概念萌芽于电磁学领域，随后快速拓宽到声、光等领域，用以实现其他反常物理特性，例如力学中的负刚度、声学中的负模量、热学中的负膨胀等。与常规材料相比，超材料具有以下三大特点：

超材料研制实现了材料设计模式的变革。超材料的研制方法采用从功能到结构的“自上而下”的新颖逆向设计方法，可按功能实现基本特征微结构单元的设计及其排布的精确剪裁，突破了以试凑法为主的传统材料研发方法。

超材料作用范围可以横跨整个波谱频段。理论上，针对不同的波长，都可以设计出在此波谱范围起作用的超材料。结构特征单元的尺度及形貌由工作波段的波长决定。典型的超材料有对光起作用的光子晶体，其单元大小在纳米和微米量级；对电磁起作用的左手材料、超磁材料，其单元大小在微米到厘米量级；对声波起作用的声子晶体、金属水，其单元大小在厘米到米量级。

超材料具备超常的物理性质。这些性质包括负折射、反多普勒效应、反常光压等。以电磁性能为例，超材料可以实现介电常数和磁导率均为负值，从而具备负折射率。此时，电磁波在超材料界面上发生负折射，即波的折射发生反向。除传统电磁波外，还可利用超材料对光、声波的传播方向进行控制。

二、发展动向

超材料是物理、材料、电子、信息等学科的技术前沿，从根本上颠覆了材料的构建范式，提供了宏观物理场操控的一般性方案，催生出诸多从无到有的相关应用。本节将按学科分类分别介绍电磁/光学、声学、力学以及热学超材料相关的研究进展和前沿动态。

（一）电磁超材料

电磁超材料（Metamaterial）也称为新型人工电磁媒质、超构材料，是指通过对亚波长尺度的结构单元进行周期性或非周期性排布，实现对电磁波灵活调控的人工结构材料。根据超材料的不同功能特性和设计原理，可以将其分为等效媒质超材料、表面等离激元超材料和信息超材料 3 类。等效媒质超材料是指可以采用等效媒质参数进行描述的经典超材料体系；表面等离激元超材料是以激励和调制表面波为特征的超材料；信息超材料是指能直接处理数字编码信息，并能进一步对信息进行感知、理解，甚至记忆、学习和认知的超材料系统。

1. 等效媒质超材料

具有负折射率的左手材料是典型的等效媒质超材料，虽然其具有很多超常的物理特征，如采用负折射率材料实现超分辨率成像的完美透镜，但频带窄和损耗大等缺点也极大限制了左手媒质的应用范围。为了突破这一瓶颈，英国圣安德鲁斯大学的 Leonhardt 教授与帝国理工学院的 John Pendry 爵士于 2006 年分别独立提出了变换光学的理念，并据此提出完美“隐身斗篷”的概念和设计方法，采用等效媒质超材料获得折射率参数的特定分布，进而实现电磁波传播路径的任意设计和隐身效果。“隐身斗篷”这一概念于 2006 年 11 月在美国杜克大学得到实验验证，并引起了世界范围的轰动，被《Science》遴选为“2006 年十大科学突破”。

2009 年，美国加州大学伯克利分校的研究人员进一步利用变换光学模拟天体周围的引力势，从理论上展示了光束被天体势吸引直至被吸收形成光学黑洞的实验室模拟方案。

变换光学为灵活构建具有新型电磁功能的超材料提供了理论指

导，极大地拓展了超材料的应用边界，是电磁超材料领域的一大标志性创新成果。

2. 电磁超表面

早期的超材料具有三维构型且体积较大，不利于构建小型化、集成化的系统。为了解决上述问题，科学家们创造性地提出了超表面（Metasurface）的概念，可看作超材料的二维版本，具有低剖面、低损耗、易加工的优势。这一概念来源于哈佛大学 Capasso 教授团队于 2011 年提出的广义斯涅尔定律，即利用人工结构在分界面处构建梯度分布突变相位改变电磁波，进而达到调控电磁波传播方向的目的。此外，为了兼顾调控效率，密歇根大学 Grbic 教授团队将惠更斯原理引入超表面的设计中，提出了惠更斯超表面的概念。从构成原理而言，超表面通过人工引入的突变相位打破了传统的光学元件动力学相位调控方式依赖路程积累的困难，使在亚波长尺度内构建光学元件成为可能。此外，这种亚波长结构特性可以极大地抑制高阶衍射项，从基本原理上弥补了菲涅尔透镜等传统衍射元件的不足，使完美调控空间电磁波成为可能。超表面概念的提出符合超材料领域发展的趋势，且催生了一系列原创概念，如编码超表面、信息超表面等。同时，激发了众多新奇应用，如波束偏折调控、新型天线设计、电磁隐身和伪装等，对电磁超材料领域乃至整个电磁学领域产生了深远影响。

3. 信息超材料

信息超材料完全颠覆了传统电磁超材料通过模拟化的材料参数进行表征的体系，创造性地由物理单元的数字编码来进行描述，允许通过控制不同的编码序列来实时大范围地调控电磁波行为，进而实现超材料功能的现场可编程。从信息科学与超材料领域融合的观点出发，信息超材料的最大特点是在超材料的物理空间上构建了数字空间，允许在调控电磁波物理特征的同时实现对数字信息的直接调控。因此，信息超材料将电磁超材料的研究从物理、材料、器件层级推向新的构架系统层级，通过将微波射频和数字信息处理有效融合，实现了基于信息超材料架构的全息成像、微波成像和无线通信系统。

与其他领域的超材料发展相比，电磁超材料具有先发优势，始终处于国内外科学研究前沿，由此诞生的原理与应用创新也被其他领域广泛借鉴。近年来，与人工智能、集成电路等前沿技术相融合，电磁超材料继续保持迅猛的发展势头，有望为生产生活方式的革新提供重要的技术驱动力。

（二）声学超材料

由于电磁波和声波具有共同或相似的波参数概念（如波矢、波阻抗和能流等），且均满足波动方程，因此研究者最早将电磁超材料的设计思想移植到声学领域，由此诞生了声学超材料的全新概念。声学超材料是由亚波长人工结构经过特定设计而构建的新型复合声学材料，与传统声学材料相比，声学超材料允许研究者通过改变结构构型来实现对声波的灵活控制，并由此诞生了一系列原理创新和应用创新成果。

声隐身是声学超材料的典型应用场景。声学超材料在一定频率范围（称为“带隙”）内可抑制低频弹性波的传播，并具有负等效质量密度、负等效弹性模量等自然材料所不具备的超常物理特性。利用声学超材料的低频带隙特性和超常物理特性，可以实现超强的低频吸声/隔声、减振/隔振、声目标强度控制等功能，为声隐身技术的发展提供了新的途径。目前，科学家们通过引入声学传输线理论设计了一种二维的圆柱形“声学斗篷”，可以实现 52～64 kHz 宽频段的超声波隐身。基于声学超表面概念提出的新型超薄平面声学扩散器可以实现声波漫反射，这在建筑声学及其相关领域具有巨大的应用潜力；在声场感知与成像研究中，由钢材制成的星形晶格结构声学超透镜有双负参数性质，可实现超过衍射极限的声聚焦功能，在声波超分辨成像方面颇具应用潜力；研究人员还通过主动调控二维声学超表面的相位响应，实现了声学全息成像，该技术降低了系统复杂度，可作为各种先进声波操作和信号调制的通用平台。

声学超材料保持着迅猛的发展趋势，人工设计的声学超材料可根据需求实现对声波的任意调控，并正在从基础研究向应用领域加速转变。未来声学超材料将在高清超声医疗成像、水中舰艇声呐隐身、城市噪声污染有效控制等方面发挥重要作用。

（三）力学超材料

力学超材料也称为机械超材料，是由声学超材料衍生出的超材料新分支。一般而言，力学超材料新奇的力学特性源于人工单元排列的几何构型，因此通过合理设计结构布局可实现前所未有的力学性能，如超刚性、拉伸性、负热膨胀和负压缩性等。与电磁超材料和声学超材料相比，力学超材料的研究规模相对较小，但超材料仍诞生了一系列具有代表意义的创新应用成果。其中，美国弗吉尼亚理工大学研究团队设计了一种金属基质的力学超材料，兼顾高强度和超低密度的特点，并具有超高的压缩和拉伸性能，其设计尺度可以跨越 7 个量级，在光子器件、能量存储和转换、生物医学及电子设备等领域具有巨大的应用潜力。北卡罗来纳州立大学与耶鲁大学研究团队提出了一种由多功能构建块构成的 3D 剪纸超材料，具有功能可重构的独特性能。

在过去几十年中，诸多工程器件的设计——大到航天飞行器，小到汽车、运动器材等——都迫切需要新型力学材料来满足日益苛刻的力学设计要求。而力学超材料的出现，有望通过人工单元结构的精确设计和综合应用，从根本上解决这一机械领域的难题。

（四）热学超材料

与声和光的波动行为不同，热传导满足的是扩散方程，而扩散方程和波动方程的物理机制迥异，因此以扩散方程为主导的热学超材料研究起步较晚。借鉴电磁超材料的设计思想，热学超材料通过人工结构设计来实现热导系数按需分布，进而推动新奇热学现象的实现和热学器件的研发。热学超材料一经提出便发展势头迅猛，在原理创新和应用创新方面均有突出贡献。将变换光学理论迁移至热学领域，提出了“热学隐身”的概念。这一概念已得到验证，德国卡尔斯鲁厄理工学院的 Wegner 教授团队于 2013 年率先报道了热隐身斗篷的实验工作；在热隐身斗篷的基础上，新加坡国立大学研究团队进一步实现了具有热幻象或热伪装功能的隐身斗篷。在热流传输方面，新加坡国立大学研究团队使用热学超材料扇形单元对热流位置进行精确控制，实现了热流聚焦、均匀加热和热收集等功能。此外，科学家们还提出了多种热信息器件模型，如热二极管、热三极管、热逻辑门和热存储器等。

目前，热学超材料已初步建立了研究基础，未来有望在热学隐身、热学管理、热学信息器件等领域展现出应用潜力。

三、发展趋势

超材料技术极大提升了对物理场的定制化调控能力，有望从底层物理颠覆传统信息、热控系统的构建模式，是构筑未来移动通信、感知成像及物理智能平台的重要使能技术。经过几十年的努力，超材料技术历经了多次内涵扩充及观念转变，已从原先的原理驱动模式转向现在的应用驱动模式，展现出显著的颠覆性效益。可以预见，未来超材料技术在进一步深化理论创新的同时将更为侧重应用端的突破，并与信息系统集成化、信息化与智能化发展的大趋势相适应。

（一）发展超材料的集成化技术

目前，超材料研究往往以单一物理性能的突破为切入点，却对其他物理性能缺乏约束，导致难以被应用于实际系统平台，例如利用堆叠结构实现的微波段隐身衣因体积和结构力学的限制无法被应用于飞机平台。而跨越此障碍就需要发展超材料集成技术，具体而言，则主要包括关注超材料本身多种物理功能兼容的内在集成技术，以及关注与系统其他功能模块高度配合的外部集成技术。

突破内在集成技术需要在理论层面着力发展多物理场联合调控的理论方法，研究不同物理场激励下超材料响应的演变规律以及多条件约束下的综合性能优化方法；在技术层面着重发展结构与材料一体化设计方案，探索与其他高性能基础材料的有机融合方式以及特殊构型条件下的高效加工方法。

突破外部集成技术则需要在理论层面全力发展崭新的超材料系统观，研究超材料功能参数的整体系统效应以及超材料模块与其他系统模块间相互作用的规律；在技术层面聚力发展超材料与系统平台的集成技术方案，探索适应平台的物理嵌合方法及信息融合方法。

事实上，超材料集成化技术主要着眼于将超材料与系统平台融合为一个整体，不仅可以促进超材料应用落地，更有望以超材料的优异性能为尖刀，有效突破传统系统的固有设计模式与性能桎梏。

（二）发展信息化、智能化超材料

信息超材料作为超材料领域最新方向之一，构建了数字信息与物理场操控之间的有效映射，赋予了超材料直接以数字化方式操控物理场的可能，是实现信息化、智能化超材料的重要潜在途径。但现有信息超材料的研究主要集中在数字化表征与操控方面，在信息感知与信息处理方面却少有涉及，尚未真正形成全信息流程的闭环，对传统系统架构的颠覆性效用并未完全显现。因此，进一步发展认知超材料和智能超材料是未来超材料演进的另一重要技术趋势。

实现认知超材料则需要在理论层面深度挖掘融合物理场操控与数字信息处理的全新信息理论；在技术层面有效集成感知和处理模块，打通信息超材料的全信息链能力。事实上，认知超材料的发展不仅有助于提升超材料的信息获取与处理能力，并有望突破香农信息论与奈奎斯特采样定律的限制，创造全新的信息理论，从根本上颠覆现有信息系统的构建范式。

实现智能超材料则需要在理论层面突破现有人工智能理论停留在算法层面的桎梏，开发融合底层物理与上层算法的物理智能理论；在技术层面探求多层信息超表面交互技术，构建多层神经网络物理实体。事实上，智能超材料不仅是智能算法的物理载体，更是系统感知、决策与学习的中枢部件，极有可能是未来“人工脑”的使能技术。

总而言之，信息化、智能化超材料是超材料领域与现代数字信息技术深度融合的产物，可颠覆现有系统将模拟-数字割裂的构建方式，直接在电磁空间上实现信息的通信、感知与处理一体化协同，代表着超材料技术与多领域融合的发展方向。

四、国防领域应用前景

超材料因其独特的物理性能一直备受人们的青睐，在军事领域具有重大的应用前景。近年来，超材料在隐身、电子对抗和雷达等领域的应用成果不断涌现，展现出巨大的应用潜力和发展空间。

（一）隐身超材料将改变攻守平衡

隐身是近年来超材料最重大的应用领域，也是迄今为止超材料技术研究最为集中的方向，如美国的 F－35 战斗机与 DDG1000 大型驱逐舰均应用了超材料隐身技术。未来，超材料在电磁隐身、光隐身和声隐身等方面具有巨大的应用潜力，在各类飞机、导弹、卫星、舰艇和地面车辆等方面得到广泛应用，使军事隐身技术发生革命性变革。超材料实现隐身与传统隐身技术的区别是，超材料是使入射的电磁波、可见光或声波绕过被隐藏的物体，在技术上实现真正意义上的隐身。

在电磁隐身方面，2016 年 2 月，美国爱荷华州立大学在美国国防部和自然科学基金会的共同资助下，研发出一种新型柔性、宽频可调的雷达吸波超材料，可吸收雷达波能量。标准件 RCS 衰减 40～

60 dBm^2，与采用常规雷达吸波材料相比，隐身效能提高 100 倍。

在光学隐身方面，2014 年，美国中佛罗里达大学的研究团队研制出一种实现可见光隐身的“超材料”，实现这一技术突破的关键是利用纳米转移印刷技术制造出一种多层三维超材料。纳米转移印刷技术可改变这种超材料的周围折射率，使光从其周围绕过而实现隐身。2019 年 11 月，加拿大 Hyperstealth 公司研发出一种能够隐形物体的特殊材质，看起来像玻璃，但薄如纸张且能够弯曲，它能使周围光线折射而发生弯曲，从而使其覆盖的物体或人完全隐身，不仅能“骗”过人的肉眼，在军用夜视镜、红外探测器的探测下，也能成功隐身。这种材料不仅能帮助特种部队在白天完成突袭行动，而且有望在下一代隐形战机、舰艇和坦克上应用。

在声隐身方面，2011 年，美国杜克大学卡默尔教授的团队开发出了一种二维“声学斗篷”，能使 10 厘米大小的木块不被声波探测到。2014 年 3 月，美国杜克大学制造出世界上首个三维“声学斗篷”，它是一种利用声隐身超材料制成的声隐身装置，能使入射声波沿斗篷表面传播，不反射也不透射，实现对探测声波的隐身。三维“声学斗篷”由一些具有重复排列小孔的塑料板组成，能在 3 kHz 的声波下表现出完美的隐身效果，验证了“声学斗篷”应用于主动声呐对抗的可行性。

除了传统意义上的隐身，超材料在触觉隐形上也有了新的突破。2014 年，德国卡尔斯鲁厄理工学院的研究人员利用机械超材料制成触觉隐形斗篷。这是一种全新的隐身技术，可以欺骗人体和探测设备的传感器。这种触觉隐形斗篷由超材料聚合物制成，具有特殊设计的次微米精度的晶体结构。晶体由针尖相接触的针状锥组成，接触点的大小需精确计算，以满足所需的力学性能。利用这种超材料制造的隐形斗篷可以屏蔽仪器或人体的触觉。力学隐形衣虽然还在纯粹的基础物理研究阶段，但是将会为近几年的国防应用开辟一条新路。采用这种自由选择力学特性的超材料，可以研制出隐藏电缆管道的非常轻薄但很舒服的野营垫。

(二) 构建新型天线和天线罩以提高信息装备作战效能

超材料在天线与天线罩领域的应用是近年来的研究热点之一，具体体现在超材料结构天线本身设计以及对天线波束的再设计。众多研究表明，将超材料应用到导弹、雷达、航天器等天线及天线罩上，可大大降低天线能耗，提高增益，拓展工作带宽，有效增强天线的聚焦性和方向性。

在雷达天线罩方面，采用传统透波材料制成的雷达罩往往会因为热损耗和反射损耗等使天线的辐射方向图变差，降低雷达性能。如果在天线罩中引入超材料覆层，无须特别设计天线罩外形，就可以使电磁波只能在雷达罩垂直面附近的小角度内传播，增强天线的聚焦性和方向性，并实现雷达隐身。美国雷声公司研制了基于超材料的导弹天线罩，可以使穿过导弹天线罩的电磁波不产生有效折射，有效提高了导弹打击精度。近期，美国 Nano Sonic，Inc. 和 Sensor MetriX 在美国海军的项目支持下，成功研发出采用超材料智能结构的天线罩，解决了传统天线罩图像畸变的问题，同时具有重量轻、后期改装和维护方便的特点，极大地提高了 E-2“鹰眼”预警机的整体性能。

在天线方面，雷声公司研发了超材料双频段小型化 GPS 天线，通过精确的人工微结构设计，可提升天线单元间的隔离度，减少天线元件间的耦合，大幅拓展天线的带宽，可应用于对天线尺寸要求苛刻的飞机平台与个人便携式战术导航终端。英国 BAE 系统公司开发出一种可用于无人机通信的超材料平面天线，可使电磁波在透过平面天线后进行聚焦，并保留平面天线的宽带性能，克服了传统抛物面天线变为平面天线所带来的带宽损失、增益低等问题，同时可实现一个天线替换多个天线，减少天线的数量。这一技术突破可能使飞机、舰艇、卫星等天线的设计产生划时代的变革。

在导弹天线罩方面，美国 Sensor MetriX 公司和雷声公司均研制了基于超材料的导弹天线罩，可以使穿过导弹天线罩的电磁波不产生有效折射，提高导弹打击精度。

（三）光学超材料将对探测与成像领域产生颠覆性影响

用于制作光学透镜的超材料，可以制作不受衍射极限限制的透镜、高定向性透镜以及高分辨能力的平板型光学透镜。其中，不受衍射极限限制的透镜主要应用于微量污染物质探测、医学诊断成像、单分子探测等领域；高定向性透镜主要应用于透镜天线、小型化相控阵天线、超分辨率成像系统等领域；高分辨能力的平板型光学透镜主要应用于集成电路的光学引导原件等领域。2018 年，哈佛大学保尔森工程与应用科学学院的研究人员研发出了一种纳米超材料透镜，能够控制不同波长的光线聚焦，从而在轻薄透镜形态下实现清晰的图像。

（四）超材料为宽带太赫兹通信提供可行解决方案

太赫兹（THz）电磁波位于电波和光波之间的中间频带。利用太赫兹波可以加速电信技术发展，为理解光子学的基本性质开辟新天地。但是，如何有效地产生和探测太赫兹波的相关技术难题限制了其使用范围。美国能源部艾姆斯实验室开始尝试使用超材料来解决这一难题。2014 年 1 月 17 日，艾姆斯实验室设计了飞秒激光实验，证明从单一纳米厚度的超材料可发射太赫兹波，验证了采用超材料产生宽带太赫兹电磁波的可行性。更重要的是，超短激光脉冲与超材料不同寻常的特性相结合，可以使发射极厚度显著降低。艾姆斯实验室研发的超材料太赫兹发射极仅有 40 纳米厚，而以往传统发射极厚度是此超材料发射极的数千倍。此次实验不仅为填补太赫兹技术差距提供了可行的解决方案，而且解决了太赫兹发射极技术的 4 个关键挑战：效率、宽带频谱、体积小型化和可调谐性。厚度仅为纳米级的超材料太赫兹发射极，这一发明将有助于开发无损成像和传感技术，使太赫兹速率的信息通信、信息处理和存储成为可能。

[illegible]

（三）[illegible]复合材料对储能与应用领域产生重要影响

[illegible]

（四）[illegible]为[illegible]提供可行解决方案

[illegible] 2014 年 1 月 17 日 [illegible]

附 录

附录 A　国外战略科技相关规划文件梳理

1. 美国

（1）国家层面

在国家层面，美国政府、白宫科技政策办公室与国家科学技术委员会、白宫国家量子协调办公室、国务院相继发布了战略科技相关战略规划，重点发展量子技术、人工智能、5G 技术、高性能计算等领域，见表 1。

表 1　美国国家层面战略科技相关文件

序号	发布时间	文件名称	发布机构	重点领域
1	2018 年	国家量子计划法	美国政府	量子信息论、量子物理、量子计算科学、应用数学和算法、量子网络、量子传感和探测、材料科学和工程
2	2019 年	国家人工智能战略	美国政府	增强人工智能系统的感知能力、理解人工智能的理论能力和局限性、追求研究通用人工智能、开发可扩展的人工智能系统、促进对类人人工智能的研究、开发更有能力与更可靠的机器人、为人工智能的改进开发硬件、为改进硬件创建人工智能
3	2020 年	国家 5G 安全战略	美国政府	促进 5G 在国内的推广、评估 5G 基础设施的风险并确定其核心安全原则、管理使用 5G 基础设施对国家经济和安全造成的风险、推动全球负责任的 5G 基础设施开发和部署
4	2019 年	国家战略计算计划	美国白宫科技政策办公室与国家科学技术委员会	开拓数字计算/非数字计算新领域，探索异构计算、边缘计算、量子计算等前沿计算技术

续表

序号	发布时间	文件名称	发布机构	重点领域
5	2020 年	量子网络战略愿景	美国白宫国家量子协调办公室	关键部分的技术和平台开发，量子源和信号从光学和电信领域转换到量子计算相关领域，量子纠缠和超纠缠态的产生、传输、控制和测量，在光学或电信波长上发展与光子量子比特兼容的量子存储器和小型量子计算机，探索用于小尺寸和大规模量子处理器之间的远程纠缠的新算法和应用，地面和天基缠结分布技术的探索
6	2020 年	关键与新兴技术国家战略	美国国务院	高级计算、先进常规武器技术、高级工程材料、先进制造、高级传感、航空发动机技术、农业技术、人工智能、自主系统、生物技术、化学生物放射和核减缓技术、通信和网络技术、数据科学与存储、分布式分类技术、能源技术、人机界面、医疗和公共卫生技术、量子信息科学、半导体和微电子学、空间技术

（2）军方层面

在军方层面，美国国防部、陆军、海军、空军、太空军等面向未来作战需求，先后发布了大量战略规划文件，明确战略科技发展重点方向，见表 2。

表 2　美军战略科技相关文件

序号	发布时间	文件名称	发布机构	重点领域
1	2018 年	国防战略	美国国防部	高超声速、定向能、人工智能、先进计算、自主系统、机器人、生物交叉、量子信息
2	2018 年	2018 年国防部网络战略	美国国防部	网络空间技术、大数据分析技术

续表

序号	发布时间	文件名称	发布机构	重点领域
3	2018 年	2017—2042 财年无人系统综合路线图	美国国防部	通用/开放体系架构、通用数据库、自主建模与仿真、机器学习、人工智能、增强现实、虚拟现实、GPS 拒止环境下的解决方案、稳健的网络、自主数据策略适配、电磁频谱与电子对抗、人机编组
4	2018 年	数字工程战略	美国国防部	数字系统模型、工程弹性系统、数字线索、飞行器机体数字孪生、自适应运载器制造
5	2019 年	国防部云战略	美国国防部	开发“多云、多供应商”将云计算服务扩展到整个国防部
6	2019 年	国防部数字现代化战略	美国国防部	网络安全、人工智能、云、指挥控制和通信
7	2019 年	定位、导航与授时体系战略	美国国防部	利用现代化 GPS 等 PNT 能力，以模块化开放系统集成方法，为联合部队提供精确、可靠和弹性的应用服务
8	2020 年	国防部 5G 战略	美国国防部	提高美国与伙伴 5G 能力，推进国家 5G 风险感知，开发保护 5G 基础设施和技术的手段
9	2020 年	国防部数据战略	美国国防部	联合全域作战，在战场上利用数据优势；高级领导决策支持，利用数据改进国防部管理工作；业务分析，使用数据推动所有层级的明智决策
10	2020 年	电磁频谱优势战略	美国国防部	推进电磁频谱共享和机动，以确保持续的频谱访问，解决电磁频谱作战环境复杂性的问题
11	2021 年	反小型无人机战略	美国国防部	寻求下一代反小型无人机能力，开发通用装备和非装备解决方案
12	2018 年	美陆军网络空间与电子战作战概念 2025—2040	美国陆军	网络空间防御、网络空间情报监视与侦察、网络空间作战环境准备、网络空间攻击、网络空间安全

续表

序号	发布时间	文件名称	发布机构	重点领域
13	2018 年	《维持海上优势的规划》2.0 版	美国海军	与作战相关的人工智能和机器学习技术、采用 3D 打印技术制造零部件、开发进攻性高超声速武器
14	2019 年	空军科技战略	美国空军	全球持续感知、弹性信息共享、快速高效决策、复杂性与不可预测性及规模、破坏力和杀伤力的速度和范围
15	2020 年	太空作战规划指南	美国太空军	优先投资轨道战、太空电磁战和战术情报，应用机器学习、数字孪生等技术创建数字太空军

（3）智库层面

美国 Gartner 公司将战略科技发展趋势定义为具有巨大颠覆性潜力、脱离初期阶段且影响范围和用途正不断扩大的科技方向。根据该公司 2018—2020 年发布的战略科技发展趋势，可以看出人工智能、数字孪生、区块链为发展重点，见表 3。

表 3 2018—2020 年美国 Gartner 公司战略科技发展趋势

时间	重点领域	关键技术
2018 年	人工智能、数字孪生、区块链	人工智能基础、智能应用和分析技术、智能物件、数字孪生、从云到边缘、对话平台、沉浸式体验、区块链、事件驱动、持续自适应风险和信任
2019 年	人工智能、数字孪生、区块链、量子技术	自动化设备、增强型分析、人工智能驱动的开发、数字孪生、自主性的边缘、沉浸式体验、区块链、智能空间、数字道德与隐私、量子计算
2020 年	人工智能、人体增强、区块链、云计算	超自动化、多重体验、专业知识的民主化、人体机能增强、透明度与可追溯性、边缘赋能、分布式云、自动化物件、实用型区块链、人工智能安全

2. 俄罗斯

2020 年，俄罗斯国家杜马、俄罗斯政府委员会分别通过了《俄罗斯生物安全法（草案）》和俄联邦量子通信发展路线图，旨在发展生物安全，发展光纤、大气和卫星量子通信技术，发展量子物联网，以及形成俄国教育、科学、工业市场和生态系统，见表 4。

表 4　俄罗斯战略科技相关文件

序号	发布时间	文件名称	发布机构	重点领域
1	2020 年	俄罗斯生物安全法(草案)	俄罗斯国家杜马	生物安全领域
2	2020 年	量子通信发展路线图	俄罗斯政府委员会	发展光纤、大气和卫星量子通信技术,建立商业量子通信网络和相应专用设备,研发用户设备,发展量子物联网,以及形成俄国教育、科学、工业市场和生态系统

3. 欧洲

近期，欧盟及欧洲主要科技强国先后发布了大量战略计划文件，推进战略科技发展，重点领域主要涉及生物技术、人工智能、量子技术、微电子和数字化等，见表 5。

表 5　欧洲战略科技相关文件

序号	发布时间	文件名称	发布机构	重点领域
1	2021 年	“地平线欧洲”2021—2024 年战略计划	欧盟委员会	生态系统和生物多样性、健康、文化、创造力与包容性社会、公民安全、数字化、工业与航天、气候、能源与交通运输、食品、生物经济、自然资源、农业与环境
2	2020 年	2020 年国防科技战略	英国国防部	普适、全谱、多域情报、监视和侦察(ISR),多域指挥、控制、通信和计算机(C4),研发可跨全域战胜对手的系统,国家安全、应急能力,化学/生物/放射学、网络、电磁环境、能量、法医科学(炸药、数字数据)、情报、军用动物、新材料、新武器、保护信息技术/措施、传感器和传感、战略系统、生存能力/威胁评估

续表

序号	发布时间	文件名称	发布机构	重点领域
3	2020年	2020年数据管理战略	英国国防部	数据驱动创新
4	2020年	法国复兴计划	法国政府	建筑能源翻新、交通运输、农业转型、新能源、数字化、5G、量子、机器人设备、增强现实和虚拟现实
5	2020年	国家生物经济战略	德国政府	生物经济-发展基于可再生能源的可持续经济形式
6	2020年	国家氢战略	德国政府	利用氢这一“未来清洁燃料”，把德国建设成为“全球领先的现代氢技术供应商”
7	2020年	《人工智能战略》修订版	德国政府	人工智能
8	2021年	量子技术—联邦政府从基础到市场的框架计划	德国政府	量子技术
9	2020年	微电子研究框架计划2021—2024	德国教育与研究部	微电子

(1) 欧盟

2021年3月，欧盟发布《“地平线欧洲”2021—2024年战略计划》，作为欧盟第九期研发框架计划“地平线欧洲”第一阶段的战略投资指南，主要对标“全球性挑战与产业竞争力”部分，明确了“地平线欧洲”第一阶段的战略投资优先方向。投资方向主要围绕“四大关键战略目标”展开，在关键战略目标框架下，欧盟遴选六大领域群具体部署项目，开展有针对性的研发与创新，具体包括健康，文化、创造力与包容性社会，公民安全，数字化、工业与航天，气候、能源与交通运输，食品、生物经济、自然资源、农业与环境。

(2) 英国

英国国防部发布《2020年国防科技战略》，为其增加世界军事影响力提供长期科技规划。战略首次提出将五项能力挑战作为国防科技研发的核心驱动力：一是普适、全谱、多域情报、监视和侦察

(ISR)能力，二是多域指挥、控制、通信和计算机（C4）能力，三是确保英国在灰色地带的竞争优势能力，四是研发可跨全域战胜对手的系统能力，五是开发经济可行的生存能力。这份战略报告将这五大能力挑战作为科技投资、制定相关战略、确定技术优先事项等的首要考虑因素，突出了五大能力挑战在英国国防科技发展中的重要地位。

此外，英国国防部认为，数据支撑着政府和国防业务的各个方面，获取和管理正确的数据是实现高技术和创新主导未来目标不可或缺的一部分，竞争优势将越来越多地来自高质量的数据。为此，英国国防部发布了《2020 年数据管理战略》，以此展示数据驱动现代化的意图。

(3) 法国

2020 年，法国科研和主要工业活动均受到疫情影响。为了尽快重振经济，法国于 9 月公布了名为“法国复兴”（France Relance）的援助计划，将投资 1 000 亿欧元，围绕生态转型和竞争力等方面，拟定未来十年国家发展路径。

在生态方面，法国计划成为欧洲第一个主要的无碳经济体，将投资 300 亿欧元用于建筑能源翻新、交通运输、农业转型和新能源 4 个优先领域。为了应对气候变化，法国希望通过生态转型，以加速实现中长期现代化发展，制订计划并同时投资面向未来的低碳部门和技术，支持工业公司实现清洁过渡，促进工业回流搬迁，以减少进口，提升法国产业竞争力和独立性。

在竞争力方面，法国计划通过能源转型和数字化转型支持企业创新。法国强调科学和技术知识对确保国家复苏和维护主权的重要性，特别是开发 5G、量子等未来关键技术，将投资 350 亿欧元用于提高企业竞争力，包括投资 200 亿欧元用于减税和扩大企业规模等。

此外，作为“法国复兴”计划的一部分，政府于 10 月签署了一项法令，将投入 4 000 万欧元用于支持中小企业开发未来工业技术。具体包括机器人设备，增强现实和虚拟现实软件及硬件、物理传感器、工业数据采集等。

（4）德国

近期，德国相继发布了《国家生物经济战略》《国家氢战略》，修订新的《人工智能战略》《微电子研究框架计划 2021—2024》《量子技术—联邦政府从基础到市场的框架计划》。《国家生物经济战略》计划投入 36 亿欧元，发展基于可再生能源的可持续经济形式。为了提高公众的认识，特别将“生物经济”作为德国 2020 科学年的主题。《国家氢战略》投资 90 亿欧元。德国希望利用氢这一“未来清洁燃料”，将气候保护提高到一个新的水平，并把德国建设成为“全球领先的现代氢技术供应商”。新修订的《人工智能战略》把对人工智能的资助从 30 亿欧元增加到 50 亿欧元，充分考虑了近两年的形势变化以及新冠疫情等带来的现实需求，并希望在人工智能等未来技术领域增强欧洲的技术主权。《微电子研究框架计划 2021—2024》计划 4 年内投入 4 亿欧元支持微电子研究。通过这一新的资助计划，德国希望成为开发和生产可靠且可持续微电子产品的全球重要竞争者，并具备理解、自主生产和开发微电子这类关键技术的能力。《量子技术——联邦政府从基础到市场的框架计划》拟定了未来十年德国在量子系统领域的研究重点和面临的挑战，并确定了商业、科学和政治共同行动的指导方针。

4. 北约

北约科技组织于 2020 年 5 月 4 日发布了《科学与技术趋势：2020—2040》报告，分析了未来 20 年国防科技发展趋势，确定了最具战略变革性的八大“新兴和颠覆性技术”领域及重要技术组合方式，其中，八大技术领域分为两类，一类是颠覆性技术，包括数据、人工智能、自主性、太空、高超声速五个领域。另一类是新兴技术，包括量子、生物技术、材料三个领域，见表 6。该报告将作为北约军事科技发展的指导性文件，为其制定科技路线图和开展科研活动提供依据。

表6 北约战略科技相关文件

发布时间	文件名称	发布机构	重点领域
2020年	科学与技术趋势：2020—2040	北约科技组织	数据、人工智能、自主性、太空、高超声速、量子、生物技术、材料

5. 亚洲

(1) 日本

日本政府于2020年3月规定日本科学技术政策基本理念和基本框架的《科学技术基本法》修订为《科学技术创新基本法》。修订后的法案除自然科学外，还追加了哲学和法学等人文和社会科学，以创造新价值，见表7。此外，作为技术强国，加强在太空领域进行谋划布局。2020年3月4日，日本公布2020财年太空开发相关预算以及新版《太空基本计划》大纲，日本2020财年太空相关预算为28亿美元，比上一年度增加了0.3亿美元，增长1.0%。新版《太空基本计划》大纲战略目标主要包括确保太空安全，为灾害和其他问题提供解决方案，利用太空产业推动经济发展以及强化科技基础等。实现途径主要是通过提升定位、通信和情报收集等能力，发展太空科学和探测能力，维持并强化发射卫星所需的自主能力等。日本提出“登月型研发制度”聚焦人工智能与机器人。

表7 日本战略科技相关文件

序号	发布时间	文件名称	发布机构	重点领域
1	2020年	科学技术创新基本法	日本政府	自然科学、哲学和法学等人文和社会科学
2	2020年	太空基本计划	日本政府	太空技术、太空安全、太空科学

(2) 韩国

2020年8月，韩国政府发布最新版战略——《科学技术未来战略2045》，提出了面向2045年的科技发展蓝图和政策方向。此次《战略》与前两版不同，强调以应对挑战和转型为核心，大力发展能够提高民众生活质量和经济发展质量、为人类社会做出贡献的科技，并期待到 2045 年构建出安全健康、繁荣便利、公平诚信、对人类有所贡献的社会。《战略》提出 8 大未来发展将要面临的挑战，并将生命科学、数学、新材料等基础科学视为应对相关挑战的基础。同时，《战略》从科技发展相关主体、科技发展空间（区域与全球）、政策环境三大维度确立了 8 大政策方向，见表 8。

为指导重点领域科技发展，韩国还出台了《人工智能半导体产业发展战略》与《5G＋战略发展现状及未来计划草案》。此外，文在寅政府发表“韩国版新政”，计划到 2025 年中央政府投资 114 兆韩元、总投资约 160 万亿韩元，提振科技和经济发展，包括数字新政、绿色新政和就业政策三大内容。其中，数字新政和绿色新政选定的十大课题包括数字大坝、智能政务、智能医疗、绿色智能学校、数字映射、国民安全社会间接资本数字化、智能绿色产业园、绿色改造、绿色能源和环保出行。

表 8　韩国战略科技相关文件

序号	发布时间	文件名称	发布机构	重点领域
1	2020 年	科学技术未来战略 2045	韩国政府	应对气候变化、灾难灾害、传染病等威胁人类生存的多种外部因素；应对环境污染，实现可持续发展；通过新一代生物技术和医疗技术实现健康生活；扩展人类身体和智力能力；应对粮食和能源等资源枯竭；开拓宇宙空间，实现便利安全的出行；实现虚拟现实通信，并构建安全可信网络；探索未知空间，开拓新的生活空间
2	2020 年	人工智能半导体产业发展战略	韩国政府	人工智能、微电子
3	2020 年	5G＋战略发展现状及未来计划草案	韩国政府	5G 技术

附录B　俄罗斯前沿技术发展规划及其在国防领域的布局

一、布局方向

俄罗斯国防科研管理架构由顶层决策层、国家管理层和具体管理层组成，国防前沿技术作为国防科研的组成部分，在这个管理框架下，重点由隶属于政府的高级研究基金会、隶属于国防部的科研事务和前沿技术跟踪（创新研究）管理总局等具体管理部门负责，如图1所示。

（一）国家层面

1. 顶层决策层

顶层决策层由俄罗斯联邦总统、俄罗斯联邦委员会（上院）和国家杜马（下院）组成。俄罗斯联邦委员会和国家杜马主要负责对包括国防前沿技术在内的国防科研预算进行审核、批准和拨款，监督预算的执行情况，国家杜马对国家权力执行机构提交的关于相关科研机构设置、机构合并调整和改革等重要法案和条令进行审议，最终由俄联邦总统批复实施。联邦总统还亲自领导军事工业委员会，协调和沟通俄罗斯联邦政府、国防部以及国防工业部门三者之间的关系，监督和实施重大的国家国防科技政策。

2. 国家管理层

在国家管理层面，设主管包括国防前沿技术发展在内的所有国防工业事务的副总理，通过直接领导履行国防工业管理职能的政府

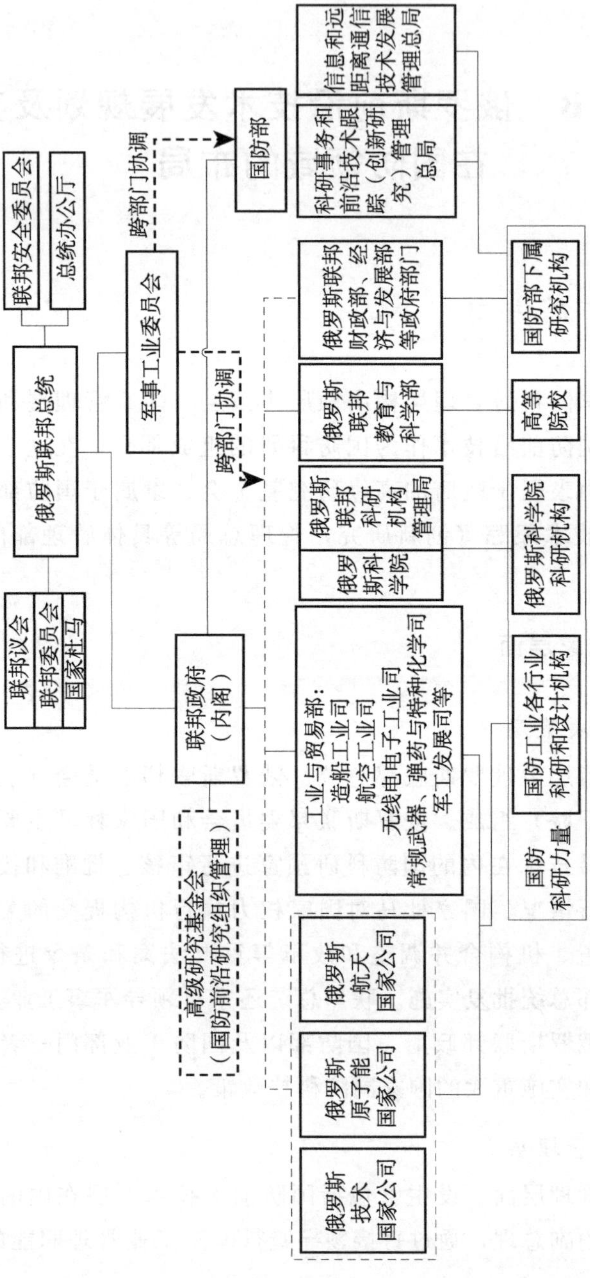

图 1　俄罗斯国防前沿技术管理体系

权力部门和国家公司，实施国家层面的管理。政府下属设立高级研究基金会，专门负责国防前沿技术研究的组织管理。

3. 具体管理层

在具体管理层面，设立多个政府权力部门和国家公司分工行使管理职能。管理行业性国防科研机构的联邦政府部门（或国家公司）包括工业和贸易部，在发挥航空、航天与弹道导弹、常规武器、弹药及专用化学、造船、电子、无线电、通信设备行业管理的总职能下，业务涉及这些领域的国防前沿技术发展。俄罗斯技术国家公司、俄罗斯原子能国家公司、俄罗斯航天国家公司发挥政企合一的职能，在管理航空动力、电子设备、战术导弹，军用民用核工业，航天与弹道导弹工业的总职能下，业务涉及这些领域的国防前沿技术发展。

国防部、俄罗斯科学院和联邦科研机构局、联邦教育科学部分别在其管辖范围内对所属科研机构进行管理。这些机构的部分业务覆盖国防前沿技术的发展。同时，经济发展部、财政部等部门的职能也涉及国防前沿技术领域，包括监督规划的制定与协调、预算管理和基础研究等方面。

（二）国防层面

1. 政府权力部门

（1）工业与贸易部

2008 年 5 月由原工业与能源部改组而成，直接向政府总理负责，主管航空工业、无线电电子工业、常规武器工业、弹药与特种化学工业、舰船制造工业。涉及国防科研（含国防前沿技术）的职能包括：参与制定包含国防科研在内的国防工业政策，对包含国防科研在内的国防工业活动进行宏观调控与管理，参与确定并论证相关领域的武器装备和军事技术发展的基本方向、技战术指标和相关研究机构，参与制定武器装备研制程序等。

（2）教育与科学部

教育与科学部负责制定国家政策，并对国家科学领域的活动进行管理，同时还协调科技领域其他部门的行动，在国防前沿技术研究方面的职能，主要是从宏观上管理从事国防科研的高等校园及部分科研单位。

（3）其他政府权力部门

俄罗斯联邦经济与发展部、俄罗斯联邦财政部、联邦科研机构管理局等以不同的方式参与国防前沿技术领域的管理。经济与发展部主要从宏观经济的战略角度监督涉及国防前沿技术发展规划的制定与协调，财政部主要负责国防前沿技术订货方面的预算管理。

（4）国家公司

国家公司主要包括俄罗斯技术国家公司、俄罗斯原子能国家公司和俄罗斯航天国家公司。

2. 国防部

俄罗斯国防部职能部门庞大，包括总参谋部、13 个管理总局、26 个局、18 个司、5 个服务部、3 个总司令部、2 个司令部，以及若干国防部子机构。国防部设主管科研工作的副部长。13 个管理总局中的科研事务和前沿技术跟踪（创新研究）管理总局（以下简称科研事务局）、信息和远距离通信技术发展管理总局属于军事管理机关，负责各自领域内科研工作的组织管理。国防部设有机器人设备总科研实验中心，负责军用机器人设备研制及管理。此外，俄罗斯国防部还设有武装力量军事科学委员会等各类委员会，主要负责组织协调相关单位之间的业务。

3. 高级研究基金会

俄罗斯高级研究基金会于 2012 年 10 月成立，2013 年 1 月正式运行，任务是组织开展军用和两用创新技术研究，以及突破性、高风险项目开发，全面支撑俄罗斯武装部队能力升级，以有效反击各层面安全威胁。高级研究基金会定位清晰，坚持以巩固国防和保障国家安全为首要目的，所开展项目多以新一代装备研发为牵引。

俄罗斯战略科技相关文件见表1。

表1 俄罗斯战略科技相关文件

序号	发布时间	文件名称	发布机构	重点领域
1	2020年	俄罗斯生物安全法(草案)	俄罗斯国家杜马	生物安全
2	2020年	量子通信发展路线图	俄罗斯政府委员会	量子通信
3	2019年10月	2030年前国家人工智能发展战略	俄罗斯总统普京签署总统令	人工智能
4	2018年5月7日	俄联邦数字经济规划	俄罗斯联邦通信部	数字经济

二、主要规划

(一) 俄罗斯《2030年前国家人工智能发展战略》浅析

1. 发布背景

人工智能是引领未来的战略性技术，作为最具颠覆性和变革性的技术之一，对国家政治、经济和文化等多个方面有着极为深远的影响。一直以来俄罗斯积极推动在人工智能技术的发展与突破，2016年3月俄罗斯国防部通过的《2025年前发展军事科学综合体构想》，强调智能武器将成为未来战场的关键因素。2017年俄罗斯总统普京表示，人工智能是人类的未来，而掌握它的国家将统治世界。

俄罗斯作为世界主要国家，长期重点关注人工智能技术的发展，继美、欧等多个国家之后，俄罗斯首次将人工智能技术发展提升至战略层面。在2019年2月俄罗斯国情咨文中，普京明确表示，俄罗斯将出台人工智能领域的发展计划。2019年10月10日，俄罗斯总统普京签署总统令，批准了《2030年前国家人工智能发展战略》(以下简称《战略》)。该战略由俄罗斯联邦数字发展、通信和大众传媒部制定，明确了俄罗斯未来十年人工智能发展的基本原则、优先方向、目标、主要任务以及机制举措。

2. 主要内容

《战略》介绍了战略发布背景，阐述了战略的基本内容，主要从推进人工智能技术的科学研究与发展、推进软件研发与应用、提升信息和计算资源可用性和质量、提高电子器件等硬件可用性、完善人工智能领域人才培养体系、创建规范化的发展与应用环境等方面介绍了战略的主要任务。最后，分析论述了战略的意义和影响，认为战略将维护俄罗斯的技术独立性和竞争优势，美、俄在人工智能领域的竞争也将愈演愈烈。同时，俄罗斯还将通过加强人工智能技术的研发，推进数字经济的发展，促进人工智能技术的军民双向转化，强化人工智能技术对军事领域的有力支撑。

(1) 基本原则及目标

《战略》指出，俄罗斯发展和利用人工智能的基本原则是保护公民的权利和自由，防止和最大限度地降低人工智能技术可能带来的负面影响，保障人工智能工作透明化，确保人工智能技术的独立主权，形成研发与实际应用的创新循环体系，自由竞争等。战略目标是促进俄联邦社会经济领域的稳定发展，保障国家安全，确保俄罗斯经济的可持续竞争力以及在全球人工智能领域的领先地位。围绕战略提出的目标，俄罗斯将发展和利用人工智能技术持续推动俄联邦在经济、社会、教育、卫生及市政服务等领域的发展。

(2) 主要任务

①推进人工智能技术的科学研究与发展

《战略》将优先支持人工智能领域的科学研究工作，包括生物决策系统的算法模拟，如蜂群或蚁群的分布式集群系统，自主自我学习，复杂任务的自主分解、搜索和解决方案。吸引群众对人工智能领域的投资，在经济领域实施跨学科研究项目，加强专利研究与更新，发展科研基础设施，加强国内学术交流与国际合作等。期望到2024年，俄罗斯在国际科学期刊杂志上发表人工智能技术领域论文的引用量和质量、已注册的人工智能领域成果以及解决实际问题的数量都要有一定的增长。

②推进软件的研发与应用

《战略》提出，从资金和制度等方面为人工智能技术软件研制人员和专家提供支持；鼓励专家参与国家和国际公开数据库项目的建设工作；针对软件的安全性和兼容性以及计算系统标准特性等制定统一标准，同时确定软件测试标准，以检测软件的质量和有效性。期望到2024年，对国际交流及建设公开数据库的贡献增加。到2030年应开发出可以应用于各个领域业务的软件，并在全球市场位于领先地位。

③提升信息和计算资源的可用性和质量

《战略》指出，人工智能技术发展的主要因素是可用数据量的增长以及信息和通信平台的发展。因此，将制定收集标记数据的统一方法以及相应的监测机制；建立发展信息和通信平台，建立监管框架，保护在经济科学活动中获得的数据，并依据法律规范数据发布流程，为政府机构、组织和人工智能领域研发人员开放公开访问权限。到2024年俄罗斯政府组织机构应可以访问该平台上的数据，并确保个人隐私数据的安全。到2030年平台发布的数据量应足以解决人工智能领域的紧急任务。

④提高电子器件等硬件的可用性

《战略》提出，将进行基础科学研究，以开发新一代计算系统架构（包括与生物神经系统相似原理的神经形态计算系统）；实施涉及计算机系统元件以及高速处理器等方面的国家支持计划；实施涉及使用国产元器件的硬件系统的国家支持计划；支持创建和发展下一代电子元器件原型机研制、测试和产品组装中心；创建和发展高性能数据处理中心。到2024年应建立完善基础设施，支持人工智能领域开展活动。到2030年俄罗斯开发的微处理器应成为世界的代表产品之一。应开设基于俄罗斯微处理器的专业数据处理中心。此外，开发新型计算机系统构架，并为其注册知识产权。

⑤完善人工智能领域人才培养体系

针对人工智能领域技术人才的培养，《战略》提出将实施教育计划，以培养人工智能领域的人才。教育计划一方面包括在各级教育、再教育以及专业培训中增加编程、数据分析、机器学习等学科领域的课程，提高数学和自然科学的教学质量，同时增加社会人文主义教育；另一方面将采取相应鼓励机制帮助工作人员获取人工智能领域的相关技能，吸引国外人工智能领域的顶尖和一流专家，对公众宣传人工智能技术，公布相关的培训计划。到 2024 年，人工智能领域人才数量应大大增加。到 2030 年，俄罗斯应实施在世界数一数二的教育计划，以培训人工智能领域的高素质专家和领导人。俄罗斯的高等教育机构应该在人工智能领域占据世界领先地位。

⑥创建规范化的发展与应用环境

针对政府机构的数据收集、数据访问等建立相应的法律制度，创建法律条件以及简化测试和技术解决方案的程序，清除人工智能领域民用产品的出口机制壁垒，建立人工智能技术解决方案标准化、一致性评估的统一系统，发展标准化与人工智能领域产品认证方面的国际合作，改善项目参与机制吸引投资，为人工智能技术开发和实施组织提供针对性的财政支持，制定人与人工智能间的道德规则等。到 2024 年为该战略目标以及措施的实施建立必要的法律条件。2030 年俄罗斯应该在人工智能领域实现监管体系的灵活运行，确保人民的安全，并促进人工智能技术的发展。

(3) 机制举措

由国家机关、地方政府、国家科学院、科教机构、基金会、企业、军工企业等机构协同参与，与政府数字发展委员会合作，通过俄联邦、国有企业和私人投资等渠道提供资金保障。

3. 影响意义

该战略为未来十年俄罗斯人工智能技术发展指明了方向，从国家层面调动更多资金与资源发展人工智能技术，在大国竞争中抢占技术制高点，将人工智能作为新的驱动力，推进社会经济发展，强化人工智能对国防军工领域的支撑力度。

1）俄罗斯出台首部人工智能发展战略，从国家层面指导人工智能技术的发展。这次出台的首部人工智能国家发展战略，体现了俄罗斯联邦机构对人工智能发展的重视，实施这一战略是俄罗斯在全球人工智能领域占据领先地位的必要条件，将维护俄罗斯技术独立性和竞争优势。

2）美俄在人工智能领域的竞争呈现愈演愈烈之势 。从战略层面来看，美国于 2014 年推出“第三次抵消”战略，意图以人工智能等颠覆性技术为依托，拉大与中俄战略对手的竞争优势。2019 年 2 月在俄国情咨文中，俄罗斯总统普京明确强调，俄罗斯将出台人工智能领域的发展战略，几乎与此同步，美国总统特朗普签署行政命令，正式启动“美国人工智能倡议”。这一战略的实施将加强俄罗斯在人工智能技术研究、人才培养等方面的竞争优势。

3）俄罗斯政府通过加强人工智能技术的研发，推进数字经济的发展。根据俄总统令，计划将《2030 年前国家人工智能发展战略》文件内容纳入“俄罗斯联邦数字经济”国家发展计划，并且每年向俄总统提交该战略执行情况报告。可以看出，俄罗斯意识到人工智能作为新一轮产业变革的核心驱动力，将引发经济结构重大变革，并创造新的强大引擎，实现社会生产力的整体跃升，因此希望通过加强人工智能技术的研发进而推进社会经济的数字化发展。

4）人工智能技术的发展将加快在军事领域的转化与应用。俄罗斯在出台人工智能国家发展战略之前，从规划、科研等方面发展和资助人工智能技术在军事与国防领域的应用，例如，俄罗斯先期研究基金会以及“时代”军事科技城的主要研究方向之一就是人工智能技术。此次出台的人工智能发展战略虽然未明确涉及国防军事领域，但人工智能技术是典型的军民两用技术，这一战略的实施将促进俄罗斯人工智能技术的军民双向转化，进而强化人工智能技术对军事领域的有力支撑。

（二）《俄罗斯生物安全法（草案）》

1. 发布背景

随着全球生物安全形势日益严峻，许多国家都将保护生物安全纳入国家安全战略。俄罗斯通过发布国家生物安全战略规划、行动计划或相关法律等对国家生物安全予以重点关注。2020 年 1 月，俄罗斯国家杜马一审通过了《俄罗斯生物安全法（草案）》，并由俄罗斯总统普京于2020 年 12 月正式签署生效。

2. 主要内容

《俄罗斯生物安全法》共 16 条，内容包括涉及生物安全的基本概念、基本原则、消除生物威胁及预防和降低生物风险的基本措施以及俄罗斯联邦机构和地方关于生物安全的管理协调机制。具体如下：

（1）对涉及生物安全的主要概念给予定义和解释

《俄罗斯生物安全法》共定义和解释 19 个概念，包括俄罗斯联邦生物安全性、危险生物因素、生物风险、可允许的生物风险水平、生物威胁（危险）、生物保护、致病性生物制剂、病原微生物、机会微生物、病原微生物与病毒集合、菌株、微生物群、合成生物学、合成生物制剂、生物危害源、潜在危险的生物物体、对药物化学或生物制剂的抵抗力等，比较全面。俄罗斯制定《俄罗斯生物安全法》的依据是《俄罗斯联邦宪法》。

（2）确保俄罗斯生物安全的基本原则

《俄罗斯生物安全法》明确了确保俄罗斯生物安全的基本原则：确保人的生命与健康安全；平衡国家、社会、个人利益；优先保护具有潜在危险的危险生物物体生产设施；确保生物安全的监管任务和措施得到执行；俄罗斯遵守和承担国际条约义务，遵守联邦法律；俄罗斯各级国家权力机构和地方自治机构间就生物安全相关领域有效协调合作。

（3）规定了在确保生物安全领域方面国家权力机构、联邦组成实体国家权力机构以及地方当局的权力

联邦国家权力机构有权在确保生物安全领域中制定和实施统一的国家政策，执行法律法规，监测生物风险并评估措施的实施效果，协调联邦执行机构等；俄罗斯联邦组成实体的国家权力机构有权协调俄罗斯联邦组成实体的行政当局行驶确保生物安全方面的活动，参与计划和实施动物传染病传播的抗流行病措施，参与监测生物风险并评估措施的执行效果等；地方政府有权参与执行包括保护公民健康和保护环境的措施，避免危险生物因素对所辖地区的影响。

（4）消除与预防生物威胁和风险的措施

《俄罗斯生物安全法》第 8 条至第 14 条均涉及俄罗斯在消除生物威胁及预防和降低生物风险的基本措施。这些措施从范围上看包括人类的传染病、流行病，也有动物、植物传染病如何防疫、检疫和紧急保护措施；从危险源上包括了自然不可抗力导致生物风险的措施，也有过失或人为制造的生物风险，如生物恐怖、生物武器等。

从具体措施而言，一是设立实验室。如规定由联邦行政机构授权开发实验室（中心），传染病和寄生虫诊断参考中心。二是进行研究和开发。如规定为了减少由对药物、化学和（或）生物制剂（耐药）产生抗药性的病原体引起的传染病传播，首先进行基础研究和应用研究。三是依法防疫。如规定按照俄罗斯卫生领域法规和流行病学法规来处理生物医学细胞产品。四是预防为主，及时处置。如采取措施保存和恢复正常的人类微生物群、农业以及珍稀濒危动植物物种。五是创建风险监测机制。如规定将生物风险监测数据纳入国家生物安全信息系统；俄罗斯政府制定生物风险监测程序，包括进行分级的标准和监测风险水平的方法；风险评估数据在国家和地方层面共享等。六是加强生物安全领域的国际合作。

3. 影响意义

《俄罗斯生物安全法》的出台，规范了俄罗斯内部关于生物安全相关的概念、主体和措施等，列举了生物威胁的来源及现象，强调

了国际合作和履行国际义务的规定，无论对俄罗斯国家安全还是国际生物安全的防范都具有重要意义。

通过立法传导生物威胁（危险）的压力，将生物安全与国家安全联系起来，达到引起普遍重视的目的；通过立法规范生物研究、生物开发应用、生物安全保障等各环节制度化规范化；通过立法明确生物威胁的来源、表象及针对性措施，使相关实践更有操作性；通过立法将生物风险的着力点放在预防，规定科学开展生物安全评价和监督监测；通过立法明确国家权力机构、联邦组成实体国家权力机构以及地方当局权力在生物安全防控方面的权力范围，规定了公民及社会组织在生物安全防控中的权利和义务；通过立法强化关于生物安全方面的国际合作，履行国际义务等。

（三）量子通信发展路线图

1. 发布背景

量子技术领域的研究与开发受到了多国的高度关注，多个地缘政治大国制定了发展量子技术的目标规划。量子技术确保信息领域等方面国家利益的战略重要性，使其吸引了大量国家投资。俄罗斯政府委员会批准了俄罗斯铁路公司（俄铁）牵头制定的俄罗斯联邦机构量子通信发展路线图。该路线图由俄罗斯铁路股份公司联合俄罗斯国内资深专家及科研机构共同制定。俄罗斯铁路公司此前被俄罗斯政府委任为量子通信方向发展的负责单位，成立了量子通信部门以及路线图实施指导委员会。

2. 主要内容

俄罗斯量子通信发展路线图规定 2024 年前实施 120 多项措施和项目，包括发展光纤、大气和卫星量子通信技术，建立商业量子通信网络和专用设备，研制用户设备，发展量子物联网以及形成本国教育、科学、工业市场和生态系统。该路线图具体项目主要包括设立专项资金，以支持新项目，引进成熟技术，成立认证中心和实验室，提出变更监管框架的建议，培训高素质人员。在教育方面，计划发展教育和培训项目，包括量子通信领域在线教育系统以及引进国内和国外优秀专家。

3. 影响意义

俄罗斯铁路公司量子通信路线图是联邦项目“数字技术”框架下第二份量子技术战略文件。第一份为俄罗斯原子能集团的量子计算路线图。俄罗斯政府于 2020 年夏季批准的量子通信发展路线图第一阶段计划开展建设全长约 800 千米的莫斯科—圣彼得堡骨干量子网络。它的建设将确保技术和网络架构，解决标准化和设备认证问题，并在开发人员、系统集成商、电信运营商和最终用户之间建立互动模式。2021 年 4 月，俄罗斯电信运营商 TransTeleCom（TTK）公司使用俄罗斯设备完成了莫斯科和圣彼得堡间的量子通信干线的建设工作。量子网络的主要优势是数据的高度保密性，量子通信将被用于金融机构、军事机构和国家机关。

俄罗斯 2015 年版《国家安全战略》要求发展基因工程、机器人技术、生物技术、信息和通信技术、认知技术、纳米技术、会聚技术等军民两用的高新技术，当前处于军转民起步阶段的国防工业正是这些技术的主要研发力量。

（四）《俄联邦数字经济规划》

1. 发布背景

俄罗斯联邦于 2018 年 5 月 7 日通过“2024 年前俄联邦发展战略任务及国家目标”，其中，包括在经济和社会领域加速推进“数字技术”实施问题。2019 年 6 月 4 日，正式将原有“数字经济”项目升级为国家级战略规划。《俄联邦数字经济规划》（以下简称《规划》）由俄联邦通信部牵头，由部内新设的数字经济项目协调实施部门负总责，规划实施时间自 2018 年 10 月—2024 年 12 月底，为期 6 年。数字经济项目协调实施部负责制定数字经济项目协调与实施相关的国家政策和法律法规，并监督其落实，并作为《规划》框架内“数字技术”项目的实施责任部门。

2. 主要内容

俄罗斯联邦在《规划》中设立3个主要目标，第一个目标是提升用于发展数字经济的预算开支；第二个目标是为实现大数据的高速传输、处理和存储，建立安全稳定的信息和电信基建；第三个目标是鼓励国家权力机关、地方政府及各级组织使用国产系统。《规划》中包含6个联邦项目，其中，4项由俄罗斯联邦通信部具体负责，项目及目标设计见表2。

表2　《规划》项目及目标设计

项目	目标	责任部门
完善法律法规建设	建立各领域灵活适用的数字经济法律法规体系，并广泛推广通过数字技术开展民间贸易	俄罗斯联邦经济发展部
数字经济人才	为发展数字经济推动高技术专业人才队伍建设	俄罗斯联邦经济发展部
信息基建	基于国家自主技术建设具有全球竞争力的数据存储、处理及传输基建设施	俄罗斯联邦通信部
信息安全	依靠国家自主技术，实现数据存储、处理及传输安全，确保个人、商业及国家利益得到保障	俄罗斯联邦通信部
数字技术	依靠国家自主技术建设数字经济生态系统；开发和（或）实施基于数字技术的综合性项目融资系统，含风险融资等	俄罗斯联邦通信部
国家数字化管理	个人及中小企业的数字技术为适应欧亚经济联盟国数字经济领域发展方案，制定并实施相应协调机制	俄罗斯联邦通信部

3. 影响意义

俄罗斯联邦通信部于2018年将《规划》制定为2024年前重点发展的一项工作，从立法层面主动保障数字经济的发展。

附录C　欧洲国家前沿技术发展规划及其在国防领域的布局

一、布局方向

英国国防部近年来跟随世界国防科技快速发展态势不断调整战略筹划，先后制定《国防技术框架》《2019年新兴和颠覆性技术路线图》等指导政策，而且自从2001以来，连续发布《国防科技战略》，2020年10月，英国国防部发布《2020年国防科技战略》，这是公开发布的第五版国防科技战略。这项战略首次提出将五项能力挑战作为国防科技研发的核心驱动力：一是普适、全谱、多域情报、监视和侦察（ISR）能力，二是多域指挥、控制、通信和计算机（C4）能力，三是确保英国在灰色地带的竞争优势能力，四是研发可跨全域战胜对手的系统能力，五是开发经济可行的生存能力。这项战略将这五大能力挑战作为科技投资、制定相关战略、确定技术优先事项等的首要考虑因素，突出了五大能力挑战在英国国防科技发展中的重要地位。

二、主要规划

欧洲国家战略科技相关文件见表1。

表1　欧洲国家战略科技相关文件

序号	发布时间	文件名称	发布机构	重点领域
1	2022年6月7日	国防部国防科学与技术投资组合	英国国防部	前沿技术

续表

序号	发布时间	文件名称	发布机构	重点领域
2	2020 年 5 月 4 日	科技趋势：2020 — 2040	北约科技组织	前沿技术（数据、人工智能、自主技术、太空技术、高超声速武器、量子、生物技术和材料）
3	2022 年 6 月 15 日	国防人工智能战略	英国国防部	人工智能

（一）英国《国防部国防科学与技术投资组合》

1. 发布背景

该政策文件包含一系列计划和独立项目，旨在满足英国国防部的能力需求，并确保英国武装部队始终处于技术前沿。该投资组合预计到 2026 年，国防部将至少投资 66 亿英镑用于研发，以解决国防的能力优先事项、实现决定性的英国技术优势、让国防了解未来、维持主权和关键能力、平衡挑战驱动的研究与探索性研究。

2. 主要内容

“下一代之后（Generation - after - next）”指的是目前尚不存在的能力，其相关技术还没有被完全理解，其概念将“跨越式发展”，引领全球，挑战当前和新兴理解的界限。“下一代之后”和“国防持久科技挑战”计划涵盖了 25 个项目，包括先进材料、人工智能、自主系统、通信和网络、网络安全、电磁活动、未来武器、未来感知、高级决策支持、未来指挥与控制、超声速、太空系统等技术领域，见表 2。

表 2　下一代之后和国防持久科技挑战部分项目

序号	项目名称	目标/愿景	技术挑战	实现的能力
1	先进材料	利用全球材料科学的发展和创新，使英国国防和安全保持战略和作战优势	关注3个关键领域：低可观测材料；适用于极端温度（包括在氧化环境中）、极地到热带作业、振动和疲劳冲击、辐射、真空、深水、侵蚀等环境中使用的材料；用于有争议的电磁环境的材料，能够提高天线功能并集成到平台、士兵和通信、传感和其他电磁活动的基础设施中	新型替代或改进材料研究；建模与仿真；最先进材料表征和测试设施；跨技术准备水平合成、加工和制造设施从实验室到工业组件样机设计；支持材料保证的数字工具；为国防提供先进材料科技知识中心，支持国防科技政策和战略、人才发展及国际研究合作战略和交付
2	人工智能	提供适应和利用新兴人工智能技术所需的基础研究，推动解决国防关键挑战的解决方案	开展所需的优先基础研究，以适应和利用新兴尖端人工智能技术解决国防关键挑战，以国防以外的研究为基础，并与工业和学术界、国际合作伙伴合作；开发和降低风险的人工智能解决方案，为概念开发和实验提供一套可利用人工智能应用程序；研究和开发数据科学理解和技术，为开发最佳人工智能技术和解决方案提供基础理解；支持其他科技项目部署人工智能，以解决用户面临的挑战	该计划主要来自人工智能和数据科学战略能力，需要支持英国在该领域的能力发展。需要从以下方面获得技能：机器人和自主系统，人文和社会科学，信息系统，网络，电磁活动

续表

序号	项目名称	目标/愿景	技术挑战	实现的能力
3	自主系统	支持跨国防自主系统的实施，推动未来先进自主系统的选择	推动下一代自主系统概念演示者快速进行开发；提供安全可靠地操作机器人和自主系统的方法；识别并解决实施自主性常见障碍，最大限度提高国防计划和提供大规模和速度能力；制定最佳实践，最大限度地提高人类自治团队的效率，并最大限度地降低风险：利用国际、学术和私人风险投资，在整个计划中利用民间发展，实现自主性的进步并克服技术盲区，实现国防和安全利益	机器人和自主系统
4	通信和网络	通过科技，拥有先进选项，可在通信和网络中实现韧性、覆盖范围和自主互操作性，实现多域集成并应对国防多域C4挑战	预计军事系统在防御电子和网络攻击的同时，提高对通信和感知的要求，且需在电磁频谱中近距离（如果不是同时）及时完成，并使用相同的子系统，称为C5I融合（指挥、控制、计算、通信、网络和信息）。开发和展示C5I融合和集成的概念，为韧性网络和数据服务开发和原型架构；开发和原型弹性通信载体和波形；为未来的超视距通信开发原型和技术	该计划将通过加强与工业界、学术界和更广泛的政府的合作和伙伴关系，投资以发展通信和网络及信息系统能力
5	网络安全	确保英国的军事能力能够有效且持续地防御对手的网络活动和威胁	把重点从识别漏洞以及保护和检测网络事件转移到支持自动响应的技术上。开发科技方法，主/被动保护当前、下一代和下一代之后军事设备免受不断发展的对抗性网络能力影响。技术挑战在于：自主韧性网络防御，军事系统信息保障；减少网络攻击面；自适应网络韧性；网络任务保障	网络安全；数据科学；人文科学；运筹学；系统思维；软件工程；射频工程；应用数学

续表

序号	项目名称	目标/愿景	技术挑战	实现的能力
6	超声速	展示具有辅助子系统的高速武器机身，开发高超声速概念和技术，为未来英军提供作战优势	提供英国高速武器技术基地的演示，开发高超声速武器概念和技术，支持一家英国高超声速企业	武器系统、先进材料
7	太空系统	通过科技，国防部拥有在太空中建立实力的投资选择，并且已经成熟了其将太空作为作战领域的方法，满足国防和国家太空战略的雄心	太空防御使用各方面的天基有效载荷和概念演示；用于太空态势感知的工具、技术和架构；卫星通信新技术；评估太空中对车事能力的威胁及制定缓解和恢复措施；用于天基情报、监视和侦察的新技术;发射到轨道轨迹建模能力，使英国能够进入太空	太空系统

3. 影响意义

(1)《国防部科技投资组合》是落实英国国防部《2020年科技战略》的具体体现，旨在继续保持英国国防科技领先地位

此次英国国防部发布《国防部科技投资组合》，针对五大能力挑战，提出通过开展一系列计划和独立项目，满足英国国防部的能力需求，并确保英国武装部队始终处于技术前沿，并明确到2026年，至少投资66亿英镑用于研发，而这一科技组合将确保国防维持作战优势，是落实英国国防部《2020年科技战略》的具体体现，旨在继续保持英国国防科技领先地位。该投资组合注重颠覆性技术和新兴技术的发展，兼顾近期与长远的技术布局；在一定程度上代表了未来军事科技的发展趋势。

《2020年科技战略》于2020年10月19日发布，该战略指出，国防部必须以“着眼长远、关注未来、领先对手”为指导原则，强化对未来技术前景的理解，积极采取行动获取先发优势，加强国防部科技能力，为下一代军事能力奠定基础，列出了国防部将做到以下几点：根据能力确定研发的优先顺序；确保国防在“下一代”能力方面具有决定性军事优势；平衡能力需求和适当的科技资源，确保为发展未来决定性军事优势提供机会；找到并了解研发必须解决的能力挑战以及实现“2025年综合作战概念”目标所需的成果；在国防领域塑造更广泛的决策文化，支持培养科学素养以及坚持不懈地促进循证决策。该战略还指出，新兴技术可以使英国在未来具有决定性的军事优势，其军事发展必须解决的五大能力挑战，强调将投资网络空间领域，化学、生物和放射技术，新兴武器，电磁环境，系统集成能力等。该战略对人才培养也有较为详细的描述。

(2) 注重颠覆性技术和新兴技术的发展布局

此次英国国防部发布《国防部国防科学与技术投资组合》项目涵盖了所有颠覆性技术与新兴技术领域。其中，颠覆性技术将在未来5～10年对军事能力产生重大变革和影响，新兴技术则在未来10～20年发挥重要作用。该投资组合将科技的重点转向关键能力挑

战和高风险的下一代之后新兴技术和鲜为人知的技术研究，既考虑到了对当前军事能力即将产生重大变革的颠覆性技术，又兼顾了对未来新兴技术的长远布局。

根据北约科技组织 2020 年 5 月 4 日发布的《科学与技术趋势：2020—2040》报告，确定了未来最具战略变革性的八大“新兴和颠覆性技术”领域及重要技术组合方式，其中，八大技术领域分为两类，第一类是颠覆性技术，包括数据、人工智能、自主性、太空、高超声速五个领域。第二类是新兴技术，包括量子、生物技术和材料 3 个领域。美国国会研究服务处（CRS）总结了美军重视的六大新兴颠覆性技术，分别是人工智能、致命性自主武器、高超声速武器、定向能武器、量子信息技术以及生物技术。

(3) 投资组合计划和项目在一定程度上代表了未来军事科技发展趋势

英国国防部发布的投资组合计划和项目主要集中在先进材料、人工智能、量子技术、航空、太空、自主系统、通信和网络、电磁、动能效应和武器、传感器、超声速、导弹、脉冲激光、高级决策支持等方面，涵盖了当前国防军事领域科技创新的科研重大需求，也在一定程度上代表了未来军事科技发展趋势，可为重点领域的学术和工业界的发展提供了参考，有关新兴颠覆性技术更具有尖端引领性特征，能够催生带动一系列相关技术的融合发展和跃迁升级，值得高度重视。

当前，全球科技创新步伐日益加快，竞争格局变化日益凸显，进一步促进了世界各国调整各自科技发展战略，以谋求科技主导权。聚焦世界科技最前沿，前瞻布局科技未来竞争领域，才能从容应对世界创新格局变化和激烈的国际科技竞争。

(二) 北约科技组织《科技趋势：2020—2040》

1. 发布背景

2020 年 5 月 4 日，北约科技组织发布《科技趋势：2020—2040》

报告，着眼未来 20 年的国防科学技术发展趋势及其对北约集体安全的影响，对北约 2019 年 12 月份在伦敦会议上提出的新兴和颠覆性技术予以分析评估。

2. 主要内容

报告认为，未来 20 年关键军事技术四大特征如下：

1）智能化。利用集成人工智能、聚焦知识的分析能力、共生性人工智能与人因智能，提供颠覆性技术应用能力。主要包括自主技术、人因智能（Humanistic Intelligence）和知识分析。

2）互联互通。利用虚拟和物理域网络，包括传感器、组织、个人和自主代理网络，通过加密方法和分布式账本技术实现连通，包括可信通信和协同系统。

3）分布式。采用去中心化和无处不在的大规模感知、存储、计算技术，达成新的颠覆性军事效果。主要包括边缘计算、泛在检测、分散生产、科学技术大众化。

4）数字化。融合人、物理域和信息域，以获得新的颠覆性军事效果。主要包括数字孪生和增强现实技术。

报告认为，数据、人工智能、自主技术、太空技术和高超声速武器被认为本质上具有颠覆性的技术，其发展得益于长期的技术开发支持。同时，这五项技术正在或将在未来 5～10 年对北约军事能力建设产生重大或颠覆性影响。量子、生物和材料技术属于新兴技术，需要 10～20 年才能在军事领域充分表现出颠覆性。新兴和颠覆性技术的组合及其复杂交互更易于对军事能力产生颠覆性的影响。

（1）颠覆性技术

1）数据：大数据与高级分析。大数据与高级分析是所有新兴和颠覆性技术的使能技术，对于增强军事能力十分重要。大数据与高级分析技术跨越多个学科，其发展具备强大的商业和开源基础。军事应用领域包括情报监视侦察、态势感知、训练和战备、后勤、作战保障、科技研发、信息管理。关键研发领域包括：

a）工程防御，自动识别、破坏和调查网络机器人社交和网络攻击；

b）优化通信，包括探索新的通信模式（如5G）、网状网络、后量子加密方法和认知方法的扩大应用；

c）分析，包括噪声和不确定数据融合、作战决策、复杂多尺度物理和信息系统建模仿真、新型分布式计算框架等；

d）传感器，包括被动信号融合和评估、生物传感器、多用传感器、边缘计算；

e）信任，包括分布式账本技术、网络代理、改进的可视化和预测分析、海量社交或网络行为体识别与标记工具、红队网络代理开发。

2）人工智能。人工智能研究通常基于广泛可用的开源工具和公开数据。商业应用是促进人工智能发展的主要推动力。人工智能的发展存在几大技术挑战：一是大部分现有人工智能应用都比较脆弱；二是需要可解释人工智能；三是难以在未来20年实现通用人工智能。军事应用领域包括C4ISR、武器和效应、无人运载工具、能力规划、核生化放、医疗、体系管理、后勤、网络和信息空间、训练。关键研发领域包括：

a）高级算法，涉及机器与深度学习、对抗性人工智能、神经与概率计算等方面的持续研究；

b）人机共生，涉及接口、以人为中心的人工智能、可视化、可解释性等方面的进步；

c）人工智能应用，如网络攻防、电子战、信息空间等领域的应用。

3）自主技术。自主系统已在现实和虚拟环境中广泛使用，最终将与人联合组成强大团队。其中，自主系统将承担单一、危险和代价高的任务，这能够显著降低作战成本、减少人员配置、提高作战效能，并减少伤亡。未来20年，自主系统将显著影响以下军事领域：兵力结构、单兵效能、反制措施、无人蜂群、后勤、态势感知、杀伤力、机动能力、生存能力、持续性、城镇作战、网络。关键研发领域包括：

a）系统，如下一代低可观测系统、新型推进器、太空与高超声速系统、低功耗廉价高敏感传感器、社交机器人、网络攻防、诱饵等；

b）人机编组，包括改进的人机编组、优化的社会技术集成、新接口与控制设计；

c）反制措施，包括定向能武器、电磁反制措施、诱饵、蜂群拦截等；

d）自主行为，包括大规模蜂群、嵌入式人工智能、精确导航和数字控制。

4）太空技术。60 多年来，人类一直在有效利用太空，当前，两种相互关联、相互作用的发展趋势正推动太空开发活动激增。一是商业航天在卫星、传感器、通信和发射方面发挥主导作用，使发射成本大幅降低，为部署天基资产提供了新的选择；二是新技术和制造方法改变了利用太空的方式和成本，包括新型推进装置、机载人工智能、先进机器人、卫星在轨维护、系统微型化、新型传感器、3D 打印以及下一代加密技术。太空技术有望大幅提升所有层面的态势感知水平、支持作战效能的近实时评估并提高目标打击成功率。但随着对天基资产依赖性的增加，反卫星等系统带来的风险将加大；随着轨道越来越拥挤、太空碎片数量不断增加，天基系统的有效性和可靠性将受到威胁。关键研发领域包括：

a）微波光电，持续研究以提升太空系统性能，并促进系统进一步微型化；

b）小卫星，包括低能耗推进、卫星控制等方面的研究；

c）自主，扩大在轨自主能力，提高人工智能处理能力；

d）无源相干定位雷达；

e）天基量子；

f）太赫兹传感器；

g）稳固性，如低成本快速战术发射、改进的太空态势感知、卫星强化等。

5）高超声速。通常讨论的高超声速系统有4种，即高超声速滑翔飞行器（HGV）、吸气式高超声速巡航导弹（HCM）、高超声速轨道炮和高超声速载人飞机，军事应用优先考虑高超声速滑翔飞行器和高超声速巡航导弹。考虑到高超声速武器留给综合战术警报/攻击评估系统（ITWAA）的反应时间少、制定对抗措施难及对高价值目标威胁大等特点，这类系统在战略上尤其具有颠覆性，能够提高北约对地面和海上重点目标的打击能力。美国高超声速巡航导弹预计在2025年前投入战场，高超声速滑翔飞行器在2035年前投入战场。过去70多年，高超声速的研究经历了若干重大发展阶段。然而，近年来材料、推进器、制导、控制等方面的发展，为解决高超声速有关的热、机动性、压力和能量挑战提供了新方法。未来关键研究领域包括：

a）平台，包括新耐热材料、新推进模式、微型化和减重、建模与仿真、新运载器具设计、超燃冲压发动机推进、隐身材料与设计、先进飞行控制等；

b）防御性反制措施，包括传感器和跟踪、硬杀伤、软杀伤三方面研究。

（2）新兴技术

1）量子技术。量子现象是许多现代技术的基础，包括晶体管、核能、电子显微镜、超导、光电探测器、医学成像（功能性磁共振成像和正电子发射成像）、激光和固态器件。过去十年，人们将量子现象用于新兴技术的开发，其中，大多数技术还处于早期阶段，在实现应用前还面临重大挑战。例如，广泛可用的通用量子计算至少需要发展15～20年，实现商用预计还需要5～10年。下一代量子技术可能对北约军事能力产生革命性的影响。

a）在计算方面，量子计算机有望具备更加强大的计算能力，使加密和解密防范变得更加复杂，同时有助于新材料和生物技术的加快开发；

b）在传感方面，量子传感器将更加敏感，有助于开发隐身和反隐身雷达及更强大的磁、声和重力传感器；

c）在导航定位授时方面，量子效应有助于开发非常敏感的导航定位授时设备；

d）在通信与加密方面，不可破解的密码以及快速解密当前加密信息的能力，将挑战现有 C4ISR 系统。关键研究领域包括传感、导航定位授时、量子遥感、磁力和重力感应、量子计算、量子通信和材料。

2）生物和人效增强技术。材料学、信息系统和人类科学方面的进步，使生物和人效增强技术正以惊人的速度发展。这类技术的研发限制在于不仅要进行基线研究，还要解决道德、法律和政策方面的问题。其中，基因工程的使用面临的问题最为突出，包括个人生物数据发布、药理增强手段的使用以及新型治疗方法涉及的伦理问题。关键研究领域包括：

a）生物信息技术和生物传感器，探索新型生物传感器、生物数据收集和分析方法；

b）人效增强，利用基因改良、神经接口、药理制剂、机械装置提高人类生理效能和认知能力，通过更强的计算和建模能力来理解复杂社交网络中的信息流；

c）医疗防护措施和技术，开发新型诊断及治疗方法，以支持预测性诊断、生化放威胁识别、伤员护理；

d）合成生物学，设计和创造合成的生物成分或系统，包括用于监视多种细胞的生物传感器系统。

3）新材料与制造技术。工业革命的成功很大程度上取决于新材料和制造技术的发展，未来 20 年，新材料、增材制造、能源 3 个领域的发展预计会产生颠覆性的影响。北约军事能力受到的影响包括：新材料在国防领域广泛应用，使武器系统更轻、强度和能量效率更高；增材制造将促进产品开发、减少库存备用件、降低新设计产品和高价值部件成本、实现按需现场定制武器系统。关键研究领域包括石墨烯和二维材料、纳米级生物制造技术、3D/4D 增材制造技术。

报告认为，上述 8 大技术形成的 6 个相互协同和依赖的技术组，将对未来军事能力的发展产生重要影响：

1）数据-人工智能-自主技术。自主技术、大数据和人工智能相结合，利用新技术和方法产生潜在的军事战略和作战决策优势。

2）数据-人工智能-生物技术。人工智能和大数据在生物技术领域的应用，将有助于新型药物设计、定向基因改造、直接操控生物化学反应等技术的研发。

3）数据-人工智能-材料。人工智能和大数据在材料领域的应用，将有助于具有独特物理特性的新型材料设计。特别是支持二维材料和其他新颖设计技术的进一步发展。

4）数据-量子技术。在未来 15～20 年的时间内，量子技术将通过显著增强传感器、安全通信和计算能力，提高 C4ISR 的数据收集、处理和利用能力。

5）太空-量子技术。在量子秘钥分发通信的推动下，天基量子传感器将会是一种完全不同的卫星传感器。量子传感器赋能的天基传感网络将成为未来 20 年北约军队 ISR 架构的关键部分。

6）太空-高超声速武器-材料。为充分利用空间和高超声速环境，需要发展特殊材料、新奇设计、小型化、能量存储、制造方法等，以降低成本、提高可靠性、改善性能，推动生产按需定制的任务系统。

3. 影响意义

《科技趋势：2020—2040》报告，由北约科学与技术组织编写，综合了北约合作网络中约 6 000 名科学家、工程师和分析师的见解。它评估了北约 2019 年 12 月在伦敦会议上提出的新兴技术和颠覆性技术，如大数据、人工智能、机器人、空间和生物技术以及高超声速武器等。该报告解释了为什么这些技术对北约至关重要，以及它们在未来 20 年可能如何发展。报告对各项技术下的子技术都给出了技术成熟度的现状及未来周期评估，而且对各项技术的应用前景都给出了若干猜想。报告的立足点是国防视角，其评估或许具有独到的公信力。

（三）《2025 年综合作战概念》

1. 发布背景

《2025 年综合作战概念》阐述了国防部如何在持续竞争的背景下运作。国防部已确定了国防最重要的能力挑战，在《2025 年综合作战概念》的背景下，新兴技术可以让英国在未来具有决定性的优势，并展望未来的作战环境和未来部队的概念。

2. 主要内容

《2025 年综合作战概念》的主要内容为提出五项能力挑战：

1）普适、全谱、多领域情报、监视和侦察（ISR）。通过可负担的弹性解决方案，应对国防部开发可提供情报、监视和侦察能力的新兴技术时面临的威胁和挑战。

2）多域指挥、控制、通信和计算机（C4）。开发多域集成能力和全球协调能力，使国防部能够执行联合行动，以良好的综合能力和弹性能力打击敌人。

3）确保并保持英国在常规冲突门槛以下的优势。提高英国在常规冲突门槛以下与对手竞争的能力，解决国防部弱点，尤其是信息环境中的弱点。

4）获取硬实力的不对称优势。开发功能强大的系统，以跨全域的新方式战胜对手；开发新的硬实力交付手段，有效防御敌人。

5）保证访问和调动自由。开发可负担的、有助于生存的能力，应对电磁拒止环境中迅速发展的威胁，并与盟国和伙伴协同作战。

3. 影响意义

这些挑战是国防部科技研发的主要驱动力，但是并非国防需求的全部，国防部还将继续保持对这 5 个领域以外的科技能力和计划的投资，例如国家安全、应急能力等。后勤和医疗等因素是确保能力在军事环境中可行的关键需求，将分别在5个挑战领域中加以考虑。

(四) 英国国防部《国防人工智能战略》

1. 发布背景

2022年6月15日，英国国防部在伦敦科技周人工智能峰会上发布了《国防人工智能战略》，旨在“雄心勃勃、安全和负责任地”使用人工智能的战略和相关政策。本战略支持创建新的国防人工智能中心（DAIC），以提供前沿技术枢纽，支撑英军使用和创新相关技术。

2. 主要内容

本战略概述了以下内容：一是在国防中使用人工智能的新伦理原则；二是人工智能在国防部加强安全和现代化的地位和应用；三是考虑通过人工智能研究、开发和实验，通过新概念和尖端技术彻底改变武装技术能力，并有效、高效、可信地向战场交付最新装备。该战略将成为英国人工智能战略的关键要素，并加强国防在政府层面通过科学和技术获取战略优势的核心地位。

本战略提出了英国国防部人工智能战略的愿景，即以英国规模为标准，成为世界上最有效、最高效、最可信和最具影响的国防组织：有效——提供战场制胜能力和支持，以及英国与盟友关于人工智能生态系统合作的能力；高效——通过创新使用技术交付能力，进行作战并实现生产力效应；可信——基于人工智能系统的安全性和可靠性受到公众、盟友和人民的信任，根据英国核心价值观合法合规地使用人工智能；影响——积极参与合作和引领人工智能技术的全球发展和管理趋势。

其发展途径主要依靠以下4点：

一是英国国防部需要转变为“人工智能就绪”的组织。具体措施是：

1）推动文化、技能和政策变革，培训领导人，提高人员技能，并加强国防人工智能和自主部门的组织能力。

2）创建国防人工智能技能框架和新的人工智能职业发展和晋升路径。

3）将数据视为关键战略资产进行管理和应用，建设新的数字主干网络和国防人工智能中心。

二是在速度和规模上采用和利用人工智能，以获得防御优势。具体措施是：

1）将人工智能视为能力战略和部队发展过程中战略优势的关键来源。

2）短期路线是采用成熟的数据科学、机器学习和先进的计算统计技术提升效果和生产力，长期路线是进行尖端人工智能技术研发。

3）采用多学科多技术将人类认知、创造力和责任与机器速度分析能力相结合，以评估人工智能系统的脆弱性和威胁。

4）与盟友和伙伴密切合作开发创新能力解决方案，以应对共同的挑战。

三是推动和支持英国国防和安全人工智能生态系统。具体措施是：

1）通过英国工业和学术人工智能的雄厚基础以及政府的支持建立信心，并明确要求。

2）视人工智能生态系统为战略资产，消除行业壁垒，建立更具活力和一体化的伙伴关系。

3）促进行业联系建立新的国防和国家安全人工智能网络，促进人才交流和共创，鼓励业界投资国防相关的人工智能研发，并简化国防数据和资产的获取。

4）促进中小企业，使监管方法现代化，支持业务增长并最大限度地利用国防人工智能相关知识产权促进相关技术商业化。

四是塑造全球人工智能发展，以促进安全、稳定和民主价值观。具体措施是：

1）按照英国的目标和价值观塑造人工智能的发展，促进伦理方法，并影响符合民主价值观的全球规范和标准。

2）促进安全与稳定，确保英国的技术进步得到适当保护，同时探索建立信心和将军事人工智能使用风险降至最低的机制。

3）考虑可能出现的极端甚至事关生存的风险，并积极与盟友和合作伙伴接触，制定未来的安全政策，寻求建立对话，以降低战略错误、误解和误判的风险。

3. 影响意义

该战略旨在制定人工智能政策和战略，确定能力目标，指导战略方案，并确保总体一致性。总体战略一致性由国防人工智能和自主部（DAU）和国防人工智能中心（DAIC）联合管理。国防人工智能和自主部制定人工智能的开发、采用和使用的战略框架，国防人工智能中心汇集人工智能研发和技术的相关问题。业务部门/职能主管部门在国防部总部战略和方向的指导下，寻求与其最相关的人工智能实施途径。战略司令部确保各作战域的战略和作战一体化。